Avec les amitiés
de l'auteur
au plus sympathique
des libraires Québécois!

Gaston Lebarbé

Ar Soñj

* * *

Le souvenir

Du même auteur :
Lettre du Québec – Chronique familiale 1951-1999,
2001, édition privée

*Photo de couverture – Sur la plage de
Roscoff, en août 1939, un mois avant la
rentrée au petit séminaire, un mois
avant le début de la guerre.*

Gaston Lebarbé

Ar Soñj

* * *

Le souvenir

Mémoires d'outre-mer
d'un jeune Breton
1928-1951

Remerciements

À mes fils

Martin, pour m'avoir incité à terminer une œuvre de mémoire qui dormait au fond d'un tiroir, puis a relu, corrigé, révisé, mis en forme le manuscrit et veillé à sa parution.

Daniel, pour la restauration des photos intérieures, la colorisation de la photo en couverture, la réalisation du plan de Carhaix et de l'arbre généalogique, et pour ses services d'informaticien-conseil.

À ma sœur

Marie-Olive, auteure de la généalogie de la famille Lebarbé-Geoffroy.

À ma nièce

Hélène Rudel-Tessier, pour ses conseils et ses services qui ont permis l'édition de ce livre.

Avant-propos

A R soñj *est un geste de mémoire.*
Un homme, mon père, se remémore ses premières années : celles d'avant sa naissance – telles qu'on les lui a contées –, celles de l'enfance, celles de l'adolescence, et enfin celles où, jeune homme, il doit décider de son avenir.

Les années d'enfance ont pour cadre un monde révolu. Celui de la Bretagne d'avant la Seconde Guerre mondiale, une Bretagne où les coutumes anciennes et la langue ancestrale sont toujours vivantes. On y découvre Carhaix, une petite ville commerçante.

Les années d'adolescence ont un double décor. Celui de la guerre, une guerre au quotidien, avec ses privations, ses craintes et ses espoirs, ses aventures, ses drames. Mais aussi l'univers d'un petit séminaire où les moines capucins forment, à la dure, ceux à qui l'on prête la vocation.

Les dernières scènes se déroulent dans le Paris d'après-guerre. Soldat, pion, commis-libraire, étudiant en droit. De brèves années où se côtoient doutes et liberté. Puis la décision d'aller voir ce que la vie avait à offrir en Amérique.

* * *

Ar Soñj redonne vie à des personnages disparus : à ceux qui, nombreux, sont morts, mais aussi à ceux qui, encore vivants, n'ont plus l'âge qu'ils avaient lors des moments racontés.

Les familles Lebarbé et Geoffroy. Les grands-parents – pépère Lebarbé et Naine, pépère Geoffroy et Dodotte –, Papa et Maman, les frères Raoul et Armand, les sœurs Babette et Marie-Olive; les oncles et les tantes et les cousins-cousines. Une galaxie familiale, avec ses joies et ses peines.

On fait aussi la rencontre de moines-professeurs, aux fortes personnalités, qui enseignaient au petit séminariste les préceptes d'une vie saine et sainte.

Et parmi les autres personnages, on croise les amis d'enfance et ceux du séminaire, mais aussi des Carhaisiens et des Carhaisiennes de toutes conditions, du docteur à la lavandière, du tailleur au pharmacien.

* * *

Ar Soñj est un livre d'ethnographie. Vue de l'intérieur par des yeux d'enfant, on y apprend l'ancienne Bretagne avec ses coutumes et sa langue, la géographie des pays de l'Armor et de l'Argoat, les chemins, les rivières, les légendes, les jeux.

Puis l'adolescent raconte sa guerre. Celle vécue, celle rêvée – telle que peut la ressentir un garçon de onze ans, douze ans… quinze ans –, faite de toutes ces petites histoires que camoufle l'Histoire.

On découvre aussi les règles de vie du petit séminaire. Un monde fermé, avec son ambiance religieuse, sa discipline, et le comportement des moines envers les élèves, où voisinent bonté et dureté.

* * *

Ar Soñj est un livre de mots, de langues et de culture, grande et petite. Au français, riche d'un vocabulaire précis et parfois même savant, se mêlent les mots bretons du quotidien, les maximes et les prières latines, l'allemand des envahisseurs, l'anglais des ennemis anglo-saxons puis des libérateurs américains, sans oublier quelques mots grecs.

Il y a aussi les citations des grands auteurs, Victor Hugo par exemple, dont les vers appris par cœur à l'adolescence ont survécu dans la mémoire de l'auteur. Sans oublier – étonnant de la part d'un homme qui encore aujourd'hui clame haut et fort que la chanson est un art mineur qui l'indiffère! – les vers extraits de chansons de Trenet, de Prévert, ou encore des chants des feux de camp scouts.

* * *

Ar soñj a aussi parfois allure de catalogue. L'auteur, depuis toujours amoureux des armes, des avions et des bateaux, prend un plaisir (malin ?) à décrire, parfois en longues litanies, les armes et leur calibre, les avions et leur modèle, les bateaux et leur gréement. Bien des lecteurs pourront ainsi mesurer l'ampleur de leur ignorance en ces matières, égale au peu d'intérêt qu'ils y portent, sans en tenir rigueur à l'auteur !

* * *

Ar soñj révèle aussi le portrait d'un homme qui revit, 70 ans, 60 ans, 50 ans plus tard, son enfance, ses années de formation.

Tout au long du récit apparaît en filigrane l'homme d'aujourd'hui : celui qui se souvient, parfois avec chagrin, mais plus souvent avec une sérénité heureuse, de sa jeunesse et du monde disparu où il a grandi et découvert la vie.

En côtoyant l'enfant qui joue, l'enfant qui découvre la mer et la nature, l'adolescent-séminariste, l'adolescent-scout, l'adolescent-patriote, mais aussi l'adolescent-qui-doute, on comprend les racines de l'adulte d'aujourd'hui.

Décrites avec des mots qu'il n'a jamais su ou pu dire, on découvre la profondeur des blessures, avant toute autre, celle de l'absence du père, mort beaucoup trop tôt. Toujours sous la lumière que donne l'écriture, on mesure aussi le poids des années d'enfermement passées au collège ainsi que l'intensité des questionnements quand vint le moment de quitter la bure après deux années de séminaire et d'études philosophiques.

* * *

Ar Soñj est un livre de devoir. Le devoir du père et du grand-père à qui incombe la responsabilité de perpétuer, outre la vie, le souvenir, celui des ancêtres et des origines, celui d'un monde qui s'évanouira si on n'en laisse pas trace. À l'image du grand-père Paul qui a entretenu la mémoire par les histoires qu'il contait, une mémoire qui subsiste, encore maintenant, dans certaines pages de ce livre.

Un livre qui illustre la devise du Québec, terre d'adoption de l'auteur : Je me souviens.

* * *

Mon père indique en dédicace que ce livre est pour sa compagne, Marcelle, ses fils et ses petits-enfants. En mon nom, en celui de mes frères François et Daniel, ainsi qu'au nom de Sophie et Maxime, qu'il en soit ici remercié très sincèrement.

Martin Lebarbé
Le 10 mai 2003

À

   Marcelle,
      la jolie passagère dont le regard croisa celui du jeune émigrant
      au mitan de l'Océan.

À

   Martin,
   François,
   Daniel,
     nos fils ;
   Sophie,
   Maxime,
     nos petits-enfants :

Je vous dédie cette histoire.
Elle vous mènera au pays d'outre-mer
dont vous êtes issus.
La mémoire ainsi ne sera pas perdue.

*   *   *

Soñj – *Mot breton signifiant « souvenir »*
Ar Soñj – *Le souvenir*

La parentèle

Papa – Raoul Lebarbé (1889-1933)
Maman – Camille Geoffroy (1900-1966)
>Les enfants – Raoul (1921-…) ; Armand (1923-2003) ; Babette (baptisée Élisabeth, 1925-…) ; Gaston (1928-…) ; Marie-Olive (1931-…)

Les Lebarbé et les Leteinturier

Pépère Lebarbé – Ferdinand Lebarbé (grand-père, 1856-1935)
Naine – Emma Leteinturier (grand-mère, 1862-1952)
Le cordier – Jean Leteinturier (bisaïeul, 1839-1918)
Tata – Léonie Leteinturier (grand-tante, sœur de Naine, 1864-1946)
Tonton Ferdinand – Ferdinand Lebarbé (frère jumeau de Papa, 1889-1955)
>Tante Marianne – Marie-Anne Caro (épouse de Ferdinand, 1896-1978)
>Les cousins – Ferdinand (1921-1995) ; Yvette (1922-1993) ; Lucienne (1924-2002)

Les Geoffroy et les Paul

Les aïeuls

Pépère Geoffroy – Camille Geoffroy (grand-père, 1870-1944)
Dodotte – Armantine Paul (grand-mère, 1876-1939)
Grand-père Paul – François Paul (bisaïeul, 1843-1918)
L'orpheline – Barbe Blisier (bisaïeule, 1842-1927)
Le sorcier – Yves Paul (trisaïeul, 1789-1870)
Le petit-soldat – François Paul (quadrisaïeul, 1772-1797)

Les frères et sœurs de Maman

Tonton Armand – Armand Geoffroy (1901-1981)
>Tante Marie – Marie Picard (épouse de tonton Armand, 1911-2001)
>Les cousins – Ginette (baptisée Geneviève, 1928-1945) ; Marie-Louise (1929-…) ; Renée (1931-…) ; Jean-Gabriel (1933-1993) ; Raoul (1934-…) ; Armand (1937-…)

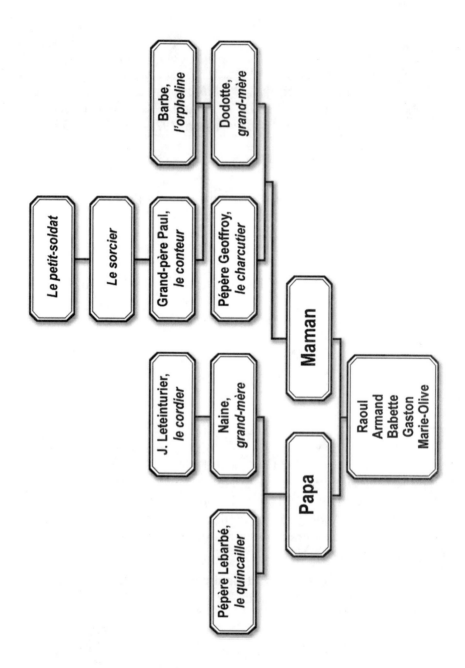

TANTE OLIVE – Olive Geoffroy (religieuse, 1903-1981)

TONTON GASTON – Gaston Geoffroy (1905-1999)

    TANTE ANDRÉE – Andrée Charvet, (épouse de tonton Gaston, ...-1994)

TANTE GENEVIÈVE – Geneviève Geoffroy (1911-1996)

TONTON RENÉ – René Geoffroy (1911-1986)

    TANTE YVONNE – Yvonne Moreau (épouse de tonton René, 1912-...)

    LES COUSINS – Renée (1939-...) ; Yvon (1941-...) ; Yann (1943-...)

Les grands-oncles et grands-tantes

TONTON YVONNICK – Yves Paul (grand-oncle, frère de Dodotte, 1882-1961)

TANTE GERMAINE – Germaine Geoffroy (grand-tante, sœur de pépère Geoffroy, épouse de tonton Yvonnick, 1889-1984)

    LES COUSINS – Germaine (1910-2001) ; Camille (1911-...) [son époux : Étienne Legardinier (1900-1970) ; leurs enfants : Paul (1940-...) et Jean (1946-...)] ; Yvette (1913-...) ; François (1919-...) ; Paulette (1920-...)

TONTON GASTON – Gaston Geoffroy (frère de pépère Geoffroy, 1887-1956)

    TANTE CLAIRE – (épouse de tonton Gaston)

Du déluge à la catastrophe
1928-1935

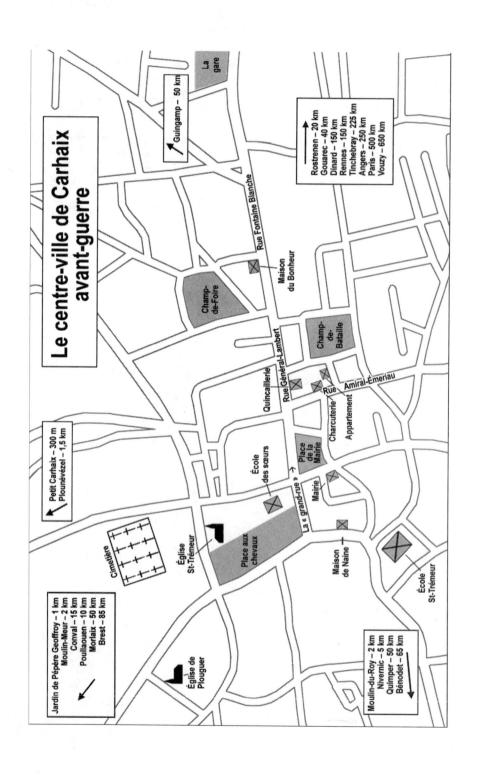

Le centre-ville de Carhaix avant-guerre

La gare

Guingamp – 50 km

Rue Fontaine Blanche

Rostrenen – 20 km
Gouarec – 40 km
Dinard – 150 km
Rennes – 150 km
Tinchebray – 225 km
Angers – 250 km
Paris – 500 km
Vouzy – 650 km

Maison du Bonheur

Champ-de-Foire

Champ-de-Bataille

Petit Carhaix – 300 m
Plounévézel – 1,5 km

Quincaillerie

Rue Général-Lambert

Rue Amiral-Emeriau

Charcuterie

Appartement

École des sœurs

Place de la Mairie

Mairie

La « grand-rue »

Cimetière

Église St-Tréveur

Place aux chevaux

Maison de Naine

École St-Tréveur

Église de Plouguer

Jardin de Pépère Geoffroy – 1 km
Moulin-Meur – 2 km
Conval – 15 km
Poullaouen – 10 km
Morlaix – 50 km
Brest – 85 km

Moulin-du-Roy – 2 km
Nivernic – 5 km
Quimper – 50 km
Bénodet – 65 km

« La mémoire, comme la culture,
c'est ce qui reste quand on a tout oublié. »

Gaston se fait sonner les cloches

SEPTEMBRE 1928 – En ce dimanche après-midi, sur Carhaix, ville assoupie sous un ciel d'été qui s'éteint et d'automne qui s'éveille, un ciel comme seule la Bretagne en invente pour le bonheur des artistes et de ses enfants, les cloches de l'église Saint-Trémeur n'en finissent plus de résonner.

Le curé de la paroisse, surpris, étonné, qui se demande quelle mouche a piqué le sacristain, vient aux nouvelles pour en connaître la raison.

Le bedeau en a une bonne, sonnante et trébuchante, pour mettre autant d'ardeur à faire tinter les cloches. Il a reçu un beau pourboire de la main de Gaston Geoffroy qui voulait qu'on remarque à la fois l'arrivée sur terre de Gaston, le troisième du nom, et son propre départ pour le séminaire des Pères blancs d'Afrique.

Jamais la naissance d'un petit Carhaisien n'a été l'objet d'un pareil carillon.

Pour la première fois de ma vie, et ce ne sera pas la dernière, je me fais *sonner les cloches.*

* * *

Voici comment, poupon si mignon, joufflu, blondinet, aux grands yeux bleus de poupée, je fus affublé de ce prénom désuet de Gaston qui prête facilement à la plaisanterie.

La veille de ce grand tintamarre tintinnabulant, le samedi 8 septembre 1928, Gaston Geoffroy rend visite à Camille, sa sœur aînée, qui vient de donner naissance à son quatrième enfant, lequel a bien mal choisi son jour pour arriver sur terre. Pensez donc, à neuf heures, un samedi matin, jour du marché hebdomadaire ! La rue du Général-Lambert résonne du vacarme des charrettes et des voitures des paysans d'alentour venus, comme toutes les semaines, qui vendre du bétail, qui faire les emplettes essentielles à la ferme : chaînes, faux, faucilles, fourches, lampes à pétrole, pointes, clous... Et où se procurer cette quincaillerie sinon chez Lebarbé Frères ?

Pendant qu'au rez-de-chaussée la clientèle se presse dans le magasin, au second étage, on accouche d'un garçon au lieu de la fille tant attendue.

Sans problème, d'ailleurs, pour la maman et son rejeton.

Gaston Geoffroy, appelons-le *tonton Gaston* une fois pour toutes, vient donc admirer son neveu, un de plus, et féliciter la maman. Petit déplacement pour une grande visite, car la charcuterie Geoffroy, qu'il quittera bientôt, est à deux pas de la quincaillerie. Il n'y a que le coin de la rue à tourner.

Camille, la maman, se remet de ses émotions. Cheffig, la sage-femme, n'est pas loin. Après les compliments d'usage, tonton Gaston s'enquiert du prénom qu'on me donnera. Maman de lui répondre que ce sera Paul ou Yves, par références familiales, et que son père décidera.

— Pourquoi pas Gaston, en souvenir de moi qui m'en vais pour toujours, et de l'autre Gaston, mon parrain, de rétorquer mon oncle.

— Trop tard, répond Maman, son père est déjà parti à la mairie déclarer sa naissance à l'officier de l'état civil.

Malheureux hasard pour moi, Papa, retenu par un représentant de commerce, se trouve encore au magasin quand tonton Gaston repasse par là, visite faite.

Adieu, Paul ! Adieu, Yves ! On m'appellera donc Gaston et, pour faire bonne mesure, au baptême, on ajoutera François pour faire plaisir à ma grand-mère Dodotte, pieuse tertiaire de l'Ordre de saint François, et Marie, pour que la Vierge veille sur moi, ainsi que l'exige la tradition.

Il faut un parrain et une marraine pour le petit bout d'homme vagissant que je suis alors. Papa et Maman vont au plus simple et décident que Raoul, mon grand frère, fera le compère, et tante Olive, la jeune sœur de Maman, la commère.

Ronronnant dans mes langes, au fond de mon berceau, tout cela me laisse indifférent du moment que j'ai ma ration du délicieux lait maternel.

MA SŒUR DE LAIT

Maman était une bonne nourrice. Ce n'était pas le cas de madame Le Jane, la pharmacienne de l'autre bord de la rue. Elle avait mis au monde une fille, alors que moi-même je venais de pointer le bout de mon museau sur terre. La pauvre, hélas ! ne parvenait pas à assouvir la soif de son bébé. Maman, bonne laitière, offrit de suppléer à la carence de la voisine pendant une huitaine de jours. J'appris ainsi, dès mon plus jeune âge, à pratiquer le partage.

Carhaix et la quincaillerie

MAIS où donc ais-je atterri en arrivant sur terre ?
À *Vorgium*, chez les Gallo-Romains ? À *Karaez*, chez les Bretons ? Ou à Carhaix, dans le Finistère, un département français, le 29e sur la liste ? Comme la Trinité, avec un seul dieu en trois personnes, ces trois villes n'en font qu'une, témoin de deux millénaires d'histoire.

Plus précisément, je me suis présenté au second étage d'une imposante maison, trônant dans le centre commercial de la ville, portant à son fronton l'inscription : *Quincaillerie Lebarbé Frères.*

Elle est bâtie en pierre du pays couverte de crépi. Le toit, en forte pente, est couvert d'ardoise, comme il se doit en Bretagne, et les deux murs de pignon sont surmontés d'un massif de maçonnerie contenant les conduits de cheminée. Les fenêtres des deux étages, vastes et nombreuses, éclairent les appartements du dessus. De grandes vitrines courent sur toute la façade du rez-de-chaussée. Elles débordent d'échantillons de la marchandise disponible à l'intérieur, surtout de lampes à pétrole dont on peut varier la hauteur grâce à un ingénieux système de poulies.

Passé le trottoir constitué de gros pavés arrondis, on grimpe deux marches de granit pour franchir la porte du magasin. À droite de la façade, devant le mur mitoyen entre la quincaillerie et l'horlogerie de monsieur Gadouas, se trouve une pompe municipale.

À cette époque, contrairement à la campagne, Carhaix s'éclaire à l'électricité, mais l'eau courante est disponible dans la rue seulement, sauf dans quelques rares maisons dont la nôtre. Pire, la plupart des logements ne comportent aucunes commodités et le réseau de l'antique aqueduc romain, qui court sous une partie de la ville, sert plus ou moins d'égout.

* * *

Ma maison natale domine les autres commerces qui se pressent et se succèdent tout au long de la grand-rue qui traverse la ville :

les boulangers Le Gac et Le Bihan, la banque Crédit nantais, le marchand de légumes Nicolas, la pharmacie Le Jane, deux chapeliers, un boucher, un hôtel, un photographe, un coiffeur, un armurier, un marchand de chaussures, un marchand de cycles. J'arrête cette liste à la Prévert, elle occuperait toute la page si j'ajoutais les bourreliers, les tailleurs, le droguiste, les notaires, les médecins, les charrons, les maréchaux-ferrants, les repasseuses de coiffes... et *la* charcuterie. Car il n'y en a qu'une : la charcuterie Geoffroy.

Bref, Carhaix est une active petite ville de 4000 habitants, qui vit du commerce qu'engendrent la campagne environnante et, surtout, le chemin de fer. Elle héberge le centre du réseau breton, construit à la toute fin du XIXe siècle pour desservir la Bretagne intérieure. Ses voies s'étendent en forme d'étoile à cinq branches vers Loudéac, Guingamp, Morlaix, Châteaulin et Rosporden. Malheureusement, il s'agit d'une voie étroite qui impose une rupture de charge dans ces villes rattachées aux voies normales. Dans le vocabulaire carhaisien, on parle du *petit train* en opposition avec le *grand train*. Les lignes du réseau breton suivent plus ou moins le trajet des antiques voies romaines.

Depuis la nuit des temps, ce plateau venteux est habité en raison de sa situation géographique en plein centre de la péninsule armoricaine.

Carhaix s'est appelée *Vorganium* ou *Vorgium*, le nom le plus ancien dont on ait gardé le souvenir. Elle est vraisemblablement née de la volonté du conquérant romain, séduit par sa localisation. Auparavant, elle aurait été la capitale du peuple gaulois des Osismii, les *Plus-Éloignés*, dont le territoire recouvrait l'actuelle Basse-Bretagne, l'une des cent tribus gauloises énumérées par Jules César dans *La Guerre des Gaules*. Dans les années 1930, même si le souvenir en est vivace, rien ne paraît plus de la cité antique, sauf les voies romaines, larges chemins non entretenus aux profondes ornières, la *vieille route*, et un fragment de la conduite souterraine de l'aqueduc qui ressurgit en pleine ville. *Vorgium*, en ruines, deviendra *Keraez* (francisée ultérieurement en Carhaix), avec l'arrivée des immigrants bretons chassés de la Grande-Bretagne par les envahisseurs anglo-saxons aux Ve et VIe siècles de notre ère.

* * *

Dans les années 1930 et 1940, la grand-rue est asphaltée, quoique, devant bien des maisons, les trottoirs soient faits de pavés. L'éclairage est parcimonieux, consistant, de place en place, en un lampadaire suspendu au milieu de la rue principale. Ailleurs règnent l'obscurité et un silence profond lorsque la nuit est tombée. Une nuit que ne peut troubler une circulation automobile inexistante, mais où parfois résonnent les claquements des sabots d'un passant et des éclats de voix.

Tout à Carhaix est vieillot, le cheval y est roi. De celui qui tire la charrette de l'enlèvement des ordures le matin et le corbillard l'après-midi, aux vieilles rosses des paysans et aux magnifiques étalons du haras. Le ramassage du crottin est la tâche principale des employés municipaux.

Toute cette cavalerie est sonore, mais les cochers le sont encore plus. Ce sont eux qui m'ont appris les plus beaux jurons de la langue bretonne, surtout le puissant *Malloz Doue !* [Malédiction de Dieu !] que ponctue souvent le claquement du fouet.

Les rues sont peu animées, sauf le samedi, jour de marché, et au moment des foires de mars et de novembre. Alors, paysans et paysannes venus de tout le canton envahissent la ville avec leurs charrettes et leur bétail à vendre. La ville me semble alors pleine à déborder.

Mais je reconnais que, malgré les nombreuses maisons anciennes à encorbellement de la vieille ville, Carhaix n'offre pas le charme des cités dites de caractère.

* * *

Revenons à la quincaillerie. Avant de franchir la porte du magasin, sur la gauche nous apercevons le portail qui donne sur la cour au fond de laquelle se trouve le grand entrepôt. Dans cette même cour, à gauche de l'entrepôt, les odorants cabinets à l'ancienne. La maison, à cette époque, ne dispose pas de ces facilités que l'on appelle *toilettes*. Seaux hygiéniques et pots de chambres y règnent en maîtres.

Entrons dans le magasin. Il est mal éclairé et encombré de marchandises. En le traversant pour aller vers l'arrière, on trouve, à droite, la porte de l'escalier qui mène aux étages et aux appartements : au premier celui de tante Marianne et de tonton Ferdinand et le nôtre au second. Une sorte d'arrière-boutique suit immédiatement, formant un passage, lequel donne accès au bureau de Papa à gauche, à notre cuisine au centre et à celle de nos oncle et tante à droite.

Voilà planté le décor qui m'a vu naître et dans lequel je ferai mes premiers pas.

La classique trilogie des questions fondamentales que se pose l'humanité : *Qui sommes-nous ? D'où venons-nous ? Où allons-nous ?* concerne chacun. Qui je suis, on le sait. Où je vais, on le sait désormais, 75 ans plus tard. Reste la troisième interrogation : d'où sort cette famille dont je suis issu ?

Je l'apprendrai dès l'âge de raison. Maman, mes grands-mères, Naine et Dodotte, la rumeur familiale seront mes sources d'information.

Maman, elle aussi, a vu le jour à Carhaix, en juillet 1900. Par contre, Dodotte, sa mère, est née à Morlaix, ce qui conforte mes repères de petit Breton. Mais pépère Geoffroy, son père, est venu au monde en Champagne, contrée lointaine à l'autre bout de la France. Voilà qui est bizarre !

Autre source d'étonnement quand je découvre que la naissance de Papa n'est pas survenue à Carhaix, comme celle de Maman, mais en Normandie, tout comme celles de Naine et de pépère Lebarbé. Il y a de quoi troubler un petit garçon curieux qui écoutera avec intérêt toutes ces histoires parlant de pays lointains s'appelant la Normandie ou la Champagne, avec des noms de lieux exotiques tels que Vouzy et Saint-Mard-les-Rouffy ou Tinchebray et Sourdeval. Heureusement, Dodotte parle, elle, de Morlaix qui est tout proche puisque le petit train nous y mène.

Je suis tiraillé entre Naine, la Normande, Dodotte et Maman, les Bretonnes. Les opinions de mes grands-pères ne me troublent guère, l'un nous quittera bientôt et l'autre me semble indifférent.

Saisi par l'environnement et les démonstrations quotidiennes de l'attachement de Maman pour sa terre natale, qui est aussi la mienne, je me suis toujours senti de Bretagne, ma petite patrie. Je le proclamerai sans détour, malgré les torrents de sang normand et champenois qui coulent dans mes veines et que je ne renie pas.

Je suis, avec Marie-Olive et Babette, mes sœurs, Armand et Raoul, mes frères, un produit typique du creuset national français. Nous sommes des *pures laines*, comme disent les Canadiens français en parlant d'eux-mêmes. Mais auparavant, les aléas de l'Histoire auront mélangé dans notre sang celui des Vikings devenus de placides Normands, celui des descendants des invasions germaniques de l'Est, les Champenois, et, enfin, celui des Celtes qui traversèrent la Manche pour échapper, déjà, aux exactions des Anglo-Saxons.

Finalement, je suis un descendant d'immigrants. Mon destin aurait-il été inscrit dans mes gènes ?

Comment ces migrants se sont-ils rencontrés pour qu'en 1900 soient fondées simultanément, à Carhaix, *pen ar bed* [le bout du monde], la charcuterie-salaison Geoffroy et la quincaillerie Lebarbé ?

Par hasard, évidemment !

L'histoire des Lebarbé selon Naine

Emma Leteinturier, *Naine*, ma grand-mère normande, m'aura beaucoup raconté la Normandie, sa province natale. Elle me parlera maintes fois de ses neveux de là-bas, oubliant de mentionner qu'ils sont aussi mes cousins. À l'écouter, je me sentirais normand. C'est qu'elle est intarissable.

Elle se prénomme Emma, tout comme la Bovary de Flaubert, qui est sa contemporaine. Naine est née en 1862, à Tinchebray très précisément, où son père, Jean Leteinturier, cordier de son état, dévide et tourne des brins de chanvre sur le champ de foire pour en faire des liens. Ses outils dorment maintenant dans l'armoire de la cuisine de Naine.

Pendant l'Occupation, elle se fera un malin plaisir de me raconter qu'elle se souvient des Prussiens en Normandie en 1870 ! Ce n'était que la première des trois guerres franco-allemandes qui marqueront sa longue vie. Une anecdote n'attend pas l'autre, car elle trouve toujours un auditeur attentif en son petit-fils qui ne se lasse pas d'entendre et de réentendre les mêmes histoires.

Son parler trahit ses origines. Son accent aussi. Son vocabulaire est parsemé d'archaïsmes. Ainsi les kilomètres sont des lieues. Un jour elle m'annoncera, avec un éclair de malice derrière ses lunettes cerclées de fer, que la première fois qu'elle est venue à Carhaix, c'était en diligence !

Tata, la sœur de grand-mère, ne dit rien, elle tricote des chaussettes avec quatre aiguilles.

Ferdinand Lebarbé, *pépère Lebarbé*, lui, est taciturne. Dire qu'il est infirme serait une impropriété. Qu'il soit difforme est une évidence. Une photo jaunie par le temps m'en fournira un jour la preuve. Il se tient debout près de Naine, endimanchés tous les deux et raides comme des piquets. Ils donnent l'image d'une cinquantaine prospère. Si on regarde son profil droit, il est un homme comme un autre, pas très grand, un peu rond, avec un visage ordinaire, orné d'une superbe moustache. Son grand portrait, accroché au mur de la salle, en fait foi. De face, l'impression est tout autre. J'ai deux grands-pères en un. Une ligne verticale invisible le sépare en deux moitiés. Celle de gauche est plus basse que sa voisine. C'est tout comme si cette partie de son corps avait arrêté de pousser tandis que l'autre, continuant de grandir, l'avait étiré. Cela donne un curieux visage où l'œil gauche est plus bas que le droit et le reste à l'avenant. Autour de moi, on dit qu'il est borgne et qu'il a un *petit bras*. On inventera et on colportera dans la famille des fausses raisons pour expliquer sa difformité. Son mauvais œil serait dû à une lessiveuse tombée sur lui. Une autre version l'attribue à un malencontreux coup de poing. Plus prosaïquement, il est probable qu'il soit venu au monde avec cette anormalité physique causée peut-être par un accident à l'accouchement. Cela n'empêchera pas Ferdinand Lebarbé d'épouser Emma Leteinturier – peut-être une cousine plus ou moins lointaine, son arrière-grand-mère étant aussi une Leteinturier – puis de réussir dans la vie.

DE TINCHEBRAY À CARHAIX

On raconte, entre Lebarbé de Carhaix, que la famille était propriétaire de deux fermes dans le Bocage, cette région de la Basse-Normandie tout en collines verdoyantes, coupées de haies ombreuses. Il s'agissait, en réalité, de lopins de terre qui, à eux deux, ne faisaient pas un hectare. Une industrie semi-artisanale, basée sur le travail du fer et le tissage, s'était développée au fil du temps dans ce terroir essentiellement agricole. Sans doute est-ce dû à la proximité des mines de fer du Calvados. Sourdeval, la bourgade voisine, était le siège d'ateliers spécialisés dans la fabrication de l'outillage agricole ou domestique. Les entrepreneurs fournissaient le métal et le charbon à des artisans qui travaillaient chez eux et retournaient les pièces forgées. Ainsi, François, le frère de pépère Lebarbé, demeurant à la Rue, fabriquait des trépieds pour supporter chaudrons et casseroles dans les cheminées, et des anneaux que l'on fixait dans les murs pour y attacher les chevaux.

Les deux métiers traditionnels du pays lui étant interdits en raison de son handicap, il ne restait à Ferdinand Lebarbé d'autre choix que de se lancer dans le commerce.

Le voilà colporteur, vendant le produit de son pays, la quincaillerie, puis marchand forain, circulant de foires en marchés. Les affaires allant bien, il pousse de plus en plus loin son commerce pour, un jour, aboutir à Carhaix, au fin fond de la Bretagne intérieure. Pour les besoins de son approvisionnement, il y organise un dépôt de marchandise. Entre-temps, il avait fait construire une belle maison à Tinchebray, en bordure du champ de foire, à deux pas de celle du grand-père Leteinturier. Elle est toujours là.

Dans la période de nomadisme qui a précédé l'installation définitive à Carhaix, *ar boutik vras* [la grande boutique], comme l'appelait la clientèle bretonnante, était transportée dans une imposante charrette, en fait l'ancienne diligence qui amena Naine pour la première fois à Carhaix. Trois beaux chevaux noirs, de race normande, la tiraient.

La voiture devait être fort lourde, chargée qu'elle était de ferrailles diverses. Naine m'a raconté maintes fois que lorsqu'ils passaient par la cité médiévale de Dinan, ils dételaient un cheval et l'attachaient en arrière, en guise de frein. Il faut dire que le chemin menant au fond de la vallée, au vieux pont qui franchit la Rance, a un degré d'inclinaison qui donne le vertige.

* * *

Cette grande boutique, cet important étalage de quincaillerie, frappaient suffisamment l'imagination de la clientèle pour qu'elle s'en souvienne longtemps après.

L'été 1949, j'avais accompagné tonton Ferdinand – le frère de Papa – au marché de Gouarec, à une trentaine de kilomètres de Carhaix. Un paysan au chapeau rond, fleurant bon la ferme, l'aborda et lui demanda :

— Vous êtes bien Monsieur Barbé ?

Les gens avaient, et ont encore, tendance à élider le *Le* de notre nom. Tonton lui ayant répondu par l'affirmative, notre homme ajouta :

— Vous m'avez vendu une faucille en 1914, je l'avais payé deux francs.

Il s'était écoulé, depuis lors, 35 années agrémentées de deux guerres.

Ferdinand et Emma auront trois enfants, une fille décédée en bas âge, et les jumeaux Raoul et Ferdinand, nés en 1889, à Tinchebray. Autant l'un est blond, autant l'autre est brun et leurs caractères sont aussi différents que la couleur de leurs cheveux. Ils seront élevés chez leur grand-père, le cordier du champ de foire, par Léonie – Tata, l'unique sœur de Naine –, qui tient la maison de leur père déjà veuf.

Papa et tonton Ferdinand apprendront le métier de quincaillier avec leurs parents. De 1909 à 1911, le service militaire, qu'ils effectuent au 35ᵉ régiment d'artillerie, à Vannes, les éloignera pendant deux ans. Après un bref répit, ils repartiront, pour quatre ans cette fois, à la Grande Guerre, toujours artilleurs. Ils en reviendront, en 1919, théoriquement sains et saufs. Mais, selon Maman, Papa traînera des séquelles dues aux gaz asphyxiants.

LA QUINCAILLERIE LEBARBÉ FRÈRES

En 1919, Raoul et Ferdinand ont trente ans. Célibataires, sans métier autre que la quincaillerie et l'artillerie, il faut les caser. Leur père vient d'atteindre l'âge de la retraite. La maison Lebarbé est à son apogée. Le temps est venu de passer la main à la génération suivante, aux frères jumeaux.

Bons parents, Ferdinand et Emma verront à tout, dans un esprit de justice que l'on ne peut que louer, mais dont les conséquences à court, moyen et long terme seront catastrophiques.

Pour commencer, les deux frères deviennent copropriétaires du commerce qui prendra le nom de *Quincaillerie Lebarbé Frères*.

Puis, les parents vendent leur belle maison de Tinchebray, qu'ils auront finalement peu habitée. Pour la remplacer, ils font construire une maison à Carhaix sur l'emprise d'une vaste cour où ils remisent leur marchandise. On appellera *la Cour* cette demeure qui se trouve désormais incluse dans un hôtel bâti dans les années 1960. La Cour avait l'électricité, mais une pompe extérieure fournissait l'eau. En même temps, Pépère fit bâtir de superbes écuries, les plus belles de Carhaix.

L'électricité disparut au bout d'un an, à la suite d'un court-circuit. Jusqu'à sa mort, pendant plus de trente ans, Naine s'éclairera chétivement à la lampe à pétrole, par crainte des incendies.

À la même époque, Pépère fit l'achat de la grande maison où je verrai le jour, rue du Général-Lambert, et la transforma pour loger ses deux fils ainsi que le commerce familial dont ils étaient devenus copropriétaires.

À l'arrière de la boutique, il fit bâtir une importante rallonge, comprenant deux grandes cuisines, une pour chacun des frères, ainsi qu'un bureau. En même temps, dans la cour arrière, il fit ériger un vaste entrepôt de trois étages, tout cela en béton armé, technique nouvelle pour l'époque.

N'ayant jamais entendu parler ni d'emprunt ni d'hypothèque, on peut supposer que toutes ces constructions furent payées rubis sur l'ongle. Ce qui laisse entendre que le commerce du grand-père avait été de bon rapport.

En plus de la quincaillerie, de ses dépendances, sur la grand-rue, et de sa maison toute neuve, boulevard de la République, le grand-père possédait trois autres immeubles.

Deux d'entre eux sont toujours là, situés sur la grand-rue, en biais avec la maison du Sénéchal, au coin de la rue Brizeux. Le dernier contigu à leur propre demeure était très ancien. Il a été rasé pour faire place à l'hôtel qui occupe désormais le coin de la rue de La Tour d'Auvergne. Sur son linteau de pierre était inscrit une date : *1720*.

LES MARIAGES

C'est aussi à cette même époque que les jumeaux prirent femmes. Raoul épousa Camille Geoffroy, la fille du charcutier-salaisonnier, et Ferdinand prit pour épouse Marianne Caro, la fille d'un aubergiste de Châteauneuf-du-Faou, petite ville nichée au bord de l'Aulne, à 20 km de Carhaix.

Si les deux frères s'entendaient bien, Camille n'aimait pas Marianne qui, elle, n'aimait pas Camille. Elles s'étaient connues adolescentes au pensionnat des Ursulines, à Morlaix. Il leur fallut pourtant cohabiter dans le même immeuble, avec les huit enfants (cinq à Raoul, trois à Ferdinand) qui viendront s'ajouter en une dizaine d'années, et la présence quasi permanente des grands-parents. Difficultés de la gestion du commerce et de la vie quotidienne, inimitiés, mésententes, jalousies, petitesses, rancœurs, tous les ingrédients d'une tragi-comédie se trouvent rassemblés.

L'histoire des Geoffroy, ou ce qui en tient lieu

Un survenant... Il vient de loin ce Camille Geoffroy qui débarque à Carhaix, un jour de 1899, avec femme, mais sans bagage. Il est aussi grand et sec qu'Armantine (*sic*) Paul est menue.

Camille Geoffroy a vu le jour au-delà de l'horizon, à l'autre bout de la France, à Saint-Mard-les-Rouffy, un minuscule village de la Champagne pouilleuse, à courte distance de la Marne. C'est une terre de passage par où transitent les invasions venues de l'Est. Il est né d'ailleurs en 1870, l'Année terrible, où les Prussiens écrasèrent la France.

Si, à Vouzy, les barbares passent et repassent, les habitants demeurent. Les Geoffroy sont là depuis la nuit des temps, attachés à leur bout de terre peu fertile. Ils vivent à l'intérieur d'un périmètre dont le rayon a pour mesure la distance qu'on peut parcourir à pied, chaussé de sabots, aller-retour dans une journée, lot commun des ruraux d'autrefois. Il en fut de même pour les Lebarbé de Normandie. Dans cette plaine sèche, les villages sont rares et éloignés les uns des autres, installés qu'ils sont auprès des points d'eau.

Les Geoffroy se marieront beaucoup entre cousins et cousines, une génération après l'autre, sans conséquences génétiques fâcheuses, à moins que mourir nonagénaire ou centenaire soit dû à une consanguinité bien comprise. Ne dénombre-t-on pas, parmi les grands-tantes et cousines de Champagne, deux centenaires et une demi-douzaine de nonagénaires ?

Pépère Geoffroy est le fils aîné de Théophile-*Arment* Geoffroy et de Rose Geoffroy. Il avait quatre frères, Albert, *René*, Philéas, *Gaston* et deux sœurs, *Olive* et *Germaine*. Les italiques indiquent les prénoms dont on note la permanence au fil des générations suivantes : quatre Camille, quatre René-Renée, trois Armand, trois Gaston, et seulement deux Olive et deux Germaine. Difficile de s'y retrouver, surtout si on ajoute les quatre Raoul du côté Lebarbé !

Notons aussi que Germaine, sœur de grand-père, épousera bientôt Yves Paul, frère d'Armantine Paul, ma grand-mère. Ces mariages croisés établiront un lien permanent et solide entre la Bretagne et la Champagne, malgré la distance.

Autant Naine était prolixe, autant pépère Geoffroy ne l'était pas. J'apprendrai très peu sur cette lointaine parenté. Notre aïeul aurait eu du bien, mais l'aurait dissipé au jeu. La guerre de 1870 aurait achevé sa ruine. La tuberculose aurait décimé la famille. Philéas et Olive seraient décédés alors qu'ils étaient encore des enfants. J'insiste sur les conditionnels.

De mes grands-oncles et grands-tantes, je ne connais, par ouïdire, que tonton Gaston (le premier), tonnelier, qui a épousé la tante Claire, excellente cuisinière qui n'aime pas les enfants parce qu'ils salissent, et donc n'en a pas. Il existe aussi une tante Jeanne, future centenaire. Seule la tante Germaine, grande et belle femme, symbole même de la dignité, me sera familière. Suivant son époux Yves Paul (tonton Yvonnick) qui vit d'expédients, elle errera entre Paris et la Bretagne, ce qui les amènera souvent dans nos parages.

LE HASARD DES RENCONTRES

Camille Geoffroy, encore adolescent, a quitté Vouzy pour entreprendre une carrière de charcutier. Comme c'était l'usage à l'époque pour les apprentis, il fit son tour de France, passant d'un patron à l'autre, d'une ville à l'autre, pour apprendre son métier. Au hasard de ses pérégrinations, il trouva de l'embauche au Havre, ville portuaire à l'embouchure de la Seine, chez un boucher répondant au patronyme de Paul. La sœur de son patron, Armantine, était à son emploi. Ils se plurent puisque, au cours de l'été 1899, ils s'épousèrent à Morlaix.

Camille et Armantine désiraient s'installer à leur compte. Beaupapa François Paul leur suggéra de s'établir à Carhaix où il n'y avait pas de charcuterie. Mais le jeune couple était si pauvre qu'il leur prêta l'argent nécessaire à l'achat d'un premier cochon, et qu'ils durent utiliser des caisses, faute de meubles.

En 1900, Camille (Maman, qui reçut au baptême le prénom de son père) venait au monde.

Quatorze ans plus tard, pépère Geoffroy avait une voiture automobile, la seconde de la ville selon Maman. Il avait réussi. Il avait acheté cette Renault à Morlaix. Naturellement, il ne savait pas conduire. Aussi était-ce monsieur Olivier, mécanicien à Carhaix, qui tint le volant. Arrivé en ville, Pépère exigea de prendre sa place. Il ne restait plus qu'à tourner au coin de la rue Amiral-Emeriau. Hélas ! il fit une fausse manœuvre et emboutit un mur !

Son patrimoine était à la hauteur de celui du quincaillier son voisin. Il était propriétaire de deux immeubles rue Amiral-Emeriau, et d'une autre maison, rue Fontaine-Blanche, à fonctions commerciale et locative. Ajouter à cela le fleuron de ses entreprises, l'usine de salaison du Nivernic et ses annexes qui lui permettaient d'écouler sa marchandise aussi loin que Paris.

Tout était en place pour qu'en 1919, lors d'une visite protocolaire, Ferdinand Lebarbé, quincaillier, accompagné de son épouse Emma, née Leteinturier, demandât, pour son fils Raoul, à Camille Geoffroy, charcutier-salaisonnier, et à son épouse Armantine, née Paul, la main de leur fille Camille.

Celle-ci, pendant cet instant solennel, jouait à la poupée dans la pièce d'à côté. Maman, qui aimait raconter cette anecdote, ajoutait parfois, après avoir réussi son effet, qu'en réalité elle cousait des vêtements pour la poupée de sa jeune sœur.

Les histoires merveilleuses de grand-père Paul

DODOTTE, Armantine Paul, ma grand-mère morlaisienne, est la fille d'un maçon du nom de François Paul. Dans la famille, on l'appelle *Grand-Père* ou *grand-père Paul*. Pour Maman, il était *Grand-Père*, et il est resté *Grand-Père* pour nous.

Maman étant Paul pour une moitié, je me trouve Paul pour un quart, avec tout ce que cela sous-entend.

L'histoire des familles normandes Lebarbé-Leteinturier ou champenoises Geoffroy-Geoffroy peut sembler terne. Mais certainement pas l'histoire des Paul, la famille bretonne, qui grouille de vie avec les pérégrinations du petit-soldat, les origines mystérieuses de Barbe et les frasques du sorcier de Morlaix.

Peut-être faut-il y voir la source de la fantaisie et de l'étincelle de génie qui brille parfois chez certains d'entre nous ! Mais toute médaille ayant son revers, le côté brillant, intelligent, artiste cohabite à l'occasion avec une déviance caractérielle sinon délinquante. Ne cherchez pas les fortes personnalités ailleurs que chez les Paul. C'est pourquoi, quand l'un ou l'autre fait une bêtise ou sort de la norme, on disait et nous disons encore entre nous :

— C'est un Paul. C'est son côté Paul.

Par contre, si on est un sage, on est un Lebarbé. Mais est-ce vraiment un compliment ?

* * *

François Paul était un grand conteur d'Histoire et d'histoires. Il peut être difficile, parfois, de faire la différence entre ce qui est authentique et ce qui n'est que conte issu de son imagination.

Je n'ai pas connu grand-père Paul. Ses histoires, celle de l'aïeul soldat de Napoléon, celle de Barbe l'orpheline ou celle du sorcier de Morlaix, c'est Maman qui me les a transmises.

Le pitoyable destin du petit-soldat

PARMI toutes les histoires du grand-père Paul, celle du petit-soldat et de sa descendance a marqué tout particulièrement mon imaginaire d'enfant.

Mieux vaut débuter par *Il était une fois…*

* * *

Il était une fois… un pauvre, très pauvre homme, marié et père de deux enfants, qui habitait l'antique cité bretonne de Morlaix. Cette jolie ville, nichée dans sa vallée, au bout de la rivière qui la relie à la mer, ne possédait pas encore le majestueux viaduc ferroviaire qui domine son paysage.

Dans ces années 1790, si éloignée qu'elle fût, la Révolution française, qui mettait sens dessus dessous la République et l'Europe, allait marquer la destinée du pauvre homme.

Napoléon avait besoin de soldats. Il les trouvait par tirage au sort. Choisir un bon numéro signifiait rester chez soi. À l'inverse, tirer un mauvais numéro voulait dire partir pour la gloire… ou pour la mort. À moins d'avoir l'argent nécessaire pour se payer un remplaçant.

C'est ainsi que François Paul – grand-père et homonyme du raconteur –, si démuni qu'il ne pouvait subvenir aux besoins de sa famille, choisit de se vendre comme remplaçant. Il fallait être rendu au fond de la misère pour en arriver là. Il partit donc. À pied, évidemment. Sa femme et ses deux enfants, un garçon de sept ans et une fille de trois ans, lui firent la conduite jusqu'à ce que la plus jeune soit incapable de continuer.

Ils ne devaient jamais se revoir.

François Paul, lui, marchera longtemps et loin. Il était de ceux qui gagnaient les batailles de Napoléon avec leurs jambes. Avec d'autres, il a crié :

— Vive l'Empereur !

Ses pas l'ont mené jusqu'à Moscou. Il a survécu à la terrible retraite. Sa vie s'est arrêtée, au retour de Russie, en 1813. Il repose quelque part en Allemagne.

* * *

Yves-Marie Paul, le fils du petit-soldat, se maria trois fois et eut 13 enfants qui connurent des fortunes diverses. Les aînés s'établirent convenablement. Il y aurait eu, parmi eux, un chef de musique à la cour de Napoléon III. Notons l'apparition d'un don musical qui va se transmettre (mais qui, hélas ! ne m'atteindra pas).

Les enfants nés du second mariage auraient eu des situations moins aisées.

Quant aux derniers, ils connurent la pauvreté. C'est de ceux-là que nous sommes issus par François Paul, maçon, tailleur de pierre, musicien, conteur et cœur d'or.

Revenons à l'aïeul aux trois mariages. Yves-Marie Paul était charcutier et sourcier. Il guérissait aussi par les simples. Adepte, avant l'heure, des médecines douces, il avait chez les médecins officiels de Morlaix d'irréductibles ennemis.

Pourtant, ses remèdes ne devaient pas être sans valeur, puisque, lors de la dernière épidémie de choléra à frapper la France, en 1835, il guérissait, lui. (Ce qui n'était pas le cas de la médecine officielle.) Il préparait, et vendait, une décoction sous forme de tisane que ses patients devaient boire pendant plusieurs jours. Alors, suivait la guérison.

Cela déplaisait aux médecins qui auraient bien aimé connaître la recette de la potion magique. Un jour, un de ces disciples d'Esculape accroche le bonhomme Paul dans la rue et le supplie de lui dévoiler son secret.

— Tout compte fait, déclare-t-il à son interlocuteur, je pense que je vais vous le dire à vous. Mais ce secret, je ne peux pas vous le dévoiler ainsi, dans la rue. Venez par ici, sous cette porte cochère. On ne nous verra pas ensemble et on ne m'entendra pas.

Ravi de sa bonne fortune, le médecin suit le bonhomme Paul dans la semi-obscurité du passage.

— Vous voulez connaître mon secret ? Approchez !

Et il abat son poing sur le visage du médecin. Les coups se succèdent.

— Vous voulez connaître mon secret ? Le voilà !

L'anecdote se termine ici. On ne saura jamais quelles furent les conséquences de cette fabuleuse raclée dont le récipiendaire se souviendrait encore s'il n'était pas mort depuis.

On se souvient encore, toutefois, des dons paranormaux dont l'ancêtre guérisseur-sourcier aurait été gratifié. Maman, son arrière-petite-fille, prétendait parfois, en faisant semblant de ne pas y croire, avoir un *don*. La cousine Camille, pour sa part, est persuadée que c'est elle qui en a hérité. Le pendule du sourcier aura, en grande partie, dirigé sa vie.

Voilà la vie de cet arrière-arrière-grand-père, telle que ma mère me la contait, selon son souvenir des histoires de son grand-père François Paul.

* * *

La version que racontait tonton Armand offrait des variantes.

Le petit garçon, âgé de sept ans au départ de son père pour l'armée, devient un personnage influent à Morlaix. Riche, il ne possède pas moins d'une rue tout entière ! De plus, il est savant et musicien. Guérisseur de talent, des milliers de malades lui doivent la vie lors de l'épidémie de choléra de 1835. Dieu sait si cette épidémie était terrible, décimant la population. La charrette mortuaire passait de porte en porte, tous les matins, pour ramasser les cadavres.

Il se maria trois fois et engendra 24 enfants. Ceux du premier lit eurent de bonnes situations : sage-femme, armateur, chef de musique à la cour de Napoléon III. Ceux du second lit firent dans le commerce. Quant à ceux du troisième, ils eurent un avenir moins brillant. Au point qu'ils étaient analphabètes. Parmi eux, il y eut un Alexandre, petit génie de la musique, décédé à quatre ans.

En 1845, à la naissance de mon arrière-grand-père François, il avait 50 ans. La fortune de ce trisaïeul avait rapidement fondu, en raison des nombreux procès que lui intentèrent les médecins, jaloux de son pouvoir de guérisseur. François Paul, élevé à la va-comme-je-te-pousse, n'alla même pas à l'école. Cela n'enleva rien à son intelligence ni à ses talents de conteur et de musicien, qualités sortant de l'ordinaire selon tous ceux qui l'ont connu.

Un jour, cependant, la vérité sur la vie du petit-soldat et de sa descendance allait apparaître.

Maman me disait avoir vu à Morlaix l'acte de décès de mon ancêtre soldat de Napoléon. Je ne pensais pas qu'un jour, moi aussi, je verrais ce document. Il est pourtant devant moi, sous forme de photocopie. Même sous cette forme, il m'est infiniment précieux. Sa découverte vaut la peine d'être contée.

* * *

Il y a une douzaine d'année, je me trouvais en compagnie de Marie-Olive et de Marcel, son ami et mentor, au local de la Société de généalogie de Morlaix à la recherche d'actes d'état civil concernant les Paul. À la remarque que nous descendions d'une vieille famille morlaisienne, on me rétorqua qu'il n'en était rien. Deux siècles n'étaient pas suffisants pour se réclamer de ce statut.

Nous allâmes donc vaquer à nos recherches tandis qu'on s'affairait à trouver la réponse aux questions que nous avions posées concernant en particulier François Paul, le petit-soldat. Nous connaissions la date et le lieu de sa naissance (28 avril 1772, à Ploujean) ainsi que la date et le lieu de son mariage (3 février 1789, paroisse Saint-Martin, à Morlaix). Il ne nous manquait que son acte de décès.

Heureuse surprise, à notre retour, la généalogiste nous interpelle avec un triomphant :

— Je l'ai, l'acte de décès de votre aïeul. En voici la photocopie. Il est daté du 16 Prairial de l'An XI (mai 1802), bien qu'il soit mort en 1797 (An V). Cinq ans, c'était le délai normal pour que l'information transite du régiment à la mairie du lieu de naissance.

ACTE DE DÉCÈS

Du seizième jour du mois de Prairial de l'An V de la République française.

Acte de décès de François Paul, décédé le 30 Ventôse An V. Profession de militaire, âgé de trente et un an. Né à Ploujean, département du Finistère, époux de Marie Guernigou, domiciliés de cette ville, ainsi qu'il est constaté par le certificat du Conseil d'administration dont la teneur suit.

22ème Division Militaire.

République française, à Blois, le 17 Floréal An XI de la République française.

Les membres composant le conseil d'administration de la Dix-septième demi-brigade d'Infanterie légère certifient que le citoyen

François Paul, ex-carabinier au premier bataillon, est mort au champ d'honneur le 30 Ventôse An V à l'affaire de Lavis.

Signé le Chef de brigade Vend, Hubert, Cartier, Bischof…capne [capitaine], Prolio sergt [sergent]. Vu par le sous-inspecteur aux revues. Signé, Goudot

Constaté par moi, Sébastien Hyenne, adjoint de la mairie de Morlaix, faisant les fonctions d'officier public de l'état civil, soussigné.

* * *

Courte vie, certes, et plus que François ne le croyait lui-même, car il se trompait sur son âge, se vieillissant de quelques années. 1789, c'est la prise de la Bastille et la Révolution. Tout va basculer pour lui qui n'était âgé que de 17 ans à son mariage. Tout comme son père, il est *ouvrier en tabac* à la Manufacture Royale. La révolution amène la privatisation de l'entreprise, facteur de chômage. Ayant perdu son emploi, il ne peut plus subvenir aux besoins de Marie et du petit Yves-Marie, né le 23 novembre 1789. Répondant à l'appel de la Patrie en danger, il s'engage, devenant ainsi un des célèbres Volontaires de l'An II.

C'est ici que se situerait le touchant épisode du départ du pauvre soldat à qui sa femme et ses trois enfants font la conduite jusqu'à ce que les petits ne puissent plus suivre. Y en avait-il vraiment trois ? Yves-Marie était bien là, âgé de deux ans. Mais les deux autres ? Marie-Olive n'a pas trouvé trace de leur possible existence. Le conteur aurait-il ajouté, malicieusement, les deux enfants nés plus tard du remariage de sa grand-mère ?

François Paul s'engage en 1792, il est incorporé dans la Compagnie franche de Morlaix qui, à Arras, dans le nord de la France, deviendra le 32e bataillon d'infanterie légère. En 1794, il se trouve à Bonn, en Allemagne. L'année suivante, son unité, devenue entre-temps la 17e demi-brigade, passe en Italie sous les ordres d'un jeune général à l'avenir prometteur, Napoléon Bonaparte.

Il sera tué le 20 mars 1797, au pied des Alpes, dans la neige, à Lavis, localité perdue au sud du lac Majeur, à la toute fin de la première campagne d'Italie, où Napoléon trouvera la gloire et lui perdra la vie. François Paul avait 25 ans.

* * *

Aujourd'hui, 8 août 1999, me parvient la nouvelle du décès de tonton Gaston, décédé à Nantes à l'âge de 94 ans. Avec lui disparaît le dernier témoin vivant du grand-père de Morlaix. Il avait fait sonner un carillon mémorable à mon baptême. Je n'aurai pu, hélas ! faire tinter le glas à ses funérailles…

* * *

Où aurais-je pu trouver tous ces détails, sinon aux archives de l'Armée de terre, au château de Vincennes, à Paris, dont l'accès me fut gentiment facilité par Marcel, le compagnon de Marie-Olive ?

Nous voici donc dans cet antique bâtiment mi-forteresse, mi-séjour royal. Après de multiples péripéties, j'eus en main le registre authentique du régiment de François Paul, daté de 1797, un énorme volume soigneusement calligraphié et dans un état de conservation étonnant, qui contenait le relevé détaillé de l'effectif de la demi-brigade. Après avoir scruté dans le détail cet impressionnant document, je finis par découvrir un Jean Paul qui était pourtant bien notre aïeul. Une surcharge très finement écrite portait la mention de François entre le Jean et le Paul. C'était bien lui puisque son père était bien indiqué comme Alain Paul et que sa date et son lieu de naissance étaient exacts. Par contre, sa mère Corentine Le Goff était devenue Marguerite Legros ! Un mystère qui ne sera jamais éclairci…

Trois lignes le concernent. La seule mention concernant son aspect physique nous apprend qu'il mesure 5 pieds 2 pouces, soit 1,57 m. Petit, il l'était vraiment. Ses états de service avaient été remarqués puisqu'il portait le titre et les attributs de carabinier, soit de soldat d'élite.

Pour en savoir plus sur la vie et la mort de François Paul, il faut se référer à l'histoire, celle de la première campagne d'Italie. Avec une troupe déguenillée et affamée, Bonaparte met en déroute l'armée autrichienne dans une série de victoires éclatantes : Lodi, Arcole, Rivoli. La 17e demi-brigade participe à ces trois batailles. Vaincue, l'armée ennemie reflue sur l'Autriche au travers des Alpes, poursuivie par les Français dans la neige et le froid de ce mois de mars 1797. La 17e demi-brigade marche en tête. Les jours de François sont comptés.

JOURNAL DE MARCHE (EXTRAITS)

Combat de Brentenico, 8 Pluviôse. – Après avoir franchi tous les obstacles que la nature lui imposait, [la demi-brigade] *arriva au point du jour aux avants-postes ennemis qu'elle enleva sans tirer un seul coup, ayant de la neige jusqu'à la ceinture… La demi-brigade eut seulement un mort et trois blessés dans cette affaire. Elle fit un grand nombre de prisonniers en poursuivant l'ennemi jusqu'à Brentenico où elle coucha la nuit suivante…*

Combat de Lavis, 12 Pluviôse. – Elle occupait, le 12, la droite de la division et se fusilla avec l'ennemi sur la rive gauche de la Lavis. Elle eut, dans cette journée, un mort, quatre blessés et deux prisonniers. Elle s'empara des hauteurs de Carradina et cantonna dans ce village jusqu'au 11 Ventôse inclusivement.

Le 12, elle fit une reconnaissance en avant de la rivière Lavis...

Le 29 Ventôse, la demi-brigade partit de Carradina et se porta dans la nuit sur les hauteurs de Lavis.

Bataille de Lavis, 30 Ventôse. – Le 30 au matin, au point du jour, formant le centre de la ligne de bataille [...] elle attaqua vivement les redoutes ennemies en avant de la montagne Saint-Michel et les enleva à la pointe de la baïonnette. Elle gravit ensuite cette montagne pénible et en débusqua tout ce qui trouvait d'ennemis. Malgré la résistance opiniâtre que ceux-ci lui opposent, elle les culbuta... et leur enleva un drapeau... Le nombre de prisonniers que fit la demi-brigade, dans cette mémorable journée, est incalculable...

Il y eut, lors du combat de ce jour-là, cinq sous-officiers ou chasseurs de tués...

* * *

François Paul faisait partie du lot.

Adieu le petit-soldat. Ton bref passage sur terre n'aura pas été inutile puisque tu auras engendré, avant de partir à la guerre, un petit garçon du nom d'Yves-Marie. C'est lui qui se mariera trois fois et sera le héros des histoires et des légendes racontées par son fils, le grand-père de Morlaix.

Barba, l'énigmatique

J'AI déjà évoqué Barbe, la grand-mère Paul que son époux appelait *Barba*, forme bretonne de ce prénom. François et Barbe étaient bretonnants, tout en parlant correctement le français. Leurs enfants, dont Dodotte, furent élevés en breton. À la génération suivante, celle qui me précède, seuls Maman, tonton Armand et tonton Gaston ont parlé cette langue. La retransmission, purement orale, s'est interrompue à ma génération, celle de l'Entre-deux-guerres. J'en ai gardé des rudiments, un vocabulaire étendu et la possibilité de reprendre à volonté l'accent dit de Carhaix. Enfant, il m'arrivait de suivre la conversation.

Un jour, Maman bavarde avec une amie. Elles parlent d'un certain monsieur en termes peu flatteurs, mais prudents en raison de ma présence. Pour bien se faire comprendre de son interlocutrice, elle ajoute trois mots en breton pour dire que c'était un prêtre. Et ma petite voix, qui n'a pas encore mué, de traduire tout haut :

— Il était prêtre ?

Stupéfaction de Maman qui n'utilisera plus jamais ce méchant stratagème.

LA LÉGENDE DE BARBE

Voici ce qu'enfant j'entendais raconter au sujet de mon arrière-grand-mère Barbe de Blisier, seconde épouse de François Paul. (La première était décédée, ainsi que leurs deux enfants.) Elle le rencontra dans un restaurant où elle travaillait. François prenait là ses repas. Il était bel homme. Ils se plurent, se marièrent et vécurent longtemps, sinon heureux.

Barbe était une enfant de l'assistance publique. Elle fut placée en foyer nourricier chez des pêcheurs qui étaient si pauvres qu'ils puisaient l'eau de la mer pour faire l'économie du sel de cuisine.

À l'âge de dix ans, elle se retrouva à l'asile des folles, sans l'être, pour y apprendre la couture. À partir de 16 ans, elle alla en journée, comme couturière sans doute.

D'où sortait cette pauvre orpheline ? Un jour, une diseuse de bonne aventure lui dévoila qu'elle était fille de marquise, qu'elle avait un frère et qu'elle ne retrouverait jamais sa famille.

Pour faire bonne mesure, elle ajouta qu'elle se marierait, aurait beaucoup d'enfants, serait malheureuse avec son époux, mais terminerait sa vie dans le calme. Ce qui s'est avéré et ne demandait pas grand génie de la divination.

Qu'en est-il de la première partie de la prédiction ?

La mère de Barbe accoucha à Morlaix, venant on ne sait d'où. Le bébé fut confié à une sage-femme. Une main anonyme laissa une somme très importante afin de pourvoir aux frais de son éducation. Pas moins de 30 000 francs, des francs-or, naturellement. On laissa aussi des boucles d'oreilles devant servir à sa reconnaissance. Le tout était placé chez un notaire, avec des papiers justifiant son identité. Mais voilà que la sage-femme mourut et c'est ainsi que Barbe se retrouva à l'assistance publique, abandonnée, petite pauvresse, riche sans le savoir.

Ce n'est que bien des décennies plus tard que ses propres enfants s'inquiétèrent de la dot de leur mère. Trop tard ! La ville de Morlaix l'avait récupérée pour subvenir à l'éducation de l'orpheline.

Que croire de cette histoire trop exemplaire d'enfant abandonnée et perdue qui semble sortir d'un livre de contes ? On peut supposer que la mère de Barbe était une fille de famille riche, noble ou bourgeoise, enceinte hors des liens sacrés du mariage, comme on le disait encore il n'y a pas si longtemps. Les parents auraient expédié leur fille accoucher au bout du monde, ce qu'était Morlaix vu de Paris en 1842. Comme les futurs grands-parents avaient des principes et de l'argent, ils avaient vu au bien-être de leur descendance illégitime, puis rapatrié la mère fautive.

Ce scénario romanesque est plausible, car l'histoire des 30 000 francs est constante dans la tradition familiale.

Le plus curieux de l'histoire demeure que la première intéressée ne semble pas avoir attaché d'importance à sa propre aventure.

Il est maintenant permis à chacun de rêver. Fille de duchesse ? Pourquoi pas ? Et ce frère qu'elle n'a pas connu, qu'a-t-il fait dans la vie ? Qu'est devenue sa mère ? Pourquoi Barbe n'aurait-elle pas été de sang noble, puisqu'elle a été inscrite à l'état civil sous le nom « de » Blisier.

L'HISTOIRE DERRIÈRE LA LÉGENDE

Grâce à Marie-Olive, la légende du petit-soldat avait rejoint la vérité historique. Qu'en sera-t-il de celle de Barbe de Blisier ?

Hélas ! La belle légende, le trésor disparu, la duchesse devenue Cendrillon ne résisteront à la froideur inflexible des documents d'archive. L'imagination de grand-père Paul était aussi passée par là.

Qu'on en juge sur pièce.

ACTE DE NAISSANCE DE BARBE BLISIER

Le 3 octobre 1842, à trois heures de l'après-midi est comparue Marie-Françoise Turbot, sage-femme, âgée de 49 ans, domiciliée à Morlaix, laquelle nous a présenté un enfant de sexe féminin, né ce jour, à une heure de l'après-midi, rue Longue, secteur de la Roche, et sur la déclaration qu'elle nous a faite d'ignorer les noms des auteurs de ses jours, nous, sus dit officier de l'état civil, lui avons donné les prénoms de Barbe, Armande et le nom de Blisier, et avons ordonné de porter ledit enfant à l'hospice de cette ville, lesdites déclarations et présentations faites en présence de deux témoins ci-après dénommés, savoir de Jean Michel, âgé de 46 ans, et de Sébastien Glorennec, âgé de 43 ans, tous deux sergents de police domiciliés à Morlaix.

* * *

Voilà ce que révèle l'acte de naissance de Barbe Blisier, retrouvé il y a quelques années.

Qu'elle ait été déclarée à la mairie deux heures seulement après sa naissance, que la sage-femme ait déclaré ne connaître ni la mère ni le père, que le nom Blisier ait été choisi par l'officier d'état civil et qu'elle ait été immédiatement remise à l'hospice, prouvent deux choses. L'histoire de l'enfant confiée à une sage-femme chargée de l'élever n'est que fiction. Deuxièmement, Barbe fut une pauvre orpheline, élevée à la dure. Le seul épisode véridique la concernant est sans doute celui de sa jeunesse où, placée dans une famille d'accueil, elle va puiser de l'eau de mer pour faire la soupe, car ses parents d'occasion sont trop pauvres pour acheter du sel. Cette hypothèse est d'autant plus plausible que l'histoire ayant été racontée en sa présence, Barbe l'aurait démentie si elle avait été fausse. Mais le document d'état civil pose, indirectement, une question troublante.

La sage-femme qui dépose la petite inconnue à la mairie de Morlaix en 1842 porte le patronyme de Turbot. Or, le nom de jeune fille de la première épouse d'Yves-Marie (le fils du petit-soldat), décédée en 1823, n'est nul autre que Turbot. Un lien familial existait-il entre les deux ? La question est posée…

Épouser des pauvres orphelines était une caractéristique des Paul. Nos aïeules provenaient du Trégor, région située à l'est de Morlaix, plus précisément de la petite ville de Plouaret et de ses environs. Pauvres, elles l'étaient sûrement, puisqu'une d'entre elles a été déclarée *Mendiante* dans son acte de décès.

Marie-Olive, grâce à ses recherches, confirmera la réalité des trois mariages et les nombreux enfants d'Yves-Marie, le fils du petit-soldat, sans éclairer leur destin, sauf que nous descendons bien du troisième lit, celui des pauvres.

Le sorcier de Morlaix

REVENONS au bonhomme plein de malices et raconteur d'histoires *vraies* qu'était François Paul.

Il avait eu un ami qui se disait sorcier. À l'époque, on y croyait. Si le diable et ses cohortes existaient, pourquoi n'auraient-il eu pas des séides sur terre ?

N'importe quel plaisantin ou petit malin pouvait facilement se faire passer pour tel, d'autant qu'il existait et qu'il existe encore des gens qui sont persuadés de détenir des pouvoirs paranormaux.

Notre sorcier, que les Morlaisiens craignaient, était du style à se payer la tête de ses concitoyens. Jugez-en par vous-mêmes.

* * *

À l'époque, il y avait à Morlaix un marché au lait. Chaque matin, toutes les *Perrette* des environs y apportaient le produit de leur troupeau.

Un beau matin, le sorcier disposa dans sa cour un assortiment de contenants divers, puis il fit la leçon à sa femme.

— Quand les marchands de lait viendront, fais-les verser leur lait dans les barriques qui sont là et demande-leur de patienter.

Et lui de se rendre au marché, dès potron-minet, pour y attendre ses victimes. Au fur et à mesure de leur arrivée, il achetait leur lait, les priant d'aller le porter chez lui, précisant qu'il les paierait rendu là. Il rafla ainsi tout l'approvisionnement du jour.

Quand il rentra à la maison, quelques heures plus tard, les marchands étaient là, attendant leur dû.

— Alors, tu nous paies, Sorcier ?

— Comment ? Vous payer ? Mais je n'ai pas un sou ! Si vous n'êtes pas contents, reprenez votre lait !

À Morlaix, ce jour-là, on ne trouva pas une goutte de ce précieux liquide.

* * *

L'épouse du sorcier était une femme digne de pitié, selon le voisinage. Son mari la battait. Les bonnes âmes en faisaient le reproche à l'homme qui s'en défendait bien. Il en fit la preuve un jour de Fête-Dieu.

La Fête-Dieu était la plus poétique de l'antique liturgie catholique. Le prêtre, revêtu d'une chape dorée, portait, protégé par un dais que soutenaient quatre dignitaires, l'ostensoir contenant l'hostie consacrée. La procession allait de l'église à un reposoir installé sur une place ou dans un parc.

Les riverains des rues qu'empruntait le cortège décoraient les façades des maisons avec des draps sur lesquels on épinglait des fleurs. Le sol était recouvert d'un tapis composé de sciure de bois teintée, de pétales de fleur et de roseaux. C'était charmant.

En ce jour de fête, toute la population de la rue où logeait le sorcier était sur le pas des portes, attendant la procession. Lui se tenait à sa fenêtre, à l'étage, comme si de rien n'était, alors qu'on entendait sa pauvre femme pousser les hauts cris. Et le sorcier de prendre tout le monde à témoin.

— Vous l'entendez crier. Pourtant, je ne la touche pas. Elle ment quand elle prétend que je la bats !

Ce que le scélérat taisait, c'est qu'il avait enfermé sa femme dans un sac et qu'il la tenait sous ses pieds, pendant qu'il jouait l'innocent.

* * *

Les gens importunaient le sorcier pour connaître ses secrets. Avec l'aide de François Paul, il construisit une cabane, à la sortie de la ville. Toute simple, elle comportait deux portes opposées. À l'intérieur, ils déposèrent un récipient muni d'un couvercle percé d'un trou.

Les deux compères firent alors savoir à la ronde que les secrets du sorcier seraient dévoilés à tout le monde, moyennant une faible contribution de cinq sous.

La foule accourut.

Une fois dans la cabane, le curieux, soulagé de ses 25 centimes, se faisait apostropher comme suit.

— Mets ton doigt dans le trou du vase que voilà. Si tu devines ce qu'il contient, tu connaîtras le secret.

Le curieux s'exécutait pour découvrir, instantanément, que la matière mystérieuse n'était autre que… des excréments.

Au badaud dépité de s'être laissé prendre, on conseillait de n'en rien dire en sortant, pour devenir complice de ce malodorant canular et attraper les autres naïfs.

La tradition dit que toute la ville de Morlaix emprunta la porte d'entrée et la porte de sortie de la cabane. Je n'ai jamais su combien de pièces de cinq sous les deux compères retirèrent de leur entreprise. Par contre, il est certain qu'ils en burent les bénéfices. Grand-père Paul ne détestait pas lever le coude. Il serait arrivé à Barbe de se retrouver dans la rue, avec ses enfants et quelques bleus en prime, certains soirs de paye trop bien arrosés.

La chronique prétend que jeune il avait un caractère violent que l'âge adoucira. Il paraît qu'un jour un mauvais plaisant l'injuria en lui disant :

— Tu cherches des crottes de bique pour nourrir tes enfants ?

Paroles imprudentes, car François Paul, vexé, répondit avec ses poings et l'impertinent resta couché quinze jours.

Conteur, sonneur, blagueur

GRAND-PÈRE Paul, le soir, du fond de son lit, à la lueur tremblotante du feu qui se consumait dans la cheminée, racontait des histoires à n'en plus finir. Des histoires qui ravissaient la petite Camille blottie près de sa grand-mère dont elle partageait la couche. Celle-ci, qui voulait dormir, suppliait le conteur d'arrêter :

— Cric, crac, croc, mon histoire est finie !

Parmi ces contes, en voici un qui a beaucoup voyagé. Depuis grand-père Paul, il a cheminé, au travers de cinq générations, de la Bretagne au Canada. Voici la version de ce conte venu de Morlaix à Montréal en passant par Carhaix, revisité par Sophie, ma petite-fille québécoise, à la fleur de ses quinze ans.

LE BRAVE PETIT NAIN

Il y a très longtemps de cela, en Bretagne, une région de la France, il y avait un village qui s'appelait Kergoat. Ce village était dominé par un immense et sombre château, habité par Goaper, un ogre horrible. Il terrorisait les villageois en leur demandant de déposer chaque jour un petit enfant devant la porte de son château.

Kergoat était situé à l'orée d'un bois. Dans cette forêt vivaient les korrigans. Bien peu d'entre vous ont déjà entendu ce nom. À mes contemporains Canadiens français, je dirai qu'ils ressemblaient aux Schtroumpfs, ces petits nains habitant dans les bois. Les gentils korrigans aidaient les pauvres en leur apportant du pain, des noix et des fruits sauvages pendant la nuit. Ils savaient également ce que l'ogre faisait aux gens du village et auraient bien voulu apporter quelque secours. Mais un korrigan n'était guère plus haut que trois pommes, et Goaper était plus grand que le grand chêne où vivait le petit Pierrick.

Pierrik, en langue du pays, signifiait Petit Pierre. C'était le plus petit de tous les nains de la forêt. Il était bossu et laid, et faisait bien rire les autres korrigans. Lorsque à la tombée de la nuit ses camarades faisaient la fête autour d'un joyeux feu de camp, Petit Pierre marchait seul dans la forêt, parlant à ses amis les animaux.

Un jour, alors que Pierrik se reposait sur son lit de mousse, il entendit un petit cri étrange. Il crut un instant qu'il s'agissait d'un animal, mais s'aperçut bien vite qu'il s'agissait d'un enfant qui pleurait. Se laissant guider par les pleurs, il vit une petite fille toute sale et vêtue de haillons.

— Qu'as-tu, belle petite fille ? demanda le nain.

Et l'enfant lui raconta tout. Elle se nommait Gwenaëlle et était née au village. Elle s'était sauvée dans la forêt alors que ses parents s'apprêtaient à la livrer à Goaper. Depuis, elle vivait seule dans les bois, se nourrissant de glands et de racines. Pierrik, ému par son histoire et son courage, l'invita dans la clairière.

D'abord effrayés à la vue d'un humain, les autres nains cessèrent leur ronde autour du feu et coururent dans tous les sens. La petite fille les rassura, s'assit sur l'herbe et commença à leur parler de l'ogre.

— Écoutez, leur dit-elle, j'ai un plan...

Le lendemain, Pierrik et Gwenaëlle se mirent en route vers le château de l'ogre, suivis de loin par quelques autres nains. Ils arrivèrent enfin et passèrent sans problème entre les larges barreaux de la porte. Effrayés mais confiants, ils marchèrent dans le château.

— Ça sent la chair fraîche ! dit l'ogre.

Puis, apercevant Pierrik, il ajouta...

— Sale petit nabot ! Va-t'en ou je t'écrase sans pitié !

Puis, il vit l'enfant. Il courut vers elle pour la capturer, mais elle s'échappa. Le courageux petit nain prit un élan et grimpa sur l'ogre. Arrivé à la hauteur de son oreille, il lui proposa un marché. Au crépuscule, l'ogre viendrait dans la clairière, où l'on aurait dressé une table avec un immense festin. Si le nain mangeait plus que l'ogre, Gwenaëlle serait saine et sauve et les autres enfants du village n'auraient plus rien à craindre. Si l'ogre gagnait, il aurait l'enfant et le nain comme dessert. L'ogre accepta, se disant que ce n'était, au fond, qu'une autre bonne occasion de se remplir le bedon et qu'à coup sûr il gagnerait.

Le soir arriva donc, et tous se rendirent dans la clairière. D'immenses tables y avaient été placées, et on les avait couvertes de bœufs et de moutons rôtis entiers, de tartes et de miches de pain. Averti, tout le village était présent et chacun avait apporté de la nourriture. Puis, l'ogre et le korrigan commencèrent à manger. Chose étrange, Pierrik mangeait autant sinon plus que Goaper. En effet, sous ses pieds, Guitou, le nain qui travaillait dans la mine, creusait un trou profond. Pierrik faisait donc semblant de manger. En réalité, il enfouissait sa nourriture sous terre. Affolé, voyant qu'il perdait, Goaper redoubla d'ardeur et mangea, mangea, si bien qu'il explosa.

Les habitants de Kergoat se rendirent tous au château et délivrèrent les enfants qui n'avaient pas encore été mangés par l'ogre. Depuis ce jour, tout le monde fut heureux au village. Pour remplacer l'ogre tyrannique, on élut un bon roi qui apporta la paix et la prospérité. Quant à Pierrik, il a quitté son vieux chêne. Il vit dans la clairière et, lorsque le soleil se couche, il chante, danse et fait la fête avec les autres nains.

— Sophie Lebarbé, 1997

* * *

Un autre conte de François Paul, dont Maman avait oublié les détails, parlait d'un château merveilleux, serti de pierres précieuses. Les chaînes du pont-levis étaient en or. Le service était l'œuvre de serviteurs dont n'apparaissaient que les mains. Le mystère régnait dans ce palais de rêve.

* * *

S'il était conteur, grand-père Paul pétillait aussi d'esprit. Pauvre de lui, il ne pouvait pas prononcer le mot redingote, il disait : « reguingote ». Il vous l'assurait avec sérieux !

Il détestait les Anglais, l'ennemi héréditaire.

— N'oubliez pas, mes enfants, que nous, Bretons, nous sommes des corsaires, tandis que les Anglais sont des pirates.

Son injure suprême à leur égard était : English spoken ! allez savoir pourquoi.

Il ne détestait pas jouer des tours. Alors que Maman était pensionnaire chez les Ursulines, il alla lui faire une visite accompagné de tonton Gaston qui devait avoir une dizaine d'années à l'époque. Comme il ne voulait pas arriver les mains vides, il prit des poires bien mûres dans les arbres des religieuses.

— On va leur rendre ce qui leur appartient !

Un jour, il fit voler un grand cerf-volant pour Camille, sa petite-fille. Ils allèrent le faire voler là-haut, sur la colline. Tous les enfants de la ville les suivirent, me raconta Maman, avec un sens de l'exagération bien méridional et parfaitement déplacé sur les rives de la Manche.

François Paul était aussi musicien. Il jouait du biniou et de la clarinette. Pour arrondir ses fins de mois, il faisait danser les noces.

Pour qui l'ignore, le biniou, sorte de cornemuse, est l'instrument traditionnel breton. Accompagné par la bombarde, un hautbois rustique, il forme l'inséparable duo des bals traditionnels. Qui en joue est appelé *sonneur*. Il arrivait qu'un tambour, marquant le rythme, les accompagne. Chacun des enfants Paul a battu du tambour à son tour, y compris Dodotte. Je le tiens d'elle...

Sa clarinette est toujours dans la famille. Je l'ai conservée pendant quelques années. En 1968, je l'ai remise à tonton Gaston par l'intermédiaire de son fils Yann qui en est désormais le dépositaire. Quant à son biniou, il a été perdu. Un jour, tonton Gaston l'envoya réparer à Rennes. Il ne revint jamais.

Grand-père Paul était certainement un excellent sonneur. En 1890, il aurait gagné le second prix d'interprétation dans un concours, à Brest. Le premier prix revenant au père Léon, de Carhaix, que j'ai entendu jouer, en 1942 ou 1943.

Il y avait deux frères Léon, musiciens, l'un surnommé Léon *Braz* [le Grand] et l'autre Léon *Bihan* [le Petit]. Un jour, Léon Braz déclara à tonton Gaston :

— Ton grand-père jouait mieux que moi.

Beau compliment de la part d'un sonneur qui appartient à la catégorie des interprètes qui ont laissé leur nom dans l'histoire officielle de la musique bretonne. Très âgé à l'époque, le bonhomme s'était retiré à l'hospice des vieillards de Kerampuil. Il faisait le tour des bistros le dimanche après-midi et payait ses consommations d'un air de bombarde.

Ce don musical a été transmis à tonton Gaston, flûtiste amateur de talent. Ses deux fils tiennent de leur père : Alain est hautboïste et Yann taquine la flûte traversière.

DES REGRETS

Il me reste, en dépôt, la médaille que François Paul aurait reçue, comme second prix, en 1890, à Brest. Tout n'est peut-être pas à prendre à la lettre dans cette tradition familiale. La médaille existe bel et bien, mais sans mention particulière. Un rassemblement au moins a eu lieu. J'ai eu, sous les yeux, une photo d'époque, publiée par la revue *Ar Men*, où paraissent tous les participants, clairement identifiés. Mais François Paul ne s'y trouve pas. Comme il n'y a pas de fumée sans feu, donnons au grand-père le bénéfice du doute. Un autre concours où cette médaille lui fut décernée a peut-être existé.

Une ultime relique est en ma possession : le portrait, en profil, du grand-père, dessiné au crayon par Camille, sa petite-fille, douée de jolis talents artistiques.

En terminant ces chapitres sur les histoires que nous a laissées François Paul, je me sens envahi par un sentiment de culpabilité envers la mémoire de mon aïeul. N'eût-il pas mieux valu laisser intactes toutes ces fabuleuses histoires qui ont ravi l'enfance de ma mère et la mienne propre ?

Qu'on pardonne à l'iconoclaste que je suis !

DES GRANDS-PÈRES ABSENTS

Un vilain sentiment de jalousie envahissait mon cœur d'enfant. J'enviais Maman d'avoir eu un grand-père aussi extraordinaire, car les miens ne me racontaient pas d'histoire, ne m'amenaient pas en promenade et ne semblaient être conscients de mon existence que pour me gronder. J'aurais tant voulu un grand-père gâteau, mais l'un était un ectoplasme et l'autre, un bloc de glace.

De pépère Lebarbé, il ne me reste que de brefs souvenirs. Une ombre, c'est lui, mon pépère, qui se promène dans la cour de sa maison. Puis, Maman qui me réveille pour m'annoncer son décès survenu pendant la nuit. C'était en 1935, je n'avais que six ans. Naine, qui me parlait si souvent de mon *défunt père*, ne me disait jamais rien de son défunt mari. En fait, ses petits-enfants ne l'intéressaient pas.

Pour sa part, le réfrigérant pépère Geoffroy était un grand homme, six pieds de haut, maigre, aux yeux bleus et au crâne dégarni orné de deux ou trois curieuses bosses hémisphériques. Tout en lui respirait la froideur. Moi, son petit-fils, qui l'ai bien connu, allant jusqu'à le veiller dans son agonie, je n'ai pas le souvenir d'un seul geste de tendresse de sa part. Son dernier mouvement à mon égard en fut un d'agacement, la veille de son décès. Il était, je pense, humilié que son petit-fils soit témoin de sa déchéance physique.

Pépère Geoffroy me donnait l'impression que je le dérangeais.

C'était aussi un homme droit et honnête. Mais comme tous les hommes de caractère, il en avait un fort mauvais.

Si bien que ses six enfants, nés entre 1900 et 1911, ne pouvaient que subir les contrecoups de son tempérament. La vie, pour eux, n'était pas agréable dans cette maison inconfortable de la rue Amiral-Emeriau, qu'ils devaient partager avec les puces et les punaises.

Passer quelque temps à Morlaix, chez leurs grands-parents Paul, était, pour Maman, ses frères et sœurs, le paradis sur terre. Toutes les marques d'affection dont leur cœur d'enfant était privé, ils les trouvaient là. Toute l'attention dont ils manquaient à la maison, elle leur était accordée, et plus encore.

Tonton Armand, à qui sa grand-mère demandait ce qu'il voulait manger, pouvait ainsi répondre :

— Du café et des frites !

J'ouvre un œil sur la vie

PAPA tenait les comptes de la Société Lebarbé Frères Quincailliers. Une secrétaire l'assistait. Elle faisait, en quelque sorte, partie de la famille, puisqu'un jour c'est elle qui monta me coucher pour mon dodo d'après-midi. Et me voici dans mon petit lit, criant :

— Bo, bo, bo…

— Oui, tu es beau, mon petit mignon.

Et moi de répéter :

— Bo, bo, bo…

Jusqu'au moment où Henriette Cario réalisa qu'elle avait oublié de me déchausser. Ce bo voulait dire sabot ; j'avais encore aux pieds mes sabots, ou plutôt mes galoches, chaussures à semelle de bois et empeigne de cuir.

C'est mon premier souvenir…

* * *

À moins que ne ce soit celui-ci ? Il y a dans la maison une activité anormale. J'ai reçu l'ordre d'accompagner ma sœur Babette à l'école des Sœurs qui font maternelle. Pour moi, il n'en est pas question. Papa se fâche… Et me voilà entrant, pas content du tout, dans l'enceinte de l'école, par la porte du côté de l'église.

Ce jour-là de 1931, ma sœur Marie-Olive vit le jour.

* * *

Quelques mois plus tard, un dimanche, Papa et Maman vont à la messe de sept heures, laissant Marie-Olive dans son berceau près de leur grand lit et moi dans ce même grand lit. À leur retour, montant l'escalier, ils entendent :

— Suce mignonne… Suce mignonne.

Ils accélèrent leurs pas, se demandant bien ce que je faisais sucer à ma petite sœur.

C'était mon gros orteil ! Étendu en travers du lit, j'offrais à ma petite sœur mon gros orteil. Heureuse, elle suçait, elle suçait…

* * *

Cette fois, Maman, dans la cuisine, ravaude et moi je joue avec la boîte à ouvrage, cherchant boutons ou chiffons. Soudain, je m'écrie :

— Maman ! Maman ! J'ai trouvé le *plafond* de mon pantalon.

* * *

Gourmand, j'adorais les poireaux. Ce fut la raison d'une certaine prise de bec. À m'entendre, tous les poireaux du pot-au-feu devaient me revenir. Je revois encore toute la famille autour de la table et Papa m'admonestant aussi vertement que les feuilles des poireaux en question.

* * *

Ma première sortie en solitaire fut pour aller acheter un paquet de Gauloises pour Papa. Un vrai travail d'homme ! Le risque était faible, car il n'y avait que le coin de la rue Amiral-Emeriau à tourner. Les automobilistes étaient rares et les charrettes, bien lentes, s'annonçaient par le grincement de leurs essieux et le *clip-clap* des sabots sur les pavés. Quant au buraliste, Charles le Floc'h, il me connaissait bien. Plus tard, son fils Loulou sera un de mes camarades préférés.

* * *

Ce jour-là, j'accompagne Louis Jézéquel et François Le Jeune au Moulin-Meur, sur le bord de l'Hyères, au bas de la longue descente qui dévale de la ville tout là-haut. Ils vont y laver le camion de l'entreprise, sur la rive du bief du moulin. C'est l'été. Devant mon refus de me tremper les pieds dans la rivière, ils remplissent un seau d'eau où je barbotte. Bonheur suprême.

Louis et François étaient les employés de la quincaillerie. Ils travaillaient en arrière, dans l'immense entrepôt où j'allais jouer. Ma présence ne devait pas trop les importuner. Un jour, pour m'amuser, ils me tailleront une superbe épée en bois.

* * *

Je joue dans le magasin avec mes grands frères. Ce doit être un dimanche puisqu'on nous laisse agir à notre guise en ce lieu. Raoul et Armand, peut-être aussi Ferdinand, ont savamment placé des caissettes contenant des clous à ferrer les chevaux pour en faire une imaginaire voiture, sans doute une comme celle de notre père.

La quincaillerie, surtout le grand entrepôt, était un merveilleux terrain de jeux. Après tout, nous étions huit enfants dans cet immeuble, allant de 12 ans à un an : mes deux frères, mes deux sœurs et nos trois cousins.

* * *

Je me vois jouer avec Marie-Olive, dans le bureau paternel. Je lui griffonne, à l'endos d'un récépissé de Butagaz, la première d'une longue série de lettres à venir.

* * *

Je vais cueillir des pissenlits pour la salade avec Naine, dans un champ, près de la Croix-de-Mission. Tata, sa sœur, vieille fille ratatinée et trottinante, déjà percluse de rhumatismes, nous accompagne. Et moi, quelque peu naïf, je cueille les fleurs au lieu des feuilles au grand amusement de ma grand-mère.

C'est un des rares souvenirs que j'ai de Naine se déplaçant normalement. Par la suite, je l'ai toujours connue quasi impotente, clouée à sa chaise par sa corpulence et ses mauvaises jambes.

Tata, surnom affectueux de ma grand-tante Léonie Leteinturier, n'exige pas d'explication. Quant à celui de Naine, Raoul, mon frère, en serait l'inventeur incapable qu'il était de prononcer *marraine*. On en aura déduit qu'il est le filleul de notre grand-mère.

* * *

Un autre souvenir, où Naine marche encore, remonte à ma mémoire comme une bulle à la surface d'une mare.

Nous sommes à la foire, sur la place du Champ-de-Bataille, l'une des quatre ou cinq places de Carhaix, remplie par les manèges, les jeux d'adresse, les loteries des forains.

Dans une de ces boutiques, on peut gagner des petits lapins de peluche munis d'une poire au bout d'un tuyau en caoutchouc. En pesant sur la poire, le lapin avance en sautillant. J'en veux un pour jouer au chasseur avec la carabine à plombs de Papa.

Hélas ! je n'ai pas gagné mon lapin !

Était-ce prémonitoire du goût que j'aurais plus tard pour la chasse et les armes à feu ?

J'allais à la maternelle, à l'école des Sœurs, près de l'église paroissiale. Cela me gênait un peu, car je n'étais pas une fille, moi. On y faisait de beaux sommes et j'y ai appris une ou deux chansons dont je me souviens encore. Et à lire et à écrire. En entrant en première année, à l'école des Frères, je me débrouillais fort bien.

* * *

Les maladies infantiles, souvent mortelles, étaient la norme. Alors que j'étais encore nourrisson, j'ai eu la typhoïde en même temps que Maman et Babette.

Puis, je revois le docteur Andrieux qui nous vaccine, les huit enfants, sur la table de la cuisine de tante Marianne. Il pique sur la peau du ventre. Quel cirque !

Surtout, j'ai fait une grave maladie dont j'ai oublié la nature, la diphtérie peut-être. C'était au début de novembre 1932. J'avais donc quatre ans. Pendant ma maladie, Maman, qui me veillait, peignit sur une armoire laquée blanche, en haut de la porte de droite, un joli moulin, sans doute celui de *Marianne qui y va…* ou du *Meunier qui y dort…*

* * *

Je fus très malade et, pourtant, ce fut l'occasion d'un des plus merveilleux moments de ma vie.

Je suis endormi dans mon lit d'enfant. La grande armoire blanche est à droite, contre le mur. Une présence soudaine m'éveille. J'ouvre les yeux et, tout près de mon visage, il y a deux autres visages. Celui de Maman, avec ses lunettes, et celui de Papa, avec ses grosses moustaches à la gauloise. Ils me regardent, je les regarde. Ils sont heureux et moi aussi.

C'est la grande foire du 1er novembre. Ils m'ont acheté un petit moulin en celluloïd monté sur une baguette. Les ailes sont blanches. Jamais je n'ai ressenti avec une telle intensité ce fluide immatériel de l'amour maternel, de l'affection paternelle croisant l'abandon total de l'enfant dans un moment de bonheur intense.

Je me remis fort bien et, à ma requête, pendant une semaine je fus nourri de bouillon. Les voisins en firent à tour de rôle, le reste de la famille souhaitant manger autre chose que du pot-au-feu tous les jours.

* * *

C'est au tour de Papa d'être malade. Il passe ses journées allongé ou couché. Au fond de notre grande cuisine, on lui a installé une chaise longue en jonc tressé, joliment coloré. De son coin, il règne sur nous, surveillant sa turbulente tribu.

Qu'avais-je donc fait comme bêtise ce jour-là ? Papa s'est fâché. Il s'est redressé comme pour se lever. Tiens, n'avait-il pas une canne ? Mais c'est de sa casquette qu'il se sert pour me donner une bonne tape sur les fesses. Et moi, de brailler de toute la force de mes poumons, non pas tant parce que j'avais mal, mais bien parce que j'étais vexé.

Un autre jour, étonné de ne pas le voir, je suis entré dans sa chambre. Il était assis dans son lit, appuyé à deux oreillers. Il avait placé sur ses genoux un pupitre fait sur mesure qui dégageait ses jambes malades pour y déposer un gros registre de comptabilité de la quincaillerie. Il travaillait comme dans son bureau. J'ai dû le déranger, mais il ne m'a pas grondé.

Papa est malade. On prononçait autour de moi un mot savant que je ne comprenais pas : « *phlébite* ».

Le drame

C'ÉTAIT le Mardi gras 1933, l'une des quatre dates marquantes de l'année du Carhaix de ce temps-là. Les autres étant la fête de La Tour d'Auvergne, en juin, et les foires du 13 mars et de la Toussaint.

Les conscrits de l'année déclarés *bons pour le service* par le Conseil de révision, et qui devaient rejoindre leur caserne peu de temps après, organisaient le défilé du Mardi gras. La tradition exigeait qu'ils se déguisent. L'essentiel de ce défilé était constitué par un char sur lequel trônait *Sant-al-Lard* [Saint-le-Gras] : un mannequin figurant les jours gras qu'on brûlait le lendemain, mercredi des Cendres. On jetait ses cendres dans l'Hyères, du pont de Kergroaz, à Petit-Carhaix au sortir de la ville. On devine la symbolique du geste.

Une chanson bilingue accompagnait cette fête :

> *Sant-al-Lard ne ket maro*
> [Saint-le-Gras n'est pas mort]
> *Sant-al-Lard ne varo ket*
> [Saint-le-Gras ne mourra pas]
> *Tu nous quittes*
> *Tu nous laisses dans l'embarras*

La mélodie guillerette est un air traditionnel du pays, que je vous fredonnerais si vous étiez là.

Donc les conscrits se déguisaient pour l'occasion. Un certain Mardi gras, une fillette de neuf ans, placée au coin des rues de l'Amiral-Emeriau et du Général-Lambert, n'avait pas trop de ses deux yeux pour regarder passer le défilé. Lorsqu'elle vit un mousquetaire coiffé d'un grand chapeau à plumes, l'épée au côté, monté sur un superbe cheval noir, elle fut éblouie. Camille courut à la maison.

— Maman ! viens voir le beau mousquetaire !

Onze ans plus tard, elle épousait le beau cavalier.

Une anecdote en attire une autre. En 1935, traînait à Carhaix un *pilhaouaer* [chiffonnier] surnommé Peau-de-Lapin. Las de la vie, il se noya le soir du Mardi gras. Lorsqu'on trouva son corps, on crut d'abord que c'était *Sant-al-Lard* qui venait d'être jeté à l'eau. Cela fit du bruit dans le pays.

* * *

Ce Mardi gras 1933, le petit garçon que j'étais fut réveillé en sursaut, en pleine nuit, par des cris et des rires avinés. Les conscrits faisaient le tour des innombrables débits et cafés de la ville. La chambre était noire. J'eus très, très peur. Prémonition... Ce brouhaha remplaçait le grincement de la charrette de la mort accompagnée d'*ar Ankou* [la Mort] qui, dans l'imaginaire breton, passe immanquablement devant la maison où quelqu'un va mourir.

Quelques jours plus tard, au petit matin, des voix, des bruits, des chuchotements, des portes qui claquent m'arrachent à mon sommeil. La lumière est allumée dans la chambre. Les lits de mes frères sont vides. Il y a du monde dans la chambre de mes parents.

Intrigué, je me lève. Je m'habille tout de travers, enfilant comme je peux mes longs bas de laine, semblables à ceux d'une fille.

Au bout du couloir, la porte de la chambre est ouverte. Il y a du monde.

Au pied du lit, Babette se tient en pleurs.

Je ne comprends pas ce qui se passe.

Je me place à la gauche de Babette, en retenant mes larmes, car *un garçon ne pleure pas*.

De Papa qui agonise, de Papa qui meurt en disant : « Ma pauvre femme, mes pauvres enfants », je ne me souviens pas.

Seule demeure dans mon souvenir Babette qui pleure, car c'est une fille.

Tu nous quittes, tu nous laisses dans l'embarras, dit la chanson.

Soixante ans plus tard, relatant ce triste souvenir, les larmes me montent aux yeux. Je pleure, enfin, ce père que je n'aurai pas connu et qui me manquera tant.

ÊTRE ORPHELIN, CE TRISTE ÉTAT

Enfant, je me suis souvent demandé ce que j'aurais choisi si j'en avais eu le choix : être orphelin de père ou de mère. Tant qu'à être privé de l'un ou de l'autre, j'étais bien content d'avoir une maman, même si je devais la partager avec mes deux frères et mes deux sœurs.

Cette privation de père eut des répercussions profondes sur ma personnalité.

Enfant, je serai inconsciemment jaloux de mes petits camarades. Ils avaient tous un père bien vivant qui était revenu de la Grande Guerre. Certains avec éclat, comme Charles Le Floc'h, le père de Loulou, compagnon quasi quotidien de mes jeux. Homme peu causant mais sympathique, monsieur Le Floc'h avait été sous-officier dans l'Infanterie coloniale. On racontait que, blessé à treize occasions, il était retourné autant de fois au front. Était-ce pour cela qu'il était un peu bizarre ? J'admirais, dans sa cuisine, accrochés au-dessus de la cheminée, son bidon, sa gamelle et d'autres objets militaires qu'il avait fait nickeler et qui, le soir, brillaient dans la pénombre.

En cette époque de Gloire française qui suivit la victoire de 1918, gloire d'une France grande puissance mondiale, maîtresse d'un immense empire colonial, les garçons de mon âge grandissaient dans une atmosphère de respect et d'admiration pour les braves poilus de 14.

* * *

On ne rêvait pas d'être cow-boy, même si on y jouait. Sauf José Chevance, un autre de mes camarades.

Un beau jour Maman lui demande, question bien banale, ce qu'il ferait quand il serait grand. « *Cow-boy* », fut la réponse. Savait-il ce qu'était un cow-boy ? Évidemment, répliqua-t-il, et Maman, perspicace, de lui expliquer qu'un cow-boy c'était un *paotr-saout*, un garçon qui gardait les vaches, occupation indigne d'un petit citadin.

— Jamais alors !, fut la réponse instantanée de José.

Fin d'une grande ambition ! Il finit tailleur, à l'image de Jean-Louis, son père.

Moi, je me voyais officier méhariste au Sahara, comme dans la littérature ou les films de l'époque, responsable du destin d'un fortin assiégé par un *rezzou* de dissidents, traîtres à la France généreuse, porteuse de civilisation et de la vraie foi... Mes modèles s'appelaient Charles de Foucault, l'ermite du désert ; de Bournazel, l'héroïque capitaine de cavalerie à l'uniforme rouge éclatant, debout sous le tir des guerriers marocains ; ou Mermoz, le plus célèbre des aviateurs qui transportaient du courrier au travers de l'Atlantique Sud. Mais plus encore, il y avait pour moi la mer, les bateaux de pêche aux voiles couleur rouille et, surtout, les superbes vaisseaux gris de la marine nationale que j'admirais tant dans la rade de Brest. Je serai marin un jour.

Ma petite tête bourdonnait de récits historiques, ne retenant que les victoires, tournant les pages bien vite au moment des défaites. L'histoire qu'on nous enseignait n'était pas faite pour refroidir nos ardeurs patriotiques.

Comme j'aurais aimé avoir un père qui m'eût raconté ses souvenirs de guerre ! J'y pensais en regardant sa médaille militaire qui trônait sur la cheminée. Je me coiffais de son casque, modèle Adrian, bleu horizon, qui traînait dans le grenier.

Comme j'aurais apprécié me promener en sa compagnie, posant des questions et *lui* me répondant.

Ce sentiment m'a poursuivi et, une fois père moi-même, je souffris que mes fils, adolescents, ne recherchent pas davantage ma compagnie. Un jour que je m'en ouvrais auprès de leur mère, cette dernière, fine mouche, me demanda si j'avais toujours été un fils idéal pour ma propre mère.

Les yeux de mon cœur s'ouvrirent instantanément à cette réalité de la vie et plus jamais je n'en reparlai.

UN SONGE RÉVÉLATEUR

Cauchemar ou simple rêve, je ne sais. Il s'agit pourtant de la plus étonnante résurgence du fond de mon inconscient, la preuve que la blessure profonde que m'infligea la mort de mon père n'était pas cicatrisée quarante ans plus tard. L'est-elle soixante-dix ans après ?

En voici le bref récit.

* * *

J'entre dans la Quincaillerie Lebarbé Frères.

Tante Marianne, qui est seule, m'accueille dans le magasin.

— Bonjour, Gaston, me dit-elle, que viens-tu faire ici ?

— Je viens voir mon père.

— Monte, il t'attend.

J'emprunte l'escalier qui mène aux étages.

Jusqu'au premier où se trouve l'appartement de tonton Ferdinand et de tante Marianne, rien qui ne soit normal. C'est comme si, la veille, j'étais passé par là.

Pressant le pas, j'emprunte les dernières marches qui vont me conduire enfin auprès de *lui*.

Soudain j'arrête, saisi d'effroi, pris de vertige.

Il n'y a plus d'escalier.

Je fais face à un gouffre, immense, le vide de père...

L'adieu

PAPA reposait sur son lit de mort... On avait dressé la chapelle ardente dans le magasin. Des draps blancs cachaient les murs et la marchandise. La façade était parée d'une tenture mortuaire noire parsemée de gouttes argentées, rappel des larmes versées par les survivants. Papa reposait au centre de la boutique. Ses mains, croisées sur sa poitrine, serraient un chapelet entre ses doigts glacés. Un bénitier rempli d'eau bénite, garni d'un rameau de buis en guise de goupillon, était déposé à ses pieds. Six cierges aux flammes tremblotantes encadraient le défunt. Curieusement, je ne me souviens pas qu'il y ait eu là quelqu'un d'autre que mon défunt père et moi-même. Je ne voyais que lui, ne comprenant pas ce que signifiait ce papa étendu, immobile, dans cette curieuse chambre à coucher. Dernier baiser d'un petit garçon à son père. Non sans réticence, j'embrassai sa joue glacée. On m'emporta. Je ne saurais dire qui me fit faire cet ultime pèlerinage.

La veille au soir, j'avais dormi, pour la première fois de ma vie, ailleurs que dans mon petit lit. Henriette, la secrétaire de Papa, m'avait confié à sa vieille mère pour la nuit. Ce fut horrible. Sans saisir l'ampleur du désastre survenu le matin même, j'étais totalement perturbé par ce changement dans mes habitudes. Je me trouvais avec deux personnes, plus ou moins étrangères, dans un grenier éclairé par une *goulou lutik* [lampe à pétrole] qui donnait des airs fantomatiques à cette chambre improvisée.

Une frayeur incontrôlable me saisit. Je hurlais, je me débattais. Je voulais voir ma maman, je voulais voir mon papa, je ne voulais pas coucher là, je voulais retourner à la maison. La crise dura long-temps, rien ne pouvait me calmer. Finalement la fatigue l'emporta et le sommeil mit fin à mes angoisses.

* * *

Le décès de Raoul Lebarbé avait été annoncé à toute la ville, selon la coutume, par un enfant de chœur, muni d'une cloche. Il l'agitait à chaque coin de rue puis criait sur un ton monocorde la formule traditionnelle de faire-part, le dernier mot s'étirant sur une note ascendante.

— Priez Dieu pour le repos de l'âme de monsieur Raoul Lebarbé, décédé à l'âge de 44 ans, vêpres des morts ce soir à cinq heures, enterrement demain à trois heures.

Il me semble entendre la rumeur courant la ville.

— Qui donc est mort ? Raoul Lebarbé ? *Ne ket possib* [C'est pas possible], *paotr paour* [pauvre garçon]. Il est bien marié avec Camille Geoffroy, la fille du charcutier, *plac'h paour* [pauvre fille]… Veuve, si jeune, avec cinq enfants !

Je n'ai pas de souvenirs autres des funérailles de mon père. Je n'y assistai pas, gardé par une âme charitable.

Mais les cérémonies ont dû suivre le rituel qui avait cours à l'époque.

RITES FUNÈBRES

Toutes les personnes se sentant une obligation envers la famille en deuil passaient par le domicile du défunt pour des condoléan-ces suivies d'une prière qui se terminait par une aspersion d'eau bénite en forme de croix au moyen d'un rameau de buis.

Les vêpres des morts étaient l'occasion du premier rassemble-ment officiel au chevet du défunt. Le célébrant, accompagné des enfants de chœur, le surplis blanc passé sur la soutane noire, se présentait à la chapelle ardente. Il récitait l'office des vêpres qui fait partie de l'office des morts, en latin naturellement, avec *Requiescat in pace* [Qu'il repose en paix] en guise de conclusion.

Le lendemain, l'enterrement se déroulait selon un rituel im-muable.

Il y avait tout d'abord la mise en bière. Elle avait été précédée par la visite du menuisier venu prendre les mesures du mort pour fabriquer un cercueil à sa taille. La fermeture de la bière était le moment le plus poignant de cette triste cérémonie. Le regard se posait pour une dernière fois sur un visage qui disparaît pour l'éternité. La famille en deuil entourait le cercueil en attendant la venue du clergé.

En deuil n'est pas une vaine expression. Tous les proches étaient vêtus de noir, hommes et femmes. Celles-ci portaient un voile de crêpe transparent. Rabattu devant le visage de la veuve, il cachait des yeux rougis par les larmes. Il en sera ainsi pendant plusieurs jours. Elle pourra ensuite le rejeter en arrière. La pauvre veuve était soumise à 18 mois de deuil : six mois de *grand deuil* suivis de six de *deuil,* noir avec liseré blanc, puis, enfin, d'un dernier semestre de *demi deuil* qui s'agrémentait de toutes les nuances du gris et du violet. (Ces détails proviennent du *Larousse ménager illustré,* édition 1926, ayant appartenu à Maman.)

Ce n'est que sur le tard que j'ai saisi le sens de l'expression *Deuil en 24 heures* écrite à la devanture des teinturiers. Il fallait teindre rapidement les vêtements en noir lorsque la mort passait.

Le corbillard, attelé au même cheval qui, le matin, avait tiré la charrette des éboueurs, s'arrêtait à la porte, attendant l'arrivée du clergé. Monsieur le curé mènera le cortège funèbre précédé du sacristain qui porte la croix, encadré de deux enfants de chœur, ensoutanés de noir, dont l'un porte le bénitier.

Le départ pour l'église était donné. La famille marchait derrière l'antique voiture qui depuis des lustres transportait les Carhaisiens à leur dernière demeure. La foule des amis ou des obligés suivait. L'office des morts terminé, le cortège se reformait pour rejoindre le cimetière où se déroulaient l'inhumation et la dernière bénédiction de l'officiant. Le plus pénible pour la famille éplorée restait à venir. Il lui fallait prendre place à la sortie du cimetière, les hommes seulement. Toutes les personnes présentes s'avançaient alors pour embrasser une joue humide ou serrer une main en présentant leurs condoléances.

* * *

À Carhaix, la coutume exigeait qu'au lieu d'offrir fleurs ou couronnes, on commande, pour le repos de l'âme du défunt, des messes ou des services. Une loi non écrite établissait une savante gradation, allant de la neuvaine (la messe des morts célébrée neuf jours consécutifs) à une ou plusieurs messes. Au degré en dessous, se trouvait le *service* ou office des morts. On avait le choix d'en commander un seul ou plusieurs. Les prix variaient en conséquence. Au prône, le dimanche suivant l'enterrement, monsieur le curé, après les autres annonces concernant la paroisse, lisait la liste des familles ou des personnes qui avaient recommandé neuvaine, messe ou service. C'est à la longueur de cette énumération fastidieuse que se mesurait l'importance sociale des défunts. Les proches devaient garder en mémoire le nom des donateurs et l'importance de leur commande afin de leur rendre la politesse, le cas échéant. Cette lecture ennuyante pouvait être longue si plusieurs enterrements étaient intervenus au cours de la semaine.

Les offices commandés en grand nombre exigeaient du curé et de son unique vicaire un travail à la chaîne. Tous les matins, après la messe du jour, l'officiant prenait place à la gauche du chœur en compagnie du sacristain et d'un enfant de chœur. Pendant des heures, ils entretenaient une psalmodie sans fin, enchaînant office des morts après office des morts.

C'est en suivant ce rite que Papa fut déposé dans le caveau familial tout fraîchement creusé en plein centre du cimetière, en face de la tombe des Geoffroy où ne reposaient alors que les restes de Barbe, l'orpheline.

* * *

Des années plus tard, Maman prononça, pour moi seul, l'éloge funèbre du disparu.

— J'ai été heureuse avec ton père, me dit-elle. Ton père était très estimé, il y avait beaucoup de monde à son enterrement.

Elle ne m'en dit jamais plus.

Le grand dérangement

PAPA mort et enterré, il fallut déménager.
L'entreprise Lebarbé Frères était la propriété, à part égale, des jumeaux Raoul et Ferdinand. Les cinq orphelins se trouvaient à hériter la part de leur père.

La dissolution de la société s'imposait.

Pépère Lebarbé avait déjà réparti son héritage immobilier entre ses deux fils. À Ferdinand, revenaient la maison appelée La Cour, occupée par ses parents, boulevard de la République, ainsi que la maison voisine, très ancienne, dotée elle aussi d'une grande cour. Raoul s'était vu décerner deux autres maisons contiguës, l'une et l'autre constituées d'un commerce au rez-de-chaussée et d'un appartement à l'étage. Elles se trouvaient, et se trouvent toujours, au cœur même du vieux Carhaix. L'une d'entre elles était louée à un boucher, nommé Le Boulc'h. L'autre avait été construite par le grand-père et se trouvait encore pratiquement à l'état neuf. Nos deux grands-pères étaient des bâtisseurs. Comme ils n'étaient pas sans ressources, ils avaient placé leurs économies dans la pierre.

La grande maison, sa cour et l'immense entrepôt, siège de la quincaillerie, étaient dévolus aux deux frères Lebarbé, en indivis. Ainsi en était-il aussi pour le fonds de commerce.

Le grand-père étant encore bien vivant, nous étions des propriétaires virtuels de ces biens. Il fallait toutefois que l'entreprise continue.

Tonton Ferdinand, après inventaire, acquit notre part du fonds de commerce pour environ 200 000 francs de l'époque. Nous restions toutefois propriétaires de notre moitié d'immeuble qu'on lui loua pour la somme de 5000 francs par an. (Plus tard, en octobre 1944, tonton Ferdinand achètera notre part de l'immeuble pour la somme de 500 000 francs. De ce montant, un quart revenait à Maman et les trois quarts restants, divisés en cinq parties égales, ont été distribués aux enfants.)

Comme nous étions mineurs tous les cinq, l'argent de notre héritage fut déposé, ainsi que l'exigeait la loi, dans le Grand Livre de la Dette publique, au taux de 2 %. Nous pourrions en disposer lors de notre majorité, à 21 ans. Quant aux immeubles, il faudrait attendre en principe – ce qui fut le cas – que pépère Lebarbé quitte ce monde en 1935, et que notre grand-mère, usufruitière, le rejoigne en 1952. Pour compléter le tableau, ajoutons qu'un conseil de famille fut constitué et que monsieur Job Lescoat, marchand de grains, camarade de guerre de notre père, fut nommé notre tuteur.

Cette mise en ordre légale ne se déroula pas facilement. On devine aisément le désarroi de notre mère et le souci de ses père et mère pour aider leur fille, veuve de 32 ans avec cinq enfants à charge, à se refaire une vie. Il en était resté chez Maman une amertume certaine. Combien de fois ne l'ai-je pas entendu dire que l'inventaire avait été fait dans l'intérêt de notre oncle plutôt que dans le nôtre. Depuis lors, les relations avec notre tante Marianne, la belle-sœur peu appréciée de notre mère, furent glaciales. Les ponts ne furent pas coupés pour autant. Peu attiré par la TMA (tel était son surnom), cette tante revêche, j'ai quand même développé et conservé des relations plus qu'amicales avec mes cousins Ferdinand, Yvette et Lucienne. Je ne me suis jamais senti concerné par cette ancienne fâcherie. Maman avait, je pense, de la sympathie pour son beau-frère, ce mal aimé, victime d'une femme acariâtre et âpre au gain.

Nous avions toujours considéré, non sans justification, que dans ce couple mal assorti le plus à plaindre était tonton Ferdinand. Bien des années plus tard, j'eus la surprise d'apprendre de la bouche d'un de ses petits-fils que sa grand-mère était une martyre, que son mari lui avait rendu la vie impossible. Je jugeai inutile d'essayer d'ôter ses illusions à mon petit cousin et, sagement, je me tus. À bien y penser, avec le recul, elle dut être malheureuse, elle aussi. Sa passion pour l'argent était peut-être un dérivatif.

Notre oncle avait eu des velléités de départ auxquelles il ne donna pas suite. Ils terminèrent leur vie en une séparation de fait. Il avait sa chambre chez sa mère qui ne pouvait rester seule en raison de son âge avancé. Il passait ses journées dans son grand jardin de la Croix-de-Mission, en face de l'hôpital, qu'il cultivait avec l'aide de Roland Le Guen, le père de mon camarade Manu.

J'ai vu tonton Ferdinand pour la dernière fois en 1950. De passage à Carhaix, je le croisai par hasard place du Champ-de-Bataille. Il m'invita à prendre un verre. À ma grande surprise, il n'avait pas d'argent sur lui, moi non plus d'ailleurs. Heureusement, il avait ses habitudes dans cet établissement et madame Blaise, la propriétaire, lui faisait crédit. Il piquait en cachette dans la caisse pour son argent de poche. Pendant ce temps, la TMA veillait sur son or entassé pendant la guerre dans des trafics louches de marché noir. La paix revenue, elle eut d'ailleurs à s'expliquer avec le fisc.

Au début des années 1960, Maman, devenue canadienne entretemps, rendit visite à sa belle-sœur lors de son dernier voyage en France. À son retour, amusée, sarcastique et revancharde, elle nous dressa le tableau de la TMA vivant en recluse dans un coin de l'entrepôt désaffecté, les cheveux coiffés en queue de cheval, couchant sur un grabat, enfermée à double tour dans la crainte des voleurs, avec un chien de garde pour seule compagnie.

Un mois seulement après que Papa nous eut quittés, ce fut, sous la contrainte, un déménagement précipité, le premier de ma vie. Les grands-parents Geoffroy recueillirent leur fille et leurs petits-enfants. Ils nous cédèrent leur appartement du premier étage au-dessus de la charcuterie, rue Amiral-Emeriau, pour s'installer dans celui du second qui était libre. Dans la cuisine, faute de pouvoir la placer ailleurs, il y avait une baignoire, une vraie, sur pied, avec un chauffe-eau, luxe rarissime dans le Carhaix de l'époque. Dix ans plus tard, elle sera au centre d'un schisme familial qui perdurera pendant des décennies et sur lequel j'étends le voile pudique du silence et de l'oubli.

De la période courant du décès de notre père jusqu'à mon éveil, rue Fontaine-Blanche, notre prochaine adresse, je ne me souviens de rien.

Rien, sauf Noël, le premier après la mort de Papa. J'attendais impatiemment les cadeaux que j'avais commandés au Petit Jésus. Cruelle fut ma déception. Dans mes sabots je ne trouvai qu'un minable petit train en bois. Dans ma tête, déjà raisonneuse, de petit garçon de cinq ans, je décidai qu'il était suffisant que je sois orphelin sans qu'en plus on me punisse.

Rien, sauf cette histoire de poissons. Nous sommes à table. Maman a fait cuire à la poêle des poissons pêchés dans le canal par Raoul. Ce ne sont pas des truites, hélas ! mais des horribles gardons, dards et autres poiscailles truffés d'arêtes. Je refuse carrément qu'on m'en serve. Maman, énervée par mes hurlements, fait un faux mouvement et le poisson tombe sur ma main, m'infligeant une sérieuse brûlure. Je ne me souviens plus si sa douce et leste main retrouva ma joue avec la rapidité de l'éclair ou si j'écopai d'une autre punition. J'opterais pour la gifle !

De la mi-1933 à la mi-1935, c'est un trou, un énorme trou noir.

Un beau matin, émergeant d'une longue nuit sans rêve, je m'éveillai, au propre et au figuré, rue Fontaine-Blanche.

DEUXIÈME ÉPOQUE

La Maison du Bonheur

1935-1939

La Maison du Bonheur

IL peut paraître étrange d'appeler *Maison du Bonheur* notre nouveau logis, puisqu'il abritait une jeune veuve et ses enfants. C'est que ma vieille tête est pleine de souvenirs qui vont de l'agréable au délicieux.

Je pense que notre mère, le premier chagrin apaisé, appréciait de se retrouver chez elle, libérée de la tutelle de ses beaux-parents et délivrée de la cohabitation absurde de la quincaillerie. Ses revenus étaient suffisants pour mener un train de vie bourgeois selon les normes carhaisiennes d'avant-guerre : bonne à tout faire, plus la laveuse, la couturière et la brodeuse, ces trois dernières à la journée, sans compter de l'aide supplémentaire au besoin. Ces années furent sans doute les plus heureuses de sa vie.

GRAND-PÈRE GEOFFROY PARTAGE SON PATRIMOINE

En 1935, notre grand-père Geoffroy avait 65 ans, l'âge de la retraite. Le temps était venu pour lui de passer la main à ses deux fils, Armand et René, qui travaillaient dans l'entreprise familiale sans être rétribués régulièrement. Armand, en particulier, se faisait pressant. Ce dernier occupait alors, avec femme et enfants, la maison de la rue Fontaine-Blanche. À juste titre, il aspirait à l'indépendance.

Le patrimoine de Camille Geoffroy avait de l'importance et le classait, comme notre grand-père Lebarbé, parmi les gros commerçants du canton. Il avait fait du chemin et beaucoup travaillé depuis 1899, date de son installation.

L'usine était la pièce maîtresse de son avoir. Elle était située au Nivernic [*an infernik* – le petit-enfer], lieu-dit plein de charme, situé au confluent de l'Hyères et du canal de Nantes-à-Brest, à cinq kilomètres de Carhaix. Le long du cours d'eau s'alignaient des quais où accostaient les péniches apportant les troncs d'arbre à la scierie de monsieur Kerboto et les engrais pour la culture. Les paysans, étonnés par l'importance du trafic, auraient baptisé ainsi cette section du Port-de-Carhaix.

Au Nivernic, avec l'aide de quelques ouvriers, la famille Geoffroy transformait en jambons, saucisses, pâtés, andouilles, tout ce qu'on peut retirer de la carcasse d'un cochon. Ces produits étaient expédiés à Paris ou vendus à Carhaix, au magasin situé au rez-de-chaussée de la maison de la rue Fontaine-Blanche. L'usine était en réalité une installation artisanale de grand format. De l'autre côté de la route, se trouvaient garage et maisons d'habitation.

Armand, nouveau patron du Nivernic, s'y installa avec femme et enfants, libérant la maison de la rue Fontaine-Blanche.

René prit en charge le magasin de la rue Amiral-Emeriau, la maison-mère, qui possédait son laboratoire et la rendait indépendante du Nivernic. Le terme *laboratoire* peut surprendre, c'est pourtant le mot juste.

Maman reçut de son père la maison de la rue Fontaine-Blanche, laissée libre par le déménagement de tonton Armand. Elle tiendra la succursale de la charcuterie, vendant les viandes préparées par l'oncle René, rue Amiral-Emeriau.

C'est dans l'atmosphère d'une maison abritant un commerce qu'avec Maman, mes frères et mes sœurs, je passerai les années d'avant la guerre.

LA RUE FONTAINE-BLANCHE

Ne cherchez plus la rue Fontaine-Blanche. Elle s'appelle maintenant *des Martyrs*, en mémoire des jeunes résistants qui furent victimes des Allemands en juin 1944. C'est la section centrale de la longue artère commerciale qui traverse Carhaix de part en part sous le nom de *grand-rue*.

Notre charcuterie était entourée de commerces divers : lui faisaient face l'épicerie de madame Dincuff, que j'appelais *dame Cuff*, puis la boulangerie Guillou, demeure de Maimaine, ma petite copine, et l'Hôtel de France, repaire des jumeaux Pierre et Jacques Cyrille, mes camarades.

Il y avait bien d'autres boutiques. Nous étions encore au royaume des innombrables petits commerces et des artisans aux métiers oubliés. Comme le tailleur Jean-Louis Chevance, père de José le cow-boy manqué, qui travaillait à l'ancienne, cousant à la main, assis en tailleur sur une table, ou comme le bourrelier, qui coupait le cuir pour en faire brides et harnais. Il y avait aussi l'autre épicerie, tenue par madame Capron, avec ses pompes à essence et ses caisses de bidons de cinq litres ; au-dessus de ce magasin, le cabinet de dentiste de mademoiselle Correc qui arracha ma dernière dent de lait et reçut en retour un solide coup de pied ; la bijouterie

Dubrez-Croc, devant laquelle j'admirais, envieux, les maquettes de thonier qui, hélas ! n'étaient pas des jouets.

Plus loin, en arrivant en haut de la côte de la gare, au carrefour de la route de Callac, se dressait le Château-Rouge, résidence de Ferdinand Lancien, sénateur-maire. En face, on voyait le cabinet du docteur Andrieux, gendre du sénateur, père de Jacques Andrieux, futur général aux nombreuses victoires aériennes, et d'Yvon, mon condisciple à l'école des Frères. Mais Yvon ne fut pas pour autant mon camarade, en application du principe selon lequel on ne mélange pas torchons et serviettes. Car nous, les Lebarbé-Geoffroy, nous étions, fi !, des parvenus.

La route de Callac, à son début, était encadrée par l'ébénisterie-magasin de meubles Le Bihan et l'imprimerie-librairie-magasin de faïence Le Troadec, domiciles respectifs de José et de Pierrick, mes véritables amis d'enfance. Ici se terminait mon quartier, borné à l'autre bout par la boucherie Morvan et l'entrée de la place du Champ-de-Foire.

Cette maison, où nous vivrons désormais, est banale mais récente. Grand-père Geoffroy l'a fait construire et la boutique est une copie conforme de celle de la rue Amiral-Emeriau. Maman en est propriétaire, c'est sa part d'héritage, avec un bout de maison au Nivernic. Elle donne sur un trottoir qui me paraissait immense lorsque j'en faisais le tour sur mon tricycle bleu. À gauche, mon trottoir laissait place à des gros pavés ronds et, à droite, à une venelle menant directement au Champ-de-Foire, vaste terrain ombragé, dont le fond était en friche. Un canon, trophée de la guerre précédente, y terminait sa vie en rouillant dans les ronces. Chaque samedi, à cet endroit, se tenait, depuis un temps immémorial, le marché aux bêtes à cornes et aux cochons. Sur le fronton d'un café qui dominait la place, on pouvait lire cette curieuse publicité, peinte en grosses lettres : *Le vin est un aliment, buvez du vin. Pasteur, 1886.*

À l'entrée de la place du Champ-de-Bataille était installée une pancarte comminatoire : *Défense d'entrer sur le champ de Bataille.* Beau programme pour des militaires ! Je n'ai jamais su à qui s'adressait cet avis.

QUESTIONS D'ENFANT

L'épicerie de madame Dincuff, en face de la charcuterie, appartenait à une société dont la raison sociale était Les Docks de l'Ouest. Sur l'imposte de la porte d'entrée était écrit : *Succ. 221.* Cette inscription m'intriguait. Je passais des heures à la regarder, essayant d'en trouver le sens. Pourquoi n'ai-je pas demandé :

— Maman, qu'est-ce que ça veut dire *Succ.* ?

Elle m'aurait répondu :

— Succursale.

Une autre inscription m'a causé des interrogations du même genre. Elle se trouvait à l'église paroissiale, sur le socle de la statue de saint Michel archange, fixé au pilier à gauche de la sainte table. Elle se lisait comme suit : *Quis ut Deus ?* Je la regardais pendant des grands-messes entières, la prononçant dans ma tête de toutes les façons possibles et imaginables, sauf la bonne. Fort de l'expérience du *Succ. 221,* je posai la question à Dodotte.

— Qu'est-ce que ça veut dire : *Quis ut Deus ?*

Hélas ! ma pieuse grand-mère, pourtant bien confite en dévotion, ne sut que répondre. Mon angoisse ne prit fin qu'avec mes premières études de latin quelques années plus tard. Je vous en livre la traduction : *Qui est comme Dieu ?* C'est l'exclamation qu'aurait poussée saint Michel en chassant du paradis Satan qui avait voulu se comparer au Père éternel.

LA BOUTIQUE

La devanture, en plus de la porte d'entrée toujours ouverte, comportait une vitrine reposant sur une allège en ciment assez large pour qu'on s'y assoie. L'encadrement était en bois du plus bel effet. Un store de grande dimension pouvait s'abaisser sur la façade pour protéger des rayons du soleil la marchandise disposée à la vue des passants. Le soir, on descendait le rideau de fer qui masquait la vitrine et le haut de la porte. On avait alors l'impression de se trouver dans une forteresse.

La porte franchie, on remarquait d'abord le comptoir principal et, en arrière de celui-ci, une imposante glacière qui occupait la moitié du mur du fond. La glace nécessaire pour garder au frais les denrées périssables était livrée par tonton René. La maison-mère bénéficiait d'une véritable chambre froide qui produisait de grands pains de glace. Le comptoir était le lieu de toutes les convoitises. C'est là qu'étaient étalés les pâtés de tout genre : de foie ou de campagne, rillettes, fromage de tête, et j'en passe, ainsi que les saucissons secs ou à l'ail.

Derrière le comptoir s'ouvrait une porte vitrée, qui donnait accès directement à la cuisine. À la gauche de cette porte, brillait la machine à couper le jambon. Elle était rutilante avec sa grande roue à manivelle. À la base de cette roue traînaient toujours des lambeaux de jambon. Il fallait, en effet, quand on entamait un jambon, couper quelques tranches de trop petite taille pour être vendues, jusqu'à ce qu'on atteigne la dimension idoine. Ces lichettes ne restaient jamais longtemps à leur place. Il y avait toujours une main agile pour les subtiliser au passage. La tentation était grande de donner en cachette un tour de manivelle pour chiper une tranche complète avec sa bordure de gras blanc et luisant cerné d'un mince ruban de couenne. Se faire prendre en flagrant délit aurait valu au coupable une pénitence exemplaire. Prudent de nature et n'appréciant guère les punitions, je n'ai jamais osé commettre ce geste sacrilège. Par contre, j'ai coupé assez de rondelles de saucisson pour en reconstituer un ou deux. Je ne devais pas être le seul à me livrer à ce genre de larcin considéré comme véniel.

Le papier d'emballage me ravissait par son humour. Il existait deux versions de ces feuilles de papier sulfurisé, imperméable aux graisses. L'une d'elles représentait une petite fille à tresses, debout devant un beau gros cochon en larmes. Elle tentait de le consoler par ces mots : *Pleure pas, grosse bête, tu vas à la charcuterie Geoffroy.* Je trouvais l'autre dessin moins drolatique. On y voyait un cochon courant de toute la force de ses courtes pattes. Imprimé sous le quadrupède, on lisait : *Où cours-tu, grosse bête ? – Je vais à la charcuterie Geoffroy.*

À côté de la machine à jambon trônait le *bloc,* forte table en bois, constituée d'un dessus épais de trente centimètres avec, à l'arrière, une fente pour ranger les couteaux. C'est l'établi du charcutier ou de la charcutière. On le gratte chaque soir pour le nettoyer et, à la longue, le centre se creuse en forme de cuvette.

Sur le bloc, on tranche et débite rôtis et côtelettes. Ce travail exige adresse et dextérité. Je frissonnais quand je voyais Maman séparer une côtelette de la longe. Tenant le haut de la côtelette avec le pouce et l'index gauche, elle maintenait l'espace ouvert entre deux côtes. Puis, d'un vigoureux coup de *feuille* (nom du fendoir utilisé par les charcutiers), elle tranchait, à la base, la demi-vertèbre, libérant ainsi la côtelette. La lame passait au ras de son pouce. Je ne me souviens pas d'accident ou de coupure malgré le nombre impressionnant de couteaux aiguisés comme des rasoirs déposés sur le bloc et les comptoirs. Il est vrai que Maman avait du métier.

À gauche du bloc, se trouvait une grande table à dessus de marbre. C'était l'endroit réservé aux salaisons : lard, maigre ou entrelardé, boudin, andouilles fumées, oreilles et queues de cochon pour faire la soupe, ainsi que le gros cube de saindoux, graisse de porc fondue, substitut du beurre pour la cuisine et les tartines des pauvres. Au-dessus du bloc et de cette table étaient pendus, par des crocs, les longes de porc, les andouilles et les chapelets de saucisses.

Il y avait bien d'autres choses appétissantes dans cette boutique, dont des boîtes de conserves contenant différentes sortes de pâtés fabriqués au Nivernic.

LA CUISINE

La porte du fond du magasin donnait directement accès à la cuisine de notre logement qui occupait l'espace du rez-de-chaussée laissé libre par le magasin. Elle avait la forme d'un L dont le pied serait revenu vers la façade de la maison. Cette partie servait de salle de séjour où, les soirs d'hiver, il faisait bon se retrouver devant un feu de cheminée.

La cuisine était le cœur de la vie domestique. Sur la gauche, en entrant, se trouvait le coffre à bois, dont l'utilité dépassait son rôle de réceptacle de petit bois destiné à la cuisinière. Les jours de grande toilette, Maman y déposait une grande cuvette remplie d'eau chaude. J'y grimpais, ayant pour tout vêtement ma candeur juvénile. Maman me savonnait, me rinçait, sans oublier de faire la toilette intime de mon petit *lutik* [littéralement, lumignon]. Elle finissait en m'enveloppant dans une grande serviette. Une sensation de bien-être se répandait en moi, causée par le frottement de la serviette bien rêche sur mon corps et par la douce chaleur émanant de la cuisinière de fonte émaillée bleue toute proche. On la chargeait de boulets de charbon gros comme le poing que le charbonnier livrait dans un sac de jute. Une table de bois séparait la cuisinière de l'évier surmonté du robinet. Car nous avions l'eau courante, commodité dont la majorité des maisons carhaisiennes étaient privés.

Sur le mur du fond, entre une fenêtre et la porte donnant sur la cour arrière, trônait le bahut, pièce maîtresse de la cuisine et fierté de Maman. Ce meuble était aussi mon domaine réservé. Je l'appelais mon *digératatoire*.

LE BAHUT

Ce bahut était arrivé à la maison grâce à Célina. Célina était notre Bécassine, notre petite bonne à tout faire. Orpheline, je pense, elle avait été élevée par son oncle, monsieur Calvez, qui était infirme. Il se déplaçait en automobile, chose extraordinaire à cette époque. Les paysans en étaient encore à l'âge du moteur à crottin. Monsieur Calvez habitait à *Penallan* [haut de la lande], ferme importante que nous fréquentions à l'occasion.

Je me souviens d'y être allé un beau jour d'été aussi chaud qu'ensoleillé, jour de battage du blé, jour de labeur et jour de fête. Pour cette tâche, il fallait beaucoup de bras, même si la batteuse était actionnée par un moteur à essence. Chaque ferme à son tour conviait ses voisins pour le coup de main, à charge de revanche. Après une dure journée de travail dans la poussière, le bruit et les cris, le soir on fêtait. La patronne avait mis les petits plats dans les grands et le cidre coulait à flots. C'est à Penallan que, pour la première fois de ma vie qui fut aussi la dernière, j'ai chevauché un fier destrier, à vrai dire un bon et solide cheval de trait de race bretonne. Tout comme José Chevance, je n'avais pas la vocation de cow-boy.

Maman avait remarqué à Penallan, dans la *stall dour* [salle d'eau ; laiterie], une vieille armoire en mauvais état, couverte de toiles d'araignée et de poussière. C'était en fait un bahut très ancien, de style Louis XIII. Peu élevé, mais assez profond, il était divisé intérieurement en deux parties. Une porte à doubles battants fermait le bas, tandis que dans la partie supérieure il y en avait deux plus petites et indépendantes, toutes sculptées en pointes de diamant. Fabriqué de bois de chêne, noir comme la suie, il était fait pour durer. Et il avait duré, puisqu'il datait du début du XVIIIe siècle.

Sa date de fabrication, d'abord hypothétique, devint certitude le jour où il fallut le démonter. Mon frère Armand aidait le menuisier requis pour ce travail de spécialiste quand ils entendirent un bruit métallique. C'étaient des pièces de monnaie ancienne tombées de la fente où elles étaient cachées. L'une était un louis d'or d'époque régence, 1715-1720. Nous avons longtemps cru que nous avions découvert la cachette d'un petit trésor. Or j'appris bien des années plus tard que la tradition, en Bretagne, exigeait qu'on dépose une pièce d'or dans toute armoire neuve, par superstition sans doute. L'histoire ne serait pas complète si on ne mentionnait pas que le menuisier avait prétendu être le véritable propriétaire du trésor puisqu'il en était l'inventeur. Si on ne lui donna pas raison, il n'avait pas tout à fait tort selon le Code civil. La pièce d'or revint finalement à Armand.

Maman, intéressée, fit valoir à monsieur Calvez qu'il ferait une bonne affaire en échangeant le vieux bahut contre une bonne armoire en pitchpin, moderne, bien propre et en bon état dont elle acceptait de se défaire. C'est ainsi que cette antiquité prit place dans la cuisine et dans ma vie de petit garçon, après un passage chez l'ébéniste qui lui rendit son lustre d'antan.

Lorsque monsieur Calvez revit son vieux meuble, de retour de son bain de Jouvence, il fit remarquer à Maman que c'était plutôt elle qui avait fait la bonne affaire.

Ce meuble trapu laissait un espace assez important entre son sommet et le plafond. En m'aidant d'une chaise, je grimpais facilement dessus. Mon instant favori pour le faire, c'était à la fin des repas, d'où ce nom de *digératatoire*. Debout, je ne touchais pas le plafond. De là-haut, je surplombais la tablée, assis en tailleur, entouré de mes jouets favoris, maquettes d'avions et de bateaux de guerre à découper dans une feuille de carton. C'était bien avant le plastique. Un jour, un destin tragi-comique attendra ces appareils de combat en papier. Patience, vous les retrouverez.

(J'ai toujours regretté que le bahut soit resté derrière nous en Bretagne. Au Québec, il aurait valu bien plus que le louis d'or qu'il avait recelé dans ses entrailles. Le motif en pointes de diamant français a servi de modèle pour les meubles québécois. C'est dire la valeur qu'aurait eu ce spécimen authentique, prototype du style Nouvelle-France, alors qu'il fut bradé comme le reste du mobilier familial.)

* * *

Je réalise soudain que je viens de trahir la vérité historique. Maman n'a engagé Célina qu'après l'échange des meubles. Dans un éclair, je la revois, telle que je l'ai aperçue pour la première fois. Il est quatre heures, je rentre de l'école, je pénètre dans la cuisine et, quelque peu surpris, je vois une étrangère qui astique le bahut. C'était Célina Calvez. Tout me revient maintenant. Maman fit d'abord l'acquisition du bahut. Ce n'est que par la suite qu'elle prit Célina à son service.

LE LIT-CLOS

Le bahut fut le premier d'une série de meubles bretons que Maman acheta pour garnir sa maison. En veine d'organiser et de décorer sa demeure, elle décida de séparer la cuisine de la partie séjour qui donnait sur la façade. Elle le fit avec goût et imagination, en utilisant un magnifique lit-clos.

Mais qu'est-ce donc qu'un lit-clos ? C'est tout bêtement une couche contenue dans une sorte de grande armoire fermée par deux portes coulissantes. Ces lits, pour des raisons de confort et d'intimité, étaient une nécessité dans les *penti* [maisons campagnardes].

Ces chaumières se réduisaient à une pièce unique, éclairée par la porte d'entrée, elle-même encadrée par deux minuscules fenêtres. Les murs de pignon étaient occupés par deux vastes cheminées, assez grandes pour que le *tad coz* [grand-père] puisse s'y asseoir près du feu, et qu'il reste encore assez de place pour y faire des crêpes sur la *bilig* [plaque à crêpes], chauffer la soupe ou la bouillie d'avoine dans la *chidourn* [chaudron de fonte suspendu]. Le mur du fond, sans fenêtre, était tourné vers l'ouest, d'où soufflent vents dominants et pluies océaniques. La maison faisait le gros dos pendant les *miziou du* [mois noirs] de l'hiver.

Quand on entrait dans un *penti*, après avoir franchi une cour boueuse agrémentée de relents d'étable, d'écurie et de porcherie, on voyait d'abord, sur la gauche, une grande table encadrée par ses deux bancs et, contre le mur du fond, l'ensemble des meubles du ménage, meubles rangés en bataille, sans recherche ni préséance : armoires, grande horloge, vaisselier, lits clos, etc. Le mobilier reposait sur l'*orsi* [terre battue] dont la surface ondulait, car des balayages répétés y creusaient des dépressions aux endroits les plus passants.

Tous ces meubles, ornementés de sculptures et de clous de cuivre, astiqués régulièrement, luisaient dans la faible clarté, sinon la pénombre, du logis. La literie, bien tirée, sans un faux pli, paraissait éblouissante de blancheur dans l'entrebâillement des portes coulissantes des lits-clos.

Les meubles bretons, issus des ateliers de menuisier de village, sont très souvent de véritables œuvres d'art, surtout les lits-clos. Les portes coulissantes et les ouvertures nécessitées par l'aération suscitaient la créativité des artisans. Les modèles des motifs sculptés étaient puisés dans le vieux fond celtique, sous forme de cercles concentriques, réminiscence du culte antique du soleil, ou de motifs religieux : crucifix, ostensoirs, calices, monogramme *IHS*. Dans la région de Carhaix, la mode était aux décorations laïques : roue solaire, marqueteries en forme de vase à fleurs, le tout dans des encadrements chantournés de style Louis XV. Des clous de cuivre, caboches à tête large et ronde, apportaient une touche de lumière à des ébénisteries parfois sombres.

Maman transforma donc le lit-clos en cloison, de façon ingénieuse. Elle fit fabriquer un grand bureau de la largeur de ce meuble. En retrait de ce pupitre, l'ébéniste plaça le lit-clos transformé en meuble de rangement, ne conservant d'authentique que la façade aux portes coulissantes. Elle avait ainsi un coin bien à elle pour faire ses comptes, sa correspondance et ranger livres et papiers, une pièce banale devenait un lieu joliment agencé et agréable à vivre.

Pour compléter son ameublement de style breton, Maman fit, à la même époque, l'acquisition d'un vaisselier pour la cuisine et d'une armoire pour sa chambre.

(Depuis sa fabrication en 1860, date inscrite avec des clous de cuivre à son linteau, le lit-clos a voyagé, il est devenu québécois. Maman le fit venir à Montréal, avec une galerie de vaisselier et un panneau sculpté, en 1953. Par manque de place dans son petit appartement, elle le confia à ma sœur Marie-Olive. En 1956, lorsque cette dernière retourna en France avec mari et enfants, je récupérai le lit-clos laissé dans leur appartement vide de la rue Guèvremont, à Varennes. Je devins ainsi, avec l'aval de notre mère, dépositaire de ce bien matrimonial. Nous habitions à l'époque un immense appartement à Longueuil. Pour cette raison Maman me confia également la galerie du vaisselier et le christ en croix sculpté sur une porte de lit-clos. Par la suite, selon la volonté de notre mère, mon frère Raoul prit possession de ces deux pièces. Le lit-clos devint ma part d'héritage. Depuis 1937, il accompagne ma vie quotidienne. Le bruit des roulettes d'acier tournant sur les rails de guidage quand on entrouvre ses portes est, pour moi, le bruit le plus familier qui soit. J'ai longtemps été persuadé que ce meuble était unique au Québec, sinon au Canada. À ma grande surprise, j'en ai vu un autre à Montréal, mais d'une facture sans commune mesure avec le nôtre.)

LES ÉTAGES

Au premier, deux chambres, en façade, donnent sur la rue. Maman en occupe une, Babette et Marie-Olive, l'autre. Une troisième chambre, avec vue sur la cour, loge Armand. Un minuscule cabinet de toilette complète l'étage.

Raoul et moi-même nous sommes relégués au second, dans l'une des deux mansardes-chambres de bonne. Peut-être pour nous faire avaler la pilule de ne pas avoir notre chambre privée, comme notre frère, Maman transforma notre mansarde en la plus jolie pièce de la maison.

La tapisserie était jaune clair, les deux lits couverts d'une housse brune, tandis que celles des oreillers étaient assorties à la couleur des murs. Ces murs n'étaient pas nus. Elle avait confectionné des sous-verre comme on en faisait à l'époque.

Pour ce faire, on prenait un bout de carton et un morceau de vitre de la dimension correspondant à la gravure à encadrer, on plaçait la gravure entre la vitre et le carton et on maintenait le tout au moyen d'un ruban gommé de fantaisie soigneusement collé à la périphérie du tableautin.

LE CANADA

Maman avait choisi une série de reproductions en couleurs de tableaux exotiques parus dans *L'Illustration*, un hebdomadaire de qualité, très répandu avant-guerre. Les reproductions étaient tirées à part et tenues en place dans les pages du magazine par un point de colle. Rien de plus facile que de les prélever sans les abîmer.

Ces tableaux exotiques avaient pour sujet des scènes d'hiver. Des traîneaux glissaient dans un paysage montagneux couvert de neige. Des églises au clocher argenté dominaient des villages aux petites maisons colorées dans des rues en pentes. On pouvait aussi deviner le voisinage d'un important cours d'eau. Le peintre ne manquait pas de talent. Il s'appelait Clarence Gagnon, artiste québécois renommé du début du siècle. Les paysages étaient, en fait, ceux de Charlevoix, cette superbe région du Québec.

Inconsciemment, Maman nous indiquait le chemin de notre future patrie. Les deux frères, le grand et le petit, auront dormi pendant des années, veillés par des paysages qu'ils verront un jour. Ce fut le premier signe du destin.

Un autre m'attendait à l'occasion de ma confirmation. Lorsque monseigneur Duparc, évêque de Quimper et du Léon, vint à Carhaix en 1939 pour faire descendre le Saint-Esprit sur les enfants de la paroisse Saint-Trémeur, je ne pus me présenter pour tendre ma joue au soufflet traditionnel. J'étais souffrant. L'année suivante, je me trouvais à Dinard, au petit séminaire. Les pères Capucins me firent donc confirmer avec plusieurs de mes petits camarades à l'église paroissiale. Ce n'était pas l'archevêque de Rennes qui officiait. Il avait délégué ses pouvoirs à un prélat missionnaire. Missionnaire où ? Je vous le donne en cent, je vous le donne en mille : dans le Grand Nord canadien. Second signe du destin !

La famille

L E décor planté, il reste à présenter les principaux personnages. Au centre de l'action se trouve un garçonnet de bientôt sept ans, éveillé, curieux de tout ce qui l'entoure. On le dit mignon, même irrésistible, avec sa moue perpétuelle et ses grands yeux bleus. Il est petit pour son âge. Il n'atteindra une taille normale qu'à la fin de son adolescence. Le plus remarquable dans ce petit bonhomme, c'est sa voix. Elle est forte, puissante même, claire et juste, bref une exceptionnelle voix de soprano qui ne durera que le temps des roses, heureusement pour lui.

On le surnomme parfois *la Puce*. Curieusement, il y a, au même moment, à Ottawa, capitale du Canada, une fillette qu'on appelait aussi *la Puce*.

D'ordinaire, il répond au surnom de *Gogo*. Gogo est le héros d'une bande dessinée qui paraît dans *Ouest-Éclair*, le quotidien régional bien-pensant. Il eût été déplacé de lire *Le Télégramme de Brest*, l'autre quotidien, socialiste et donc anticlérical.

*   *   *

Un autre surnom avait cours dans la famille : *Cunégonde*. Marie-Olive en avait été affublée à son plus grand désespoir et pour cause. La Cunégonde qui servait de référence n'est autre que la sœur d'Artémis. Artémis et Cunégonde sont les deux filles bêtes, idiotes et stupides de la *Famille Fenouillard*, l'une des toutes premières bandes dessinées. Christophe, l'auteur, vécut sous le Second Empire. Ce livre drolatique fit le bonheur de la maisonnée avec ses pendants : le *Sapeur Camembert* et l'*Idée fixe du savant Cosinus*. C'était cruel pour ma petite sœur, mignonne comme un cœur avec ses cheveux plus blonds que blonds. Sa magnifique force de caractère perçait sans doute déjà, car elle n'hésitait pas à se rebiffer. Du coup, on la traita, injustement, de *pikez*. Par délicatesse pour Cunégonde, je ne vous donnerai pas la traduction de ce joli mot breton. Marie-Olive, dans la vie courante, c'était Yoyo comme j'étais Gogo. Mon surnom a disparu très tôt. Le sien a persisté sous la forme raccourcie de Yo et je l'utilise souvent en souvenir de Cunégonde, la *pikez*, ma petite sœur préférée.

Babette était ma grande sœur préférée. Elle était trop gentille, trop tranquille pour qu'une personne mal intentionnée trouve une raison pour la débaptiser. Babette est un concentré de cette douceur de caractère qui brille souvent par son absence chez les autres membres de la famille.

Armand, c'est Armand tout court, depuis qu'il est au monde. Lui seul a les cheveux noirs. Ses frères et sœurs ont choisi de naître blonds, blonds avec des yeux bleus. C'est peut-être à cause de cette différence qu'il a toujours su revendiquer, haut et fort, sa place au sein du clan !

Raoul, c'est aussi Raoul tout court, depuis qu'il est au monde. Mon grand frère, et parrain, m'impressionne par son calme et son mutisme. Il est posé, réfléchi, peu porté aux confidences. J'avais seize ans quand je l'ai vu piquer une vraie colère pour la première fois. Non sans raison, car le jeune imprudent que j'étais avait, en s'amusant, coincé une balle dans le canon du fusil Mauser récupéré des Allemands. J'avais dû confesser ma bêtise, ce qui fit sortir le calme Raoul de ses gonds. Est-ce en raison de notre compagnonnage de chambre, il s'occupait de son petit frère plus qu'Armand.

Les années qui me séparaient de mes aînés causaient parfois des frictions. J'aurais voulu les suivre et, à juste titre, ils ne mettaient pas de gants pour me renvoyer à mes jeux d'enfants.

Les mots de Maman

Quand nous étions jeunes, Maman, c'était « Maman ». Bien plus tard, nous lui inventâmes deux petits noms doux qui collaient à merveille à sa forte personnalité. Dans ses bons jours, qui étaient de loin les plus nombreux, nous l'appelions *la Reine-Mère*. Elle aimait d'ailleurs rappeler qu'elle avait le même âge que l'indestructible reine-mère d'Angleterre, étant nées toutes les deux en 1900. Les autres jours, qui n'étaient pas rarissimes, c'était *le Gendarme* ! Nous ne nous permettions pas cette insolence en sa présence. Je n'utilise pas le mot *insolent* sans arrière-pensée. Il revenait régulièrement, tout comme les termes *goût* et *bon goût*.

Le mot *goût*, accompagné de l'adjectif *bon*, était bien souvent sur ses lèvres. Dire d'une personne qu'elle *n'avait pas de goût* était, dans son esprit, l'injure suprême, la condamnation définitive. Ainsi en avait-il été pour madame Le Gac, la boulangère, qui tenait boutique en face de la quincaillerie.

Blanche-Neige et les sept nains, la merveille cinématographique du moment, était à l'affiche du cinéma du Patronage, seule salle de Carhaix. Maman avait été éblouie. Par contre, madame Le Gac ne le fut pas. Elle eut tort de s'en ouvrir à Maman qui ne se priva pas de remarques aussi condescendantes qu'acidulées.

— Vous vous rendez compte, elle n'a pas aimé ça !

Bizarrement, dans notre sabir franco-breton, nous utilisions continuellement le mot *goût* avec un tout autre sens : celui de *fun* en anglo-québécois, soit avoir du plaisir, s'amuser. Par exemple, en rentrant d'un après-midi de jeu on disait :

— J'ai eu du goût.

Je me faisais traiter de *petit insolent* quand j'avais l'audace d'exprimer trop franchement mon opinion. Par contre, dans le cas de faute vénielle ou d'ignorance pardonnable, elle utilisait une forme adoucie, en breton cette fois-ci : *innocent warn-uguent* [innocent vingt]. J'ai toujours été intrigué par cette expression, ne lui trouvant pas d'explication logique. Faisait-elle référence à un pape Innocent XX qui n'a jamais existé ou aux saints Innocents, qui n'étaient que seize, on ne le saura jamais. Connaissait-elle la réponse d'ailleurs ?

Il y avait d'autres expressions et mots récurrents dans sa conversation.

À table, lorsqu'elle nous passait notre assiette et que nous tardions à la prendre, nous avions droit à un : « Prends-tu mon bras pour une enseigne ? »

« Tu es plus riche que sainte Catherine » voulait dire : Mouche-toi au lieu de renifler ! Cette expression mérite explication. On appelait *cloches* les écoulements sortant des *deux* narines des enfants. Près de Carhaix, se trouve une jolie chapelle vouée à sainte Catherine qui ne compte qu'*une cloche*, elle. On aura vite fait le rapport.

« J'ai des soucis, il me cause des soucis... » Oui elle pourra se faire des soucis, notre pauvre mère, surtout quelques années plus tard. Ce mot résonne encore dans ma tête quand je pense à elle. Heureux sommes-nous, ses enfants, qui n'avons pas de soucis. Les problèmes les ont remplacés !

* * *

Maman adorait employer des mots bretons dans la conversation courante : *bragou* pour culotte, *chupen* pour veste ou blouson, *boutou* pour chaussures, etc. À l'occasion, ces mots devenaient des expressions.

« Ne *ruse* pas tes pieds », de *ruzan* [faire glisser] voulait dire : Ne traîne pas tes pieds, tu vas user tes talons.

« Tu es à la *heule* », de *heulian* [suivre] signifiait : Avance, on t'attend.

« Faire du *ton* », cajoler.

Et si au repas, je me conduisais de façon gloutonne, « *Boursac'h* » [remplisseur de sac] me rappelait à l'ordre.

Il y avait aussi *clucher*, de *cluchan* [s'accroupir]. Ce mot s'appliquait à nos jeux d'enfants. Jouer à *stuk*, c'était jouer au chat. Jouer à *stuk-cluché* signifiait qu'une fois accroupi, on ne pouvait être touché.

Oserais-je vous donner l'autre signification de *clucher* ? Si je le fais, n'allez pas le répéter. Il n'existait pas de toilettes publiques à Carhaix. Les hommes urinaient contre un mur. Les paysannes qui venaient en ville ne pouvaient se prévaloir de cet avantage. Elles allaient donc *clucher* dans un recoin lorsque le besoin devenait trop pressant. Le geste n'avait rien d'indécent, car leur grande jupe noire s'étalait en corolle voilant ce que la pudeur imposait de cacher.

* * *

Maman était à la fois la mère et le père de famille. On trouvait auprès d'elle toute l'affection qu'un enfant réclame. Mais on avait affaire à elle quand on sortait du droit chemin. Sous une agréable rondeur se cachait une grande force de caractère. Elle était vive et la conversation ne lui manquait pas, pour faire un euphémisme. Elle avait des lumières sur beaucoup de choses. Son cœur était grand comme ça. Elle se faisait un devoir de s'occuper des autres. Naissance ou décès dans son entourage était une occasion de se dévouer. Elle s'intéressait beaucoup à son cercle d'amis composé en partie de jeunes ménages et elle n'était jamais à court de conseil. Son implication était totale envers la famille. Étant l'aînée, elle prenait son rôle au sérieux envers ses frères et ses belles-sœurs.

À la page, entreprenante, dévouée, artiste, avenante, à l'écoute des autres, notre mère sortait de l'ordinaire.

Elle avait bien quelques défauts qui n'étaient que les défauts de ses qualités. Marcelle, sa belle-fille canadienne, aime à répéter, non sans quelque malice, que les Françaises savent tout sur la cuisine, la couture et, surtout, la médecine. Elle le dit en souriant, prenant sa belle-mère comme modèle.

Sa vivacité naturelle la portait à réagir un peu rapidement parfois à nos infractions, soit de la voix soit du geste. Les marques

extérieures d'affection n'étaient pas courantes, à part le traditionnel baiser du « Bonsoir » complété par une croix qu'elle traçait du
pouce sur notre front d'enfant. J'appris très tôt à faire la part des
choses, sachant à quel point nous étions tout pour elle.

Adolescent, lorsque j'arrivais en vacances après un trimestre ou
plus d'internat, j'avais droit pendant quarante-huit heures à toutes les douceurs des retrouvailles. Mais immanquablement, passé
ce délai, je me faisais servir un :

— Les vacances, c'est peut-être les vacances pour les enfants,
mais ce n'est sûrement pas les vacances pour les parents.

Bref, ses deux surnoms caractérisaient parfaitement sa double
personnalité : la Reine-Mère pour ses immenses qualités de cœur,
et le Gendarme pour le revers de la médaille.

Maman, à cette époque, est dans toute sa beauté de brunette au
cœur de la trentaine. Elle n'a que 35 ans en 1935. Ce n'est pas une
nature osseuse. Son visage est joliment rond, son teint de pêche et
de roses et sa peau de satin. Nous ne lui connaîtrons jamais une
ride. Maman, très féminine, adore la toilette et s'habille avec beaucoup de goût.

Le plus bel hommage que nous puissions lui rendre, c'est qu'elle
sut nous faire oublier que nous n'avions pas de père en tenant
deux rôles à la fois : maman-papa et papa-maman.

MES JEUNES ANNÉES

Les rôles principaux distribués, qu'on frappe les trois coups et
que la comédie, aux actes et aux scènes multiples, commence !

Mes jeunes années ont, dans ma mémoire, la forme de ces petites photos en noir et blanc prises avec un Kodak à soufflet et que
le temps a jaunies. Gens et faits sont là, nets et vivants, même les
disparus.

Mes souvenirs étaient en vrac dans ma mémoire, comme ces
instantanés au fond d'une boîte à chaussure. J'ai fait un tri et mis
de l'ordre dans ce fatras de réminiscences. Je devrais d'ailleurs faire
la même chose dans les vraies photos qui dorment au fond d'une
malle, sous l'escalier.

L'école

JE m'éveille de mon dodo de l'après-midi ne sachant plus où je me trouve. Je suis à la maternelle de l'école des Sœurs. Cela ne me plaît pas, à moi un garçon, de fréquenter l'école des filles. Elles sont pourtant bien gentilles, ces sœurs, Filles de Jésus-de-Kermaria, qui nous dorlotent, surtout mademoiselle Yvonne. Ce sont des religieuses, mais celles qui sont en contact avec les élèves sont vêtues en civil comme les y oblige la loi de séparation de l'Église et de l'État. Elles nous apprennent de charmantes chansons du répertoire canadien, car, autre signe du destin, cette congrégation a une maison au Québec, plus précisément à Trois-Rivières. Au moins une des sœurs y a résidé.

Bien plus tard, à Radio-Canada, j'aurai un collègue qui, lui aussi, aura été leur élève au collège trifluvien de Kermaria maintenant transformé en cégep, ou lycée pour les Hexagonaux.

* * *

Un garçonnet de six ans est debout devant un tableau aux grosses lettres noires sur fond jaune. De la baguette qu'il tient en main, il désigne des lettres et de syllabes : *b, a, ba ; b, e, be* ; etc. Des élèves du même âge ânonnent en répétant les *b, a, ba.*

J'ai de l'avance sur mes petits camarades. En entrant en première année à l'école des Frères je sais déjà lire et écrire, les sœurs de Kermaria y ont vu. C'est la même baguette qui sert à l'instituteur pour cingler les mollets des jeunes turbulents. Je n'ai jamais eu droit à cette punition corporelle. Elle était réservée aux petits paysans. On n'aurait pas osé toucher à un petit bourgeois de la ville.

* * *

Selon mon habitude, je suis chez Naine. J'entends un bruit de sabots venant de la rue. Je jette un coup d'œil. Ce sont les frères enseignants de l'école Saint-Trémeur que je fréquente maintenant qui, marchant côte à côte, vont à l'église. Nous les appelons *monsieur*, ignorant que ce sont des religieux, frères enseignants, car ils sont, eux aussi, en civil. Ils forment une étrange tribu.

Monsieur Néran, le directeur, a de mauvaises habitudes. Il passe tous les jours au bistro prendre l'apéritif. Cela fait jaser le tout-Carhaix bien-pensant.

Monsieur Toutous fait fonction de surveillant. Nous l'appelons, en son absence, *Et-cum-spiri-toutousse-dans-l'eau* en association avec le répons latin *Et cum spiritu tuo.* C'est tiré par les cheveux, je vous l'accorde.

Monsieur Jintrik est si petit que, lorsqu'il a pris ses fonctions à Saint-Trémeur, les élèves se sont mépris, pensant qu'il était un des leurs.

Messieurs Le Moal et Leroux enseignaient dans les classes supérieures. Ce dernier était mon préféré.

* * *

Mercredi soir, quatre heures ; demain c'est jeudi, jour de congé. Au lieu de rentrer directement à la maison, je passe par la classe de monsieur Leroux, la dernière au fond de la cour, passé le préau. Il m'attend avec la pile de *Bayard,* illustré pour enfants, ancêtre, avec *Cœurs vaillants,* des b.d. actuelles. Ce magazine n'est distribué en principe que le lendemain. Il me fait la gentillesse de me le remettre immédiatement pour que je n'aie pas à attendre vendredi. Je suis si pressé de feuilleter mon *Bayard* que je ne rentre pas directement à la maison. Je m'arrête chez Naine. Il y a un bon feu dans la cheminée. Grand-mère me beurre une énorme tranche de pain, dit de cinq livres, après l'avoir fait griller dans la cheminée, puis gratte du chocolat Menier sur ma tartine. Je me cale dans le fauteuil Voltaire, celui de droite, pour savourer les plus sublimes de mes plaisirs d'enfant : la tartine de grand-mère et mon *Bayard.*

* * *

Brrr ! On gèle ce matin ! Pour me garder au chaud, je me suis emmitouflé dans ma pèlerine de drap bleue pour faire le trajet de la maison à l'école, mon sac sur le dos. Les pensionnaires, de braves petits paysans, sont déjà dehors, attendant le début des classes. Eux aussi sont gelés. Pour se réchauffer, ils font le tour des arbres plantés en deux rangées parallèles au centre de la cour. Ils ont le béret enfoncé sur les oreilles. Ils croisent les bras et glissent leurs mains dans l'entrebâillement de leur veste pour les garder au chaud. Ils trottinent, en rang par trois, marquant fortement le rythme du claquement de leurs sabots de bois, scandant le tube de ce matin d'hiver :

— *Tralala, la chouette. Tralala, la chouette.*

La cloche sonne pour indiquer le début des cours. Il fait toujours aussi froid. Ce matin, nous écrirons au crayon, car l'encre violette dans laquelle nous trempons nos plumes Sergent-Major est gelée dans nos encriers de porcelaine blanche. Brrr ! Qu'il fait froid !

Ce tour de cour, les pensionnaires le font de bon gré. Ce qui n'est pas toujours le cas. Le *tour-de-cour* constitue l'une des principales punitions avec le piquet. Suivant le degré de la faute, on les récolte par deux, trois ou plus. On peut même ramasser la totale, c'est-à-dire la récré *au complet*. Défense de courir pour abréger la punition. On trottine donc autour des arbres, tandis que les camarades jouent aux billes ou à *stuk,* sous l'œil vigilant de monsieur Toutous ou de monsieur Jintrik.

Les jeux

Comme tous les jours, ou presque, après dîner j'arrête prendre Loulou Le Floc'h chez lui pour descendre à l'école en sa compagnie.

— Maman, demande-t-il, tu ne me donnerais pas vingt sous pour la Sainte-Enfance ?

La Sainte-Enfance est une astucieuse organisation de collecte de fonds pour les missions étrangères qui fait les poches des parents par l'intermédiaire des écoliers. Madame Le Floc'h, Marie Mercier pour les intimes, acquiesce. Et nous voilà forts de nos vingt sous, en route pour Saint-Trémeur. Sur le chemin, la tentation nous guette sous la forme de la marchande de bonbons, rue de La Tour d'Auvergne. Ses bonbons collants, agglutinés au fond des bocaux de verre, ses ongles en deuil, ne nous nous ont jamais rebutés. Cette fois-ci, la Sainte-Enfance aura comme bénéficiaires Loulou et Gaston. Tant pis pour les petits Nègres et les petits Chinois. Vive les petits Carhaisiens !

* * *

Place du Champ-de-Bataille, la bien nommée. Cette fois-ci, je ne descends pas à l'école. J'en remonte avec mes camarades de classe et voisins de quartier, Pierrick Troadec et José le Bihan dont la jambe droite est raide, suite sans doute à la poliomyélite. Manu Le Guen l'a baptisé *Bihan Pen Cam* [Petite Tête Boiteuse]. Fort heureusement, avec l'âge, la jambe de José retrouvera sa souplesse. Pour une raison qui m'échappe, le désaccord s'est mis entre nous et tout cela dégénère en bagarre. Ils s'en prennent à moi et je n'apprécie pas du tout. Les sacs d'école volent et tournoient. Je ne sortirai pas vainqueur de cette bataille qui fut la première et la dernière de notre petite bande.

* * *

La cour de l'école aurait-elle plus d'importance que les salles de classe dans ma vie d'enfant ? Les jeux auxquels nous nous livrons tiennent beaucoup plus de place dans mon souvenir que les leçons et les devoirs.

Vous savez ce que c'est de jouer à *stuk-cluché* ou *stuk-perché*. Jouer *aux hannetons*, vous ignorez sûrement. Il faut se trouver à la fin du printemps ou au début de l'été. Voici comment se livrer à cet amusement cruel.

Tout d'abord, attraper un ou plusieurs de ces coléoptères. Se munir ensuite d'une aiguille et de fil. Troisièmement, saisir délicatement le hanneton entre le pouce et l'index et transpercer l'insecte de part en part. Le tour est joué, il ne vous reste plus qu'à faire tourner le hanneton au bout de son fil. Il émet alors un vrombrissement du plus joli effet.

Faute de hanneton à torturer, on peut jouer *aux sous*. Traçons d'abord un cercle sur le sol, puis plaçons une pièce au centre. Il s'agit, ensuite, de la déloger en la frappant avec une autre pièce, ce qui requiert une certaine adresse.

On ne joue pas aux sous avec n'importe quelle monnaie. Nous avons des réserves de grosses pièces de bronze datant du Second Empire (1852-1870) avec, côté face, la tête couronnée de lauriers de l'empereur Napoléon III. D'où proviennent-elles ? Mystère et boule de gomme, comme nous disions.

Un beau jour, de petits Carhaisiens se livraient à cette innocente occupation lorsqu'un adulte s'intéressa aux curieuses pièces de monnaies qu'ils utilisaient. Curieuses en effet, puisqu'elles étaient en or. Surprise donc de l'adulte qui s'enquiert de leur provenance. Ces jeunes innocents les avaient trouvées dans les caves du vieil hôpital en cours de démolition. Ces caves avaient servi de prison pendant la Révolution. Il s'agissait peut-être d'un magot caché par un détenu promis à la guillotine.

* * *

Tiens, nous jouons *au pot*. Nous avons creusé une sorte de petit nid d'hirondelle au pied d'un mur. Un trait sur le sol indique l'endroit d'où nous lancerons nos billes qui doivent, en principe, aboutir dans le trou. Je vous fais grâce des autres variantes de jeux de billes. On avait les poches rebondies de ces petites sphères d'argile vernissée qui ne valaient pas celles en verre coloré : les agates.

* * *

Connaissez-vous Arzano ? C'est un gros bourg du Sud-Finistère. Je l'ignorais, à ma grande honte. « Bisque à la carotte », disions-nous dans un tel cas, en frottant notre index droit sur notre index gauche pointé sur l'ignorant.

(À la même époque, le même geste avait cours à Ottawa parmi les écolières canadiennes, accompagné de l'expression anglaise *Shame on you !* [Que la honte soit sur vous !], selon Marcelle Tessier, épouse Lebarbé !)

* * *

Nous nous adonnions à un jeu dont le nom m'échappe. On traçait sur le sol une grille comportant un certain nombre de cases. Il fallait composer un nom de lieu à partir de lettres indices. Avec cette occupation intellectuelle nous étions bien loin des hannetons.

* * *

Les jeux de marelle sont des incontournables. Il y en a deux, celui des filles, en rectangle carroyé, et celui des garçons, en forme de croix de Lorraine, que nous appelons *troadig cam* [petit pied boiteux, cloche-pied].

* * *

La cour de l'école, c'est bien comme espace récréatif, mais les vergers contigus des Bihan et des Troadec, c'est encore mieux. Une simple clôture de fil de fer les sépare, barrière symbolique abattue par nos fréquents passages. Au centre de cette jungle, se trouve un laurier, immense à mes yeux, mais facile à escalader. Il nous sert de bateau-pirate, de prison dans nos jeux de gendarmes et de voleurs, d'affût pour la chasse aux fauves et que sais-je encore.

Que trouve-t-on dans un verger ? Des pommes, pardi ! Il y en a plusieurs variétés dont des *dous-skol*, les premières à être mangeables, farineuses et grosses comme ça. Ce sont mes préférées. Elles poussent du côté Le Bihan. Côté le Troadec, les bonnes pommes ne manquent pas non plus et madame Le Bihan de nous recommander de piquer des pommes chez le voisin plutôt que chez elle !

La *pique aux pommes* est d'ailleurs le sport de l'automne. Avec des ruses de Sioux, on emprunte des pommes dans les vergers des étrangers. Attention de ne pas se faire prendre !

Les copains

AH! les soldats de plomb ! J'y joue, au verger, avec Pierrick.
Nous dessinons des lignes de tranchées avec des abris
couverts d'une motte de gazon pour mettre notre armée à l'abri
d'une artillerie aussi ennemie que fictive.

Tout comme José Chevance, Pierrick Troadec est fils unique, ce
qui comporte de nombreux avantages dont celui d'avoir des jouets
en abondance. Ma collection de soldats de plomb fait piètre figure
auprès de la sienne. Habitant seul avec sa mère dans une immense
maison, il dispose d'un étage au complet comme salle de jeu lorsque le mauvais temps nous interdit le grand air. Que de batailles
homériques nous y avons livrées ! Il les gagnait régulièrement, car
il disposait d'une véritable artillerie, ce qui me faisait défaut. Imaginez un canon de 75 mm à tir rapide, modèle 1895, attelé à un
caisson tiré par six chevaux montés par des artilleurs en bleu horizon. Mes chasseurs alpins et autres fantassins ne résistaient pas à
la puissance de feu ennemi. Ma cavalerie était inexistante, mon
budget de la Défense étant insuffisant.

Au Bazar d'Ahès, place de la Mairie, où je recrute mes troupes,
un fantassin ne coûte que vingt sous, mais un cavalier vaut le double. Un franc, c'est la récompense que je reçois lorsque je me classe
premier à la composition hebdomadaire. S'il s'agit d'une rédac-
tion française, je gagne à tout coup. Ce qui n'est pas le cas pour les
autres matières, l'arithmétique en particulier.

* * *

José Chevance n'a pas de soldats de plomb, mais il dispose, pour
lui tout seul, d'un grenier qui vaut bien les vergers ou l'étage de
l'autre José et de Pierrick. S'ajoute à son grenier la cour au trésor
de l'hôtel mitoyen.

Fouillant dans le garage du fond, nous y avons déniché un coffre
rempli d'armes véritables plus ou moins rongées par la rouille,
entre autres, d'authentiques revolvers. Nous voilà donc parfaitement équipés pour jouer aux cow-boys chez José. C'était avant que
Maman ne lui apprenne que les cow-boys sont des *paotr-saout*. La
rampe du palier nous sert de cheval. Gare à vous, les Indiens à la

langue fourchue, Tom Mix et ses séides vont vous mettre à la raison. (Tom Mix est le personnage vedette des westerns *made in Hollywood* de l'époque.)

Fatigués de galoper dans les plaines du Far-West, nous grimpons dans notre ballon dirigeable, stationnaire tout là-haut dans les combles. C'est l'époque dorée de ces monstres plus légers que l'air. Nos jeux reflètent l'actualité remplie des exploits du *R-100* anglais, et surtout du *Hindenburg* allemand.

* * *

La maman de José Chevance est une femme malade qui, hélas ! ne fera pas de vieux os. Elle passe ses jours allongée et ne sort que pour des promenades. Nous l'accompagnons à l'occasion.

Aujourd'hui, il fait beau et chaud. Le but de la sortie, c'est le Moulin-C'hezec. Qui dit moulin, dit rivière et, pour nous, qui dit rivière, dit l'Hyères. La même qui arrose Nivernic après de multiples détours et se transforme en canal de Nantes-à-Brest à cet endroit. Nous pataugeons et nous ramassons des sangsues à la demande de madame Chevance. Elle les applique sur ses chevilles pour que son mal soit extrait avec le sang que sucent les bestioles aquatiques. On conjuguait encore à cette époque les remèdes de bonne femme avec les pèlerinages pour pallier les déficiences de la médecine.

Nous barbotons dans l'eau comme des petits chiens. Sur les conseils de José qui sait, lui, je m'essaie à une brasse puis à deux ; je bois la tasse ; je recommence et, miracle, je flotte ; j'avance ; je sais nager !

Ne dois-je pas aussi à José de fumer ma première cigarette ? Nos courses nous mènent souvent, en périphérie de la ville, à la chapelle de La Salette. Ce jour-là, il a décidé que nous achèterions un paquet de Gauloises et que nous fumerions des cigarettes comme tout homme qui se respecte. Pour ce faire, il faut des sous et suffisamment de culot pour se présenter chez le buraliste qui n'est autre que monsieur Le Floc'h, le père de Loulou. N'ayant ni l'un ni l'autre, nous nous sommes abstenus de faire cette dangereuse démarche. Étant au printemps, nous nous sommes rabattus sur le *tabac prussien*. Ce *tabac* n'est rien d'autre que des inflorescences de châtaignier, composées de très petites fleurs dont la forme rappelle la queue d'un chat. On les égrène puis on les roule dans du papier à cigarette dont l'emballage est orné d'une tête de zouave et le tour est joué.

J'ai bien cru m'étouffer à la première bouffée. Ne pouvant perdre la face, j'allai jusqu'au bout de cet abominable *pétard*.

* * *

Loulou Le Floc'h était un camarade en marge de la bande. J'étais le seul à le fréquenter. Sa maman le couvait et cela lui nuira plus tard dans sa triste vie. Le jardin en friches, en arrière de sa maison, nous servait d'aire de jeu. Nous y faisions des expériences bizarres. Ainsi, un beau jour, nous nous sommes mis en tête de faire du pain. Trouver du blé en grain ne posait pas de problème. Le moudre non plus grâce au moulin à café. Construire un four, l'enfance de l'art et le chauffer aussi. Au moment de faire la pâte, les vrais problèmes sont apparus. Nous savions tout de l'art de la boulangerie sauf, malheureusement, l'existence du levain. Ce fut beaucoup de travail pour un piètre résultat.

* * *

Les jumeaux Pierre et Jacques Cyrille, de l'Hôtel de France, de l'autre côté de la rue, étaient trop jeunes pour être des nôtres. J'ai souvenir quand même de quelques bonnes parties de plaisir en leur compagnie, dans la cour de l'hôtel et même aux étages.

J'étais fasciné par l'écurie et le cheval qu'elle abritait. Monsieur Moreau, le cocher, l'attelait à une voiture dite *omnibus* pour aller quérir les clients à l'arrivée des trains à la gare. C'était une belle bête bien différente des rosses qui tiraient les charrettes de paysans. Il brillait surtout de ses sabots noirs et luisants, résultat du cirage que monsieur Moreau appliquait et frottait énergiquement chaque jour.

Le cocher juché sur son siège dominait la croupe de son cheval et, dans son dos, l'habitacle fermé de la voiture. Les passagers y accédaient par l'arrière au moyen d'un marchepied. Cette petite plate-forme était l'objet de nos jeux et de tous les dangers. Lorsque le père Moreau passait devant nous, c'est à qui irait s'asseoir sur ce marchepied pour bénéficier d'une petite balade à l'insu du cocher. C'est aussi à celui qui crierait le premier :

— Il y a quelqu'un derrière !

À ce signal, monsieur Moreau donnait un grand coup de fouet à l'aveuglette par-dessus l'habitacle pour chasser l'intrus. Il manquait toujours sa cible, car le garnement sautait à terre avant que la lanière du fouet ne l'atteigne, jusqu'au jour où ce qui devait arriver arriva, José Chevance reçut le coup de fouet en travers du visage, ce qui lui imprima une belle balafre.

Germaine Guillou, dite Maimaine, la fille du boulanger d'en face, est ma première et dernière petite copine. Avec elle et sa grande sœur, nous nous livrons à des jeux, sinon interdits du moins pas tout à fait innocents, parmi les sacs de farine dans lesquels prospèrent des colonies de blattes.

Son papa a été la cause de ma toute première frayeur. Je le vois sortir de sa boutique avec un fusil et des cartouches dans une ceinture de cuir. Il est chaussé de bottes et porte un grand sac en bandoulière.

Réalisant le danger qui nous menace tous, je crie, je hurle :

— Maman ! Maman ! il y a un bandit dans la rue !

* * *

Oui, les deux José, Pierrick, Loulou et les autres, ensemble *nous avons eu du goût, beaucoup de goût.*

Les églises

« I L va pleuvoir, on entend les cloches. »
Rien de plus normal puisque la collégiale Saint-Trémeur se trouve à l'ouest de notre maison et que souffle de cette direction le vent dominant qui vient de l'océan, chassant dans notre direction les nuages chargés de pluie. Le tintement des cloches à midi rappelle aux bons chrétiens que c'est le moment de réciter l'*Angelus*. L'après-midi, le tintement du glas signale les enterrements. Le dimanche, elles appellent aux offices. Quinze minutes avant le début de la messe, elles tintent le quart.

— Dépêchez-vous, vous allez être en retard, disent les cloches.

Au top, elles carillonnent.

* * *

Des nombreux édifices religieux que comptait Carhaix avant la révolution de 1789, il ne reste debout que deux églises : la collégiale Saint-Trémeur et l'ancienne église paroissiale dite de Plouguer (paroisse de Carhaix).

Le clocher gothique de Saint-Trémeur, avec ses quatre clochetons, est massif. Construit en granit, il perdait des pierres au moment de notre récit. J'en fis un dessin, le seul de mes gribouillis d'enfant qui aura miraculeusement survécu. Le clocher de Saint-Trémeur servit de repaire pendant les guerres de Religion au bandit La Fontenelle qui mit à sac toute la Basse-Bretagne. On en a gardé le souvenir. La nef a été reconstruite il y a un siècle.

Le couvent des Augustins a disparu. Son cloître gothique a été démonté pierre par pierre dans les années 1920 pour être remonté aux États-Unis. Il n'est pas impossible qu'il se trouve au Cloisters Museum de New York. Des Ursulines et des Carmes, il ne demeure que d'infimes traces dans le bâti ancien de la vieille ville. Il faut être un vieux Carhaisien pour les repérer.

LE DÉSOPILANT RECTEUR DE PLOUGUER

Il nous arrive d'assister à la messe à Plouguer pour nous amuser. Monsieur Le Treut est un petit homme rondouillard dont le patronyme signifie *Le Maigre,* voilà qui au départ est rigolo ! Quand il célèbre la messe, il joue tous les rôles à la fois. Il trotte de l'autel à la crédence et de sa stalle à la chaire d'où il dégringole pour faire la quête. À lui tout seul, il remplace la chorale. Les interminables grand-messes passent à la vitesse de l'éclair en le regardant se démener.

Il est très fier de son église, classée monument historique. De style roman, elle date du XIIe siècle. Un malencontreux incendie l'avait détruite, sauf les murs et le clocher, en 1926, alors que les pères Capucins y prêchaient une *grande mission.* Monsieur Le Treut la restaura avec beaucoup de goût, pillant les chapelles rustiques des environs pour remeubler son église.

Quand on franchit le porche, l'usage exige qu'on trempe le bout de ses doigts dans le bénitier avant de se signer. Au-dessus de la vasque de pierre, se trouve une statue ancienne de saint Pierre qui, curieusement, avance son pied droit dans le vide au-dessus du bénitier. On ne peut résister à la tentation de lui chatouiller, en pouffant, la plante des pieds à l'eau bénite, avant de faire le signe de croix. Saint Pierre n'est pas chatouilleux. Nous ne l'avons jamais vu rire.

Monsieur le recteur est aussi un orateur apprécié de ses ouailles. Chaque année, la Sainte-Jeanne-d'Arc est l'objet d'un morceau d'anthologie.

— Mes biens chers frères, la France se trouvait alors dans un état pitoyable, ravagée par les Anglais... Dieu eut pitié d'elle...

Il envoya un homme pour la sauver et cet homme était une femme, c'était Jeanne d'Arc.

Monsieur Le Treut se prénomme Corentin. Le jour de sa fête patronale, ses paroissiens se pressent pour lui présenter leurs vœux. En les remerciant, il les invite à passer par la cuisine en sortant, car sa *karabassen* [bonne de curé] s'appelle aussi Corentine. Elle porte la coiffe cylindrique du pays bigouden qui se caractérise par sa hauteur démesurée, sauf si on la porte à la vieille mode, ce qui était son cas. Cette coiffe trop courte m'intriguait suffisamment pour que je m'en souvienne.

Il faut dire à la décharge du recteur de Plouguer qu'il ne manquait ni d'humour ni de goût sous ses apparences burlesques. Son église une fois restaurée, monsieur Le Treut reçut la visite d'une délégation de l'administration des beaux-arts chargée de décider du maintien de l'édifice dans la liste des monuments historiques. Guide compétent, il leur détailla les travaux de restauration. Arrivé devant un vitrail consacré aux deux saints patrons de la paroisse, il leur tint le discours suivant :

— Vous voyez ici saint Pierre, raide comme un piquet, plein de morgue, brandissant son trousseau de clefs, symboles de sa dignité de successeur du Christ. Il proclame *urbi et orbi* : « C'est moi le chef ! » À sa gauche, regardez saint Paul qui, d'une main, presse contre son cœur l'épée de son martyre tandis qu'il lève l'autre au-dessus de son épaule. Ce geste est significatif, car il marmonne entre ses dents : « Moi, je m'en fous ! »

* * *

Tonton René me raconta un jour cette délirante légende concernant le saint patron de notre paroisse.

LA LÉGENDE DE SAINT TRÉMEUR

Trémeur avait une maman si extraordinaire qu'il l'appelait « sainte » Tréphine, même dans l'intimité, ce qui est plus respectueux que Reine-Mère ou Gendarme. Pour ne pas être en reste, elle appelait son fils « saint » Trémeur. Par contre, son mari répondait au nom de Conomor, tout court.

Tréphine avait fait un mauvais mariage bien que son époux soit roi de Cornouailles. Il était païen, elle était chrétienne. Que son fils soit baptisé déplaisait fort à Conomor. Il s'en prit donc un jour à son rejeton et lui trancha la tête, le transformant ainsi en martyr.

Voyant sa tête rouler par terre, Trémeur la ramassa. Dans la chute, son auréole tomba de son côté. Il tenta de la replacer, mais sans y réussir, comme bien on pense. Dépité par ce contretemps, il ne continua pas moins à penser : « Papa va finir par me tuer si je le laisse faire, vite fuyons. »

Prenant ses jambes à son cou et sa tête dans ses mains, il s'enfuit pour échapper à une mort certaine (?). Dans sa course éperdue, il prit la direction du Moulin-du-Roy. Comme la route descend pendant deux kilomètres, il espérait distancer plus facilement son poursuivant. Son père, rouge de fureur, enfourcha son destrier et se lança au galop, brandissant son épée, aux trousses de son garnement de fils.

Jetant un coup d'œil par-dessus son épaule (?) Trémeur vit que son papa allait le rejoindre. Il arrivait justement au bas de la côte, au bord de la rivière qui fait tourner la roue du Moulin-du-Roy. Or à l'époque il n'y avait pas de pont. C'en était fait du pauvre Trémeur. La seule solution pour traverser la rivière, c'était la nage. Mais comment s'y prendre quand nos mains tiennent notre tête ? Il sentait déjà dans son dos le souffle des naseaux du cheval paternel. Les hurlements de son père étaient tels qu'ils lui transperçaient les oreilles et que sa tête vibrait au risque de lui glisser des mains. Que faire ? Son père allait-il continuer à le découper en petits morceaux ? Suspense !

Une main royale et infanticide brandissait un glaive au-dessus de Trémeur. Il allait être séparé en deux comme on fera des pourceaux 1500 ans plus tard au Nivernic. Quelle horreur !

Mais une idée, aussi géniale que subite, soufflée par le Saint-Esprit en personne, traversa le cerveau de Trémeur. À pleines dents, il saisit sa tête par les cheveux. Ayant enfin les mains libres, il se lança à l'eau et, trois brasses plus tard, prit pied sur l'autre rive, sauvé. Il fallait y penser et, surtout, le faire !

Au fait, comme on le nommait « saint » depuis sa naissance, l'Église n'eut pas à canoniser Trémeur.

* * *

Saint Trémeur fait l'objet d'une quête spéciale à la grand-messe du dimanche tout comme les Trépassés. Le sacristain passe le premier le plateau, suivi d'un enfant de chœur. À chaque rangée de chaises, il murmure : « Saint Trémeur », tandis que l'acolyte dit : « Tête cassée », au lieu de *trépassés*. On retrouve ici le même style d'humour de sacristie qu'avec monsieur *Toutoussse-dans-l'eau*.

Qu'on me permette un saut dans le temps. En 1943, les familles de réfugiés lorientais, Le Coënt et Facon, que nous retrouverons plus loin, cohabitent dans le même appartement.

Jean Facon, 14 ans, n'a jamais d'argent de poche. Il jalouse un peu son cousin Henri Le Coënt qui reçoit une allocation hebdomadaire d'un franc, soit vingt sous. Un beau dimanche, Jean, enfant de chœur, passe la quête. Arrivé à la famille Le Coënt, il place ostensiblement le plateau sous le nez de son cousin. Au lieu du traditionnel *tête cassée*, il murmure : « Tes vingt sous, tes vingt sous… »

Henri fait la sourde oreille, mais notre enfant de chœur au propre, qui n'en est pas un au figuré, ne bouge pas. La situation s'éternise. Des têtes se tournent, se demandant bien ce qui se passe. Devant l'obstination de Jean, Henri n'a d'autre choix que de fouiller dans sa poche pour en extraire la pièce d'un franc et, rageur, la laisser tomber dans le plat.

LA GRAND-MESSE

Les Geoffroy-Lebarbé ont leurs chaises tacitement réservées au pied de la chaire. Il n'y a pas de bancs dans les églises françaises, contrairement au Québec. Ils sont remplacés par une multitude de chaises basses empaillées qui servent à la fois de prie-Dieu et de siège. Il suffit de les retourner au moment voulu. Quand le prédicateur monte en chaire, on vire sa chaise dans sa direction pour ne rien perdre de ses paroles. Ce siège n'est pas gratuit. Pendant l'office, la chaisière passe dans les rangs pour toucher son dû, cinq sous si ma mémoire est fidèle, manipulant la petit monnaie avec dextérité.

Comme de coutume, j'assiste à la grand-messe avec Dodotte. Maman, tôt levée, a sans doute assisté à la messe basse de sept heures où le prône se donne en breton. La cloche, maniée vigoureusement par l'acolyte, accompagne le geste du célébrant qui lève au-dessus de sa tête la grande hostie qu'il vient de consacrer par la formule *Hoc est enim corpus meum* [Ceci est mon corps]. Au lieu de courber la tête comme l'exige la liturgie, je regarde avec toute l'intensité de mes yeux bleus pour distinguer le corps de Jésus qu'elle contient ainsi qu'on me l'a enseigné. Effectivement, je devine une ombre en forme de crucifix !

Dodotte a des projets d'avenir pour son petit-fils. D'avoir un fils prêtre et une fille religieuse ne lui suffit pas pour assurer son ciel.

Un ou deux de ses petits-fils ecclésiastiques feraient son bonheur. Aussi me glisse-t-elle, dimanche après dimanche, un subtil :

— Qu'est-ce que tu feras quand tu seras grand, mon petit mignon ? Tu ne voudrais pas être prêtre ?

C'était le début de ma vocation.

SORTIE DE MESSE EN NOIR ET BLANC

Sortir de l'église après l'office peut offrir des surprises. Je quitte l'obscurité des saints lieux pour la lumière de l'extérieur. Sur le parvis, deux curieux personnages attendent les fidèles pour leur vendre des chevalets-tableaux noirs pour enfants.

Si les tableaux sont réellement noirs, les vendeurs le sont tout autant. J'en reste coi. Je m'informe et on me dit que ce sont des Nègres, comme le tirailleur sénégalais à chéchia qui orne les boîtes de boisson au chocolat de la marque Banania, souligné du slogan *Y'a bon Banania !* Ce jour-là, avec surprise, j'ai appris que tout le monde n'était pas blanc !

C'est à peu près à la même époque que je vis mes deux premiers Asiatiques, des Indochinois, assis sur la bordure du trottoir en face de l'hôtel de La Tour d'Auvergne. Préparé par ma première rencontre aux couleurs exotiques, je ne fus pas autrement surpris. Il faut dire qu'une de nos injures favorites n'était autre que : *Chinois vert à la coque jaune !*

LE CINÉMA DU PATRONAGE

Messes et prières sont la distraction favorite de ma grand-mère. Le cinéma est son autre passe-temps. L'un ne va pas sans l'autre, curieusement. Si le dimanche matin est occupé par la messe, l'après-midi débute par le chant des vêpres. N'y assistent que les personnes très pieuses et les enfants qu'on y traîne avec des promesses alléchantes.

— Si tu m'accompagnes aux vêpres, me dit Dodotte, après je t'emmène au cinéma.

J'ai donc été assidu aux vêpres et au film de la semaine projeté au cinéma du Patro. C'était une salle toute neuve qui remplaçait l'ancienne, victime d'un incendie, chose fréquente à l'époque, causé par les pellicules en nitrate de cellulose très inflammables.

L'unique cinéma de la ville est la propriété de la paroisse ; on ne risque pas d'y voir des longs métrages portant atteinte à la foi et aux bonnes mœurs.

Mon premier film était muet avec accompagnement *live* par le pianiste de service. J'étais assis en fond de salle. L'obscurité m'a impressionné plus que les images défilant sur l'écran. Peu de temps après, le cinéma parlant faisait son apparition. En compagnie de Dodotte, j'aurai vu quantité de films sans en saisir le sens. Je comprenais que je ne comprenais pas, preuve de mon intelligence précoce ! Je préférais de beaucoup les *actualités* qui ne me posaient pas de problème de compréhension.

LE CIMETIÈRE

Entre la sortie de la grand-messe, le matin vers 11 heures, et les vêpres, l'après-midi à 14 heures, notre temps est bien rempli.

Deux stations sont au programme.

La première se fait au cimetière qui n'est qu'à un jet de pierre de l'église. Nous nous recueillons d'abord sur la tombe de Papa, puis sur celle de Barbe, l'arrière-grand-mère. Nous ne quitterons pas le champs des morts sans être passé par les tombes amies dont, en particulier, celle des Naëlou. L'hiver on grelotte, car le cimetière est ouvert aux quatre vents.

La seconde station se fait à la pâtisserie pour y prendre le gâteau qui terminera en beauté le dîner du dimanche. Au menu de ce repas, le rôti de veau accompagné de pommes de terre rissolées ou, suprême gourmandise, du poulet rôti avec des frites, du vrai poulet fermier garanti *bio*, qui toute sa vie aura couru autour du poulailler se nourrissant de grains et de vermisseaux. Tellement bio qu'on l'achète vivant, qu'il faut l'occire, le plumer puis le vider.

Ce jour-là, c'est à Raoul, à la demande de notre mère, que revient la tâche de faire passer le poulet dominical de vie à trépas. Au lieu de le saigner en lui fendant la gorge par l'intérieur du bec, mon grand frère décide de jouer au bourreau et de décapiter le volatile. La guillotine est installée dans la cour sous la forme du billot à casser le petit bois et d'une feuille empruntée à la boutique.

En un rien de temps, le poulet est séparé de sa tête, mais la vie ne l'a pas quitté pour autant. Dans un grand battement d'ailes, il échappe à son bourreau et se met à voleter à droite et à gauche. Raoul court après lui dans tous les sens jusqu'au moment où, vidé de son sang, le pauvre poulet arrête sa danse macabre. Ce fut la première et la dernière fois que j'assistai à une corrida où le rôle du taureau était tenu par un poulet et celui du matador par mon grand frère.

Le temps est venu de quitter les jupes noires de ma grand-mère et la nef pour accéder au chœur de l'église Saint-Trémeur, endroit strictement interdit aux personnes du sexe.

Après des négociations entre Maman et monsieur le curé, il est décidé que je serai enfant de chœur. Je suis convoqué à la sacristie, après la messe, pour que monsieur Bossenec s'assure *de visu* que j'ai les qualités voulues pour l'emploi. Je suis illico déclaré *bon pour le service* à titre de *céroféraire* [porte-cierge], c'est-à-dire de figurant. Les premiers rôles sont réservés aux professionnels qui sont tous des Le Guen, de Manu, acolyte et servant de messe, à son frère aîné, le sacristain.

Il faut me doter de l'uniforme. Ce que fait Marie Herpe, la couturière à la journée, qui me prépare la panoplie complète du parfait enfant de chœur de fantaisie : soutane aux multiples boutons, blanc surplis, camail et petite calotte, le tout du rouge le plus seyant.

Monsieur le curé se trouve, par hasard ou non, de passage à la maison le jour de l'essayage. Je joue au *top model* et monsieur Bossenec, curé doyen et futur chanoine, déclare, avec componction, que je ressemble à un cardinal. Maman, fière de son fils, rougit de plaisir et ses joues prennent la couleur d'une *capa magna*, l'écarlate manteau de cérémonie à longue traîne que portaient les cardinaux.

Après les subtiles suggestions de Dodotte, je venais de gravir inconsciemment un deuxième échelon dans ma *vocation*, endossant pour la première fois, mais non la dernière, un habit ecclésiastique.

Commerces, foires et marchés

CE qui se passe dans la boutique constitue le centre de la vie familiale. Qu'on rentre ou qu'on sorte, on traverse le magasin, à moins de passer par la cour qui donne dans la venelle. Maman est à la fois la gérante, la directrice commerciale, la vendeuse de cette succursale de la PME Geoffroy, aidée par Célina qui a vite appris à servir la clientèle.

Laquelle se présente à toute heure. Il suffit d'être à table le midi pour qu'on entende :

— Il n'y a personne ?

Maman ou Célina se lève pour servir l'importun. La commande est en général de peu d'importance, comme, par exemple, deux côtelettes de porc ou quatre saucisses. Le plus souvent, on demande :

— Un quart de charcuterie assortie, *marplij* [s'il vous plaît].

Une fois sur deux, ou presque, la conversation se déroule en breton. Les mots qui sonnent encore à mon oreille sont : *pemp real* [cinq francs], l'inévitable *Kenavo, itron* [Au revoir, madame]. On entendait aussi : *Brao eo an amzer, tom eo* [Le temps est beau, il fait chaud] et son contraire : *Glao a ra* [Il pleut], le temps constituant, dans tous les pays du monde, le fond de la conversation.

Je me demande encore ce que signifiait exactement le quart de charcuterie. Ce devait être 125 grammes. J'étais émerveillé de voir Maman couper successivement une rondelle de saucisson, un ou deux morceaux de pâté, plus une tranche de jambon, déposer le tout sur la feuille de papier, à l'enseigne de *Pleure pas, grosse bête*, placée au préalable sur le plateau de la balance et que cela fasse exactement le poids. C'était la vie de tous les jours.

JOURS DE MARCHÉ

Les samedis, jour de marché, l'ambiance était tout autre. La rue était noire de monde, avec les paysannes noires de robe et blanches de coiffe ayant aux bras un ou deux paniers d'osier noir à deux anses, muni d'un couvercle, et avec les paysans vêtus de sombre eux aussi, coiffés du chapeau de Carhaix, tout rond et au bord relevé. Il se portait sur le devant du crâne, descendu sur le front, coquetterie oblige. Ce ne sont pas tous les hommes qui s'en coiffent. La majorité arbore une casquette moderne.

L'utilité principale de ces coiffures n'est pas de protéger la tête. C'est surtout de servir de réceptacle à la chique ou *tabac-carotte*. Lorsque le chiqueur est fatigué de mâcher son juteux morceau de tabac, il se découvre et le glisse dans le rebord de son couvre-chef, en réserve pour une utilisation ultérieure. Le tout est, en général, accompagné d'un abondant crachat aussi noirâtre que peu appétissant. *Défense de cracher et de parler breton*, ordonnaient certaines affiches que, personnellement, je n'ai jamais vues, pour être honnête.

Les paysans et paysannes fréquentaient les commerces établis comme la quincaillerie et la charcuterie. Ils s'adressaient aussi aux forains.

Ces marchands ambulants installaient leurs éventaires sur la place de la Mairie principalement. On y vendait de tout : textile, vaisselle, chaussures, *boutou coat* [sabots de bois], etc. Le Champ-de-Foire, répondant à sa vocation, accueillait les marchands de bestiaux : veaux, vaches, cochons et couvées. Les échanges se concluaient par le traditionnel : « Tope-là ! », suivi d'une bolée de cidre bue au café.

Les paysans venaient en ville à bord de leur char à bancs, jolies charrettes anglaises aux deux grandes roues, vernissées et ornées de filets de couleur. Les voitures dételées reposaient sur leur arrière, les brancards dressés vers le ciel. Le principal stationnement se trouvait dans un coin de la place de la Mairie.

Je dois à ces jours de marché l'une de mes principales émotions de garçonnet. Je viens de me lever. Je sors sur le trottoir. J'ai la sensation que je vais être englouti, submergé par une marée *gwen ha du* [blanche et noire], les couleurs traditionnelles de la Bretagne. La rue déborde d'un monde vêtu du noir des vêtements et du blanc des coiffes que portent les femmes. Effrayé, je retraite précipitamment dans le magasin pour y chercher la sécurité des jupes maternelles.

On y rencontre même l'invraisemblable. Témoin ce barde aveugle, chanteur des rues et des champs, qui interprète des *gwerz* [complaintes], en breton bien évidemment, place du Champ-de-Bataille, pour ensuite faire appel au bon cœur des passants. Je l'écoute, intéressé par la tournure du personnage qui semble sorti d'une légende. Voilà qu'il entonne une autre chanson. Je dresse l'oreille, surpris par son air. La mélodie n'a rien de celtique malgré les paroles : c'est celle de *Bohémienne aux grands yeux noirs,* le tube du moment. Étonné, surpris, interloqué, je me précipite à la maison.

— Maman ! Maman ! il y a un chanteur qui chante *Bohémienne aux grands yeux noirs* en breton !

Je ne suis pas sûr que Maman m'ait cru.

* * *

Mais l'animation des marchés n'a pas de commune mesure avec celle qu'on rencontre les jours de foire. Je vous ai déjà dit qu'il y en a deux : celle du 13 mars et celle de la Toussaint. À ces occasions, deux places de la ville, normalement inoccupées, grouillent de vie.

La place aux Chevaux, qui portait bien son nom, est située au pied de l'église Saint-Trémeur à l'emplacement de l'ancien cimetière. Elle est trop petite pour contenir toutes les bêtes à vendre. Juments, poulains de l'année et étalons sont *stationnés* sur les trottoirs aussi loin que l'école communale. Maman se vante d'être passée sous le ventre des chevaux quand elle était petite fille, tout en me recommandant de ne pas commettre la même imprudence. Mes essais de cavalier à Penallan ne m'ayant pas laissé un souvenir impérissable, je me tiens loin de ces animaux qui lancent des ruades à l'occasion. Je regarde quand même avec plaisir ces beaux étalons que l'on fait trotter la tête haute pour démontrer leurs qualités aux acheteurs qui viennent de fort loin, même du Japon laisse-t-on entendre.

La foire terminée, ce qui m'impressionne le plus, c'est ce train de chevaux que je vois passer. Il y en a une bonne vingtaine attachés à la queue leu leu par un simple licou et conduits par un seul homme. C'est le fruit des achats d'un maquignon qui fait l'économie du transport pas le train en les expédiant par la route, à pied, je ne sais où, à l'abattoir peut-être...

Ce qui se passe place du Champ-de-Bataille est beaucoup plus intéressant. C'est là que les forains, aussi appelés *comédiens* ou *bohémiens*, ont monté les stands de tir, les loteries, les confiseries et autres attractions. C'est là qu'on achète le moulin aux ailes blanches pour le petit garçon qui revient à la vie. Mais, surtout, il y a les manèges.

Le *casse-gueule*, au nom évocateur, est le plus impressionnant. Il est composé d'une série d'escarpolettes suspendues autour d'une sorte de grande couronne montée sur un pivot. Lorsque cette couronne se met à tourner de plus en plus vite, les escarpolettes s'écartent de la verticale pour prendre des angles terrifiants pour les occupants. Les jeunes filles, la jupe au vent, poussent des cris d'orfraie pour le plus grand plaisir des garçons qui font les braves.

La *chenille*, sorte de train sans fin qui tourne sur une voie circulaire et ondulée, est plus paisible. Son principal intérêt, c'est qu'au milieu du parcours une capote se rabat sur l'ensemble du convoi, permettant aux amoureux de s'embrasser à l'abri des regards. Si je ne suis jamais monté dans le *casse-gueule* trop dangereux pour un enfant, j'ai fait des tours dans la *chenille*. Mais, hélas ! sans qui bécoter.

Sans oublier les inévitables autos tamponneuses.

Les foires ne duraient qu'une quinzaine de jours. Le Champ-de-Bataille restait tout de même le centre des activités carhaisiennes.

La venue du cirque Figuier était l'attraction de l'année. Les fauves m'impressionnaient beaucoup, tout comme la jolie danseuse qui faisait son numéro entre les clowns et les acrobates. En réalité, ce cirque était minable et nous rêvions d'en voir un vrai comme à Paris ou dans les grandes villes.

La famille Figuier était et se trouve encore alliée à la famille Caplot, formant une tribu des gens du voyage. Pour une raison de moi inconnue, ce clan de romanichels a choisi Carhaix et son cimetière comme point de ralliement dans leurs pérégrinations de nomades. Ils occupent une section entière du cimetière de Carhaix. Les tombes et les monuments funéraires augmentent en nombre d'année en année. Cela donne un ensemble extravagant où ils expriment leur attachement pour leurs défunts. Étant allé me recueillir sur la tombe familiale il y a quelques années, j'eus la surprise de voir un Caplot lavant à grande eau le granit poli d'un de ces tombeaux alors qu'il pleuvait à verse comme il peut pleuvoir sur Carhaix et son cimetière un jour d'hiver.

Un jour, passant par le Champ-de-Bataille au retour de l'école, j'eus la surprise d'y voir un ours, un énorme ours brun, avec une muselière, tenu en laisse par son dresseur. Je n'en croyais pas mes yeux d'apercevoir un de ces montreurs d'ours qui n'existaient que dans mes livres, comme le célèbre *Sans Famille* de Hector Malo. Spectacle d'un autre temps et qui me parut comme tel. Dans un coin de la place stationnait une roulotte de bohémiens, toujours comme dans les livres, dont le cheval dételé était attaché à un arbre.

Chaque marché du samedi, chaque foire qui revenait avec les saisons donnait l'occasion aux marchands de relancer le chaland avec la formule consacrée :

— *Ne ket ker ha marc'had mad.* [C'est pas cher et c'est une bonne affaire.]

Ainsi allait la vie à Carhaix dont le commerce était l'activité principale, à moins de travailler au dépôt de la gare.

* * *

La statue de La Tour d'Auvergne, premier grenadier de la République, héros breton et célébrité locale, est le centre et l'ornement principal du Champ-de-Bataille. D'ailleurs, la place de mon enfance porte aujourd'hui le nom de place de La-Tour-d'Auvergne.

Dans un temps ancien, pour moi tout au moins, soit avant la Grande Guerre, paysans et paysannes qui venaient au marché, avant de reprendre le chemin de leur ferme, passaient réciter une prière devant la statue de bronze de La Tour d'Auvergne. Ils estimaient, dans leur naïveté, qu'une statue ne pouvait être élevée qu'en l'honneur d'un saint. Ignorants de quel saint il s'agissait, ils l'avaient baptisé *ar Sant du* [le Saint noir].

Toujours dans ces temps anciens, il y avait des acheteurs de cheveux. Les jeunes femmes de la campagne sacrifiaient leur chevelure contre quelques sous à ces tondeurs de paysannes qui les revendaient aux perruquiers. Maman avait été témoin de cette pratique.

CHARCUTERIE ET LINGERIE, CURIEUX MÉLANGE...

Serait-ce à cause de son goût bien féminin pour les jolies choses ou pour augmenter la rentabilité de son commerce, Maman fit un changement important dans la boutique. La belle salle qu'elle avait aménagée avec le lit-clos comme élément principal fut transformée en annexe de la charcuterie et devint une boutique de lingerie. Côte à côte, se trouvèrent ainsi réunies deux activités bien éloignées l'une de l'autre : la cochonnaille et le textile. Maman passait ainsi de la tranche de jambon aux bas de soie (c'était avant le nylon) et aux ensembles assortis de lingerie féminine qu'on désignait du joli nom de parure. Curieux mélange !

Chez Naine

« JE vais chez Naine » ou « J'étais chez Naine », deux phrases qui revenaient souvent, aussi souvent que j'arrêtais chez ma grand-mère. Je n'aurais jamais dit : « à La Cour », comme le faisaient les adultes.

Naine est indissociable de sa sœur Léonie, dite Tata. Elles sont physiquement dissemblables. Naine est aussi corpulente que Tata est osseuse. Leur comportement à notre égard tient de leur condition physique. Autant Naine est généreuse comme sa nature, autant Tata est sèche. Armand, à l'en croire, est la tête de Turc de sa tante.

Il lui rend bien la politesse. Les deux sœurs se complètent bien. Tata, c'est les jambes de Naine, devenue impotente avec les ans. De ma grand-mère se déplaçant normalement, je n'ai que deux souvenirs déjà évoqués, une visite à la foire et la cueillette des pissenlits.

Les deux vieilles dames passent leur journée à leur fenêtre, assises face à face, devant leur table de travail placée dans l'encoignure de la fenêtre donnant sur la rue. Elles tricotent, toute la journée, des chaussettes pour la famille, avec quatre aiguilles au lieu de deux, tout en surveillant les allées et venues sur le boulevard de la République : une voiture de temps en temps, des charrettes le plus souvent et, matin et soir, le cortège des frères ou des religieuses de l'hôpital allant faire leurs dévotions à l'église.

Par les temps de froidure et de pluie, elles réchauffent leurs pauvres pieds engourdis au moyen d'une chaufferette, boîte métallique dont le couvercle est percé de trous et qu'elles garnissent de braise prélevée dans la cheminée. Pour mieux répartir et conserver cette chaleur, elles drapent leurs genoux d'une couverture. Tata porte continuellement des mitaines de laine noire, gants sans doigts permettant de tricoter tout en gardant au chaud ses mains déformées par les rhumatismes.

Cette pièce s'appelle la salle. Elle communique directement avec la cuisine en arrière. C'est en fait la salle à manger, meublée d'une grande table au centre, d'un buffet à deux corps et, dans les coins libres, de deux beaux et confortables fauteuils de style Voltaire.

La grande table de la salle à manger est le pivot de la vie active de notre pauvre grand-mère. Quand elle doit se lever de sa chaise, elle lui sert de point d'appui. Elle la contourne à petits pas pour rejoindre, non sans difficulté, le chambranle de la porte de la cuisine auquel elle s'agrippe pour rattraper son équilibre et saisir la table de la cuisine. Si elle doit sortir dans la cour, elle continue son parcours du combattant en s'accrochant dans le couloir à d'autres repères vitaux pour sa sécurité. Ce qui devait arriver un jour arriva. À l'époque, Tata était décédée et Naine vivait seule. Elle tomba dans la cour et resta gisante sur la terre humide pendant toute la journée, une jambe cassée, jusqu'à ce que tonton Ferdinand la retrouve. Elle avait 85 ans, mais elle s'en remit.

Les histoires que racontait Naine me paraissaient remonter au déluge, le conflit franco-prussien de 1870, alors que Maman faisait toujours mention d'avant la guerre, la sienne, celle de 14. Maintenant, c'est à mon tour de parler d'avant la guerre, la mienne, celle de 39. À chacun son déluge. Naine aura vécu les trois guerres franco-allemandes. Ses deux fils feront la guerre de 14-18 et certains de ses petits-fils, celle de 39-45.

Elle aura voyagé toute sa vie. Elle aimait à répéter que, la première fois qu'elle était venue à Carhaix, c'était en diligence. J'ai longtemps cru que c'était faute de train, le réseau breton ayant été construit dans les années 1890. Jusqu'au jour où mon frère Armand, aux connaissances encyclopédiques, m'assura que la première voiture que notre grand-père ait achetée pour transporter sa marchandise était une diligence mise au rancart par l'arrivée du chemin de fer.

De ses origines normandes, Naine avait gardé les habitudes et le parler. Ses expressions m'amusaient et m'intéressaient autant que le parler québécois quand j'en fis la connaissance. Avec elle, nous étions loin du franco-breton. J'étais son *fi* et Papa, mon *défunt père*. Elle n'avait jamais pu s'habituer aux kilomètres et indiquait les distances en lieues. Adolescent, il m'arrivait de fumer à l'occasion. Un jour elle me tança :

— Mon *fi*, tu fumes trop de *tabaque*, tu vas te faire du mal à l'*estomaque*.

Le *ben* du *p't'être ben qu'oui...* lui était naturel.

Elle me parlait souvent de ses neveux de Normandie, contrée aussi lointaine pour moi que le Canada. Un nom me frappait : Narcisse. Qu'elle drôle d'idée de donner un nom de fleur à un garçon ! Passe encore pour une fille. Je gravais ce prénom dans ma mémoire pour le restant de mes jours. Ce n'est que 45 ans plus tard que je devais enfin rencontrer, sinon Narcisse décédé entre-temps, du moins ses enfants, mes cousins. De leur côté, ces derniers étaient conscients de notre existence. Naine était leur lointaine tante Emma qui, de temps à autre, leur écrivait. Les cousins de Tinchebray et autres lieux n'étaient pas riches et les lointains Lebarbé de Bretagne devaient leur faire le même effet qu'un oncle d'Amérique.

La cuisine de Naine suivait les canons de sa province natale. La crème avait une place d'honneur dans ses recettes. Je lui dois ma première expérience gastronomique. Cela remonte au temps où elle tenait encore sur ses jambes. Elle m'avait gardé à dîner ; au menu : de la blanquette. Ciel qu'elle était savoureuse ! Depuis lors, chaque fois qu'il y a de la blanquette au repas je me lèche les babines d'avance, sûr de retrouver mon émerveillement d'enfant et, chaque fois, c'est la même déception.

Quand, au début de l'Occupation, on commença à souffrir des restrictions, surtout d'huile à salade, Naine la remplaça par de la crème. Je n'appréciais pas outre mesure cette substitution.

Pendant leurs dernières années, Naine et Tata se nourrissaient essentiellement de soupe aux poireaux et pommes de terre. Elles complétaient leur repas de pommes cuites au four pour lesquelles j'avais un faible.

ÉPOUILLAGE ET QUINQUINA

Il y avait trois rites bien établis chez notre grand-mère. La tartine au chocolat râpé en était le premier.

Le second concernait notre santé. Naine nous servait un fortifiant au quinquina. Étrange médication pour des enfants, puisque cette boisson s'apparentait bien plus à un apéritif, étant constituée de vin rouge auquel elle mélangeait une dose de quinquina contenu dans une petite bouteille. Si le quinquina ne nous faisait pas de bien, l'alcool contenu dans le vin avait un curieux effet euphorisant sur l'enfant que j'étais. J'étais d'ailleurs toujours prêt à prendre ma dose de ce fortifiant bien plus agréable à avaler que l'infâme huile de foie de morue.

Le troisième concernait, sinon notre santé, du moins notre hygiène. Naine commençait par débarrasser sa table, puis elle dénouait son vaste tablier noir et l'étendait devant elle.

— Assieds-toi, mon *fi*, disait-elle.

Je m'exécutais et penchais ma blonde toison au-dessus du tablier noir. Le peigne fin remplissait alors son rôle de râteau à poux. En général, elle revenait bredouille. D'autre fois, je voyais, dorées sur le noir du tissu, courir de jolies petites bêtes que Naine saisissait entre les ongles de ses deux pouces pour les écraser, faisant perler une goutte de sang rosé. Comme cette chasse se déroulait souvent devant la fenêtre grande ouverte, le tout-Carhaix savait que les petits Lebarbé avaient des poux. Fort heureusement, ils n'étaient pas les seuls dans le pays.

La grande cour fermée par un portail bleu à deux battants, assez large pour permettre le passage de la Peugeot et de la Simca 5 de tonton Ferdinand ainsi que du camion de l'entreprise, constituait pour les petits-enfants une aire de jeu aux multiples possibilités. On pouvait se perdre dans l'ancien fenil au-dessus de l'écurie. Il débordait de marchandises diverses, surtout de grosses balles cubiques de chanvre qui se prêtaient à la construction de toutes sortes d'édifices.

Un beau jour, les plus âgés, tous cousins Lebarbé confondus, organisèrent une séance récréative à laquelle les grands-parents furent conviés. Les ballots de chanvre servirent de scène improvisée. Je me souviens de la peine et des efforts qu'il fallut déployer pour déplacer et empiler ces gros cubes. Nos grands-parents se plièrent au jeu et firent semblant d'apprécier les saynètes écrites et interprétées par Lucienne, Yvette et les autres. Vu mon jeune âge, je faisais nombre dans l'assistance.

Pour les jeux solitaires, je ne manquais pas d'accessoires, car les jouets de Papa étaient à ma disposition. Il y avait son tambour, un vrai tambour aux dimensions d'un enfant, copie conforme de celui du tambour de ville et qui résonnait aussi bien qu'un vrai quand je tapais et cognais dessus. En réalité, le tambour de Papa était deux ; je pouvais l'échanger pour celui de son frère jumeau, tonton Ferdinand. Sa carabine à air comprimé, par contre, était unique. Elle ne fonctionnait plus, mais elle me servait quand même pour jouer au chasseur ou au cow-boy, à cheval sur un des tréteaux servant aux lessives bisannuelles. Ce fut ma première arme, mais non la dernière.

Les jours pluvieux où les jeux d'intérieur s'imposaient, je me rabattais sur les Meccanos. Je passais des heures à assembler les pièces métalliques au moyen de petits boulons pour construire des autos, des avions et je ne sais quoi encore. On peut s'étonner que ces reliques de l'enfance des jumeaux aient encore existé trente ans plus tard.

Mais, le plus important, le plus beau, le plus extraordinaire de tous les jouets de mon *défunt père,* c'était un petit canon de cuivre. On aurait dit un vrai. De l'affût à l'âme alésée pour y verser la poudre et le fût percé de la lumière pour l'enflammer. Je rêvais de me livrer à cette occupation guerrière, mais, fort heureusement, je n'eus jamais sous la main la poudre nécessaire.

D'autres témoins du passé familial traînaient dans la grande maison de mon aïeule.

Dans le tiroir du buffet de la cuisine rouillaient de curieux outils.

— Naine, qu'est ce que c'est ça ?

— Mon *fi*, ce sont les outils de mon père, ton arrière-grand-père, avec lesquels il fabriquait des cordes sur le champ de foire, à Tinchebray.

— Et tous ces vieux livres qu'il y a dans le grenier, d'où viennent-ils, Naine ?

— De mon parrain qui était prêtre...

Ces vieux livres faisaient mon bonheur. Ils dataient de la fin du XVIIIe siècle et du début du XIXe. Il y avait un peu de tout. Des romans – comme *La Rosalinde* dont Papa avait entrepris la lecture, pourtant bien aride, pendant sa dernière maladie – jusqu'à un manuel de géographie, daté de 1810. Connaissant déjà mon histoire de France, je découvrais avec délice et fierté cette grande France napoléonienne qui couvrait l'Europe, de l'Italie aux plaines du Nord, et de l'Atlantique aux confins de l'Autriche.

Autre sujet d'intérêt et de lecture : la collection reliée du *Petit Journal*. Les pages intérieures de cet hebdomadaire populaire ne comportaient aucune illustration. Ce n'était que du texte serré et en petits caractères, donc illisible et sans intérêt pour moi. Par contre, à la une, s'étendait une gravure pleine page en couleurs. Comme de nos jours, le sujet était accrocheur et sanguinolent à souhait. Je me délectais donc de l'histoire en image du crime du jour, comme la bande à Bonnot ou les amants terribles qui se débarrassent du mari gênant en cachant le cadavre dans une grande malle d'osier. Je feuilletais la collection du *Petit Journal*, sautant de semaine en semaine à la recherche de l'illustration choc.

Je feuilletais aussi la collection d'un autre hebdomadaire, *Le Miroir*. Elle allait de 1914 à 1918. On n'y voyait que des scènes de guerre, à commencer par les soldats au pantalon rouge, pour passer, ensuite, au bleu horizon des poilus. Ce n'était que photos de tranchées et de canons. Le casque Adrian sur la tête, le fusil Lebel à la main, le barda sur le dos, le regard fier, fixé sur une victoire encore à venir, les poilus posaient pour la postérité. Je passais des heures à tourner les pages de ces vieux magazines, scrutant les photos, dans l'espoir d'y trouver un jour celle d'un artilleur qui serait celle de mon papa.

Lorsque que je sus lire avec facilité, je me plongeai avec délice dans une collection de romans à 25 centimes, dus à la plume d'un certain Gustave Aymard dont la renommée n'a pas résisté aux années. Une fois adulte, je mis la main sur une réédition d'un de ces romans de gare. J'en compris la raison. Ils étaient bien mal écrits. Reste que leur sujet me passionnait. L'auteur avait inventé, comme personnage central, un coureur des bois, canadien-français, il va sans dire, grand pourfendeur de Sioux, de Pieds Noirs et autres sauvages à plumes, qu'on pouvait pister aisément rien qu'en suivant les carcasses des bisons occis par leurs soins.

Le Nivernic, le petit-enfer devenu paradis

« MARIE-LOUISE est tombée dans l'eau ! Marie-Louise est tombée dans l'eau ! »

Je hurle de toute la force de mes jeunes poumons. Mes cris retentissent dans la vallée, ma voix perçante alerte tonton René qui est au travail dans l'usine toute proche. Je continue mes appels tout en voyant ma petite cousine descendre au fond du canal, entourée de la corolle de sa robe qui forme une sorte de parachute aquatique. Effaré, je la vois remonter à la surface puis couler de nouveau. Tonton René arrive en courant et réalise immédiatement la gravité de la situation. Il plonge et saisit Marie-Louise par son abondante chevelure noire. Elle est saine et sauve grâce à la force de ma voix et à ma présence d'esprit. C'est du moins ce que je prétends.

Ce n'est pas la version de Marie-Louise-sauvée-des-eaux.

Selon elle, tout est de ma faute. C'est moi qui l'ai entraînée, malgré les interdits, dans la prairie au bord du canal pour y cueillir des fleurs. C'est moi aussi qui ai suggéré de les laver dans l'eau du canal. Il fallait bien être une fille pour mettre le pied sur une plaque d'ardoise particulièrement glissante, servant aux laveuses, pour tremper pâquerettes et boutons-d'or dans les eaux troubles de l'Hyères. Je n'avais pas commis cette erreur fatale, moi. J'étais resté prudemment sur la rive, me tenant aux joncs environnants, ce qui me permit d'appeler au secours, la sauvant d'une mort certaine. Ma petite cousine, qui avait désobéi à sa maman et commis une imprudence, me doit la vie.

Voilà la preuve que, si je suis responsable, je ne suis pas coupable.

Cette histoire peut prêter à sourire alors qu'elle et moi sommes septuagénaires, il reste que, ce jour-là, on frôla le drame par ma faute.

À peu près à la même époque, un incident similaire finit tragiquement. Un des employés de la salaison en était à son dernier jour de travail. Il partait la semaine suivante faire son service militaire. Il décida de se baigner en soirée. Ne sachant pas nager, il fit ce que nous faisions tous, c'est-à-dire qu'il gonfla des vessies de cochon pour en faire un rudimentaire engin de flottaison. Il s'y prit mal et se noya malgré les efforts de tonton René qui le repêcha trop tard.

Ces événements mémorables se sont déroulés dans le triangle formé par la confluence du canal et de la rivière Hyères. L'un de ses côtés est occupé par des quais et l'autre par la scierie Kerboto. Au cours des ans, la sciure s'est accumulée en un énorme tas. Pendant les chaleurs de l'été, les couleuvres se prélassent au soleil et s'enfuient en se tortillant lorsqu'on approche. C'est à la pointe où la berge descend en pente douce qu'on amarre la plate et la périssoire. C'est là aussi qu'on se baigne et qu'on se noie, hélas ! Partout ailleurs, les rives sont à pic. De l'autre côté du canal de Nantes-à-Brest et du chemin de halage qui le longe, s'étend le bois de Kergoat, siège d'une forteresse féodale disparue.

Les écluses sont nombreuses, car la pente de l'Hyères canalisée est importante. Nivernic est donc situé sur le bief délimité par l'écluse de Kergoat [Maison du bois] et celle de Kastel-koz [Vieux-Château]. Pépère Geoffroy a profité de cette situation pour installer une turbine génératrice d'électricité sur l'écluse en amont, fournissant ainsi de l'énergie pour la salaison, la scierie et les habitations du hameau. Pour économiser la réserve d'eau, la turbine ne tourne pas tout le temps. C'est donc un va-et-vient assez continuel entre Nivernic et l'écluse pour ouvrir ou fermer la vanne d'alimentation.

La grand-route, qui présente un virage prononcé à cet endroit, constitue le haut du triangle dont le canal et la rivière forment les deux autres côtés. Les bâtiments sont à cheval sur cette route. Du côté de l'eau se trouve l'usine et, de l'autre, les habitations et le garage.

L'ensemble ne manque pas de charme avec le magnifique plan d'eau où se mirent les arbres de la forêt de Kergoat et les collines formant un écrin verdoyant.

Lebarbé et Geoffroy réunis, nous formons une tribu, laquelle se divise en clans. Si les Lebarbé de Carhaix, pour des raisons chronologiques, constituent le premier de ces clans, celui des Geoffroy du Nivernic porte le numéro deux. Il précède le troisième, celui des Geoffroy de Conval, qui se formera par le mariage de Tonton René avec Yvonne Moreau, la fille du cocher de l'Hôtel de France, en 1936. Il ne manque plus que leurs trois enfants à venir, Renée, dite *la Petite,* Yvon et Yann pour que la tribu soit au complet.

Tonton Armand est le grand sachem du clan du Nivernic, assisté de tante Marie, elle-même aidée par la fidèle Channig, la bonne. Tonton Armand règne sur une peuplade de six enfants plus jeunes que leurs cousins Lebarbé, puisque Ginette, l'aînée à la triste destinée, a mon âge. Elle est suivie de Marie-Louise, sauvée des eaux, de Renée, la discrète, et des trois garçons : Jean-Gabriel, Raoul et Armand.

Entre mes cousins et moi, il y a la même différence d'âge qu'entre mes frères aînés et moi-même, ce qui compte. Un jour, Raoul Geoffroy, à mon grand étonnement, me déclarera que, dans sa jeunesse, il me considérait comme son « grand cousin intello » ! À leur place, j'avais comme compagnes de jeux Marie-Louise et Renée, mes contemporaines. Ginette, à la constitution si fragile, était rarement des nôtres.

* * *

Le Nivernic devient ma résidence secondaire. Cousines et cousins font figure de petites sœurs et petits frères. Toutes les raisons sont bonnes pour franchir les cinq kilomètres qui séparent Carhaix du Nivernic. Il faut compter une heure à pied. En vélo, quinze petites minutes suffisent puisqu'on bénéficie, à l'aller, de la magnifique descente du Moulin-du-Roy, longue de deux kilomètres. Le petit train, par contre, nous laisse à la gare de Port-de-Carhaix avec, en prime, quinze minutes de marche. En voiture, on n'a pas démarré qu'on est arrivé, ou peu s'en faut.

Tonton Armand, le chef, est la bonté même. Mais il faut gratter un peu pour la trouver ! Il est très pris par le travail, et le hourvari perpétuel que cause les onze enfants, quand nous sommes tous là, n'est pas sans l'énerver. Il nous menace alors, en essayant de prendre une grosse voix, qui ne convient pas à son timbre de ténor, et nous faisant les yeux noirs, lui que la nature a doté des yeux les plus bleus et les plus clairs qui soient.

Tante Marie est douce, mais il ne faut pas trop s'y fier, car elle ne manque pas de caractère.

Maman a pris sa belle-sœur Marie Picard sous sa protection. Cette dernière n'est âgée que de 19 ans lors de son mariage. Sa famille est éloignée. Cinquante kilomètres à l'époque en valent bien cinq cents de nos jours.

Tonton Armand remplace le père que nous n'avons plus dans les circonstances de la vie qui dépassent les compétences de Maman, comme conduire une voiture. En contrepartie, il doit conseil et protection à sa grande sœur. Bref l'harmonie règne, sauf en cas de fâcherie. Car on a l'épiderme sensible chez les Geoffroy. Heureusement, on se raccommode aussi vite qu'on s'est disputé. Sauf tonton René qui aura remâché une vieille rancune pendant 20 ans.

Je ne conterai pas les tenants et aboutissants de cette grande fâcherie, par respect pour la mémoire des intervenants et par amitié et affection pour mes cousins-cousines. Pour les mêmes raisons, quelques rares anecdotes croustillantes resteront classées dans la catégorie des secrets de famille.

Rosporden, c'est loin...

Comment se fait-il que tonton Armand soit allé dénicher sa fiancée à Rosporden, cette lointaine cité ? En voiture, il faut compter une bonne heure de route. Le petit train, lui, prend trois heures pour parcourir la même distance.

Voici la réponse. Monsieur Picard, le père de tante Marie, était marchand de beurre. Il achetait directement des cultivateurs leur petite production qu'il revendait en gros. Comme c'était de bon rapport pour eux, les paysans se privaient de cet aliment essentiel. Pour remplacer ce beurre, monsieur Picard leur vendait du saindoux qu'il achetait de grand-père Geoffroy, salaisonnier. C'est par l'intermédiaire de cette relation commerciale qu'Armand et Marie eurent l'occasion de faire connaissance. Leurs fréquentations furent épisodiques avant le mariage, même si Papa, un beau dimanche, prêta sa voiture à son jeune beau-frère pour qu'il aille faire sa cour à sa promise ainsi que me le confia un jour tante Marie vieillissante, encore émue par ce souvenir.

Rendons à Marcelle ce qui ne revient pas à Gaston, puisque je dois à la mère de mes enfants ce savoureux jeu de mots. Raconter Nivernic, c'est faire de *l'histoire de lard*.

La route séparait physiquement les activités quotidiennes au Nivernic. Du côté de l'eau, s'élevait l'usine. Tonton y régnait en souverain, ce qui n'était peut-être pas le cas de l'autre côté de cette même route où tante gouvernait en reine et maîtresse dans les locaux résidentiels. Sa voix de ténor ne manquait pas de volume au besoin. Il s'en servait abondamment au travail, ne connaissant que deux intensités : le *forte* et le *fortissimo*. Le *piano* lui était inconnu, sauf dans la vie privée.

« Et que ça saute ! » était le mot d'ordre, suivi de : « Enlevez le bœuf, c'est de la vache ! » Cette plaisanterie, que les Anglo-Saxons qualifieraient d'*inside joke,* signifie que l'étiquette ne correspond pas toujours à l'inscription paraissant sur l'emballage.

J'adorais rôder dans l'usine, en prenant bien soin de ne pas me mettre dans le chemin des employés. L'instant préféré de la journée était celui de la mise à mort des cochons, qui se faisait au début de l'après-midi, immédiatement après le dîner. On extrayait les bêtes de la soue où on les gardait jusqu'au moment de leur dernière heure. Elles poussaient des cris d'agonie.

Louis Dévédec, employé de confiance, égorgeur expérimenté, assénait un coup de maillet sur le crâne de l'animal qui s'écroulait, assommé. En un tournemain, il était renversé sur le flanc et un couteau bien effilé lui tranchait la gorge d'où s'échappait un flot de sang que l'on recueillait dans une grande bassine pour en faire du boudin. Pour activer l'écoulement du sang, un ouvrier actionnait l'une des pattes de devant comme un levier de pompe. Vidé de son sang, l'animal prenait son premier et dernier bain. Il était jeté dans une grande cuve remplie d'eau très chaude pour assouplir la soie que des mains vigoureuses grattaient, transformant la bête sale comme un porc en un joli cochon rose.

Je vous fais grâce de tous les autres détails pour en venir à la phase la plus amusante. La vessie est sans doute le seul organe du cochon qui ne soit d'aucune utilité, à moins d'en faire une blague à tabac ou un engin de flottaison. Les boyaux, par contre, sont essentiels, car c'est avec eux que l'on fabrique l'andouille à la mode de Carhaix, copie de l'andouille à la mode de Guémené (mais non de Vire).

Les boyaux ne sont pas propres, on s'en doute bien. J'étais fasciné par l'opération vidage et nettoyage. L'ouvrier prenait le boyau par un bout, et de l'autre main il le coinçait entre le pouce et l'index. Il ne restait qu'à tirer sur le boyau jusqu'à ce que l'on atteigne l'extrémité. C'était drôle comme tout de voir sortir le contenu du dernier repas du condamné qui, contrairement à ce qu'on pourrait croire, ne dégageait pas d'odeur désagréable.

Il régnait une activité intense dans l'usine. Les machines tournaient, les autoclaves chauffaient. Le but final, c'était l'expédition sur Paris. Elle se faisait dans des caisses de bois remplies selon les commandes reçues de la capitale. Cela fait, il ne restait plus qu'à les porter à la gare du Port-de-Carhaix pour qu'elles prennent le petit train en direction de Rosporden où elles étaient transférées à bord du grand train en direction de Paris. Cette perte de temps dans l'acheminement de la marchandise sera l'une des causes de la fermeture du Nivernic et du déménagement de l'entreprise à Nantes, après la guerre.

Les automobiles

E N 1936, nous eûmes de la visite de la capitale : la parenté Paul de Paris. Leur commerce de légumes devait être de bon rapport, car ils se déplaçaient dans une voiture Renault grand luxe, du même modèle que celle d'Albert Lebrun, président de la République. Cette superbe voiture était conduite par François Paul, âgé alors de 19 ans seulement. Il ne passait pas inaperçu au volant de la Renault quand il traversait Carhaix et le roi n'était pas son cousin.

Serait-ce l'esprit d'imitation ou secrète jalousie, tonton Armand, à la même époque, fera l'acquisition d'une magnifique conduite intérieure de marque Berliet. Renault, Citroën et autres Peugeot étaient des voitures de grande diffusion. Ce n'était pas le cas de la Berliet. Celle-ci était toutefois un cran au-dessous de la Delage ou de la Delahaye. Reste que tonton Armand conduisait l'une des plus prestigieuses voitures du pays. Elle était noire comme l'exigeait la mode et son capot était long comme un jour sans pain. Elle était ornée d'autant de chrome qu'une américaine contemporaine. Rosalie, la voiture de tante Marie, une Citroën d'occasion, faisait piètre figure à côté.

Tonton Armand délaissa la bétaillère pour ses déplacements personnels et la réserva pour les cochons.

La vie de la Berliet sera mouvementée. Arrive la guerre et l'Occupation suivie de la pénurie de carburant. La voiture est remisée. Les années passent, la Libération arrive. Les Allemands décampent et s'emparent de la Berliet, car si, quatre ans plus tôt, ils sont arrivés en chars et en camions, ils retraitent, juste retour des choses, à pied. Malgré tous leurs efforts, ils n'arrivent pas à la faire démarrer et l'abandonnent non loin du Nivernic. Elle devait faire partie de la résistance ! Elle roulera encore quelques années après la guerre.

Si tonton Armand roulait en Berliet, au même moment, pépère Geoffroy et tonton René se contentaient d'une Renault tandis que tonton Ferdinand utilisait soit sa Peugeot du dernier modèle à la carrosserie aérodynamique ou sa minuscule Simca. À quoi il faut ajouter les véhicules utilitaires, bétaillère et camion. Bref, toute la famille était motorisée alors que la masse des Français se déplaçaient encore à pied, en voiture hippomobile ou, au mieux, en vélo.

IL PLEUT DANS LA ROSALIE

Comment puis-je me souvenir de ce détail ? Parce que je lui dois une de mes premières vengeances sur les injustices de la vie.

Cet été-là, les adultes avaient décidé de faire une excursion à la pointe du Raz, l'extrémité géographique du continent européen. C'est le plus spectaculaire de tous les caps de ce bout du monde, masse rocheuse battue par les vagues, les courants et les tempêtes depuis des millénaires, berceau des légendes où on retrouve les mythes des peuplades qui ont hanté l'Armorique depuis l'aube des temps. J'en entendais parler depuis toujours sans l'avoir jamais vue. J'étais donc ravi de ce projet d'excursion jusqu'au moment où, d'un ton comminatoire, Maman m'apprit que je resterais à la maison. Et ce disant, elle préparait un pique-nique des plus appétissants. Donc étant, théoriquement, trop jeune, mais surtout en surnombre pour la contenance des deux véhicules du convoi, la Berliet de tonton Armand et la Rosalie de tante Marie, j'étais condamné à passer le dimanche en compagnie de Célina et de Marie-Olive. Me voilà doublement puni, pas d'excursion et surtout pas de pique-nique.

Et il arriva ce qui devait arriver en Bretagne, où l'homme propose et il pleut. Il plut ! La vengeance n'est pas un plat qui se mange froid à Carhaix, c'est plutôt un plat qui se déguste humide et trempé. Je n'osais pas pavoiser devant Maman, dépitée de l'excursion avortée sous des trombes d'eau à la pointe du Raz, mais une joie mauvaise remplit mon méchant petit cœur. Surtout quand j'appris que la Rosalie prenait l'eau !

LE GAZOGÈNE, OU QUAND LES AUTOS FONCTIONNAIENT AU BOIS...

Prétendre que les moteurs à explosion fonctionnent au bois peut sembler une galéjade pour les jeunes générations, et pourtant...

J'avance donc quelque peu l'horloge de mon récit. Nous sommes alors en France occupée qui manque de tout, surtout d'essence. Pâques 1942. C'est les vacances. Tout guilleret, je sors de la gare de Carhaix. Raoul m'y attend avec la voiture de je ne sais quel oncle. Ravi de ne pas avoir à gravir à pied la côte de la gare, je monte à bord. Raoul me regarde et me demande ce que je fais là.

— J'attends qu'on démarre, tiens !

— Hop-pa-la ! Il faut que je la chauffe ! me répond mon grand frère, utilisant une interjection issue de la langue bretonne.

Moi, accoutumé à voir démarrer les voitures au premier tour de manivelle ou de clé de contact, je regarde, ahuri, le *chauffeur* ouvrir le couvercle d'une curieuse chaudière, placée en appendice du véhicule, pour y déverser du bois haché menu contenu dans un sac de jute. Il remue le tout, s'assure que le feu est bien pris au-dessous et m'explique, lui, le taciturne :

— Il n'y a plus qu'à attendre que la combustion du bois génère des gaz qui remplaceront les vapeurs d'essence dans les cylindres et actionneront le moteur qui fera rouler la voiture.

J'ouvrais mes grands yeux bleus me disant *in petto* que j'aurais mieux fait de monter la côte de la gare à pied pour me jeter au plus vite dans les bras de ma douce Maman que je n'avais pas vue depuis trois mois et qui, trois jours plus tard, me ressortirait la phrase traditionnelle que vous connaissez :

— Les vacances sont peut-être des vacances pour les enfants, mais...

Évidemment, l'énergie issue du gazogène n'avait pas la même qualité que celle provenant de l'essence. On ne savait jamais quand on partirait et encore moins quand on arriverait. Les moteurs étaient poussifs et à chaque pente un peu raide on se demandait si on atteindrait le sommet. Il fallait, de plus, marquer des arrêts pour recharger la chaudière au moyen du bois transporté dans des sacs arrimés sur le toit. Bref, la voiture automobile de l'époque tenait plus de la locomotive à vapeur que du moteur à explosion.

LA ROUTE DE TOUS LES DANGERS

Au Nivernic, la route qui sépare l'aire de travail de l'aire de vie est un danger constant pour les enfants que nous sommes, tout autant que le canal. Nous la traversons continuellement. Elle est d'autant plus dangereuse que les bâtiments sont situés dans un virage prononcé masquant les véhicules en approche. Notre attention est plus relâchée par le fait que ces mêmes véhicules sont rares. Miraculeusement, il n'y aura jamais d'accident de la route impliquant un petit Geoffroy ou un petit Lebarbé. Cela ne veut pas dire que le virage n'ait pas prélevé sa part de victimes. Pendant l'Occupation, il y en eut une sur laquelle nous ne versâmes pas de larmes : un motard de la Wehrmacht, l'armée de terre allemande, qui se retrouva dans le fossé !

Depuis lors, la route a été redressée. Le dangereux virage a disparu.

LE 7ᴱ ART AUX CHAMPS

Si tonton Armand aimait les autos, il adorait le cinéma. Il possédait tout le matériel du parfait projectionniste amateur. Il avait acquis quelques films que nous avons vus et revus, toujours avec le même plaisir. Qui parmi nous a oublié *Chabichou*, l'Auvergnat un peu simplet qui vend de l'eau bien fraîche, ou *Adémaï* ou *Sans Famille* ? Nous étions tous assis côte à côte dans la cuisine transformée en salle obscure, et nos imaginations nous entraînaient bien loin au travers des histoires cocasses ou mélodramatiques qui faisaient sortir les mouchoirs des poches des sœurs et des cousines. Heureusement, tonton Armand louait d'autres longs métrages qui variaient le menu des séances. Nos contemporains, gavés par la télévision, ne peuvent comprendre le ravissement que nous éprouvions à regarder ces images en noir et blanc, aux contours flous, accompagnées d'une bande sonore optique à mille lieues de la qualité actuelle. De plus, les films comprenaient plusieurs bobines. On bénéficiait donc de plusieurs entractes pendant lesquels tonton Armand rembobinait la pellicule puis engageait la suivante. Il pouvait aussi arriver que le film casse, nécessitant un savant collage et un entracte supplémentaire.

Ti bihan, la petite maison dans le bois

Nos jeux et distractions d'enfants traversaient souvent le canal. De l'autre côté du canal et du chemin de halage, s'étend un grand bois, presque une petite forêt. Au Moyen Âge, une forteresse dont il ne reste plus trace abritait les seigneurs de Kergoat. À la place du château disparu subsiste une ferme, propriété, dans les années 1930, de la famille de Boissier, d'ascendance plus ou moins noble comme le laisse entendre son patronyme. Comme toutes les familles à prétentions aristocratiques de Carhaix et des environs, comme les De Saisy de Kerampuil et autres de Lezeleuc, les de Boissier étaient bien déchus de leur ancienne gloire. Le mariage d'une de leurs filles avec un domestique de la ferme ne contribua pas à les faire remonter dans l'estime des cultivateurs du cru et des petits bourgeois de la ville.

Dans ce grand bois, se trouvait et se trouve encore (modernisé) un *penti* traditionnel, avec son sol en terre battue, son unique porte encadrée de deux petites fenêtres, ses murs en schiste, son toit en ardoise et son appentis. Il manquait un puits ou une source à proximité. Il fallait donc apporter l'eau potable ou aller la puiser dans une source située de l'autre côté du canal, tout près de la turbine. Cette particularité me vaut d'ailleurs un souvenir de soif intense qu'il était impossible d'étancher. *Sicut cervus clamans in deserto* [comme le cerf se lamentant dans le désert], je réclamais à boire à Maman qui ne trouva que du lait tiédasse à m'offrir... pouah !

Maman décida de louer cette maison comme résidence secondaire, ou plutôt comme lieu de vacances pour mes grands frères.

Elle négocia le bail avec un certain monsieur Gourdin, propriétaire des lieux, qui habitait à Port-de-Carhaix dans une maison jolie pour l'époque, sise en haut du coteau en arrière de la gare. Maman, qui me traînait souvent avec elle, m'emmena un jour visiter ce monsieur Gourdin. Était-ce pour signer le bail ou payer le loyer, je n'en ai pas le souvenir. Par contre, je me souviens fort bien de la conversation.

Le vieux monsieur qui vivait seul avec Corentine, sa gouvernante, avait un problème grave de cohabitation. Non pas avec le chef de gare ou un paysan des environs, mais avec les renards qui visitaient régulièrement son poulailler. Dans ma petite tête d'écolier farcie de fables de La Fontaine et de fabliaux du Moyen Âge, je me forgeais des histoires de Goupil et d'Ysengrin, tout étonné qu'il y eût encore des renards qui chapardaient les poules.

Mon premier bateau

À part le manque d'eau, le *penti* – vite baptisé, avec une imagination débordante, *Ti bihan* [petite maison] – comportait un autre défaut majeur, son accessibilité.

Même si, à vol d'oiseau, *Ti bihan* se trouve à 200 mètres du Nivernic, il faut faire un long détour par le pont ou l'écluse située à Port-de-Carhaix et emprunter le chemin de halage pour la rejoindre, à moins de traverser directement le canal.

Mais pour franchir la coupure humide, comme disent les militaires, il faut une embarcation. Maman fit donc fabriquer une barque par un artisan carhaisien. C'était une copie conforme de la plate utilisée par les marins pêcheurs comme annexe. On devinera que son nom technique provient de son fond plat qui lui assurait une bonne stabilité.

Notre *ferry boat* fut amarré à la pointe du triangle et en deux coups de rame nous nous trouvions de l'autre bord du canal de Nantes-à-Brest.

Trop jeune pour manier les avirons, je m'inventais un poste de capitaine dont la passerelle se trouvait dans la pointe de la barque. Et c'est de là que je lançais mes ordres au galérien de service :

— À bâbord ! À tribord !

La flotte s'agrandit un jour d'une seconde unité : une périssoire. De nos jours, on appellerait cela un kayak. Comme elle était trop versante et que je ne savais pas encore nager, je n'en fus que très rarement le passager peu rassuré.

La périssoire fit naufrage assez rapidement.

Un jour d'hiver, il y eut un surplus de pluie qui causa une crue aussi importante que subite. La plate et la périssoire, mal amarrées, partirent avec le courant. Par un effet de la Providence, la barque se coinça, à l'envers, dans l'échelle à saumon de l'écluse en aval. Ce ne fut certes pas facile de la dégager, mais on y parvint. Quant au kayak, il partit au gré des flots et nul ne le revit.

La plate fut pendant des années au centre de nos jeux. En particulier pour Raoul et Armand.

Fatigués sans doute de ramer, ils décidèrent de la gréer en voilier. Ils trouvèrent sans difficulté le mât et la vergue. La fabrication de la voile triangulaire posait un problème insoluble pour des garçons. Maman fut donc mise à contribution. Elle dénicha un bout de toile à fines rayures qui allait donner à la barque un air psychédélique avant le temps.

On était à Pâques. Mes frères, désireux d'inaugurer leur voilier au plus vite, firent le siège de Maman pour qu'elle taille et couse rapidement la voile de misaine à moins que ce fût celle d'artimon. Maman, bonne âme, acquiesça à leur demande. C'était Pâques, je vous l'ai dit. J'entends encore notre douce mère, déchirée entre son désir de faire plaisir à ses enfants et son manque d'enthousiasme pour la couture, déclarer à l'une de ses amies :

— Vous vous rendez compte, coudre le dimanche de Pâques !

Maman devait bien se douter qu'elle travaillait pour rien. Effectivement, faute de vent et de place pour naviguer et, surtout, faute d'une quille ou d'une dérive, la plate ne devint jamais un voilier.

ON PEND LA CRÉMAILLÈRE

En dépit du manque d'eau et de sa difficulté d'accès, Maman organisa la petite maison pour la rendre habitable.

On débroussailla pour planter un potager que les lapins de garenne transformèrent en désert au fur et à mesure que les légumes germaient. Pour se défendre contre leur invasion, on érigea, sur le périmètre du jardin, une ligne Maginot, réminiscence de la barrière fortifiée que la France construisait alors le long de sa frontière avec l'Allemagne, pour interdire aux hordes germaniques l'accès au territoire sacré de la Patrie. À la place des blockhaus, fossés et autres défenses, notre barrage antilapins consistait en un grillage dont il fallut enterrer la base. Les lapins de garenne, c'est bien connu, sont des spécialistes de la sape et du terrier. En définitive, la ligne Maginot et le grillage eurent le même destin : l'ennemi les franchit victorieusement.

Donc, le jardin organisé, la maison meublée, on pend la crémaillère.

Maman invita entre autres son cercle d'amis : les Guéguinou, pharmaciens, et les Le Gueut, médecin. Ces derniers se désistèrent. La petite fête eut donc lieu et se déroula sans anicroche, car je n'en ai point gardé le souvenir. Peut-être n'étais-je pas au nombre des invités.

Mais pour que cet événement demeure inscrit à jamais dans la mémoire collective, une main anonyme écrivit à la peinture verte une inscription lapidaire sur le crépi blanc du linteau intérieur de la seule et unique porte de la maison. En plus de la date de l'événement, on pouvait lire le nom de toutes les personnes présentes. En bas de la liste, toutefois, un post-scriptum disait : *Excusés : docteur Le Gueut et madame.* Voilà une fois de plus le pauvre petit Gaston plongé dans les affres de la méconnaissance du vocabulaire des grands : *Pourquoi les gentils Le Gueut devraient-ils s'excuser ? Quelle bêtise ont-ils donc commise ?*

Pourquoi ne pas avoir simplement écrit : *Absents* ?

Cette fête intime dans le fond des bois provoqua des échos réprobateurs dans le pays. Maman passa devant moi des réflexions sur la méchanceté des gens qui faisaient courir des bruits, bien certaine que je ne comprendrais pas. Pauvre et naïve mère ! Il n'y avait que les mots rares et les acceptions peu courantes qui me trouvaient intellectuellement démuni.

ET TOC ! UNE BRÈME !

Raoul le taciturne parlait par aphorisme, par souci de brièveté sans doute. Le soir, en se mettant au lit, en guise de bonsoir, il me lançait :

— C'est encore ici qu'on est le mieux !

Le lendemain matin, j'avais droit à un :

— Vivement ce soir qu'on se couche !

Son troisième aphorisme se disait comme suit :

— Et toc ! une brème !

Une brème étant, comme tout le monde l'ignore dans mon pays d'adoption, un poisson d'eau douce de la famille des cyprinidés.

C'est que Raoul était un pêcheur endurci, formé à l'école de tonton René sur les bords de l'Aulne, cette superbe rivière à saumons, tacons et truites qui se jette dans la rade de Brest, après avoir arrosé Poullaouen et Conval.

Ce matin-là était un matin divin, après une aurore aux doigts de rose, à l'égal de celles décrites par Homère dans *L'Iliade*. Nous avions passé la nuit à la petite maison entre frères. Très tôt levés, nous descendions vers le canal à travers le bois brillant de rosée. Les lapins détalaient devant nous à chaque pas ou presque. Nous allions à la pêche. Mon grand frère, selon son habitude, se taisait. Moi, je me sentais au paradis. Et voilà le chemin de halage. Raoul sort son attirail et commence à pêcher la perche à la dandinette. Il avance précautionneusement le long de la berge pour ne pas effaroucher les poissons. Je suis à distance respectueuse pour ne pas déranger le pêcheur. La paix et le silence règnent sur les eaux dormantes du canal. Soudain Raoul ferre.

— Et toc, une brème ! s'exclame-t-il en sortant une… perche aux flancs irisés.

Je devais par la suite faire bien des parties de pêche, mais aucune ne m'a laissé ce souvenir de lumière du premier matin du monde.

Une cathédrale de lumière

La lumière des bords de l'Hyères serait-elle donc exceptionnelle ? C'était un après-midi d'automne tout vibrant de soleil. Maman nous avait emmenés à la cueillette des champignons dans le bois de Kergoat. Les feuilles étaient jaunes d'or comme elles le sont en Bretagne qui ignore la gloire des coloris pourpres et écarlates des érables canadiens. Une étrange et douce chaleur, avec des fragrances de miel, imprégnait le sous-bois. Sans trop savoir où nous allions, nous nous sommes soudain trouvés dans l'allée de châtaigniers qui menait au portail en ruine de l'ancien château. Les arbres centenaires formaient une nef lumineuse au-dessus de nos têtes. Maman s'est arrêtée, moi aussi.

— Regarde comme c'est beau ! me dit-elle, on se croirait dans une cathédrale de lumière !

Depuis lors, j'ai vécu une cinquantaine d'époustouflants automnes québécois, mais c'est encore le souvenir de ce jour de lumière dans le bois de Kergoat que je préfère.

Peu de temps après, la grande allée tomba sous la hache des bûcherons. Monsieur de Boissier avait été contraint de sacrifier les beaux châtaigniers pour régler des frais de succession. Maman n'eut pas de mots assez durs pour condamner le massacre des géants centenaires du bois de Kergoat.

Les jeux du cirque

Tous les jeux auxquels se livraient mes grands frères n'étaient pas sans malice. Ils adoraient faire crier et hurler le petit Gaston, soit en le balançant dans l'eau à la plage de Bénodet, soit en le balançant tout court.

La petite maison était le rendez-vous de tout le monde par les belles journées d'été. Ce dimanche-là était superbe. Quand je dis tout le monde, c'est vraiment tout le monde qui était là : Maman, ses fils et ses filles ; tonton Armand, tante Marie avec les cousins-cousines, et même le docteur Le Gueut et madame. La liste n'est sans doute pas close. Les jeunes s'amusaient entre eux, les adultes bavardaient entre eux et les ados s'ennuyaient entre eux.

Tout près du jardin, à la lisière du bois, il y avait une curieuse construction qui n'en était pas une. Un muret haut de 50 centimètres délimitait un cercle de quatre à cinq mètres de diamètre. On aurait dit une piste de cirque dont la sciure aurait été remplacée par les feuilles mortes et le chapiteau par la voûte des branches. Plus tard, je me suis demandé quel était le but de cette curieuse circonférence. Était-ce la base d'une tour de l'ancien château ? C'est peu probable vu son éloignement relatif des ruines de Kergoat, et l'absence de pierres taillées alentour. J'estime que ce devait être la base du foyer où des charbonniers empilaient le bois et le faisaient brûler lentement pour le transformer en charbon. Cette activité justifierait la présence de la petite maison à proximité.

Donc, en ce dimanche superbe, je me balançais en compagnie des plus jeunes sur l'escarpolette rustique accrochée aux basses branches d'un arbre jouxtant la piste de cirque. Était-ce Armand ou Raoul ou les deux à la fois qui me poussaient, je ne m'en souviens plus. Ils commencèrent à me lancer de plus en plus haut dans les airs. Ce qui était un amusement au début se transforma bientôt en peur panique. Je me mis à crier, les suppliant d'arrêter. Plus je criais, plus ils poussaient. Je hurlais de plus en plus fort, sans que cela arrêtât mon supplice qui amusait fort mes tortionnaires.

Ce qui devait arriver arriva.

À l'apogée de la courbe, en plein élan, je lâchai prise, décrivis une magnifique parabole dans le sous-bois pour aller atterrir brutalement quelques mètres plus loin complètement sonné, groggy, K.-O., dans les vaps, dans les pommes.

Heureusement, le docteur Le Gueut était là. Quelques instants après mon vol plané, je repris conscience pour un court moment. J'étais allongé sur un lit, dans la petite maison. Je reperdis conscience. Plus tard, je revins brièvement à moi. J'étais dans la voiture du docteur, à mi-chemin entre le Nivernic et Carhaix. Tout se termina finalement bien pour moi, puisque je me réveillai en fin d'après-midi, dans mon lit, sain de corps et d'esprit.

* * *

La piste du cirque servait aussi à des jeux moins dangereux. J'étais le plus vieux du groupe des jeunes, on s'en souviendra. Cela me donnait un ascendant certain sur ma petite sœur Marie-Olive, mes cousines Marie-Louise et Renée, et surtout leurs petits frères Raoul et Jean-Gaby. J'inventais donc des jeux où je me décernais le beau rôle comme celui de dompteur. Muni d'un fouet, je faisais courir mes lions et mes lionnes, mes tigres et mes tigresses dans le cercle magique, bêtes sauvages bien innocentes et bien moins dangereuses que les stupides ados qui propulsaient leur petit frère dans les airs.

L'AUTRE PETITE MAISON

Alors que le *penti* de Kergoat réunissait les Lebarbé-Geoffroy, tonton Ferdinand, par esprit d'imitation peut-être, entreprit de construire une petite maison pour les Lebarbé-Caro : Ferdinand, Yvette et Lucienne. Il choisit de s'installer sur les bords de l'Hyères, au Moulin-du-Roy, à mi-chemin de Carhaix et du Nivernic. Propriétaire du lieu, il vit plus grand que Maman qui n'était que locataire. Près de la maisonnette, il fit construire une sorte de hangar en forme de salle de jeu avec table de ping-pong. L'endroit ne manquait pas d'agrément.

Pour rejoindre la propriété, il fallait traverser un ruisseau. Je me faisais presque un cas de conscience de passer sur la passerelle de fortune qu'on avait jetée par-dessus l'étroit cours d'eau. C'était une table d'autel monolithe qu'on avait récupérée dans les ruines toutes proches d'une chapelle. À une époque où l'on m'enseignait que toucher un vase sacré était un péché mortel qui vous destinait à l'enfer pour l'éternité, à moins de se confesser ou d'avoir la contrition parfaite, oser mettre le pied sur un autel consacré, même recyclé, me paraissait sacrilège.

Il s'est toutefois passé un événement de la plus haute importance à cet endroit. C'est là, en effet, que j'ai appris à trouver et garder mon équilibre sur un vélo, grâce aux encouragements et l'aide d'Yvette et de Lucienne.

θαλασσα, ar mor, mare, the sea... la mer

L ES langues que j'ai fréquentées plus ou moins assidûment – le grec ancien, le breton, le latin et l'anglais, ajoutés à la seule qui compte vraiment, le français, ma langue nourricière – ne sont pas de trop pour nommer l'objet de mon éblouissement lorsque je le vis pour la première fois : *la Mer*.

Enfant de la lande, du roc, des bruyères, enclos dans des paysages figés, je découvrais l'espace sans barrière, vivant et frémissant de ses marées, aux rivages jamais définis, perpétuellement en cours de disparition et de résurrection.

J'avais sept ans, nous allions passer l'été au bord de la mer, à Bénodet.

BÉNODET, L'EMBOUCHURE DE L'ODET...

Les côtes bretonnes ont un aspect et un climat différents selon qu'elles sont battues au nord par la Manche, à l'ouest par la mer d'Iroise ou au sud par l'Atlantique. Le Nord est rocheux, découpé et frais. La face ouest, frappée de plein fouet par les grands vents du large, est brutale, sauvage, mais d'une éclatante grandeur. On l'appelle en breton *Pen ar bed* [Bout du monde]. Elle est prolongée par deux îles dont l'une porte bien son nom : Ouessant, c'est-à-dire, en celtique, *la plus éloignée*. L'autre, Sein, était le lieu de résidence des prêtresses, vestales de la religion druidique. Entre ces deux îles et l'Amérique, il n'y a que le grand vide océanique d'où surgit le vent d'ouest, dominant. Selon un dicton forgé par les marins : *Qui voit Ouessant, voit son sang ; qui voit Sein, voit sa fin ; qui voit Groix, voit sa croix*. C'est dire la mer tourmentée qui bat le bastion avancé de la vieille Europe.

Lorsqu'on navigue plein sud et qu'on vire à l'est au large de la pointe de Penmarc'h, passés le Guilvinec, Lesconil, Loctudy et l'Île-Tudy, le rivage s'adoucit, l'air marin aussi. Nous entrons dans la baie où se jette l'Odet, bref fleuve côtier qui arrose la ville de Quimper, 15 kilomètres en amont. Au creux de la baie, se nichent le petit port de pêche et la plage de Bénodet. À me lire vous avez peut-être appris assez de breton pour comprendre, sans mon aide, la signification de ce nom de lieu : la tête, ou le bout, de l'Odet.

Quittant le grand large, laissant l'archipel des Glénan à l'horizon, contournant l'île aux Moutons, un îlot plutôt qu'une île, on pénètre dans le calme de la baie aux rives verdoyantes encadrant la plage en demi-lune au sable fin et blond. C'est une oasis. L'Odet vient y mourir.

Cette longue entrée par le large n'est pas gratuite. Je vous y mènerai bientôt en bateau, au sens propre.

Quand nous venions de Carhaix pour les bains de mer, nous arrivions en auto de l'autre côté, via Quimper, ville fort impressionnante pour un petit Carhaisien. Je n'avais pas trop de mes deux grands yeux bleus pour regarder la cathédrale si grande, si haute, avec ses deux flèches jumelles et gothiques ombrageant les vestiges des remparts encore debout à ses pieds.

Traverser Quimper, c'était aussi plonger dans le monde merveilleux des vacances et faire notre place dans la grande maison louée à monsieur Cuzon, hôtelier, boutiquier, propriétaire et que sais-je encore, dont le fils était jésuite !

Mais pourquoi choisir Bénodet plutôt qu'une autre de ces jolies petites plages qui ne font pas défaut dans notre bout du monde ?

Peut-être à cause de Ginette, ma souffreteuse de cousine. Ses parents, toujours à la recherche du climat idéal pour soulager son asthme chronique, la déplaçaient de pension en pension pour l'éloigner du climat humide du Nivernic. C'est ainsi qu'en ces années, après un séjour à Cléden-Poher, non loin de Carhaix, ils l'avaient mise en pension chez les religieuses qui tenaient l'école des filles de Bénodet.

Je me disais, dans ma petite tête, qu'échanger l'humidité brumeuse qui s'élevait du filet d'eau du canal de Nantes-à-Brest pour l'immense humidité de l'océan risquait fort de ne pas améliorer la santé de Ginette.

Mais, cruel comme tous les enfants, que m'importait la santé de ma cousine qui, de toute façon, n'était jamais partie prenante de nos jeux.

LA COLONIE DE VACANCES

Nous, c'étaient mes frères et sœurs et les cousins-cousines du Nivernic.

Nos parents avaient mis en commun leurs ressources et leur personnel pour ouvrir une sorte de colonie de vacances privée. Je puis bien utiliser ce terme, compte tenu du nombre d'enfants que nous étions : onze, tout bien compté, mais bien plus en réalité, car nous avions souvent des invités supplémentaires de notre âge, que ce soit Ferdinand ou Stephen Salaün.

Nous étions encadrés par Célina, notre bonne, et Channig, la bonne du Nivernic. Comme si, à elles deux, elles n'auraient pas suffi à nous surveiller, alimenter et conduire à la plage, on leur avait adjoint Marie Herpe, la couturière.

Nous formions une tribu turbulente et mal assortie. D'un côté, il y avait les filles, promptes à se plaindre et à verser des larmes, et les petits garçons geignards. De l'autre, les grands garçons ne manquaient pas une occasion d'organiser des coups pendables dont les *monitrices*, les filles et les petits étaient les victimes désignées, sinon consentantes.

De 1936 à 1938, nous avons occupé successivement deux maisons situées sur la rue menant à la plage, à cent mètres tout au plus de la mer. Leur mérite, c'est d'être vastes. J'utilise le présent en toute connaissance de cause, car elles sont encore là.

Fenêtres et portes grandes ouvertes, les passants ne pouvaient manquer l'étonnant spectacle que nous offrions lors des repas. Pour un non-averti, onze enfants ou plus, assis autour de la même table, laissait à penser que nous étions tous frères et sœurs. Une telle famille aurait dépassé les normes, même en Bretagne à cette époque. Il arrivait que des curieux reviennent sur leurs pas pour s'assurer qu'ils avaient bien vu.

Lorsque nous allions à la grand-messe, accompagnés de Maman et de tonton Armand, qui pouvaient passer pour nos père et mère, le spectacle était encore plus surprenant et bien des gens se méprenaient.

LES VISITES DU DIMANCHE

En semaine, nous étions à la charge de Célina et de Channig. Nos parents n'avaient pas droit aux vacances. Il est vrai que le fait d'être débarrassés de leur marmaille valait bien tous les congés. Le dimanche, ils venaient nous rejoindre. Tonton Armand ne rechignait jamais, bien au contraire, à prendre le volant de sa grosse berline. Le trajet de Carhaix à Bénodet ne devait pas prendre plus de 60 minutes. Les seuls bouchons que l'on connaissait alors servaient à fermer les bouteilles. Le risque principal, à part poules et chiens errants, résidait dans les charrettes dont les chevaux s'emballaient parfois, effrayés par les voitures.

Ces belles après-midi dominicales se passaient sur le sable fin, après le traditionnel dîner familial. Geoffroy et Lebarbé occupaient un secteur important de la plage, à droite en arrivant, tout près d'un gros rocher – aujourd'hui ensablé – enrubanné de goémon qui n'émergeait en entier qu'à marée basse.

Bénodet, en ces jours bénis, attirait aussi les amis de Maman, les Guéguinou et les Le Gueut.

Curieusement, le ciel était toujours bleu et le soleil resplendissant en ces dimanches d'avant-guerre, sur la si jolie petite plage de Bénodet.

C'est vrai, je vous le jure.

La raison en est peut-être qu'en cas de pluie les parents jugeaient bon de ne pas venir entendre les criailleries de la bande d'enfants prisonniers entre quatre murs pour cause de mauvais temps.

* * *

En 1937, tonton Gaston, en Afrique du Nord depuis une dizaine d'année, était de retour pour célébrer sa *première messe*. Il arriva donc un beau jour à Bénodet en compagnie, entre autres, d'un confrère père blanc d'Afrique, le père Guillamot, lui aussi originaire de Carhaix. Ils étaient tous deux vêtus à la mode arabe, portant, en guise de soutane, la longue tunique blanche de mise en Algérie, appelée gandoura, et le burnous, vaste cape à capuchon. Ils étaient coiffés de la chéchia, sorte de calotte en feutre rouge. Le tout avait fière allure.

Le père Guillamot, malencontreusement, tacha sa gandoura immaculée. Il était hors de question qu'il passât la journée dans cet état. Tonton Armand fut donc réquisitionné pour faire un aller-retour sur Carhaix avant le dîner. Ce qui n'était pas de son goût, on le comprend. Témoin de la scène, je me souviens de notre oncle, tempêtant, rouspétant dès que le maladroit religieux eût tourné le dos.

En colère ou pas, il dut s'exécuter.

Jeux, distractions, farces et attrapes

Nous ne vivions que pour la plage où nous nous rendions tous les jours. Ce sont des tonnes de sable que j'ai déplacées pendant ces trois étés, creusant des trous pour ériger des barrages vite effrités par la marée montante ou des châteaux dont j'étais le seul à trouver quelque ressemblance avec les authentiques forteresses que je connaissais pourtant fort bien.

Quel plaisir aussi que d'enterrer Marie-Olive ou quelque cousin-cousine sous une dune de sable ne laissant apparaître qu'une tête hilare.

Lassés de jouer au fossoyeur, nous abandonnions la pelle pour le haveneau, essayant d'attraper quelques minuscules crevettes.

À marée basse, le gros rocher retenait de l'eau dans des cavités. Nous l'escaladions en glissant sur les algues et en écorchant nos pieds nus sur les berniques, à la recherche des petits crabes et des *vieilles* dont il faut se méfier, car si les premiers pincent, les secondes piquent.

Tels étaient nos passe-temps enfantins.

Que faisaient les *grands* pendant ce temps ? Il faudrait le leur demander. On ne les voyait qu'aux repas et dans la soirée. Je ne regrettais pas leur absence de la plage. Forts de leurs exploits passés, qu'on se souvienne de la balançoire et de mon vol plané, ils adoraient me saisir, l'un par les bras l'autre par les pieds, pour faire la bascule et me balancer *à la baille,* à l'eau. Le résultat était connu d'avance : je poussais des hurlements de goret qu'on égorge.

Pourtant, ils n'appréciaient guère ces piaillements d'enfants.

Un beau soir Raoul, adolescent mort de fatigue après une journée passée à ne rien faire, décida de se coucher avant le reste de la tribu qui se souciait de son repos comme d'une guigne. Furieux du bruit qui l'empêchait de s'endormir, il poussa une gueulante destinée à restaurer le calme :

— Arrêtez de faire du bouquin, on ne peut pas dormir ici.

Il avait dit *bouquin* au lieu de *boucan.*

Comme cela était drôle et amusant !

Inutile de dire que le boucan ne s'arrêta pas pour autant.

Quand je dis que les grands ne faisaient rien de leurs journées, c'est de la médisance sinon de la calomnie. Ils planifiaient des blagues d'un goût subtil dont Célina et Marie Herpe étaient les victimes.

Par exemple, ils leur faisaient le coup du lit en portefeuille. Marie-Olive partageait le lit de Célina. Vu son bas âge, on la couchait tôt. Les joueurs de tour prenaient donc soin de faire le pli du drap formant sac assez loin vers le pied de sorte que la petite Yo ne se rende pas compte du piège. La surprise en était d'autant plus grande pour la pauvre Célina quand elle venait s'allonger pour prendre un repos bien mérité.

Le coup du seau d'eau était, avouons-le soixante ans plus tard, d'un goût encore plus douteux. Il consiste à mettre en équilibre, sur une porte entrebâillée, un seau rempli d'eau. C'est la douche assurée pour la personne qui pousse la porte en question sans remarquer le piège humide. Dix ans plus tard, à la caserne, je retrouverai ces farces idiotes.

Bref, les journées n'étaient pas assez longues, et trop courtes étaient les vacances dites grandes.

Maman, les p'tits bateaux

L A mer grise, verte ou azur, calme ou agitée, je l'ai découverte à Bénodet. Je fus envoûté.

Je fus tout aussi ébloui par les bateaux, les authentiques, ces solides coques en chêne gréées de voiles couleur rouille, manœuvrées par des hommes robustes, habillés de vêtements de toile bleue, délavée et rapiécée ; chaussés de sabots de bois et coiffés d'un grand béret, pincé sur le front : les marins-pêcheurs bretons.

Le petit port de Bénodet servait d'abri à une flottille de pêcheurs côtiers. Le matin, on voyait leurs robustes canots à la coque noire et rebondie glisser à travers la baie, poussés par leur unique voile quadrangulaire hissée au mât planté à l'étrave. Quand le vent n'était pas au rendez-vous, surtout en fin de journée, le patron propulsait sa barque à la godille. Tâche fastidieuse, car ces grosses embarcations avançaient alors à la vitesse d'une tortue. Qu'il vente ou non, de rares bateaux taillaient leur route au rythme des *pout-pout* de leur moteur à piston unique qui se répercutaient d'une rive à l'autre.

J'ignorais ce qu'ils ramenaient du large. Par contre, je savais fort bien ce que pêchaient les *dundees* de Concarneau que je voyais passer au loin, entre les Glénan et l'île aux Moutons. Quand ils naviguaient cap à l'ouest, c'est qu'ils partaient pour une campagne de pêche au thon. Dans l'autre sens, ils rentraient au port après une dizaine de jours en mer. Ils se déplaçaient lentement, silhouettes sur la ligne d'horizon. Par temps clair, on devinait la couleur des voiles : brun délavé ou rouille, aucune de la même nuance, mais jamais, au grand jamais, blanches. Leur teinte était due au tanin employé pour les traiter contre le sel marin.

Le contour de ces voiliers se détachant au loin sur le ciel était reconnaissable au premier coup d'œil. Leur gréement consistait en un grand mât muni de deux focs sur l'avant, fixés sur un important bout-dehors ou beaupré, et d'une grand-voile surmontée d'une autre plus petite, la flèche. Tout en arrière, un second mât de petite taille portait une voile quadrangulaire répondant au nom, combien poétique, de tape-cul. N'étant pas encore bien éloigné de la phase *pipi-caca* que traversent tous les enfants, je trouvais ce vocable sublime…

(Tout comme faisaient se tordre de rire des classes entières de l'école Saint-Trémeur, sous les yeux irrités du frère instituteur, les noms des villes de Cahors et de Toulouse. Pour apprécier la plaisanterie, il faut savoir, et nous le savions, que, phonétiquement, en breton, *cahors* signifie excrément et *toulouse*, trou sale.)

Les thoniers avaient leur port d'attache à Concarneau, cité autrefois fortifiée des plus pittoresques, avec sa ville close, située à une quinzaine de kilomètres à l'est de Bénodet.

Des dizaines de thoniers y déchargeaient leur pêche, bonites ou thons blancs, capturés au moyen de lignes tendues sur les tangons, immenses perches installées de part et d'autre du grand mât. Une douzaine d'hommes formaient l'équipage, du mousse au patron en passant par les matelots. Lorsqu'un de ces voiliers ne rentrait pas au port, les dix doigts de la main ne suffisaient pas pour compter les veuves et les orphelins. J'entendais parler de ces drames que relatait le journal *Ouest-Éclair*, devenu *Ouest-France* après la guerre. Mon petit cœur d'orphelin de père en était tout retourné.

Une de ces années, la flottille fut prise dans une terrible tempête. Une dizaine de thoniers disparurent corps et biens. Je pense que dans le pays d'Armor on doit encore s'en souvenir si moi, enfant de l'Argoat, je ne l'ai pas oublié.

Ma jeune imagination dérivait avec ces bateaux de légende.

Ma vocation se dessinait. Quand je serais grand, je serais marin.

En attendant, je faisais flotter mes bateaux-jouets sur les vaguelettes de la plage ou, à défaut, sur le lavoir de la cour de l'hôtel voisin.

Aussi, pour être marin, mieux vaut ne pas souffrir du mal de mer. À cet âge tendre, j'ignorais si j'étais vacciné contre cette maladie. J'allais bientôt avoir la réponse à cette question que, en réalité, je ne me posais pas.

J'AI LE PIED MARIN

Nous sommes en 1937, notre deuxième été de plage.

Tonton René et tante Yvonne sont là, jeunes mariés. Une jeune fille de Carhaix, amie ou protégée de Maman et dont le nom m'échappe, est aussi des nôtres. La *reine-mère*, que nous n'avons pas encore baptisée ainsi, est présente, régnant sur la tribu.

Elle a décidé que nous ferions une excursion aux Glénan. Cet archipel, but de notre sortie, est à la fois proche et éloigné puisqu'on ne le distingue à la ligne d'horizon que par temps clair.

Maman s'est entendue avec un certain monsieur Le Moigne qui, pendant la belle saison, emmène les touristes à bord de son voilier. Ce n'est ni un thonier ni un canot, mais un bateau de plaisance gréé en sloop, type d'embarcation à un mât avec beaupré, dont le gréement consiste en deux focs sur l'avant et une grande voile avec bôme et flèche, avec cabine, poste de pilotage ouvert et barre franche sur la plage arrière, ancêtre en bois des modernes voiliers en matériaux composites.

Nous embarquons donc par un matin d'été gris et couvert, une surprise que la Bretagne réserve à l'occasion aux touristes qui partent en excursion.

Si le patron, monsieur Le Moigne, est le seul membre d'équipage, les passagers sont nombreux : Maman, tonton René et tante Yvonne, mes deux grands frères, Babette, la jeune inconnue et moi, le benjamin, le petit mousse. Malgré mes huit ans, je fais partie de l'expédition. On ne m'a pas refait le coup de la pointe du Raz, craignant peut-être mes réactions. Pour marquer mon importance, j'ai tenu, malgré l'avis contraire de Maman, à me coiffer de ma casquette blanche de marin.

Nous larguons les amarres et le patron met le cap au large, plein sud, direction de l'archipel.

Il me semble que le ciel est de plus en plus gris, de plus en plus bas. La houle est modérée, la brise soutenue. Le patron, pour barrer, s'est assis sur la plage arrière. Pour contrebalancer la gîte et ne pas glisser à la mer, il s'est calé le pied sur la lisse qui fait le tour du pont, laquelle mesure au plus cinq centimètres de hauteur. J'admire la beauté du tableau : un marin breton, dans les embruns, vêtu de son ciré jaune, suroît sur la tête, fouetté par les embruns et le vent qui, loin de se calmer, va en augmentant. Je m'inquiète aussi de sa sécurité. Qu'arriverait-il si sa botte glissait ? Cette pensée, qui traverse ma petite tête, ne semble pas troubler monsieur Le Moigne.

À fendre les vagues, poussés par cette forte brise, nous avançons rapidement jusqu'à la hauteur de l'île aux Moutons.

Le temps s'assombrit encore.

La mer se creuse davantage.

La bôme, vergue horizontale sur laquelle est fixée la partie basse de la grande voile, sur tribord, trempe de près d'un mètre dans les lames grises à la chevelure d'écume. Le grand tour de manège, qui n'a rien de commun avec ceux du Champ-de-Bataille, est commencé.

Le bateau cogne dur.

Le bateau embarque.

Notre *nautonier* a mis en route le moteur auxiliaire, ainsi que la pompe qui crache l'eau de la soute par un trou situé dans le bordé tribord.

* * *

C'est alors qu'apparaît sur notre arrière, perdu dans le crachin, une vision fantomatique. Cette apparition se matérialise bientôt sous la forme d'un bateau blanc qui, rapidement, grignote la distance qui nous sépare, nous double, nous distance, se fond dans la grisaille ambiante. Je reste bouché bée à la vue de ce magnifique yacht à vapeur, avec une cheminée, rien de moins, un bateau de millionnaire, bien insolite à un tel moment dans de telles eaux.

— C'est le yacht Singer, le Singer des machines à coudre, nous déclare le patron, admiratif.

Le furtif passage de cette merveille des mers n'a pas calmé pour autant la *fureur des flots*. Les creux s'approfondissent. À la descente des lames, l'avant cogne de plus en plus fort sur le mur que forme la suivante. Comme dirait le poète, *les embruns auréolent notre frêle nacelle jouet des flots déchaînés*.

Soudain, le désastre !

Un choc plus fort que les autres, suivi d'un vacarme dans la cabine.

On se précipite. Le pique-nique prévu pour midi est tombé de la couchette sur laquelle on l'avait imprudemment déposé. La jatte qui contient la salade de tomates est en mille miettes. Pis, les rondelles de tomate rejoignent l'eau de mer qui croupit à fond de cale. La pompe continue à remplir son rôle, écopant l'eau que nous embarquons. Elle crache consciencieusement, avec cette dernière, les tomates que nous ne mangerons pas.

Spectacle unique dans les histoires de la navigation qui aurait amusé Gaston-le-moussaillon si, dans le désastre de notre hors-d'œuvre parti à fond de cale, ma belle casquette blanche n'avait suivi la jatte dans sa chute et, du coup, changé de couleur. Dans d'autres circonstances j'aurais sans doute pleuré de dépit. Mais, en pleine mer, ballotté par la tempête, il n'en était pas question. J'étais ravi de la situation où nous nous trouvions. Ce va-et-vient de balançoire sans fin ne m'effrayait pas, contrairement à celui que m'avaient infligé mes frères dans le bois de Kergoat. Je n'avais pas le mal de mer ni personne d'autre parmi les passagers, sauf l'amie inconnue de Maman qui, descendue dans la cabine, remonta bien vite à l'air libre pour raccrocher un estomac devenu récalcitrant.

Notre voilier taillait vaillamment sa route.

Sur bâbord avant, nous vîmes bientôt une embarcation à la silhouette bizarre : un canot comme il y en avait tant d'autres sur cette côte. Sur le pont, ou ce qui en tenait lieu, on devinait une protubérance qui se révéla être une barrique presque aussi importante que la coque elle-même.

Un homme, seul à bord, tenait la barre.

Montant à la lame, disparaissant, resurgissant, il coupa notre route, le cap sur Loctudy, le continent.

* * *

Le temps, après cette rencontre, se leva quelque peu, tandis que les Glénan se rapprochaient.

Enfin nous touchâmes terre, si l'on peut dire.

Familier de l'endroit, monsieur Le Moigne avait l'habitude de mouiller près de la cale, puis l'aubergiste venait transborder les touristes au moyen de sa barque. Il demanda à tonton René et à mes frères de jeter l'ancre à la mer. Saisissant alors un gros réveil comme on n'en voit plus, il tourna la clé du mécanisme pour en remonter le ressort et déclencher la sonnerie, signal convenu avec les îliens pour qu'ils débarquent les touristes.

Rien ne bougea sur l'île.

Rien ne vint.

Il dut alors se résigner à remonter l'ancre puis tenter un accostage périlleux à la cale exposée à tous les vents et toutes les vagues. Cela ne se fit pas sans difficulté, mais se fit tout de même.

On récupéra ce qui restait du pique-nique et Maman nous mena à la maison qui tenait lieu d'auberge car, vu le temps, il était hors de question de manger sur la plage.

Bien vite, l'aimable dame qui nous reçut nous demanda si nous avions croisé son mari parti le matin même pour le continent. Son inquiétude était vive.

J'entendis la conversation. Les adultes se rendirent compte alors qu'ils venaient d'essuyer leur première tempête en mer, ce qui n'a rien de commun avec un coup de vent sur la lande.

Il restait amplement de quoi satisfaire les appétits ouverts par les émotions de la matinée, malgré la disparition intempestive des hors-d'œuvre et la perte définitive de ma casquette.

Puis, le soleil fit une première apparition timide. Le vent faiblit.

Après une courte promenade dans l'île qui eût été déserte sans la présence de l'aubergiste, il fallut penser au retour sur la terre ferme. Cela ne posait pas de problème, sauf pour monsieur Le Moigne qui déclara tout de go vouloir nous débarquer à Concarneau plutôt que nous ramener à Bénodet. Selon ses dires, la traversée serait plus courte et il nous suffirait de prendre le car qui assurait la liaison entre les deux localités pour rejoindre nos quartiers.

J'entends encore Maman lui demander d'un ton peu amène s'il rentrerait, lui, quand même à Bénodet. Sur sa réponse affirmative, elle lui répliqua que s'il rejoignait notre point de départ, ce serait avec nous.

La discussion fut brève. Nous embarquâmes.

A posteriori, on peut supposer que le patron, conscient des risques qu'il nous avait fait courir le matin, voulait se débarrasser au plus vite de ses clients.

Mais le temps s'était levé, le soleil brillait. Le coup de vent du matin, pour ne pas dire la tempête, était déjà un souvenir, inoubliable pour Gaston, le capitaine qui avait perdu sa casquette.

Cap donc sur Bénodet.

Sur cette mer encore forte, mais en voie d'apaisement, nous voyons poindre au loin, à tribord, un, deux, puis trois thoniers, toutes voiles dehors. Ils arborent leurs tangons comme un fusilier marin présente ses armes. Les poissons pouvant attendre, contrairement aux touristes, ils avaient laissé la mer se calmer avant de prendre le large.

En voici un qui, bâbord amures, va couper notre route. Il nous frôle, à portée de voix. L'équipage nous regarde, étonné peut-être de nous voir en mer par un temps pareil. Et on entend hurler dans le vent :

— Eh ! Le Moigne ! (on l'avait reconnu) comment vont tes Parisiens ?

Quelle horreur ! On venait de nous traiter de Parisiens.

C'était pour moi l'insulte suprême, d'autant plus qu'elle était proférée par un autre Breton. Cela dépassait les bornes ! Et nous qui venions de prouver que nous étions de vrais matelots au pied marin.

Mises à part les aménités de son équipage, le spectacle de ce thonier, toutes voiles dehors, s'est figé dans ma mémoire, comme le feront, trois ans plus tard, deux terre-neuvas, eux aussi toutes voiles dehors, doublant l'île de Cézembre pour entrer à Saint-Malo. Comme le feront aussi, 46 ans plus tard, les multicoques, au spi tendu à craquer par une brise de force sept, virant la bouée du cap Fréhel, au départ de Saint-Malo, à l'occasion de la Course du Rhum.

Un comité d'accueil s'était formé sur le quai de Bénodet pour nous attendre. Il était composé de marins-pêcheurs qui avaient passé la journée à terre en raison du mauvais temps. Ils étaient inquiets de notre sort, à juste titre. Nous étions le seul bateau en mer ce jour-là. Ils furent soulagés de nous voir rentrer à bon port.

Une surprise m'attendait en mettant le pied sur le plancher des vaches : il bougeait comme le pont d'un bateau. Cette curieuse sensation finit par s'estomper rapidement.

LA MAQUETTE DE MES RÊVES

Dubrez-Croq, le bijoutier carhaisien qui tenait boutique à trois portes de la maison, exposait en vitrine de magnifiques maquettes de thonier. Je passais au moins quatre fois par jour, en allant et revenant de l'école, devant ces objets de toutes mes envies. Désirs inaccessibles pour deux raisons : leur prix et leur fragilité.

En ai-je passé de longues stations devant ces jolis petits bateaux, rêvant de mer et voiliers. Je devrai attendre 60ans et mes cheveux blancs pour réaliser ce rêve d'enfant qui ne me quitta jamais. Depuis quelques années, j'avais fait l'acquisition d'une maquette de thonier que je me proposais de monter. Je remettais sans cesse ce projet jusqu'au jour où je dus y renoncer, un léger tremblement de la main (oh ! vieillesse ennemie !) m'interdisant tout travail de précision. Fort gentiment, mon frère Armand, à l'adresse proverbiale, vint à mon secours et prêta une main secourable à une main défaillante. J'ai désormais, parmi quelques autres précieux souvenirs, mon thonier et, pour faire bonne mesure, un doris du même charpentier de marine.

Les vacances, hélas ! ont une fin. Les beaux jours de Bénodet durèrent trois ans.

Arriva le funeste été 1939.

Il n'était question que de guerre. La colonie de vacances ne fut donc pas rouverte. Par contre, Dodotte et pépère Geoffroy louèrent une maison pour la saison estivale, toujours à Bénodet. C'est ainsi que je me retrouvai, seul avec mes grands-parents, pour un séjour de deux semaines à moins que ce ne fût trois.

Finis les jeux et les ris.

Il plut tout le temps de mon séjour.

Pas de plage, uniquement de brèves promenades, entre deux grains, qui nous menaient au port, au bas de la rue, voir les bateaux de pêche. Dodotte ne sortait pas. Pauvre grand-mère, dans deux mois elle nous aura quittés. Le pressentait-elle ?

La maison suintait la tristesse.

Je me mourais d'ennui.

Voulant me distraire, je lui demandai si elle avait quelque chose à lire qui me conviendrait.

— Bien sûr, mon petit mignon.

Et la voilà qui se penche pour ouvrir le grand tiroir situé à la base de son armoire à glace, une de ces armoires comme on n'en fait plus, destinées à contenir le linge de toute une famille.

J'ouvris de grands yeux en voyant l'incroyable collection de missels, livres de piété et autre *sainte et catholique* littérature. Elle se mit à fouiller et jeta finalement son dévolu sur un livre extérieurement semblable aux autres avec sa souple couverture de cuir noir et sa tranche rouge.

— J'ai ce qu'il te faut, me dit ma pieuse et dévote aïeule, me tendant un volume sur lequel on lisait, inscrit en lettres d'or : *Les Psaumes.*

Étonné par ce mot que je ne connaissais pas encore, je déchiffrais *Spaumes* au lieu de *Psaumes*, inversant les deux premières lettres de ce terme barbare. Il était temps que j'entre au petit séminaire pour parfaire mes connaissances bibliques, ce qui n'était d'ailleurs plus qu'une question de semaines comme la suite le dira. Après les énigmes de *Succ.* et de *Quis ut Deus ?*, j'étais cette fois aux prises avec une idiote difficulté de lecture que personne ne reprit.

Je ne me rendis pas bien loin dans cette pieuse et sacrée littérature que je trouvais aussi ennuyante que la pluie qui tombait dehors. Ah ! si

Dodotte, à la place des *Psaumes,* m'avait donné à lire *Le Cantique des cantiques* du même auteur, Dieu le Père à ce qu'on dit, j'aurais pu commencer mon éducation sentimentale !

* * *

Ainsi s'achevèrent les étés rayonnants de lumière de mon enfance : dans la plus absolue tristesse.

Je reviendrai à Bénodet dans un an, au cours de l'été terrible de 1940, dans des circonstances dramatiques. Par la suite, 38 ans passeront avant que je n'y retourne à la recherche de mon enfance évanouie et d'un grand rocher désormais ensablé.

Le petit monde de Camille

MAMAN avait le contact facile ; Maman était sociable ; Maman plaisait. Ses nombreux amis et obligés formaient une cour autour d'elle, subjugués en quelque sorte par son charme et sa forte personnalité ou encore par la reconnaissance. Elle régnait sur ce royaume en souveraine, ne manquant pas une occasion de faire valoir sa culture acquise chez les Ursulines de Morlaix, ses connaissances sur les sujets les plus divers : médecine, puériculture, bonnes manières et choses de la vie. Le *bon goût* régissait ses opinions, redisons-le. Il arrivait que cela m'agace, mais je me gardais bien de le laisser paraître. Il est bien connu que s'il n'y a pas de grand personnage pour son domestique, les enfants voient plus facilement les défauts de leurs parents que leurs qualités. À la décharge des mêmes enfants, il faut reconnaître que les mêmes parents ont le reproche plus facile que le compliment !

Madame Lebarbé ou Camille Geoffroy ou Camille tout court, c'était selon, avait deux cercles d'amis et même trois, si on y rajoute les relations.

Le premier était formé par ses amies de jeunesse, dont plusieurs *vieilles filles,* comme on disait alors. Tant de jeunes gens n'étaient pas revenus de la guerre de 14-18 qu'elles n'avaient pas trouvé à se marier. On pouvait être tenté de les tourner en dérision, ces pauvres célibataires ratatinées dans leurs dévotions et repliées sur elles-mêmes. Elles étaient en réalité des victimes de la Grande Guerre, des *dommages collatéraux* pourrait-on dire de nos jours.

Citons tout d'abord la tante Éliza Le Naëlou qui n'était pas notre tante, mais la meilleure amie de notre mère et, accessoirement, la marraine de Babette. C'est elle qui a commencé à l'appeler *tante Éliza* et nous l'avons imitée. Son frère, Guillaume, avait pour épouse Marie Nicol, une femme réservée, sinon effacée, qui trouva une place bien méritée dans ce cercle d'amitiés.

Guillaume et Marie Le Naëllou avaient quatre filles à marier. Nos relations avec cette famille dépassaient de beaucoup le cadre d'une amitié ordinaire. Nos souvenirs sont en grande partie les leurs. Il en est des souvenirs comme des photos de l'époque. Nous sommes inséparables sur ces instantanés de petit format. Là où on voit des enfants Lebarbé, il y a invariablement des filles Naëlou. C'est que la tante Éliza avait un appareil photo, un Kodak à soufflet, qu'elle utilisait beaucoup. Sans elle, il n'existerait pratiquement pas de souvenirs iconographiques de notre enfance.

Passons maintenant en revue les autres amies.

Mademoiselle Correc, la dentiste qui a sans doute conservé jusqu'à sa mort la trace de la ruade que je lui décochai dans le tibia le jour où elle fit tomber ma dernière dent de lait, vivait avec sa vieille mère. Mademoiselle Guivarc'h, dont le frère était notaire, vivait seule. Marie Bosson, dont le frère était prêtre, épousera sur le tard le notaire Le Goff. J'abrège en citant mademoiselle Marchais, madame Troadec, la mère de Pierrick, j'en oublie et j'en passe…

On aurait pu baptiser ce groupe les *Dames au chapeau vert*. C'était le titre d'un roman et d'un film au succès confirmé, à la fin des années 1930, qui avaient des vieilles filles comme héroïnes. Inutile de préciser que la dévotion et les œuvres pies étaient leurs principales occupations (avec le commérage).

Maman fréquentait aussi les religieuses, toutes femmes fort dévouées : les sœurs de la congrégation des Filles de Jésus-de-Kermaria, enseignantes à l'école des filles, et la mère supérieure des religieuses de la congrégation du Saint-Esprit, à l'hôpital.

Si les sœurs de Kermaria portaient un triste costume noir et une cornette blanche, les sœurs du Saint-Esprit étaient vêtues du plus beau costume qui soit, d'une blancheur immaculée avec une grande coiffe qui encadrait leur visage. Quand elles sortaient pour aller à l'église paroissiale, elles se couvraient d'un vaste manteau blanc qui descendait jusqu'à terre et dont le grand capuchon, orné en son pourtour d'un large ruban de velours noir, recouvrait leur grande coiffe. J'ignore si leur fondatrice était une sainte, mais elle était sûrement une femme de goût pour avoir vêtu ses filles d'un costume aussi seyant.

À cette liste brève s'ajoutait au moins une personne de qualité, madame Bernard, épouse d'un riche rentier qui faisait à Maman la faveur de la considérer comme fréquentable, et quelques autres dames à qui Maman faisait, à son tour, la faveur de les considérer comme fréquentables.

Et il y avait les autres, d'un rang social supérieur ou inférieur au nôtre.

Ceux de la première catégorie nous ignoraient, car nous, les Lebarbé-Geoffroy, n'étions que de vulgaires commerçants enrichis, des *parvenus*.

Madame Lucas était le prototype des relations de la seconde catégorie. Il s'agissait d'une jeune femme que Maman, fort charitablement, abritait sous son aile. C'est vrai qu'elle avait un cœur grand comme ça et qu'elle se dévouait pour les autres. Elle ne ménageait ni son aide ni ses conseils aux futures mères, aux mamans aux prises avec les maladies infantiles, aux malades et aux agonisants, allant jusqu'à ensevelir les morts.

* * *

Toujours à la même époque, Maman avait développé une sympathie toute particulière pour deux jeunes ménages fraîchement installés à Carhaix : les Guéguinou, un couple de pharmaciens, ainsi que monsieur Le Gueut, médecin, et son épouse. Comment les liens se sont-ils tissés, je l'ignore. Quoique pour le docteur Le Gueut on puisse l'expliquer par le fait qu'après le décès de notre père, Maman, qui en tenait le docteur Andrieux responsable, choisit le jeune docteur, nouvellement installé dans le pays, pour le remplacer. On peut aussi penser que ces deux jeunes couples, arrivant dans une localité où ils n'avaient pas de relations, trouvèrent en notre mère une sympathique bouée à laquelle s'accrocher.

UN PÈRE ET UNE MÈRE D'ADOPTION

Un beau jour, Maman m'envoya faire une course à la pharmacie. Je partis, haut comme trois pommes, avec mon sourire angélique et mon regard enjôleur. C'est à peine si j'atteignais le haut du comptoir.

Quand j'ouvris la bouche, la pharmacienne se pencha pour mieux me voir. Elle ne distingua que deux grands yeux bleus. Elle succomba sur-le-champ à mon charme enfantin.

— Comment résister à de tels yeux ? devait-elle avouer plus tard à ma sœur Babette.

C'est ainsi que je pris la place d'un fils que les Guéguinou n'avaient pas encore. Je m'en trouvais fort bien. J'avais droit à toutes les gâteries que je remboursais inconsciemment en faisant mon numéro de petit garçon de charme.

Les parents de monsieur Guéguinou habitaient Brest et ceux de ma *mère adoptive*, Morlaix. Le dimanche, ils allaient leur rendre visite, tantôt dans une ville tantôt dans l'autre, et j'étais souvent du voyage. Nouvellement installés dans la vie, ils ne roulaient pas sur l'or. Leur voiture n'était pas du dernier modèle. Cette auto du genre coupé n'admettait que deux personnes dans sa cabine exiguë. Pour pallier cette déficience, le coffre arrière dissimulait une banquette à deux places. Il suffisait de relever le couvercle qui formait alors le dossier d'un siège qui pouvait accueillir deux passagers supplémentaires. On y bénéficiait d'une vue imprenable sur le paysage avec tous les agréments du plein air : pluie ou soleil, froidure ou chaleur, le tout agrémenté de courants d'air et de poussière. Cette bizarre invention s'appelait un *spider*.

Ce spider était ma place réservée. Je m'y installais engoncé dans ma pèlerine, le béret enfoncé jusqu'aux oreilles, le cache-nez enroulé plusieurs fois autour du cou et le capuchon descendu sur les yeux.

Et roule la voiture sur les routes désertes en direction de Brest ou de Morlaix. Le matin, je buvais du regard l'austère paysage des monts d'Arrée qu'il fallait franchir pour atteindre l'une ou l'autre ville. Les soirs d'hiver, au retour, on naviguait dans le noir le plus total. Ma jeune imagination, pleine de contes et légendes où les korrigans tenaient la première place, m'inventait d'agréables frayeurs, surtout au passage de la forêt du Huelgoat où se trouvait, disait-on, une maison hantée. Comme, de plus, les korrigans habitent sous les dolmens et les menhirs, et qu'il s'en trouve dans les environs, je craignais de voir apparaître, dans la lueur des phares, ces gnomes qui passent leurs nuits à jouer des tours aux passants.

RUE DE SIAM

Brest était ma destination favorite. Les parents Guéguinou occupaient un appartement au troisième étage d'un immeuble situé sur la rue de Siam, l'artère principale de la cité du Ponant, illustrée par la célèbre chanson de Jacques Prévert, chantée entre autres par Yves Montand :

Rappelle-toi Barbara
Il pleuvait sans cesse sur Brest
Et je t'ai croisée rue de Siam

Ce n'était pas une hypothétique Barbara qui m'intéressait rue de Siam, mais bien plutôt le tramway qui passait et repassait dans un grincement de ferraille avec, à l'occasion, des gerbes d'étincelles jaillissant entre la caténaire et la perche de l'antique véhicule, car, des tramways, il n'y en avait ni à Carhaix ni à Morlaix ni même à Quimper, mes villes de référence.

Nous dînions habituellement rue de Siam. Un beau dimanche midi, monsieur Guéguinou invita ses parents au restaurant, grande première pour le petit Gaston. Je fus impressionné par la grande et belle salle, mais encore plus par le plat de fruits de mer qui occupait le centre de la table. Les crabes surtout m'intriguaient. Des autres tables, on jetait des regards aussi furtifs qu'intéressés sur la nôtre où un garçonnet menait un joyeux tapage. Ce qu'il disait et faisait semblait du dernier drôle et amusait ses *parents* et ses *grands-parents*, lesquels en étaient quelque peu responsables car, fort imprudemment, ils l'avaient laissé (ou fait) boire un peu de vin.

Ainsi débutèrent mes sorties dans le monde.

L'après-midi, nous allions nous promener. Pour moi, c'était l'extase. Nos pas nous menaient au Cours-d'Ajot, terrasse qui surplombe le port et la rade de Brest. À perte de vue, on voyait, le long des quais et des pontons, quantité de navires de guerre peints du plus joli gris qui soit, le haut de leurs multiples cheminées orné d'une bande noire. Il y avait là de tout, du cuirassé aux quadruples tourelles, aux sous-marins, en passant par les croiseurs, les torpilleurs et les contre-torpilleurs. Je connaissais les principaux par leur nom. Je savais leur tonnage et leur vitesse maximale, que ce soit le *Dunkerque* de 35 000 tonnes ou l'*Émile-Bertin* capable de filer 34 nœuds. Autre merveille : le pont tournant de Recouvrance qui permettait de franchir la rivière Penfeld tout en laissant au besoin le passage aux bateaux. J'emploie volontairement le passé, car il a disparu dans *la pluie de fer, de feu et de sang,* pour reprendre la suite de la chanson de Prévert, qui a rayé Brest de la carte en septembre 1944.

Que pensez-vous qu'il arrivât de ces beaux dimanche brestois ? Ma vocation de marin se trouva renforcée. J'optai pour la Marine nationale, jetant à la mer, sans remords, mes magnifiques projets de marin à la grande pêche. Je me voyais déjà élève à l'École navale, arborant une véritable casquette d'officier à la coiffe blanche, comme la mienne avant qu'elle ne prenne couleur de tomate, quelque part au large des Glénan. Naviguer sur ces monstres d'acier gris, faire tonner leurs multiples canons, envoyer l'ennemi par le fond pour ensuite hisser le drapeau victorieux me semblait *un sort digne d'envie*.

LE VIADUC DE MORLAIX

Les dimanches à Morlaix me plaisaient moins. Ce n'est pas que les parents de madame Guéguinou, enseignants de profession, aient été désagréables. Bien au contraire. Ils étaient même un cran au-dessus des Brestois. Il n'y avait aucune mesure entre leur bel appartement bourgeois et celui de mes autres grands-parents d'adoption. Si le dîner du dimanche midi me convenait, la traditionnelle promenade qui le suivait avait moins d'attrait que celles de Brest. S'il n'y avait eu le viaduc, j'aurais volontiers chanté avec Charles Trenet :

> *Les enfants s'ennuient le dimanche,*
> *Le dimanche les enfants s'ennuient.*

Le pont tournant de Brest m'impressionnait, alors que le viaduc de Morlaix me fascinait. Non sans raison, car ce pont ferroviaire, bâti en pierres de taille selon les antiques méthodes d'avant l'invention du béton et des structures en acier, est surprenant. Il surplombe la vieille ville, nichée au fond de sa vallée, de toute sa masse percée de ses arches régulières, comme les murs des cathédrales gothiques de leurs fenêtres ogivales, laissant passer la lumière et le paysage. Comme je m'étais laissé dire que mon arrière-grand-père y avait travaillé, je me considérais un peu propriétaire de cet ouvrage d'art au pied duquel Dodotte avait vu le jour et où Maman avait entendu raconter toutes les belles histoires qu'elle me narrait.

Le viaduc à lui tout seul n'aurait pas suffi à mon bonheur. Heureusement, il y avait le grand train qui le franchissait en dévidant derrière lui un flot de fumée. En lâchant de grands coups de sifflet, il semblait proclamer : « C'est le rapide Paris-Brest qui passe. » Qu'elles étaient belles ces locomotives à vapeur, monstres de mécanique exhibant sans pudeur leurs entrailles faites de bielles et pistons ! Elles haletaient à l'arrêt, poussant un grand ahan au départ, prenant progressivement leur souffle. Leurs roues patinaient sur les rails puis, dans une série d'à-coup, elles démarraient. Une fois lancées, elles filaient comme une flèche, déroulant dans leur sillage un panache sans fin.

Évidemment, les locomotives qui peinaient à 50 km/h pour tracter les antiques wagons du réseau de chemin de fer breton, les seules qu'on voyait à Carhaix en raison de la voie étroite, ne soutenaient pas la comparaison. Ce n'était que le petit train, pitoyable imitation du grand.

Toutefois, je ne voudrais pas cracher dans la soupe. Tout compte fait, je préférais un dimanche à Morlaix à un dimanche à Carhaix, agrémenté des Vêpres en compagnie de Dodotte, même si une séance de cinéma suivait.

Soirées chez les Guéguinou

Maman, au quotidien, fréquentait davantage les Guéguinou que les Le Gueut. Nous allions souvent passer la soirée chez eux. J'en garde un souvenir indélébile sous la forme d'une cicatrice au menton.

Ce soir-là, monsieur Guéguinou avait décidé de prendre des photos. Les flashs n'avaient pas encore été inventés. On en était à l'âge de pierre de la photographie, autrement dit à l'ère du magnésium qu'il fallait enflammer à la fraction de seconde près, en même temps que l'opérateur appuyait sur le déclencheur du Kodak. Si l'éclair ne manquait jamais son effet, la réussite de la photo n'était pas garantie pour autant. Il dut se reprendre plusieurs fois.

Pour l'occasion, je jouais une fois de plus au petit chien savant. On m'avait affublé d'un uniforme d'officier de marine (ou des troupes coloniales) qu'avait porté notre photographe amateur, mes souvenirs sont flous. D'une part, je revois une veste bleu marine et une casquette à la coiffe blanche. D'autre part, monsieur Guéguinou fut mobilisé en 1939 dans l'Armée de terre comme l'attestait son pantalon d'uniforme kaki que j'ai usé de 1940 à 1945 et son sac à dos que Raoul et moi-même avons utilisé, lui dans le maquis et moi dans les camps scouts. Il avait servi en Afrique comme l'attestaient les sagaies, les masques et les autres souvenirs exotiques qui décoraient leur intérieur.

Me voilà donc debout sur une chaise, au plus grand amusement de l'assemblée, faisant le clown, vêtu d'une veste d'uniforme dans laquelle je flotte et, sur la tête, une casquette qui descend jusqu'au bout de mon nez. Patatras ! La chaise bascule et voilà Gaston les quatre fers en l'air, gémissant peut-être d'une douleur plus feinte que réelle, avec une superbe coupure sous le menton d'où coule un filet de sang. Comme je me trouvais chez deux pharmaciens, je fus rapidement pansé, mais cet incident mit fin à la soirée.

Toutes les réunions ne se terminaient pas dans le sang, heureusement pour moi ! On chantait à l'occasion. Pas n'importe quel refrain à la mode, mais des chansons d'étudiant dont le répertoire n'avait pas de secret pour notre ami pharmacien. Je lui dois de connaître *Les filles de Camaret, De profundis morpionnibus* – en version expurgée *ad usum Vedasti* [à l'usage de Gaston] bien entendu – et la rengaine :

Jean, l'autre soir, descendant l'escalier, (bis)
Trouva sa femme étendue sur le palier (bis)
Refrain
Elle ne mettra plus de l'eau dedans mon verre,
Car la guenon, la poison, elle est morte…

Une interprète improvisée

Ces innocentes soirées de l'an 1938 n'empêchaient nullement Adolf Hitler de préparer la prochaine guerre. L'Allemagne retentissait du bruit des bottes. Ce jour-là aurait lieu la retransmission en direct d'un discours qu'il devait prononcer à Nuremberg et dont dépendrait peut-être la paix ou la guerre. Tout le monde attendait dans l'inquiétude cette émission radiophonique spéciale.

Pour connaître le contenu du discours, il faudrait attendre le journal du lendemain ou écouter la radio qui le retransmettrait en direct dans la soirée. L'interprétation simultanée n'était pas encore inventée. Nous aurions donc *Le chancelier du Reich* en v.o. Fort heureusement, madame Guéguinou avait une sœur qui étudiait l'allemand et se targuait de jouer les interprètes. C'est ainsi que je me suis retrouvé en compagnie de Maman à écouter, en direct, Adolf Hitler haranguer son peuple en délire. Je m'aperçus bien vite que notre traductrice connaissait moins bien l'allemand qu'elle le prétendait. Je ne sus donc pas ce que Hitler avait hurlé et éructé ce soir-là.

Ma première arme

Les Guéguinou m'avaient tellement adopté que j'avais l'extraordinaire privilège de mettre mon sabot devant leur cheminée à Noël, ce que la coutume ne m'autorisait pas à faire, même chez mes grands-mères.

Ce Noël-là, après avoir épluché le catalogue de jouets des Galeries Lafayette, j'avais demandé au Petit Jésus de m'apporter une carabine à plombs pour, dans mon esprit, remplacer celle de mon *défunt père* avec laquelle je jouais chez Naine et qui ne fonctionnait plus. Amère déception au matin du 25 décembre 1937, à moins que ce soit 1938, le Petit Jésus, en qui je croyais dur comme fer, même si j'avais vu Maman entrer dans ma chambre pour déposer mes jouets devant la cheminée, m'avait laissé tout plein de belles choses, sauf une carabine. Voilà mon Noël gâché et mon humeur morose. Curieusement, Maman n'en fait pas grand cas. À dix heures, elle me conseille d'aller voir à la pharmacie les cadeaux qui m'y attendent. Merveilleuse surprise, elle est là ma carabine ! Le Petit Jésus qui m'avait entendu ne fit pas de miracle, trois jours plus tard elle était brisée...

Ma filiation d'adoption commencera à se diluer quand je partirai au collège à l'automne 1939. Loin des yeux, loin du cœur dit le proverbe. Elle prendra fin deux ans plus tard quand viendra au monde un petit garçon prénommé Jean, mieux connu sous le diminutif de Jeantou, destiné à un brillant avenir. Il sera, un jour, ambassadeur de France à Londres puis au Vatican !

LES LE GUEUT

Si les Guéguinou habitaient sur la grand-rue, les Le Gueut occupaient une vaste maison entourée d'un grand jardin, en lisière du Champ-de-Foire, juste au pied de la pente qui mène au château d'eau, point culminant de la commune. Ce quartier porte le nom de Cité romaine, va savoir pourquoi. Est-ce une réminiscence du passé bimillénaire et gallo-romain de Carhaix ? C'est fort possible, car une voie romaine aurait traversé cet endroit. C'est la seule place où l'aqueduc, contemporain de ce chemin, se laisse entrevoir.

Les noms des différents quartiers de la ville laissent songeurs. Le Château rappelle la forteresse féodale totalement disparue ; les Carmes ou les Augustins font référence à deux couvents dont les vestiges paraissent encore. Mais que dire du Tonkin ou du Village-Nègre, noms dont étaient affublés les lotissements ouvriers proches de la gare et du dépôt ?

Revenons à notre docteur qui, étant notre médecin de famille, nous connaissait intimement, si j'ose dire. Encore plus que nos amis pharmaciens, il était associé aux petites joies et aux grands chagrins que nous connaissions.

Le docteur Le Gueut avait une clientèle urbaine et rurale. Il se rendait dans des fermes perdues au bout d'invraisemblables chemins creux, pleins d'eau et d'ornières. Pour avoir de la compagnie, il m'invitait souvent à l'accompagner. Maman me laissait aller volontiers, heureuse d'avoir la paix pour un moment. De mon côté, j'étais à un âge où une promenade en voiture ne se refuse pas.

C'était pourtant aller au-devant de tous les dangers, car le docteur, toujours pressé, conduisait à une vitesse folle. Je nous vois encore fonçant à 100 km/h sur le chemin de halage du canal de Nantes-à-Brest, tout juste large pour une charrette, entre l'écluse de Kergoat et celle de Kastel Koz, en face du Nivernic. Voyant d'un côté le canal et de l'autre des marécages défiler à la vitesse grand V, je me fis une belle peur ce jour-là.

J'allais fréquemment chez le docteur, en visite avec Maman qui apportait une aide amicale à madame Le Gueut, jeune femme à problèmes. J'avais droit à des examens médicaux qui, obligatoirement, comportaient des radios pulmonaires. Jeune praticien à la page, il avait dans son cabinet un appareil à rayons X. Il l'utilisait sans les précautions qui sont d'usage maintenant, ignorant, comme tout le monde à l'époque, les dangers à long terme de l'exposition aux radiations. Il en mourra quelques années plus tard. Monsieur Guéguinou aussi connaîtra une fin prématurée.

O Vedaste, cave canem ! – *Gaston, prends garde au chien !*

Il m'arrivait aussi de m'y rendre seul, comme ce jour où Maman me pria de porter quelque chose à madame Le Gueut. C'était pendant les vacances d'hiver et je portais un chaud manteau de drap.

Plutôt que de passer par la porte principale qui donnait sur la salle d'attente et pour ne pas déranger les patients, je décidai d'utiliser la porte d'en arrière qui donnait dans la cuisine. Cela m'obligeait à passer devant la niche du chien, un caniche qui me semblait d'autant plus énorme qu'il n'était jamais tondu. Ce chien avait fort mauvais caractère et une grande gueule. Ses aboiements retentissaient du bas de la gare jusqu'à l'église Saint-Trémeur. J'exagère à peine. S'il m'impressionnait fort, je ne le craignais pas pour autant, car il était attaché.

Je dois ici vous avouer la plus grande, la plus terrible de mes faiblesses : j'ai eu, de tout temps, une peur bleue, une terreur panique des chiens, qu'il s'agisse d'un minuscule chihuahua ou d'un molosse. Cette crainte, due à une cause inconnue, perdue dans le tréfonds de mon inconscient, je la surmonte quand le chien est petit, et encore. Par contre, il m'arrive fréquemment de traverser une rue pour ne pas croiser de trop près un animal à qui je trouve un air patibulaire ou des crocs menaçants. Le caniche était donc attaché. Il aboyait, tirant sur sa chaîne. Je passai le plus loin possible de lui, pas rassuré du tout et en le lorgnant du coin de l'œil. Et soudain, l'impossible, l'imprévisible se produisit. La chaîne se cassa !

Le caniche, gueule ouverte, se lança à ma poursuite. Je courus de toute la force de mes courtes jambes en hurlant vers la porte salvatrice de la cuisine. D'un saut, j'enjambai les trois marches du perron. J'avais la main sur la poignée de la porte, j'allais ouvrir, enfin sauf… Trop tard, les mâchoires du fauve se refermèrent sur ma fesse droite. Déjà on accourait à mon secours. Le chien était maté et reconduit à sa niche.

Ma frayeur retombée, on fit le bilan. Mon manteau de drap avait absorbé la morsure. Je ne porterai jamais sur ma fesse droite les stigmates des crocs du vilain caniche des Le Gueut. Elles auraient fait le pendant de ma cicatrice au menton, me rappelant ainsi dans ma chair, ma vie durant, mes chers parents adoptifs et le brave docteur.

La fête de La Tour d'Auvergne

LA routine des jours était interrompue par les deux foires annuelles et les solennités religieuses comme la Fête-Dieu, mais il était une célébration qui éclipsait toutes les autres : la fête de La Tour d'Auvergne.

Je vous déjà parlé de la prière que des naïves paysannes récitaient aux pieds de la statue de bronze du Champ-de-Bataille, qu'elles appelaient *ar Sant du* [le Saint noir]. La Tour d'Auvergne, figé en une pause martiale sur son socle, est l'homme le plus illustre qui ait vu le jour à Carhaix.

Sa gloire dépasse de cent coudées celle d'Alain Barbe-Torte, créateur du royaume indépendant de Bretagne, mille ans plus tôt ; celle du général Lambert, héros de la bataille de Bazeilles en 1870 ; celle de l'amiral Emeriau ou de Jobbé-Duval, peintre académique bien connu de son vivant au XIXᵉ siècle. Avez-vous déjà entendu parler de ces hommes célèbres ? Probablement pas. La Tour d'Auvergne mérite pourtant que sa mémoire se perpétue. Je vous conte donc ses hauts faits.

Il vit le jour à Carhaix, rue de La Tour d'Auvergne, curieuse coïncidence ! Pour des raisons trop longues à exposer, quoique né Théophile Malo Corret, il porte le nom d'une des plus illustres familles de l'aristocratie française. Cela ne l'empêche pas d'être un authentique Breton, doublé d'un lettré qui s'intéresse à la langue de ses ancêtres. Il publiera le fruit de ses recherches. Il compte parmi les savants linguistes fondateurs des études celtiques.

Tout érudit qu'il fût, cela ne l'empêchait pas de promouvoir des théories qui portent à sourire. Savez-vous quelle langue parlaient nos premiers parents au Paradis terrestre ? Le breton, pardi ! qui, tout le monde devrait le savoir, est bien antérieur au français.

En voici la démonstration.

Ève, la corruptrice, tend la pomme à Adam qui refuse, hésite et, enfin, accepte le cadeau empoisonné en murmurant : « *An tam* » [Un peu], d'où son nom : Adam. Il mord dans le fruit, s'étrangle. La perfide tentatrice, compatissante, lui dit : « *Evet !* » [Bois !], d'où son nom : Ève.

CQFD, ce qu'il fallait démontrer !

Mais La Tour d'Auvergne était avant tout un militaire que ses faits d'armes, pendant les premières campagnes des guerres de la Révolution, avaient transformé en héros national. Napoléon lui avait décerné le titre de Premier Grenadier de la République.

Atteint par la limite d'âge, le capitaine de La Tour d'Auvergne s'était retiré à Carhaix pour jouir d'une retraite consacrée à ses études celtiques. Les guerres continuaient et la Nation avait de plus en plus besoin d'hommes. C'est ainsi que le fils de son meilleur ami, le seul survivant d'une nombreuse progéniture, fut requis pour rejoindre l'armée.

Désespoir du père !

N'écoutant que son bon cœur, La Tour d'Auvergne, malgré ses cinquante ans bien sonnés, prit la place du jeune homme. Funeste décision, car la lance d'un cosaque mal intentionné mit fin à ses jours à la bataille d'Oberhausen en 1800, confirmant ainsi son statut de héros national. Son cœur est aux Invalides, son corps au Panthéon. Carhaix hérita de quelques reliques du plus illustre de ses enfants : une dent, des boutons de ses guêtres et quelques autres babioles, le tout enfermé dans un reliquaire, copie conforme de ceux qui contiennent les restes des saints et saintes de notre mère la Sainte Église. De même que ces derniers ont leur fête et leur pèlerinage, La Tour d'Auvergne bénéficia, à Carhaix, du même honneur le jour anniversaire de sa mort au champ d'honneur.

Un étranger de passage dans notre petite cité, en ce jour de juin, aurait pu se demander pourquoi, en semaine, les rues étaient pavoisées et la circulation bloquée par un défilé comprenant un détachement militaire sous les armes. Entre les deux guerres, la notoriété de notre héros ne dépassait guère le périmètre du pays du Poher, et encore ! La fête revenait chaque année avec régularité, comme le Mardi gras avec son *Sant-al-Lard*, la foire du 13 mars et celle de la Toussaint.

LES BEAUX SOLDATS EN BLEU HORIZON MARCHENT AU PAS

J'adorais ce défilé car, pour un jour, j'échangeais mes soldats de plomb contre de vrais militaires qui marchaient au pas, l'arme sur l'épaule, précédés d'une musique scandant des airs martiaux. Ce n'est pas qu'ils fussent nombreux, quelques dizaines tout au plus, mais ils tenaient une place de choix dans cette procession laïque qui déambulait de la place de la Mairie à celle du Champ-de-Bataille, au pied de la statue. Les enfants des écoles formaient le principal du cortège, mélangeant, pour une fois, ceux qui fréquentaient l'école publique et ceux qui allaient aux écoles privées et catholiques, aussi étrangères l'une à l'autre que l'eau et le feu ou les torchons et les serviettes.

J'aurais dû en être de ce défilé, en 1938, si Maman n'avait eu l'idée saugrenue de me faire porter pour l'occasion mon costume Eton que j'avais étrenné pour la noce de tonton René et de tante Yvonne, puis porté une seconde fois le jour sacré de ma communion solennelle. À cette idée, je fis une des crises les plus mémorables de mes jeunes années. Je refusais absolument et définitivement de parader déguisé en petit lord anglais avec mon col rond en celluloïd, ma cravate lavallière, ma courte veste spencer, mon pantalon gris aux plis impeccables et mes souliers vernis. De quoi aurais-je eu l'air au milieu de mes petits camarades en culotte courte, habillés en dimanche, certes, mais pas en premier communiant ? Maman, qui voulait rentabiliser son investissement dans ce coûteux ensemble que je n'avais porté que deux fois, eut beau utiliser du charme, puis de la fermeté et finalement de la menace, rien n'y fit. Mon entêtement eut raison de sa détermination. C'est ainsi que, cette année-là, j'eus le bonheur de regarder défiler les soldats en bleu horizon du 48ᵉ régiment d'infanterie de Guingamp, à moins que ce fût des hommes du 37ᵉ de Quimper.

J'oubliais l'autre événement qui, en fait, était le prélude de cette fête : la retraite aux flambeaux qui avait lieu la veille au soir. Cette coutume, maintenant disparue, consistait en un tour de ville accompli par la musique à la lueur des torches. Bras dessus, bras dessous, la jeunesse faisait escorte aux musiciens.

L'aubade était son pendant et son contraire. Dès l'aube, tambours, clairons et cors sonnaient le réveil à chaque carrefour.

L'importance de la fête de La Tour d'Auvergne était telle qu'elle éclipsait la Fête nationale du 14 juillet. Il est vrai que la première célébration faisait l'unanimité parmi ceux qui allaient à la messe et ceux qui n'y allaient pas, alors que la commémoration de la prise de la Bastille ravivait les vieux démons nés de la déchirure de la Nation entre les révolutionnaires anti-cléricaux, de gauche, et les *calotins* ou catholiques pratiquants, de droite, partisans des écoles confessionnelles, dites libres. De toute façon, la Fête nationale n'avait pas le lustre de celle de La Tour d'Auvergne. L'école laïque défilait seule et, surtout, il n'y avait pas de soldat. L'année 1939 fit exception. C'était le 150ᵉ anniversaire de la Révolution et, la guerre menaçant, on mit de côté les susceptibilités politiciennes pour ne penser qu'à *la Patrie en danger*.

* * *

Les Carhaisiens, pour échapper à l'ennui distillé par leur vieille cité sans charme, s'inventaient d'autres raisons d'organiser des fêtes comme l'anniversaire de la prise de la ville par Bertrand Du Guesclin au XIVᵉ siècle. Tonton René, ce jour-là, paradait, monté sur un fier destrier, costumé en héraut d'armes, sa trompette à la main. Qu'il ait fait son service militaire dans l'artillerie hippomobile et qu'il y ait appris à jouer de la trompette lui aura servi dans le civil.

Je me posais deux questions à cette occasion. Premièrement, quelle gloire pouvait-on récolter en s'emparant d'une cité qui n'était pas ceinte de rempart, ce qui était le cas de Carhaix au Moyen Âge ? Deuxièmement, depuis quand célèbre-t-on la mémoire d'un traître ? Après tout, Du Guesclin, connétable de France, en assiégeant Carhaix, faisait la guerre à sa véritable patrie et à ses compatriotes. N'était-il pas, par sa naissance, sujet du duché de Bretagne, un État indépendant ? Ce qui en fait un traître pour tout Breton bien né. D'autre part, les services insignes qu'il rendit en purgeant le royaume de France de ses occupants anglais en font un héros national, précurseur de Jeanne d'Arc, pour tout Français bien né. Difficile pour un jeune Français-Breton de concilier ces deux inconciliables : ainsi, dans ma tête de Français, Du Guesclin était un héros et, dans ma tête de Breton, un traître à sa patrie.

La vie quotidienne, rue Fontaine-Blanche

LASSÉ de porter des galoches, je rêvais de bottes. Maman avait décidé d'habiller ses trois fils à l'uniforme : blouson et culotte de golf de drap bleu. Elle jugea que des bottes compléteraient bien l'ensemble. Nous voilà donc au magasin de chaussures Le Naëlou pour essayer ces bottes de mes rêves. Hélas ! à mes yeux, elles ne sont pas authentiques, car elles ferment sur le côté par une fermeture éclair. Si je boudais mon plaisir, je n'en dis rien, sachant me taire pour une fois. Enveloppé dans ma vaste pèlerine bleue, le béret élégamment de travers sur mon abondante chevelure, les bottes aux pieds, je pouvais affronter les humides hivers du Centre-Bretagne.

* * *

Armelle Poher ne parlait que le breton. Chaque mercredi que le bon Dieu amenait, Armelle, tôt le matin, arrivait à la maison pour y prendre le linge sale. Elle l'enveloppait dans une grande serpillière dont elle nouait les coins ensemble. Elle hissait le ballot sur sa tête en prenant bien soin de ne pas déranger sa coiffe, à moins qu'elle ne le place dans une brouette pour descendre le chemin de la Fontaine-Lapic jusqu'au lavoir municipal. À genoux dans sa caisse garnie de paille, elle savonnait, frottait, essorait à grands coups de battoir, chemises, serviettes, linge de corps, dans l'eau glacée, tout en commérant avec ses collègues lavandières.

Le midi, elle remontait à la maison pour le dîner. C'était l'heure de mon cours de breton hebdomadaire. Maman et Armelle bavardaient entre elles sans s'inquiéter de savoir si nous pouvions suivre la conversation. Armelle repartie pour faire bouillir le linge dans la lessiveuse, il arrivait que Maman déclare :

— Désormais, on parle breton à la maison.

Cette sage résolution, hélas ! ne durait pas.

* * *

Marie Herpe, la couturière qui venait en journée à la maison, était bien gentille, mais le jour de la distribution de l'intelligence, elle n'était pas au premier rang.

Rue Amiral-Emeriau, en face de la charcuterie, habitait Émile Chevance, tailleur de son état, surnommé Mil-Boutons. Lui non plus n'était pas en tête de colonne à la distribution. Célibataire, il vivait avec sa vieille mère d'une avarice sordide. À sa mort, on trouvera 200 000 francs enroulés dans du papier journal.

Je connaissais bien Émile Chevance. Il avait l'habitude de travailler, assis en tailleur, tiens donc, sur une table face à la fenêtre qu'il tenait grande ouverte lorsque le temps le permettait. Quand je passais, il ne manquait pas de m'adresser la parole. En garçon bien élevé, je lui répondais poliment.

Donc, Marie Herpe et Émile Chevance décidèrent un jour d'unir leurs destinées. Le mariage ne résista pas au choc de la nuit de noces. Pauvre Marie qui n'était pas faite pour être épouse et mère ; pauvre Mil-Boutons qui n'était pas fait pour être époux et père.

Toute la ville connut dans le détail la triste aventure de ce couple mal assorti qui reprit sa liberté dès le lendemain. C'est ce genre d'histoires qui alimentaient les conversations des laveuses de la Fontaine-Lapic, faisant aller leurs langues autant que leurs battoirs. J'entends d'ici les « *Plac'h paour* » [Pauvre fille] et les « *Ne ket gwir ?* » [C'est pas vrai ?] qui devaient accompagner les remarques sur le mariage le plus bref qu'ait connu Carhaix de temps immémorial.

* * *

Il est tard, la nuit est tombée, une rumeur court dans la ville : une maison brûle au bas de la gare. Le tocsin résonne dans le clocher de Saint-Trémeur, alertant la population.

Un incendie, c'est exceptionnel dans une localité où tout est bâti en pierre et en ardoise, aussi tout le monde est sur le pas de sa porte.

> *Au feu, les pompiers, la maison qui brûle*
> *Au feu, les pompiers, la maison a brûlé !*

Je regarde passer les vaillants soldats du feu. Ils arrivent de la mairie où ils sont allés quérir la pompe à bras après s'être coiffés du principal attribut de leur fonction : le casque de cuivre rutilant, brillant comme un miroir. Ils passent devant la maison, au pas de course, traînant la pompe antédiluvienne qui va cahotant sur les pavés.

En ce temps-là, il n'y avait pas de *pin-pon*, pas de clignotants, pas de camion rouge, seulement la clameur ancestrale : « Au feu ! »

* * *

Grâce à sa *domesticité*, Maman a du temps libre lorsque sa marmaille est à l'école. Elle le consacre aux travaux de dame.

Elle ne coud ni ne ravaude, c'est la tâche de Marie Herpe. Le crochet et la broderie lui conviennent davantage, bien que la dentelle soit le domaine réservé des Bigoudens aux coiffes démesurées et la broderie celui de la brodeuse professionnelle.

Maman est artiste. Elle a conservé des aquarelles et un portrait au crayon de son grand-père qu'elle a réalisés quand elle était pensionnaire chez les Ursulines. Elle a peint la porte de l'armoire de ma chambre, lors de la grande maladie de mes quatre ans, pour ne pas perdre la main.

Maman s'est donc remise aux beaux-arts en s'abonnant à l'École ABC qui prodigue des cours de dessin par correspondance. Elle se lance dans l'artisanat en faisant des étains repoussés et du cuir tout aussi repoussé.

Les assiettes et les plats polychromes reproduisant des modèles anciens ont survécu aux déménagements et à l'exil. Des deux côtés de l'Atlantique, ils ornent encore des murs montréalais et d'autres de la région parisienne.

Des jolis coussins qu'elle confectionna aussi, il ne reste que le souvenir.

* * *

Maman lisait... beaucoup.

C'était la principale distraction de la famille. Babette lisait plus que notre mère. Elle avait toujours le nez dans un livre. Combien de fois l'ai-je vue, à la nuit tombante, le bouquin remonté au ras de ses lunettes tout en suçant sa médaille de communion accrochée à son cou par une chaînette en or et Maman la tançant :

— Tu vas te crever les yeux.

Il eût été plus logique d'allumer la lumière !

Il y a toujours eu beaucoup de livres à la maison : des classiques et des échantillons de la littérature catholico-populaire à l'usage des familles chrétiennes. Le tout était édité par la Bonne Presse, maison d'édition bien pensante à qui je devais mon *Bayard* hebdomadaire, et mes sœurs, *La Semaine de Suzette*. Les jeunes filles rêveuses, et toutes celles qui le furent un jour, pouvaient se complaire dans des romans sirupeux, à mettre entre toutes les mains, signés par Magali ou Delly, deux professionnelles du roman à l'eau de rose tombées dans un oubli bien mérité, ou encore Pierre Lhermitte, ecclésiastique et romancier.

* * *

Un jour, la TSF fit son apparition à la maison. La TSF, pour *télégraphie sans fil,* ainsi s'appelait la radio à ses débuts. L'appareil trônait sur le vaisselier dans la cuisine, témoignage de notre modernisme et de notre aisance financière. Nous en étions très fiers.

Pourtant, on l'écoutait peu. On l'écoutera davantage dans quelque temps : « Ici Londres, les Français parlent aux Français. » Avant que les Allemands ne la censurent, Maman s'en était chargée au nom du bon goût et d'une certaine morale. Les romances mielleuses de Tino Rossi, la super-vedette du temps, étaient proscrites. Je l'approuvais *in petto,* n'ayant de goût à l'époque que pour la musique militaire.

* * *

Un autre jour, le téléphone fit son apparition, pour des raisons professionnelles, car on n'aurait jamais pensé l'utiliser à d'autres fins. Sauf une fois, à Noël, pour que je parle directement au Père Noël à moins que ce soit au Petit Jésus. Mon céleste interlocuteur ne fut autre que la mère Renée, la supérieure des Religieuses hospitalières de l'hôpital de Carhaix, ces sœurs au si joli uniforme.

On n'en était pas encore aux mobiles et autres boîtes vocales. L'engin, puisqu'il faut l'appeler par son nom, se présentait sous la forme d'une boîte de bois cubique supportant le combiné et munie d'une manivelle sur le côté. Pour avoir la communication, on tournait ladite manivelle. La demoiselle du téléphone répondait. On lui indiquait le numéro du correspondant et, manuellement, elle établissait la communication. La conversation terminée, on donnait un tour de manivelle, sans doute pour indiquer au central qu'on avait fini. Le plus étonnant, c'est que tout cela fonctionnait.

L'arrivée du téléphone était due à Raoul.

Il venait de passer trois ans au collège technique de la Joliverie à Nantes. De retour à la maison pour une raison de santé, il lui fallait trouver du travail. Maman qui, tout au long de sa vie, aura été soucieuse de caser ses enfants, trouvait en son fils aîné son premier défi. C'est ainsi que mon grand frère effectua un court séjour de formation à l'usine Manurhin de Mulhouse pour s'initier à l'art de l'affûtage des parties coupantes des *cutters* et autres machines utilisées en charcuterie. Entre-temps, Maman fit aménager un atelier au fond de la cour, entre les cabinets et la remise. Un beau jour, on vit arriver l'impressionnante machine et Raoul se transforma en affûteur professionnel. Comment mener ses affaires sans téléphone, même à cette époque ? Pour cette raison l'appareil trouva sa place dans la cuisine, sur le vaisselier, près de la TSF. Notre demeure recelait enfin tout ce que le modernisme mettait alors à la disposition des Français.

Les maladies d'enfance

L ES maladies d'enfance, je me les suis toutes offertes ou presque, selon la coutume de l'époque. Passée cette difficile période, je devais, par la suite, bénéficier d'une insolente bonne santé. Sauf…

Sauf, qu'en ce temps-là, les amygdales et les végétations étaient considérées comme des appendices nuisibles, source des maux de gorge, qu'on soignait au bleu de méthylène – oh ! la belle langue toute bleue –, de reniflements et de *fri lous* [nez sale]. Il fallait donc les enlever. Des chirurgiens en faisaient leur fonds de commerce.

Un beau matin arriva donc à la maison un individu à l'air louche et peu sympathique, muni d'une inquiétante mallette noire. J'étais prévenu de ce qui m'attendait et j'avais fait savoir ma désapprobation. J'étais en réalité mort de peur. Non sans raison. Prévoyant que je ne me laisserais pas faire, Maman avait réquisitionné madame Le Gueut pour l'aider à contrôler la situation, étant entendu que c'était moi la situation. Elles se souvenaient sans doute de l'épisode de la dent de lait. L'opération aurait lieu dans la chambre maternelle pour des raisons d'espace.

Me voilà donc allongé sur le grand lit, les quatre membres fermement tenus par les infirmières d'occasion. Le docteur, le tortionnaire, ouvrit ma petite bouche que, contrairement à mon habitude, j'essayais de tenir fermée. Il introduisit un instrument diabolique issu directement des salles de torture de l'Inquisition, un écarteur qui prend appui à la fois sur la mâchoire inférieure et sur la supérieure. Torquemada, mon bourreau, soit par méchanceté soit par c…, coinça ma lèvre du dessus entre mes dents et l'appareil. Dire que cela faisait mal est un euphémisme… Ayant la bouche béante, j'en profitai pour hurler mon indignation contre les traitements qu'on me faisait subir sous forme de cris étranglés dont on devine aisément l'intensité. Personne, même pas ma propre mère, ne se rendit compte de cette horrible violence perpétrée contre un enfant innocent, sans défense. Pour ma part, si je pouvais hurler, je ne pouvais parler ni même indiquer de mon doigt l'objet de mes plaintes, car la poigne de Maman tenait fermement mon avant-bras.

C'est alors que je vis arriver un tampon humide à l'odeur inconnue et désagréable qui m'obstrua les voies respiratoires. J'apprendrai par la suite que c'était le parfum du chloroforme, le seul anesthésique utilisé à l'époque. Le cauchemar, le mot n'est pas trop fort, commença. L'effet du chloroforme est progressif, croyez-en mon expérience. Avant de sombrer dans l'inconscience, des images dantesques envahissent le cerveau. J'ai lu qu'au XIXe siècle ses inventeurs l'utilisèrent comme stupéfiant. Si ces messieurs recherchaient des émotions fortes, ils devaient être servis. Pour ma part, je n'ai jamais eu envie de renouveler l'expérience.

À mon réveil, pénible, je n'avais plus de végétations ni d'amygdales. Par contre, ma lèvre supérieure droite était tuméfiée et douloureuse, ma gorge en feu et, en prime, conséquence d'une allergie au chloroforme, j'avais développé une superbe congestion pulmonaire qui me tint alité pendant deux semaines.

La seule entorse que je fis, en ces temps lointains, à ma décision de ne jamais plus être malade fut une… entorse, au sens propre du terme. L'incident se produisit dans la cour de récréation de l'école Saint-Trémeur. Je me tordis le pied droit en jouant. Il n'y aurait pas eu de suite à cet incident si, en rentrant à la maison, je ne m'étais pas arrêté au Champ-de-Bataille, avec José, Pierrick et Loulou, pour jouer une partie de football. Brillante idée ! Cogner sur un ballon, pour se remettre d'une foulure, n'est pas un remède recommandé par la Faculté. C'est donc à cloche-pied que je rejoignis la maison, et mon lit que je dus garder pendant deux semaines, chouchouté par Maman, recevant avec un air narquois la visite des mes petits camarades jaloux de moi. Tout comme avec ma cicatrice au menton, je suis resté marqué dans ma chair par cette foulure. Je me tords fréquemment le pied droit qui a la bonne habitude de se replacer de lui-même, sans autre forme de procès.

Cet arrêt-maladie eut une fâcheuse conséquence. Alors que je gardais la chambre, la cérémonie de la confirmation se déroula sans moi. Je fus réduit à me passer de l'assistance du souffle de l'Esprit-Saint jusqu'au printemps 1940.

COMMUNION SOLENNELLE

Confirmation et communion solennelle sont sœurs jumelles. Tout jeune Français doit se soumettre à ces rites obligés, que sa famille soit catholique pratiquante ou non, qu'il suive les cours de l'école confessionnelle ou ceux de l'école laïque. Ce jour solennel, où les fillettes portent le voile blanc et les garçons le brassard de la même couleur, est précédé d'une retraite de trois jours pendant laquelle ils se font sermonner par monsieur le curé et monsieur le vicaire. Heureusement, ces longues séances de catéchisme et de prière sont entrecoupées de récréations qui se déroulent sur la place aux Chevaux, devant l'église. Les appels à la sagesse et au recueillement de monsieur le chanoine Bosennec n'ont pas porté fruit à en juger par les bousculades, les rires et les cris des futurs communiants lassés de rester assis à écouter des prêchi-prêcha…

* * *

Un groupe s'est formé autour du monument aux morts de la guerre de 14 qui orne la place. Un garnement a sorti un paquet de Gauloises de sa poche. Les cigarettes s'allument. Pour une fois, c'est du vrai tabac et non du tabac prussien. En voyant le monument, une idée lumineuse a germé dans la tête d'un de mes camarades.

Pour la compréhension de l'histoire, je vous le décris. Il comporte deux statues de granit superposées. Celle du haut représente un soldat de la Grande Guerre, celle du bas, une Carhaisienne dans son costume breton. Éplorée comme il se doit, elle tient sa main droite sur son cœur meurtri de mère qui a perdu son fils mort pour la France. C'est cette main qui a donné son idée farfelue à mon camarade, car l'artiste en a sculpté l'index légèrement séparé du majeur formant un espace idéal pour y placer un mégot. Ce qui fut fait. C'est ainsi que la veille de ma communion solennelle je vis, spectacle surréaliste, une mère de pierre fumer en public une cigarette tout en pleurant la mort de son fils. Cet âge est sans pitié, car sur le socle du monument sont gravés les noms de dizaines de pauvres garçons partis en chantant en août 1914, comme Maman me l'a souvent raconté, et qui ne sont jamais revenus.

S'il n'y avait pas de photos commémorant ma communion solennelle, il ne me resterait aucun souvenir de cet événement pourtant réputé mémorable, à part ma déception concernant les cadeaux de mise en un tel jour. Il y en avait de deux catégories : les pieux et les utiles.

J'étais déjà bien équipé en chapelets et livres de messe. Je me demandais avec inquiétude si je n'augmenterais pas encore ma collection d'objets de piété. J'estimais qu'une montre ou, à défaut, un stylo avec une plume en or ferait davantage mon affaire. Je passais et repassais, avant le jour de la cérémonie, devant le bijoutier de la place de la Mairie pour regarder les montres et les stylos en vitrine et faire mon choix au cas où on me le demanderait.

Enfin le jour attendu arriva et Dodotte m'invita à l'accompagner chez le bijoutier… Elle ne m'offrit pas une montre. C'était trop cher et j'étais trop jeune. Mais quel cadeau me fit-elle alors ? Je vous le laisse deviner car, j'ai beau me remuer les méninges, je n'en ai aucune souvenance. Chose certaine, ce n'était pas une montre.

Les grandes heures de l'avant-guerre

Au cours de ces années d'avant-guerre, deux événements auront marqué la vie familiale : la première messe de tonton Gaston et le mariage de tonton René.

La première messe de tonton Gaston

Dix ans plus tôt, comme je débarquais sur cette terre, tonton Gaston partait au séminaire des Pères blancs d'Afrique, souvenez-vous-en. Après cette longue absence, il était de retour à Carhaix. Il était autrefois d'usage qu'un jeune prêtre nouvellement ordonné revienne en congé dans sa paroisse d'origine pour y célébrer ce qu'on appelait sa *première messe*. Qui n'en était pas une en réalité, mais donnait l'occasion d'une grande fête familiale. Tonton Gaston était rayonnant ; Dodotte baignait dans le bonheur, la fierté et la satisfaction. Elle avait un fils prêtre, gage de son salut éternel, et, en plus, une de ses filles était religieuse. Aucune mère à Carhaix ne pouvait se vanter d'un tel palmarès. Si Maman, au fond de son cœur, souhaitait que ses fils épousent des filles Le Naëlou, notre grand-mère, elle, aurait apprécié que nous soyons prêtres tous les trois. Elle aura fait tout son possible pour que son souhait se réalise comme le démontrera la suite.

Maman aimait répéter que son frère avait brisé bien des cœurs à Carhaix en choisissant la prêtrise. C'est une véritable cour louangeuse qui s'extasiait sur le père Geoffroy, un si bel homme qui chantait et parlait avec autant de talent.

Le dimanche où il célébra la messe solennelle, c'est une nef remplie de fidèles qui attendaient, avec impatience, le moment où, ayant déposé sa chasuble comme l'exigeait le rituel, il graviraient les marches menant à la chaire. Tout le monde retenait son souffle. Après s'être signé, il débuta, comme le voulait l'usage, par le traditionnel « Mes biens chers frères » et se lança dans une homélie de la meilleure tenue théologique qui désappointa son auditoire. Contrairement à ce qu'on attendait de lui, il ne fut nullement question d'Afrique, de petits Nègres ou de petits Arabes à convertir, encore moins de soleil, de sable chaud, de palmiers et d'oasis. Tonton Gaston s'était trompé d'auditoire et sa gloire en fut ternie. Le midi, alors que toute la famille festoyait au restaurant, il déjeuna au presbytère en compagnie du clergé local, ne rejoignant les siens qu'au dessert.

Tonton Gaston commit un autre impair dont je fus victime. Il avait apporté d'Alger des petits cadeaux pour tout le monde : des babouches pour mon frère Raoul et d'autres babioles et colifichets produits par des artisans arabes pour les autres. Le jour de la distribution, j'attendais mon tour, mais, à ma grande déception, il n'y avait rien pour moi. Pour réparer sa bévue, il me fit cadeau d'une longue-vue qui lui appartenait et qu'il avait laissée derrière lui chez sa mère. J'en fus ravi, car mon cadeau était bien plus intéressant que ceux de mes frères et sœurs. J'ignorais alors qu'il me préparait un mauvais coup.

Dix ans plus tard – tout semble fonctionner sur un rythme décennaire avec lui –, il revint à Carhaix. Je n'y étais pas. Il vit *ma* longue vue qui traînait chez Maman, déclara qu'elle lui appartenait et s'en empara. Quarante ans plus tard, je lui rendis visite chez lui en Avignon. Sur un ton amusé, je lui comptai ma déconvenue au sujet de la longue vue donnée et reprise.

— Tiens, elle est là ! me dit-il, en ouvrant un tiroir.

— Tu me la rends ?

La réponse fusa :

— Jamais !

— Donne-la-lui, insista tante Andrée.

Nouveau refus catégorique.

— Jamais !

Et Marcelle, sa nièce canadienne, qui connaissait l'histoire depuis belle lurette, de lui asséner un bien mérité :

— Voleur !

La seule chose qu'il m'aura donnée et jamais reprise aura donc été mon prénom qui était aussi le sien et celui de notre oncle de Champagne.

(Le lecteur, futé comme il se doit, se sera posé la question : Que vient faire là cette tante Andrée qui habite chez tonton Gaston, en Avignon ? Elle est chez elle, tout autant que lui ! Au tout début des années 1950, tonton Gaston décidera en effet de quitter l'état ecclésiastique, de reprendre son premier métier de charcutier, de se marier, d'avoir des enfants et de se fixer en Avignon d'où tante Andrée, à l'accent chantant du Midi, était originaire.)

ET LE DERNIER MARIAGE

Tonton René étant le plus jeune frère de Maman, en toute logique il fut le dernier à convoler en justes noces. C'était en 1936. Sa jeunesse avait été tapageuse. Il se rangeait enfin, du moins en principe. Il avait jeté son dévolu sur une mignonne brunette qui habitait chez ses parents, à deux pas de chez nous, juste au bout de la venelle qui mène au Champ-de-Foire. Elle s'appelait Yvonne Moreau, la fille de monsieur Moreau, le cocher de l'Hôtel de France, le pourvoyeur de balades *gratos* sur le marchepied arrière de son omnibus et de grands coups de fouet pour les voyageurs sans billet. J'avais certainement croisé ma future tante puisque nous étions voisins, mais le jour où tonton René vint présenter officiellement sa fiancée à Maman, il me sembla que je la voyais pour la première fois. Il est vrai qu'à sept ans on ne prête pas encore attention aux jolies filles.

Il y eut donc un repas de fiançailles et de grandes noces dignes de l'importance de la famille Geoffroy. Des fiançailles qui se déroulèrent, comme il se doit, au domicile de la fiancée, il ne me reste qu'un souvenir, un désagréable souvenir. Ginette ma cousine, l'éternelle absente, pour une fois était de la partie. Alors que les adultes en étaient au digestif, les enfants s'amusaient avec un jeu de fléchettes, occupation dangereuse s'il en est.

Ce qui devait arriver arriva.

Je lançai une fléchette et ratai la cible, mais non pas le cuir chevelu de la pauvre Ginette qui fit savoir sa désapprobation par des hurlements appropriés.

J'étais un danger permanent pour mes cousines Geoffroy. Je me demande comment elles pouvaient accepter ma présence dans leur environnement. Après la noyade manquée de Marie-Louise, je m'attaquais maintenant à l'intégrité capillaire de sa sœur aînée. Seule Renée aura échappé à ma vindicte meurtrière.

Du jour du mariage, il ne me reste aussi qu'un seul souvenir, celui de la prise de photo au studio Le Maigre, rue Brizeux, la rue de l'église. Maman, plus belle que jamais dans ses atours, coiffée d'une vaste capeline, mes deux frères en habit du dimanche, moi en petit lord anglais, mes deux sœurs, mignonnes comme des cœurs, dans leur jolie robe d'organdi bleue, nous avons posé pour la postérité. De toutes les photos de l'époque, c'est la plus émouvante. Maman trône comme une mère poule, sa couvée sous son aile.

Elle était heureuse et moi, je me mourais de faim dans l'attente du repas de noces qui débuterait tard dans l'après-midi.

À Carhaix, les festivités duraient deux jours. En général, le soir des mariages, le repas de noces achevé, les invités faisaient, en groupe, le tour des bistros de la ville. J'ai le souvenir, enfant, d'avoir été réveillé pas le bruit de ces troupes avinées qui déambulaient en chantant : « J'ai perdu le do de ma clarinette » ou « Son voile qui volait, qui volait, son voile qui volait au vent… », au grand scandale de Maman.

Le lendemain, parents et amis intimes fêtaient le retour de noces. C'est ainsi que nous nous sommes retrouvés à Concarneau. Tonton Yvonnick, le petit frère de Dodotte, et la tante Germaine, son épouse, la sœur de grand-père Geoffroy, étaient des nôtres. Tonton Yvonnick qui, en bon Paul, n'en manquait pas une, fit des siennes. Pourquoi ? Je ne m'en souviens pas, sinon qu'il était question de crevettes. Toujours est-il que Maman en fut irritée. Peu m'importait, car, ce jour-là, je faisais connaissance avec la pittoresque cité de Concarneau et sa ville-close. Surtout, je voyais enfin, à les toucher, les thoniers amarrés aux quais, et cela suffisait à mon bonheur.

Les nouveaux mariés firent leur voyage de noces à Bénodet. Au retour, ils s'installèrent au second étage de la maison-mère Geoffroy, au-dessus de l'appartement des grands-parents.

Les mois et les jours passèrent. Tante Yvonne prit un embonpoint que j'attribuais naïvement à un excès de nourriture.

Un jour où je me trouvais par hasard rue Amiral-Emeriau, vers onze heures du matin, en face de la charcuterie, j'entendis des gémissements et des plaintes émanant de l'étage supérieur. Je fus surpris, car ces gémissements et ces plaintes, loin de s'arrêter, allaient en s'amplifiant, tant en fréquence qu'en intensité. Il me semblait reconnaître la voix de tante Yvonne. Je rentrai, perplexe, à la maison et n'en touchai mot à Maman. Le jour même, on m'annonça que j'avais une nouvelle petite cousine qui s'appellerait Renée, tout comme son père et notre cousine du Nivernic, source inépuisable de quiproquos qui nous poursuivent encore. C'est pourquoi la dernière-née fut désignée sous le surnom de *petite Renée,* comme j'étais *petit Gaston.*

Ce n'est que bien plus tard que je m'inquiéterai d'élucider le mystère de la naissance. Pour le moment, je croyais ferme qu'on trouvait les enfants dans les choux ainsi qu'on me l'avait dit.

Le Grand Soir

L'EXPRESSION *le Grand Soir,* aujourd'hui tombée en désuétude, était très utilisée dans la seconde moitié des années 1930, tant par la gauche communiste que par la droite bien-pensante. Pour les premiers, elle était synonyme de révolution prolétarienne à la mode bolchevique ; pour les seconds, elle signifiait dépossession, laïcité et déchristianisation. Dans les mémoires françaises, rien n'était oublié de la grande révolution de 1789, de la victoire de la République sur la monarchie et de l'Empire garant de la propriété et de la liberté de conscience. En Bretagne, on n'avait pas encore digéré la séparation de l'Église et de l'État, l'expulsion des congrégations religieuses et la confiscation des biens de l'Église en 1905.

Maman était le témoin vivant de cette mentalité. Un des souvenirs les plus vifs de son enfance en fait foi. Elle m'a souvent conté, en me montrant le portail qui en fut la scène, la sortie des religieuses ursulines de leur couvent, sous l'œil vigilant des gendarmes, précédées de leur aumônier portant l'hostie consacrée dans l'ostensoir.

Elle avait cinq ans.

Trente ans plus tard, la brisure de la France en deux moitiés antagonistes était toujours d'actualité. L'Allemagne fasciste menaçait l'Europe et l'Internationale communiste fomentait la révolution. En 1936, éclate la guerre d'Espagne, prélude de la Seconde Guerre mondiale. La même année, la gauche prend le pouvoir en France, les grèves s'étendent dans le pays.

Si ce n'est pas la grande peur pour la classe des bien-pensants dont nous faisons partie, c'est tout au moins une très vive inquiétude. Les horreurs qui se déroulent en Espagne, et dont l'Église catholique fait les frais, remplissent les journaux. La péninsule ibérique est lointaine et proche à la fois, car arrivent à Carhaix les premiers d'une longue cohorte de réfugiés qui nous rendront visite pendant les huit prochaines années : les républicains espagnols fuyant les armées victorieuses du fascisme et de Franco. Ils sont nombreux et je les vois encore déambulant en groupe dans la grand-rue. Carhaix les prend en charge faisant, sans le savoir, une répétition à petite échelle pour les grands déplacements de réfugiés qui viendront, comme une marée montante, battre les murs de notre petite cité en 1940.

La révolution sociale en cours, sous le vocable de Front populaire, n'est pas sans répercussion dans le monde ouvrier employé au dépôt de la gare. Des meetings se tiennent le soir à la mairie. Les grévistes, ceux que nous appelons, avec un pointe de mépris, « la *raille* du bas de la gare », remontent en groupe la grand-rue en chantant *L'Internationale*. Quand ils passent devant notre maison, réputée abriter des riches et des patrons, ils lèvent le poing. En compagnie de Maman, je regarde défiler le cortège menaçant. Elle passe des réflexions qui me laissent croire que nous sommes en danger. Les méchants ouvriers sont déjà bien trop payés pour le peu qu'ils font. Ils vont s'en prendre à nous, nous expulser, nous voler et, qui sait, peut-être nous assassiner. Je ne laisse pas paraître mon émotion, mais ma décision est prise. Si on nous attaque, je nous défendrai. « *No pasaran* » [On ne passe pas], clament les Espagnols rouges. « Ils ne passeront pas », me disais-je, paraphrasant le célèbre mot d'ordre des poilus de la Grande Guerre.

Mon plan de bataille est tout tracé dans ma tête. Je possède une arme, une carabine à plombs, et ma redoute est située sur le trottoir de l'épicerie Capron, à deux portes de chez nous. Préfigurant les grandes surfaces modernes françaises, madame Capron vend de l'essence. Il y a, devant son magasin, une pompe munie d'un levier qu'on actionne de droite à gauche. Ce mouvement fait monter alternativement le carburant dans deux contenants de verre, sorte de compteur rudimentaire. C'est très divertissant à regarder fonctionner pour un petit garçon qui s'ennuie. L'essence est aussi vendue dans des bidons de cinq litres rangés dans des caisses de bois déposées au pied de la pompe. Une de ces caisses, libérée de son contenu, me servira de poste de tir. En effet, aux deux extrémités on a pratiqué des ouvertures pour les mains afin d'en faciliter la manutention. Voici quelle sera ma tactique.

Le jour du Grand Soir, alors que l'émeute grondera et les communistes athées viendront répandre notre sang innocent, je m'embusquerai dans ma caisse. J'en rabattrai le couvercle avant de passer le canon de ma carabine par une des ouvertures. Invisible, protégé par mon blindage de bois, je tirerai jusqu'à ce que le dernier révolutionnaire ait abreuvé de son sang impur les ornières de la grand-rue. Nous entonnerons alors, à la place de *La Marseillaise*, l'hymne de notre guerre sainte :

> *Dieu de clémence,*
> *Ô Dieu vainqueur !*
> *Sauve, sauve la France,*
> *Au nom du Sacré-Cœur.*

L'inquiétude était bien réelle dans la famille. Au point qu'un jour, Dodotte décida de livrer des vêtements civils à sa fille Olive, ma marraine, religieuse à Guingamp. Maman l'accompagnait. Je fus du voyage. On me pardonnera de ne pas me souvenir qui, de Pépère, de tonton Armand ou de tonton René, conduisait la voiture. Peu importe…

Une fois de plus, j'admirais le singulier costume que portait ma tante, fille de la charité de Saint-Vincent-de-Paul. C'était, paraît-il, une copie conforme de la tenue des bourgeoises parisiennes du XVIIe siècle. La cornette était impressionnante. Avec ses deux grandes ailes battantes bien amidonnées, elle semblait un avatar de la mouette ou du Concorde. Cette coiffe d'un autre âge recelait un piège. Entre sa bordure et les commissures des lèvres de tante Olive, elle ne laissait que l'espace d'un timbre-poste. C'était un exploit que d'y apposer un innocent baiser sans atterrir sur la bouche de ma marraine, ce qui aurait été inconvenant ! Chaque fois que je la rencontrerai, je n'invente rien, j'aurai la même appréhension. Il est vrai qu'en retour j'aurai droit au rituel :

— Comme tu as grandi !

Ces mots s'accompagnaient d'une poignée de médailles dites miraculeuses (en aluminium avec un cordon bleu) souligné d'un :

— Pour toi et tes petits camarades !

Si tante Olive avait dû se cacher le *jour du Grand Soir,* sa mise l'aurait fait repérer rapidement, d'où l'utilité des vêtements civils qui, finalement, ne servirent jamais, grâce soit rendue au ciel et aux médailles miraculeuses de sainte Catherine Labouré, de la rue du Bac à Paris.

DES DROITS ET DES DEVOIRS

C'est à cette époque que j'entendis pour la première fois l'aphorisme bien connu : *On n'a pas seulement des droits, on a aussi des devoirs.*

Maman est à la porte de sa boutique. En face de l'épicerie Capron, quatre ouvriers de l'Électricité de France sont à l'œuvre. C'est-à-dire que l'un d'entre eux s'affaire en prenant son temps tandis que les trois autres le regardent. Outrée par cet exemple flagrant de paresse ouvrière, Maman, prenant une voisine à témoin, déclare, péremptoire :

— Voyez ces ouvriers, ils réclament tout et ne fichent rien. Ils devraient savoir qu'on n'a pas seulement des droits…

Si les ouvriers fautifs l'avaient entendue, ils auraient pu répliquer que c'est valable aussi pour les patrons.

De ce qui précède, on conclura que ces belles années d'avant-guerre se déroulaient sur un fond de crainte et d'inquiétude. L'enfant que j'étais en percevait les échos au travers des conversations, des actualités cinématographiques, des photos des journaux et des événements quotidiens.

LES HÉROS DISPARAISSENT

Certains événements concernaient des figures de légende.

Mermoz, pilote de l'Aéropostale, en faisait partie. Ses exploits incroyables, qui le menaient par-dessus les Andes ou l'Atlantique Sud à bord d'incroyables coucous, faisaient la une des journaux. La saga de l'Aéropostale sera racontée de façon magistrale par Saint-Exupéry. Nous pouvons revivre dans notre imagination la vie téméraire de ces aviateurs de l'impossible. À tenter le diable trop longtemps, la catastrophe devient inévitable. C'est ce qui advint à l'hydravion la *Croix-du-Sud* et à son pilote, Mermoz, disparus en mer en 1936.

Le petit bout d'homme que j'étais en fut bouleversé.

Curieux destin pour un aviateur que de paraître dans la nécrologie sous la rubrique péri en mer, car cela est réservé, en principe, aux marins. C'est le sort qui attendait cette même année le commandant Charcot, explorateur polaire, à bord de son *Pourquoi-pas ?* Toute une légende s'était tissée autour de ce savant. Il était aussi populaire que Mermoz. L'annonce du naufrage de son beau trois-mâts perdu corps et biens (à l'exception d'un seul matelot rescapé) causa autant d'émoi et me frappa tout autant sinon plus, à cause de ma passion enfantine pour les bateaux.

La pension pour tous

Il y a pension et pension. Tout comme mes sœurs et mes frères, je suis aujourd'hui pensionné. En ce temps-là, nous fûmes pensionnaires. Nuance !

Il n'y avait à l'époque ni collège ni lycée à Carhaix. On ne pouvait mener localement ses études au-delà du brevet d'études primaires supérieures qui n'ouvrait pas la porte à l'université. Pour effectuer des études dites secondaires, il fallait impérativement s'expatrier dans des établissements dispensant l'enseignement menant au baccalauréat, chemin obligé pour des études supérieures. Nous ne pouvions évidemment fréquenter que des établissements catholiques et pour rien au monde notre mère n'aurait accepté de nous inscrire dans un lycée public. Parmi les écoles cotées, il y avait le collège Saint-François-Xavier, tenu par les Jésuites à Vannes, et le collège Saint-Charles, à Saint-Brieuc. Plus près de la maison, on pouvait fréquenter le collège Campostal, à Rostrenen, mais d'un prestige moindre. C'est là qu'Armand apprit à décliner *rosa*-la rose, première leçon de la grammaire latine. Pour Babette, 20 km passé Rostrenen, donc à 40 km de Carhaix, se trouvait le couvent des Chanoinesses régulières de Saint-Augustin qui dispensaient le savoir et les bonnes manières aux jeunes filles de bonne famille. Marie-Olive y séjournera aussi, avec nos cousines Geoffroy, Marie-Louise et les deux Renée. Raoul, pour des raisons que j'ignore, ne suivait pas la filière menant au baccalauréat, mais poursuivait des études techniques à la Joliverie, à Nantes, encore une institution appartenant aux Jésuites.

Je savais que ce serait bientôt mon tour de quitter la maison et je l'envisageais avec philosophie.

VENERABILIS BARBA CAPUCINORUM

Il n'est pas nécessaire d'avoir étudié le latin pour deviner le sens des mots *venerabilis barba capucinorum* [vénérable barbe des capucins], paroles d'un motet sarcastique à quatre voix égales composé par Mozart un jour que le supérieur du couvent des Capucins de Vienne le faisait attendre.

Les pères Capucins, dignes fils de saint François d'Assise, vêtus de brun, ceints d'une corde, nu-pieds dans leurs sandales, hiver comme été, la barbe au vent, jouissaient d'une grande popularité en Bretagne. On aimait la simplicité de ces hommes issus pour la plupart du milieu populaire, pauvres parmi les pauvres et tout dévoués à leur apostolat. Ils venaient de rouvrir leur antique couvent de Roscoff, fermé depuis la révolution de 1789. Ils étaient pour la plupart bretons bretonnants, qualité indispensable à l'époque pour rejoindre efficacement le bon peuple de Dieu de nos campagnes, sinon de nos villes.

L'un d'entre eux était connu, de Saint-Malo à la pointe du Raz, comme Barabbas dans la Passion, dirait-on au Québec, ou comme le loup blanc, dirait-on en France : le père Yvon, l'aumônier des terre-neuvas. Ce moine de choc, pour l'heure si loin de moi, jouera un rôle prépondérant dans ma vie.

Ma toujours aussi dévote grand-mère fait partie des Tertiaires de Saint-François, rassemblement de pieuses personnes qui prétendent mener une stricte vie religieuse sans pour autant entrer au cloître. Maman, sans doute avec un enthousiasme mitigé, s'est laissé entraîner dans le chemin de la sainteté avec quelques-unes des dames au chapeau vert.

C'est un certain père Eugène, capucin de Roscoff, frère du père Yvon en religion et dans la vie, qui anime la congrégation. Et moi, pauvre de moi, j'accompagne Maman, à l'occasion, aux pieuses réunions qui se tiennent dans la chapelle de Sainte-Anne, à deux pas de l'église Saint-Trémeur. C'est ainsi que le collégien en devenir que j'étais rencontra l'aumônier des terre-neuvas.

La première fois que je le vis, le père Yvon me fit une impression extraordinaire. Il montrait des films où l'on voyait des bateaux, pas n'importe lesquels, des trois-mâts barques. Voilà qui était mieux que les thoniers et les canots aux voiles rouille.

Le père Yvon était l'aumônier des marins-pêcheurs embarqués sur ces voiliers pour des campagnes durant sept ou huit mois. Ils pêchaient sur les bancs de Terre-Neuve, au milieu des icebergs et dans les brumes nordiques, au péril de leur vie. Leur sort était effroyable, raison pour laquelle on les appelait les *bagnards de la mer*. Le père Yvon, homme déterminé et homme de cœur, menait une vive lutte pour l'amélioration de leur sort. Il avait armé un navire hôpital, le *Saint-Yves*, une solide goélette, pour assurer l'assistance médicale et morale sur les bancs. Pour soutenir les revendications des marins exploités par les très catholiques armateurs de Saint-Malo, il avait tourné des documentaires à bord des voiliers, films qu'il présentait en les commentant dans des tournées de conférence.

De ces documentaires, lorsque je les vis pour la première, je ne retins que les grands voiliers se balançant au rythme de la grande houle de l'Atlantique Nord et les frêles doris menés à grands coups d'aviron. Je fis l'impasse sur les images cruelles de ces hommes et des mousses, des enfants, à qui il arrivait, de retour à Saint-Malo, non seulement de ne pas être payés, mais, comble d'infortune, de devoir remettre l'avance qu'ils avaient touchée à l'embarquement si le poisson n'avait pas donné. Le père Yvon, ou plutôt les trois-mâts, avaient fait ma conquête. En réalité, ce sont les Capucins qui allaient faire la mienne.

DÉCIDER DE SA VIE À 10 ANS

Au cours de leurs pérégrinations, les pères étaient toujours à l'affût des sujets intéressants, susceptibles de se transformer en recrues pour leur petit séminaire. Sans le savoir, j'avais le profil parfait : enfant normalement constitué sur le plan physique, d'un niveau intellectuel satisfaisant, issu d'une famille catholique pratiquante. C'est ainsi qu'un jour débarqua à la maison un autre capucin, le père Médard, recruteur officiel prévenu de mon existence. Il eut sans doute des conciliabules préliminaires avec Maman avant de m'entreprendre et de me vanter les avantages de leur collège situé à la Vicomté-en-Dinard, sur les bords de la Rance, en face de Saint-Malo, donc au bord de la mer. À la fin de mes études au petit séminaire, me disait-il, je serais capucin et prêtre.

Cela me posait problème car, d'une part, je rêvais d'être marin quand je serais grand, alors que, d'autre part, Dodotte souhaitait que je sois prêtre. Elle menait une campagne aussi insidieuse que sournoise, me donnant à lire, mine de rien, de pieux opuscules sur la *vocation*. Je me mis bientôt à recevoir des prospectus concernant le collège de Dinard, lequel portait le titre pompeux de *Petit Séminaire des Missions du Levant*.

Le moins que je puisse dire, c'est que j'étais déchiré entre deux vocations : celle que ma grand-mère voulait pour moi, la prêtrise, et celle qui m'habitait, la mer.

J'étais plongé dans ce dilemme quand, pour tout compliquer, apparut soudainement, venant je ne sais d'où, un grand curé tout habillé de noir, un autre agent recruteur. Il avait sans doute reniflé ma piste, de loin, comme un épagneul breton. Du coup, je me fis l'effet d'être un os que deux chiens se disputent. Le nouveau venu me vanta lui aussi les charmes de son établissement, me fit voir des prospectus, me remit des brochures abondamment illustrées. J'inspectais cela avec intérêt. Il est vrai que le collège de cette congrégation avait plus d'attraits que celui des pauvres fils de saint François, la proximité de la mer en moins. Par contre, ces hommes en noir étaient missionnaires en Afrique, ce qui ne me plaisait guère. Le match entre les deux recruteurs dura quelque temps. Le nouveau venu repassa me voir. Le père Médard en fit autant.

J'étais de plus en plus perturbé. Je retournais les données du problème dans tous les sens.

Primo, je dois quitter la maison pour le collège, c'est inéluctable.

Secundo, en choisissant la prêtrise, je ferai plaisir à Dodotte. En contrepartie, j'en serai malheureux puisque je veux être marin.

Tertio, si je persiste dans ma vraie vocation, je peinerai ma grand-mère.

Cruel dilemme pour un enfant de dix ans.

Soudain, la solution traversa mon esprit. Ce fut une illumination et un grand bonheur à la fois. J'allais concilier ce qui paraissait inconciliable.

J'accepterai d'aller au collège des Capucins. Je serai donc prêtre.

Puis, une fois adulte et capucin, je remplacerai le père Yvon, mis à la retraite en raison de son âge, au poste d'aumônier des terre-neuvas. Je serai donc marin.

Bref, tout le monde sera heureux et satisfait.

Je tenais enfin la solution à la quadrature du cercle, mais nul ne connut le débat intérieur qui m'avait secoué. Je fis donc part de ma décision à Maman qui, ravie d'avoir déniché un collège bon marché pour son fils, se mit à préparer son trousseau et à coudre sur mes vêtements des petits carrés portant, brodé en fil rouge, le chiffre *39*, mon premier numéro matricule.

Ainsi le sort en était jeté. Je venais de prendre tout seul, à l'âge tendre de dix ans, la première décision importante de ma vie, dont les conséquences allaient orienter le reste de mon existence.

Une porte claque, une autre s'ouvre

BIENTÔT, annonçant la fin de mes jeunes années, la porte de la Maison du Bonheur se refermera. Nous sommes en 1939. Sous peu, le monde explosera autour de nous. Tout le laisse présager. Mes dix ans le pressentent, tout autant que les adultes qui m'entourent.

Présage, présage… J'ai dit *présage* ?

Ce beau soir d'été finissant est d'une douceur presque méridionale. Nous avons soupé. La nuit est tombée. Portes et fenêtres sont grandes ouvertes. Elles laissent passer une rumeur venue de la rue. Intrigués, nous sortons.

Tout le voisinage est dehors, regardant le ciel qui est rouge flamboyant, parcouru de longues flammes incandescentes. Nous baignons dans une lueur couleur de sang. L'étonnant spectacle de cette aurore boréale, phénomène exceptionnel à cette latitude, surprend et serre le cœur des spectateurs. Avec cette guerre qui menace, ne serait-ce pas un signe que Dieu nous envoie, un de ces funestes présages dont l'histoire abonde ? Dans les esprits religieux du temps, où le miraculeux tient une grande place, il n'y a pas de doute.

De grands malheurs nous sont annoncés !

Dans cinq ans, je reverrai un ciel nocturne tout semblable, rouge zébré d'éclairs, mais accompagné cette fois d'une musique terrifiante faite du ronronnement des bombardiers, du ronflement des incendies, de la stridence des sirènes et de l'éclatement des bombes.

Ce sera, cette fois, le signe que le temps des malheurs achève. Mais, entre ces deux nuits de lumière, que de nuits sombres m'attendent.

Autour de moi c'est la consternation, alors que, personnellement, je suis ravi. J'ai même craint, quelle horreur, qu'elle n'ait pas lieu. Inconscience du jeune âge ! Je vois pourtant pleurer des gens. Ce ne sont que des femmes. Babette aussi pleurait au chevet de notre père agonisant, tandis que moi, petit homme, je ne pleurais pas. La guerre dont j'entends parler depuis que j'ai l'âge de raison, je vais enfin la connaître. Cela promet d'être amusant, bien plus que mes jeux avec mes soldats de plomb et ceux de Pierrick... Cette guerre, on va la gagner d'ailleurs, comme la précédente. Les raisons se bousculent dans ma tête. La ligne Maginot, infranchissable, barre l'entrée de la France ; l'armée française est la meilleure du monde ; la France étant la *fille aînée de l'Église,* Dieu ne permettra pas que les Allemands, ces impies, l'envahissent ; dernier argument, non le moindre, la Sainte Vierge, quand elle descend sur la terre, le fait toujours en France, comme à Lourdes ou à la Salette.

Rassuré sur l'avenir de ma patrie, je laisse divaguer mon imagination. Je vais voir des avions vrombir dans le ciel ; des chars d'assaut passer dans la rue dans un cliquetis de chenille ; des chevaux tirer des canons sous mes yeux ; des colonnes de soldats défiler au pas cadencé devant moi. Je ne me trompais pas. Tout cela je le verrai dans moins d'un an. Mais, hélas ! les avions, les chars, les canons, au lieu d'être frappés de la cocarde tricolore, seront marqués d'une croix noire cernée de blanc, symbole du Reich allemand, car Dieu, en cette année 1939, ne sera pas français !

La déclaration de guerre ne troubla pas la vie quotidienne. Je noterai d'ailleurs dans les années suivantes que les événements les plus extraordinaires et les plus terribles n'empêchent pas d'avoir sommeil, de faire trois repas par jour et tout le reste du train-train quotidien.

Les hommes en état de porter les armes rejoignirent leurs régiments. Cela se fit dans la résignation. Il n'y eut, contrairement à 1914 comme me l'avait raconté Maman, ni chants patriotiques ni défilés. Dans la famille proche, seuls deux hommes étaient susceptibles d'être mobilisés : tonton Armand et tonton René. Tonton Armand, père de famille nombreuse, fut dispensé, tout comme son propre père l'avait été en 14. Il n'en fut pas de même pour son frère René.

* * *

Il a bouclé son baluchon et fait ses adieux. Son père, ému, pour lui éviter le fastidieux trajet en petit train de Carhaix à Guingamp, le conduit en voiture. Il n'y va pas seul. Je l'accompagne avec Raoul, pour ce que je considère, toujours aussi inconscient, une promenade ordinaire. À l'aller, tonton René conduit. Au retour Pépère est bien obligé de prendre le volant. Pauvre grand-père ! S'il ne nous jette pas dans le fossé en ce jour funeste, c'est que la Providence veille sur nous. C'est la dernière fois qu'il conduit une voiture. Il a 70 ans.

Le lendemain, il reprendra le travail pour remplacer son fils désormais absent. Raoul, mon frère, sans qu'on lui demande son avis, se fera dire :

— Tu viens m'aider.

Dodotte était déjà gravement malade, elle rendra l'âme dans un mois ; son fils était à la guerre. C'était beaucoup pour un homme dont la santé commençait à décliner. Mais mon grand-père glacial ne manquait ni de ressource ni de courage.

LA RÉQUISITION DES CHEVAUX

Il y a foule au Champ-de-Bataille. Dans un coin de la place, du côté de la poste, siège la Commission de réquisition de l'armée. Les paysans sont venus nombreux présenter leurs chevaux. Les vétérinaires examinent les bêtes, les font trotter, relèvent leurs lèvres pour examiner leur dentition qui trahit immanquablement leur âge, les mesurent au garrot. Si l'animal est déclaré *bon pour le service*, son propriétaire est payé sur-le-champ. Des militaires s'en emparent pour l'enregistrer. Je regarde, bouche bée, une opération qui doit remonter à la nuit des temps. Il y a là une forge de campagne servie par un militaire maréchal-ferrant. Des fers, qui ne sont pas des fers à cheval, chauffent au feu. Une fois rougis, une main ferme immobilise la patte avant droite de la bête et le maréchal imprime sur le sabot un numéro matricule dans une forte odeur de corne brûlée. J'assiste à mon premier tableau de guerre. D'autres, moins bucoliques, suivront.

Tonton René est parti pour le front.

Les chevaux vont quitter le Champ-de-Bataille de Carhaix pour un autre champ de bataille, le vrai celui-là.

LE GRAND DÉPART

Moi aussi je vais partir.

C'est ainsi que je me retrouve sur le chemin de la gare où le train de Guingamp m'attend. Je ne voyage pas seul. Joseph Pastor, de

Poulfank en Kergloff, et Joseph Blaise, de Kermarzin en Plounévézel, deux authentiques petits paysans, des *paotr-saout* des environs de Carhaix, m'accompagnent. Anciens du petit séminaire des Missions du Levant, ils savent où ils vont. Je n'ai qu'à les suivre. La malle contenant mon trousseau de pensionnaire est dans le fourgon. Comme unique bagage, je tiens à la main une mallette en carton bouilli – relique qui existe encore… – où Maman a déposé un viatique pour le voyage qui va nous mener de Carhaix à Dinard, en transitant par Guingamp et Rennes.

Maman ne m'accompagnera pas à la gare.

Elle m'embrasse.

Je franchis le seuil.

Je me retourne.

Elle me sourit.

Je ne pleure pas, car un homme retient ses larmes.

Ce soir, quand je franchirai la grille du collège des Capucins à la Vicomté-en-Dinard, je serai happé par un monde dont j'ignore l'existence, un monde où l'enfant n'est pas roi, un monde d'adultes, froid, austère et glacial.

Je peux maintenant, dans cet autre soir, celui de ma vie, sentir monter en moi une impérieuse envie de verser ces larmes que j'ai retenues dans mon étroit lit de pensionnaire, en cette première d'une longue série de nuits de solitude.

Adieu mes jeunes années.

Adieu le bonheur.

Adieu l'insouciance.

Au revoir à cette maman à qui je n'oserai plus dire à mon retour à la maison :

— *Tam ton, mamm.* Fais-moi un câlin, Maman, serre-moi sur ton cœur, je suis ton petit garçon qui t'aime.

La porte de la Maison du Bonheur vient de claquer dans mon dos. Une autre s'ouvre devant moi. Elle donne sur un interminable tunnel. Il me faudra dix ans pour le parcourir et trouver la lumière.

Les 40es rugissantes

1939-1948

Pèlerinage

*S*AINT-LUNAIRE, *janvier 2000* – Je rentre d'un pèlerinage. Je viens de refaire en voiture le trajet qui, en cette journée de fin septembre 1939, me mena, en compagnie des deux Joseph, de la gare de Dinard au petit séminaire des Missions du Levant, nommé aussi la Vicomté.

Je reprends le fil de mon récit, assis à ma table de travail dans l'embrasure de la fenêtre de ma chambre. Le jour vient de se lever sur Saint-Lunaire en ce 16 janvier 2000. Le ciel est gris et bas. Les grands chênes qui bordent la propriété bercent en cadence leurs imposantes têtes dénudées au rythme du souffle puissant qui vient de la mer toute proche. Je suis bien en Bretagne, six décennies plus tard, quelque part entre la pointe du Décollé et la pointe de la Vicomté.

Avant de quitter notre résidence hivernale, je supputais le nombre de kilomètres qui séparent la gare du couvent des Capucins. À Marcelle, qui suggérait innocemment de faire le trajet à pied, j'ai répondu qu'il devait y avoir entre quatre ou cinq kilomètres. Libre à elle de les faire, dans le vent et le crachin. Pour ma part, je les ferai en voiture.

Je ne me trompais pas, c'est bien cinq kilomètres que j'ai parcourus en cette fin de journée d'un automne débutant il y a 61 ans, trottinant derrière les deux Joseph aux jambes plus longues que les miennes, tenant précieusement à la main ma petite valise en carton. La traversée de Dinard n'a guère d'intérêt jusqu'au moment où, passé l'église et quelques grandes villas aux allures de manoir, la route bifurque sur la gauche pour entreprendre une rapide descente vers un long ruban de sable blond en demi-lune : la plage du Prieuré.

J'eus, en y arrivant, un bref instant d'émerveillement comme le croisé du Moyen Âge à la vue de Jérusalem. Saint-Malo, ceint de ses remparts, s'étalait sous mes yeux derrière cette large douve aux eaux d'émeraude que forme la Rance. Enfin, je la voyais cette cité qui hantait mes rêves. Je fus ébloui, je le suis encore. Ce jour-là débutait, à mon insu, une longue histoire d'amour entre un petit garçon, qui vieillira, et une ville magique.

Je dus trotter deux fois plus vite pour rattraper les deux Joseph. C'est que, une fois franchie la plage du Prieuré, la rue remonte. Il n'y avait en ce temps-là, entre la route et le rivage, que de rares villas aux allures de château et deux ou trois hôtels déjà fermés en cette saison.

Tout à l'heure, en roulant, je repérais, parmi les constructions plus récentes, ces immeubles qui furent témoins de mon passage. Je rêvais qu'ils me reconnaissaient, eux aussi. Je m'attendais presque à ce qu'ils ouvrent et referment une de leurs fenêtres en un clin d'œil complice, au-delà du temps passé.

Nous avons fini par avaler les deux derniers kilomètres et atteindre notre but : la maison Saint-François, selon sa dénomination actuelle qui a détrôné les anciennes : petit séminaire des Missions du Levant, couvent des Capucins ou la Vicomté, celle que j'utilise encore aujourd'hui.

* * *

1939 – Le couvent-collège est bien tel que je l'avais vu en photos. Un grand mur de pierres l'entoure. Il est percé dans sa façade par une grille suivie d'une courette qui donne accès à l'imposante chapelle aux airs de petite église. À la gauche de celle-ci s'étend l'aile conventuelle, percée à l'étage par la rangée des fenêtres étriquées des cellules des moines et, à sa droite, un bâtiment plus élevé de deux étages, le domaine des petits séminaristes. L'ensemble bâti en granit est gris, sévère, mais ne manque pas de beauté dans sa simplicité franciscaine.

Je franchis pour la première fois la grille à la porte grinçante. Je traverse la courette, grimpe trois marches pour rejoindre l'huis derrière lequel règne le frère portier. L'un des Joseph tire la chaîne de la clochette. La porte s'ouvre, laissant apparaître un moine tondu, barbu, tout de brun vêtu, les pieds nus dans des sandales, ceint d'une corde où pend un grand chapelet aux grains de buis. Nous le saluons en chœur :

— Bonjour, mon frère.

Il s'efface pour nous laisser passer. Nous entrons.

* * *

En franchissant cette porte, ma vie bascule sans que j'en aie conscience. Je pénètre dans une zone de ténèbres et d'obscurité semblable à celle qui suivit le décès de notre père. Je garde bien peu de souvenirs de mes premiers temps de pensionnat. Je me revois dans mon lit de fer semblable à la trentaine d'autres lits qui m'entourent dans la pénombre du dortoir.

Un intense sentiment de solitude m'étreint. Je suis seul, bien seul, pauvre enfant réclamant silencieusement sa maman, réfrénant les sanglots qui lui nouent la gorge, retenant ses larmes, car... un homme ne pleure pas.

Je l'ignore en cette lugubre soirée, cette solitude va me suivre et me poursuivre pendant les dix prochaines années d'internat, de couvent et de caserne qui m'attendent, alors que je vivrai pourtant en permanence entouré de collégiens, de moines puis de militaires. Je ne me remémore pas sans effroi cette brève période de mon existence, ce passage brutal de la douce chaleur de l'amour maternel à l'indifférence glacée d'étrangers exigeants et austères.

Il me faudra un trimestre pour me remettre du choc de la séparation et m'adapter à ma nouvelle vie. À Noël, je serai redevenu le petit garçon insouciant que j'étais auparavant.

Si la Providence m'avait jeté dans un monde glacial et difficile, elle m'avait en contrepartie accordé deux atouts qui facilitèrent mon insertion. Une première carte, la plus précieuse, était ma superbe voix de soprano. Jusque-là, on me l'avait plutôt reprochée. Soudain, elle devenait un trésor à faire fructifier sans tarder par les bons soins du maître de chapelle. Je dis bien sans tarder, car cet état de soprano est, malheureusement ou heureusement, transitoire. Ma carrière de soliste ne pouvait durer plus de trois ans.

Mon naturel éveillé et mes grands yeux bleus constituaient mon autre carte maîtresse.

Ces deux atouts n'étaient pas, en contrepartie, sans danger dans ce genre de *ville dont le prince est un enfant* (selon les mots de Henry de Montherlant) où j'allais vivre et me développer. Mon innocence et ma naïveté firent que je pris connaissance de l'existence de ces dangers bien plus tard, alors qu'ils ne me menaçaient plus.

Le petit séminaire des Missions du Levant

MISSION du Levant est une curieuse appellation pour un petit séminaire destiné à former des futurs prêtres qui, en principe, ne mettront jamais les pieds au Moyen-Orient. Il faut remonter dans l'histoire pour en trouver l'explication.

Le cardinal de Richelieu avait un conseiller, le capucin Joseph Du Tremblay (l'Éminence grise), qui négocia, en 1628, un traité de paix avec les Turcs. Ceux-ci accordèrent à la France le droit d'ouvrir une église catholique dans l'enceinte de leur ambassade à Constantinople, la seule dans leur immense empire islamique. Le père Du Tremblay, en bon et fidèle capucin, en confia la desserte à ses frères en religion, consacrés par la même occasion membres-fondateurs des Missions du Levant. Cette fonction résista à l'usure du temps.

Trois siècles plus tard, en 1905, en raison de sa politique de séparation de l'Église et de l'État, la France expulsa les congrégations religieuses à l'exception de celles qui avaient des activités dans les colonies, y trouvant ainsi son compte.

En se baptisant Missionnaires du Levant, les Capucins français y trouvèrent aussi le leur, pouvant continuer d'exister sans entraves sur le territoire français.

POURQUOI PETIT ?

Pourquoi *petit*, et pas *séminaire* tout court ? Parce qu'il en existe deux catégories : le petit et le grand. L'Église recrutait dès le plus jeune âge. Je suis un exemple parfait de la méthode, tout comme mon frère Armand, happé par la congrégation des Pères blancs d'Afrique à la suite de notre oncle Gaston.

Le poisson ou plutôt l'alevin ferré, moines et curés poursuivaient deux objectifs : d'abord éviter que la prise ne se décroche de l'hameçon, ensuite lui inculquer une formation intellectuelle, religieuse et morale conforme aux canons de notre Sainte Mère l'Église et aux buts particuliers poursuivis par leur ordre ou congrégation. Le processus de formation était long et structuré.

Le petit séminaire est le calque du lycée public. On y enseigne le programme officiel du cycle dit secondaire qui mène à l'université. À l'époque, il y a fort peu de différence entre ce programme et celui qui a cours au Québec sous le nom d'humanités, conservé du noble vocabulaire du XVIIe siècle. De mon temps, seule une minorité de jeunes Français avaient la possibilité ou la chance de suivre des études secondaires menant au baccalauréat. On avait le choix entre deux principales filières : lettres et philosophie ou sciences et mathématiques. Pour de futurs ecclésiastiques, l'option lettres s'imposait d'elle-même. Je suivrai donc le programme officiel de la série A : latin, grec, français plus une langue vivante, l'anglais.

Le reste des matières est presque accessoire : histoire-géographie, un minimum de géométrie et d'algèbre, un soupçon de physique et de chimie, un cours de religion, curieusement peu important, la musique, la gymnastique (en dose homéopathique).

LE GAI GREC

En 1939, j'entrais en septième, une année de transition entre le primaire et le secondaire, classe dans laquelle on apprend les rudiments du latin, la matière noble par excellence.

J'aborderai l'anglais en sixième et le grec en cinquième. Fort heureusement, le latin m'aura familiarisé avec des règles grammaticales et syntaxiques étrangères à ma langue maternelle. Ce qui m'était apparu déroutant en latin se corsait en grec. Comme si deux formes de conjugaison, l'active et la passive, par exemple, ne suffisaient pas, une troisième aussi importante que les deux autres vient s'ajouter. Avant d'en arriver là, il aura fallu déchiffrer l'alphabet grec d'alpha à oméga.

De ces langues anciennes il me reste beaucoup de latin, mais peu de grec, à part l'alphabet, quelques mots racines et la première règle de syntaxe : θα ξοα τρεχει [les animaux courent] et surtout le célèbre ουχ ελαβον πολιν. Ελπισ εφη χαχα ουσα αλλα γαρ απασι... [Ils ne prirent pas la ville. L'espoir fit que ces malheurs pour tous...] Voilà qui est bien anodin !

Je vous donne maintenant la transcription phonétique de ce court texte ancien : *Ouque élabonne poline. Elpiss éfè kaka oussa ala gar apassi.* Prière de lire à haute voix ! Voilà qui n'est plus anodin !

Cette *hénaurme* blague fit la joie et le bonheur de dizaines de générations de collégiens, dont la mienne. Ainsi en était-il du *Cahors* et du *Toulouse* tout aussi scatologiques des écoliers bretons de l'école Saint-Trémeur à Carhaix. (Pour rester dans la même veine, voici le seul souvenir de mes piteuses études de chimie : *100 HO7+LHO+L100.* À lire aussi à haute voix...)

Le grec me fit suer abondamment. D'ailleurs, une des pires punitions qui puisse nous être infligée consistait en un thème grec (traduction en grec d'un texte français) assorti d'une retenue (privation de sortie). J'en garde de cuisants souvenirs. Par contre, je folâtrais au travers des déclinaisons latines et des incongruités des verbes irréguliers anglais. Le français, lui, ne m'a jamais coûté une seule goutte de sueur, c'était donc ma matière préférée.

Les études secondaires terminées, le baccalauréat en poche, le petit séminariste passait à l'autre séminaire, le grand. Un minimum de deux années de philosophie, suivies de quatre années de théologie l'attendait.

Tel était le parcours scolaire que j'allais suivre afin d'être ordonné prêtre pour faire plaisir à Dodotte et, pour me faire plaisir, remplacer le père Yvon au poste d'aumônier des terre-neuvas.

Ah, le magnifique plan de carrière que voilà !

LES PÈRES

Mes souvenirs embrouillés sur mes premiers jours à la Vicomté se précisent soudain.

C'est la récréation. Je joue avec mes camarades Corentin, François, Jean et les autres. Le père Maximilien s'approche de moi. Il a quelque chose à me dire. Le père directeur, grand, sec, m'impressionne et me glace. Il me rappelle pépère Geoffroy. Il est vieux lui aussi. Ses cheveux taillés en couronne monastique, autour du crâne rasé, et sa longue barbe sont plus sel que poivre. Le message est bref.

— Gaston, votre grand-mère est décédée, je viens d'en avoir la nouvelle.

Et il tourne les talons.

S'il m'a dit autre chose je ne l'entendis pas, abasourdi par cette nouvelle brutale. J'allai me réfugier dans un coin du préau, où on ne me verrait pas, pour laisser couler les larmes que la décence et la peine m'obligeaient de verser.

Je n'assistai pas, naturellement, à l'enterrement de ma grand-mère Dodotte, pas plus que je n'avais été à celui du grand-père Lebarbé, ni que je suivrai celui de pépère Geoffroy ou de Naine. Le jeune âge ou les circonstances m'auront empêché d'accompagner aïeux et aïeules au cimetière de Carhaix où ils reposent tous les quatre.

L'histoire de Dodotte compte un dernier chapitre étonnant. La tombe des Geoffroy, contiguë à celle des Lebarbé, contenait pour lors trois dépouilles : celle de Barbe Blisier, l'arrière-grand-mère, celle de Dodotte, sa fille, et celle du grand-père Geoffroy. Bien des années plus tard, il fut décidé de l'agrandir pour en faire un caveau. On exhuma donc les trois cercueils. Le bois de celui de Dodotte, endommagé par son séjour en terre, laissait voir le cercueil intérieur en zinc. À leur grande surprise, les fossoyeurs virent apparaître, très distinctement, l'image de la défunte imprimée sur le métal. Maman m'écrivit pour me conter ce fait extraordinaire et son regret que les ouvriers ne l'aient pas prévenue pour qu'elle puisse voir cette incroyable photo d'outre-tombe de sa mère.

Si le père Maximilien est l'image de la sévérité, le père Barthélemy, mon professeur attitré de septième, est tout son contraire. Pour lui, ses jeunes élèves sont encore des enfants et non des graines de moinillon que l'on soumet prématurément à une discipline de vie calquée sur celle des adultes. Il aura adouci par sa gentillesse la dureté de ce début de ma vie de pensionnaire.

Bartho, comme on l'avait baptisé, sera le premier d'une lignée de moines-professeurs-éducateurs plus ou moins improvisés et doués qui verront à mon instruction et à mon éducation. Tant d'années après, j'ai encore un petit coin particulier dans mon cœur pour le père Barthélemy de Rouen, ce qui n'est pas le cas pour Maximilien le glacial. Les autres moines de cette première année ont disparu de ma mémoire, effacés par le temps.

Sauf le frère jardinier.

À demi aveugle, il se traînait à quatre pattes dans ses plates-bandes, le nez au niveau de la terre, à la recherche des mauvaises herbes. Méchants comme le sont les enfants, entre élèves nous nous moquions de lui. Un jour, il se moqua de moi. À mon insu, il glissa dans ma poche une petite bête morte, une taupe. Imaginez ma réaction quand ma main rencontra cette chose froide et veloutée à la place de mon mouchoir.

Sauf, aussi, le père Octave.

LE MAÎTRE DE CHAPELLE

Que faire dans la vie avec un nom pareil, sinon de la musique ? Le sympathique père Octave était donc notre maître de chapelle et notre professeur de musique.

Pour une raison que j'ignore, de santé peut-être puisqu'il décédera un an plus tard, il résidait au couvent de Dinard sans affectation précise, alors qu'il occupait précédemment à Rome, à la maison-mère, le poste important de responsable de la musique pour l'ensemble de l'ordre des Capucins. Qui dit musique dit, dans le contexte, chant grégorien dont il était un spécialiste.

Le père Octave avait une culture musicale fort étendue qui ne le cédait en rien à celle des moines bénédictins de l'abbaye de Solesmes, maîtres en la matière. Il était l'auteur d'une méthode de solfège qui alliait la gamme avec des mouvements de gymnastique rythmique.

Compositeur, il écrivit une antienne à notre intention pour que nous la chantions au début de chaque classe de musique, au lieu du traditionnel *Veni, creator spiritus* [Viens, esprit créateur]. Il prit la peine de la transcrire à la main en autant de copies que nous étions de jeunes choristes. Il le fit sur un carton bleu de neuf centimètres sur quinze, en utilisant de l'encre rouge pour les portées (avec les quatre lignes parallèles de la notation grégorienne, au lieu des cinq de la notation moderne) et de l'encre noire pour les notes. En voici les paroles :

> *Repleatur os meum laude tua*
> *Ut possimus cantare,*
> *Gaudebunt labia mea*
> *Dum cantavero tibi...*

Et pour vous prouver que mes longues études latines n'ont pas été inutiles, je vous en livre la traduction :

> *Que ma bouche soit remplie de tes louanges*
> *Afin que je puisse chanter,*
> *Mes lèvres se réjouiront*
> *Alors que je te chanterai*

Si je puis raconter tout cela, c'est que j'ai sous les yeux ce document, véritable incunable dans ma bibliothèque aux souvenirs.

L'INACCESSIBLE FA DIÈSE

Dans notre univers religieux et ritualisé, rempli de cérémonies diverses, le chant grégorien et moderne tenait une place essentielle, assurée par la chorale qui réunissait les meilleures voix d'enfants du collège. Le père Octave choisit donc parmi tous les élèves – nous étions une cinquantaine – ceux qui chantaient juste. Parmi ceux-ci, il repéra les voix de soprano et, parmi ces voix célestes de petit garçon, la plus claire, la plus élevée, la plus belle, disons-le en toute modestie, était la mienne.

Il y avait de quoi apprécier puisque j'arrivais à décrocher l'inaccessible fa dièse, celui qui se niche tout en haut de la portée au sens propre. Effectivement, tout le monde était en admiration quand, vêtu de l'amict en forme de capuchon, de l'aube blanche ceinte d'un cordon, je m'avançais, le graduel à la main, au centre du chœur ; faisais la génuflexion ; me tournais vers la gauche face aux stalles des religieux et lançais vers le ciel, de ma voix cristalline, un clair et vibrant :

— *Jube domine benedicere.*

J'apprendrai plus tard, non sans étonnement, que l'on venait assister aux offices à la chapelle des Capucins pour m'entendre, et que je faisais battre des cœurs. De tout cela, je ne me rendais pas compte, tant chanter me semblait aussi naturel, facile et simple que rire ou crier. Pourtant, le père Bartho me mettait en garde contre la tentation d'orgueil. Moi, je le regardais avec mes grands yeux bleus étonnés. Jamais une telle pensée ne m'avait effleuré. Je n'osais le lui dire.

Bienheureuse innocence de l'enfance !

* * *

Il aurait pu exister une relique de cette époque. Le père Yvon (un de mes *fans* ?) m'enregistra un jour. Il le fit sur un disque acétate où l'aiguille d'acier traçait un sillon, laissant derrière elle une fine lanière de plastique en forme de tire-bouchon. Hélas ! ce disque disparut à sa mort avec tous ses autres trésors ethnographiques et maritimes dans un stupide autodafé commis par un de ses frères en religion.

Nous voyons rarement le père Yvon, même s'il a son port d'attache à la Vicomté. Il est toujours par monts et par vaux. Il possède même sa propre voiture, une Renault, chose impensable pour un moine voué à la pauvreté. La règle de saint François, vieille de huit siècles il est vrai, interdit aux frères de monter à cheval, mais autorise l'âne comme moyen de transport. Comme il n'y est pas fait mention de l'automobile, et pour cause, nul ne pouvait y trouver à redire. Nous ne l'apercevons que, lorsque de passage, il nous projette ses films sur Terre-Neuve et ceux, en couleurs cette fois, ramenés des Indes.

Le père Yvon est mon idole, mon héros, on le sait. Pendant deux ans j'aurai le bonheur de le côtoyer.

Le père Yvon, mon héros

Quatorzième enfant d'une famille du Nord-Finistère, le père Yvon est un homme plutôt petit et replet. Peut-être pour compenser sa taille un peu courte, il bombe le torse et lève altièrement sa tête vers la droite. Barbu, il l'est évidemment, cet appendice pileux étant la marque de sa profession. Son nez est bourbonien sinon sémitique, cet adjectif étant incongru dans le cas d'un Breton pure race. Pour une raison que j'ignore, peut-être une blessure de guerre, sa main droite semble soudée à sa poitrine. L'auriculaire et l'annulaire sont repliés en permanence dans sa paume, le majeur et l'index restant pointé vers le ciel. C'est en permanence la main du prêtre qui va bénir. Il me semble, en le voyant, qu'il s'apprête à lever le bras pour nous distribuer force signes de croix.

Le père Yvon ne fume pas. Il ne chique pas non plus. Il prise, reniflant du tabac réduit en poudre. Cet usage est tombé en désuétude, tout comme la chique, bouchée de tabac que l'on mâche.

Il célébrait sa messe tous les matins et nous, les petits séminaristes, nous la servions à tour de rôle. Il nous revenait de répondre aux *confiteor, oremus* et autres *per secula seculorum, amen* ; de déplacer le gros missel d'un côté à l'autre de l'autel ; de verser l'eau sur les mains du célébrant au *lavabo manus meas, inter innocentes*, puis le vin et l'eau dans le calice qu'il nous tendait à l'offertoire.

Il prisait, je vous l'ai dit. Pour cette raison il accomplissait deux rites qui ne figuraient pas dans les rubriques (inscriptions en rouge) du missel.

Il effectuait le premier de ces gestes à la sacristie, une fois les vêtements sacerdotaux revêtus, avant de saisir le calice pour se rendre à la chapelle. Il relevait le pan de son aube blanche pour rejoindre la poche de sa bure et en extraire sa tabatière. Il l'ouvrait, versait, en la tapotant, un peu de tabac sur le revers de sa main gauche qu'il approchait de son grand nez, puis il reniflait sa prise. Il essuyait ensuite les grains de tabac tombés sur sa barbe et sa poitrine d'un large geste de la main, remettait la tabatière à sa place et se mouchait bruyamment. Le rituel accompli, nous pouvions franchir la porte avec dignité.

Une basse messe vite expédiée ne dépasse pas les vingt, vingt-cinq minutes. On aurait pu penser que le père Yvon, tout *accro* qu'il fût, aurait pu attendre pour s'octroyer une autre prise. Que nenni ! L'évangile du jour récité, avant que ne commencent les choses sérieuses et sacrées à l'offertoire, il accomplissait le même geste, en public cette fois. J'assistais, médusé, à la scène, de ma place d'acolyte, agenouillé derrière lui, à sa droite. Dans l'ensemble de la catholicité, Dieu sait comme elle était importante à l'époque, il était certainement le seul célébrant à prendre de telles libertés avec le sévère rituel romain.

UNE FORCE DE LA NATURE

Toute la force et l'énergie accumulées depuis des siècles dans la race bretonne semblaient réunies dans cet homme.

Il m'a conté comment, en 1914, au début de la Grande Guerre, il s'était retrouvé à Lorient où se trouvait la caserne de son régiment, seul rescapé de son unité avec un camarade, au terme des sanglants combats de la bataille des Frontières. Il était revenu de cette guerre couvert de décorations.

Il parcourut par la suite les routes de Bretagne, prêchant d'une paroisse à l'autre, aussi bien en français qu'en breton. On l'attendait avec impatience, autant pour l'entendre que pour le contredire.

Cette fois-là, il était attendu de pied ferme à Douarnenez, très actif port de pêche où les marins se disaient anticléricaux et communistes. Les fortes têtes du coin avaient proclamé que si le père Yvon se montrait sur le quai, ils le jetteraient *à la baille*. Ces propos lui avaient été rapportés. Dès son arrivée, il se présenta au port et déclara au comité d'accueil :

— Il paraît que vous voulez me f... à l'eau ? Approchez, on verra qui de vous ou de moi passera le premier par-dessus bord ! dit-il en retroussant ses manches.

Les marins-pêcheurs, toutes tendances confondues, vinrent du coup entendre ses prêches. Il est vrai que ces hommes de mer gardaient, intacte au fond de leur cœur, la foi envers *aotrou Doue, itron Varia* et *santez Anna* [monsieur Dieu, madame Marie et sainte Anne] qu'ils ne manquaient pas d'invoquer dans les périls de la mer.

Le père Yvon devient aumônier des terre-neuvas au début des années 1930. Campagne de pêche après campagne de pêche, tant spirituellement que matériellement, il assiste les pêcheurs de morues. Leurs conditions de travail sont inhumaines, leur rémunération aléatoire, le péril constant. Pour venir à leur aide, il gréa un navire-hôpital, le *Saint-Yves*. Pour alerter l'opinion publique sur leur sort, il utilisa le moyen le plus moderne de l'époque, le cinéma. Il heurta ainsi de front les intérêts financiers des armateurs malouins, tous bons catholiques, qui ne pouvaient admettre qu'un ecclésiastique diminuât leur *retour sur investissement* en les sommant publiquement de traiter leur personnel selon les normes sociales minimales de l'époque et les enseignements de l'Église.

Hélas ! le père Yvon trouva plus fort que lui. L'histoire tragi-comique qui suit, je la tiens du père Médard, celui-là même qui m'avait recruté en 1939. Il me la narra une trentaine d'années plus tard. On ne peut douter de son authenticité.

LE COMPLOT DES ARMATEURS

Le monde fermé des armateurs, excédé des pressions du capucin, chargea le président de leur corporation, un amiral à la retraite, d'intervenir auprès de la hiérarchie catholique pour qu'on les débarrasse de ce trublion.

L'amiral eut monseigneur Grente, évêque du Mans, pour interlocuteur. Ce prélat n'était pas le premier venu. Homme de lettres, il avait pondu de savants ouvrages sur la langue et la littérature françaises. Cela lui ouvrit les portes de l'Académie française. Je le trouverai sur mon chemin dans quelques années, flamboyant évêque du Mans. Il finira d'ailleurs cardinal.

L'amiral en retraite et le prélat se mirent d'accord sur la nécessité, dans l'intérêt commun, de débarquer le père Yvon, au propre et au figuré. Tout accord verbal se confirme par écrit. Monseigneur Grente dicta donc deux lettres à son secrétaire. La première, destinée au représentant des armateurs, confirmait, en termes onctueux propres aux ecclésiastiques, que leur demande était exaucée : le père Yvon était relevé de sa charge. La seconde, adressée au père Yvon, lui faisait savoir, en formules moins relevées, que la volonté de Dieu et son vœu d'obéissance l'appelaient à de nouvelles fonctions. *Amen.*

Intervient alors le plus extraordinaire des hasards.

Le secrétaire se trompe d'enveloppe. Le père Yvon reçoit la lettre adressée à l'amiral et vice-versa. Le pauvre, il ne pouvait plus se faire d'illusion sur le sort qu'on lui avait réservé après tant d'années de dévouement. Il dut accuser le coup dans le fond de son cœur et de son âme. Il ne claqua pas la porte. Ses supérieurs le recyclèrent intelligemment. Pour l'éloigner et, peut-être, amortir le choc de son congédiement, ils l'envoyèrent aux Indes visiter les missions des Capucins dans ce pays.

Il en ramena des films extraordinaires, en couleurs cette fois. Je les ai vus plusieurs fois, commentés en direct par leur auteur qui jouait en même temps au projectionniste. À côté de scènes d'un intérêt tout relatif, montrant les missionnaires et leurs bonnes œuvres, on assistait à l'étonnant spectacle des rajahs et de leurs fabuleux palais alors à leur crépuscule. Je me souviens comme d'hier d'une chasse au tigre à dos d'éléphant. En 1939, il revenait de son long voyage aux Indes. La guerre l'empêcha de faire des tournées de projection avec ses films, comme il était prévu, pour solliciter des prières et surtout des dons pour les missions.

Pour passer ainsi des tranchées de 14-18 aux brumes de Terre-Neuve puis au brûlant soleil des Indes, il fallait une âme bien trempée.

LE PATRIOTE

En 1940, j'assisterai à une scène qu'un scénariste n'oserait pas inventer. Le père Yvon en est le héros. Les Allemands nous occupent. Leur arrivée a brisé le cœur du vieux soldat. Leur présence l'irrite au plus haut point. Il va le leur faire savoir à sa manière.

Imaginez la scène.

Nous sommes à la grande récréation qui suit le repas du midi. Des aviateurs de la Luftwafe, qui occupent les locaux du collège, se prélassent, dans notre cour, au doux soleil de cette journée d'automne. Ils nous en ont laissé, dans leur bonté, une petite portion clôturée, côté cour, par un grillage. S'étendant le long de l'aile des classes, elle forme une étroite dépression, une sorte de couloir à l'air libre, où l'on accède par quelques marches. Cet endroit, nous l'appelons la *fosse aux lions*.

Le père Yvon a épinglé sur sa poitrine son impressionnante batterie de décorations gagnées lors de la Grande Guerre, alors qu'il barrait la route aux pères de ces soldats aux uniformes vert-de-gris qui viennent de battre la France à plate couture.

Le nez en l'air, bombant le torse pour mieux exhiber ses médailles, l'œil fier, il entreprend une promenade faite d'innombrables aller-retour. Il tourne comme un fauve en cage. N'est-il pas d'ailleurs dans la fosse aux lions ? Son regard est provocateur. Si ses yeux étaient des pistolets, la cour de récréation serait jonchée de cadavres allemands. Cet acte muet de résistance ne sera interrompu que par le tintement de la cloche indiquant la fin de la récréation. Je doute que les soldats allemands aient remarqué le manège du père Yvon. Pour ma part, je ne l'ai jamais oublié.

Je vivrai donc pendant deux ans dans la proximité immédiate de mon héros. Je le retrouverai occasionnellement plus tard.

* * *

En 1947, moinillon au Mans, je lui couperai les cheveux pour faire disparaître sa couronne. Il s'apprêtait à partir au Canada et voulait troquer sa bure de capucin pour un complet de clergyman. Il fallait donc mettre sa coupe de cheveux au diapason.

Je le verrai pour la dernière fois avant mon propre départ vers le Canada. J'attendais de lui qu'il me donne des conseils sur ce pays inconnu pour lequel j'allais m'embarquer. J'ai retenu de cet entretien ses remarques acerbes sur le clergé canadien et l'étalage de ses richesses.

— Tu verras, me dit-il, leurs immenses et somptueux collèges, leurs couvents tout confort. Les curés conduisent de grosses voitures américaines et fument le cigare.

Il ponctua sa violente diatribe par un :

— C'est scandaleux !

Il y avait effectivement de quoi être outré quand on comparait l'état de dénuement dans lequel se trouvait le clergé français avec l'opulence de leurs confrères québécois. Je ne fus donc pas surpris quand je découvris que le curé de la paroisse Saint-Antoine de Longueuil fumait le cigare et conduisait une Chrysler. De toute façon, il n'y avait que des *chars* américains en Amérique du Nord à l'époque !

Dans le courant des années 1960, j'appris le décès du père Yvon par un bref article de journal. J'en eus du chagrin.

Premier Noël de guerre

L A France est en guerre, guerre qui porte, pour l'instant, le qualificatif de *drôle*. Sur le front, il ne se passe rien. À des centaines de kilomètres de la zone des combats inexistants, à Dinard, c'est le calme plat. Le seul signe extérieur qui peut nous rappeler le conflit est l'existence d'une école de pilotage militaire, à la base de Pleurtuit, à quelques kilomètres de la Vicomté. Je vois donc passer, les jours de beau temps, de jolis coucous biplans qui survolent la Rance. Ils volent si bas qu'on distingue les têtes de l'élève-pilote et de son instructeur. Tous les hommes sont mobilisés. Nous ne sommes entourés que par des religieux d'un certain âge ou inaptes au service armé, ce qui est le cas de Bartho, à la santé chancelante.

Décembre arrive. Après la grand messe, on chante le cantique *Venez divin messie,* signe annonciateur de Noël. Je n'irai pas en vacances à Carhaix. Le règlement du petit séminaire stipule que les élèves ne vont chez eux que pour les vacances dites grandes. Elles sont d'ailleurs raccourcies aux deux bouts par rapport aux dates officielles.

Je passerai donc les congés de Noël, et accessoirement de Pâques, au collège. Ces congés sont, eux aussi, raccourcis. Ils ne débutent que le lendemain de chacune de ces solennités carillonnées. Nous sommes réquisitionnés, car notre présence est jugée indispensable à la chapelle pour les cérémonies qui entourent la commémoration solennelle de la naissance et de la mort du Christ. Nos éducateurs, forts d'une expérience séculaire, veulent nous garder sous leur coupe. Il faut éviter que nous perdions notre précieuse vocation au contact du monde extérieur. Ils étaient nombreux les petits séminaristes qui, partis en vacances, ne revenaient pas ou ne rentraient que pour poursuivre des études à peu de frais.

* * *

J'apprends des cantiques nouveaux qui s'ajoutent au *Il est né le divin enfant* et *Les anges dans nos campagnes* que je connais déjà. Pour mon plaisir et celui des autres, je chante *Çà, bergers, assemblons-nous* et autres airs joyeux.

La messe de minuit est magique, mais les trois messes successives sont bien longues quand on a seulement onze ans et terriblement sommeil. Au réveillon qui suit, on ne nous sert pas de poularde bien truffée comme dans le conte de Daudet, mais un grand bol de chocolat chaud et une tartine beurrée. Le bonheur, quoi !

Vive les vacances !

Nous voilà libres, ou presque, pendant plus d'une semaine. Pas de classe, pas de leçons à apprendre ni de devoirs à faire. Nous pouvons jouer tout notre saoul et dévorer les livres de la bibliothèque.

Le père Bartho veille à nous distraire. Il organise, avec notre aide, une soirée récréative avec chansons et saynètes. Je tiens la vedette. Avec deux camarades, je mime et interprète l'increvable chanson enfantine *Trois jeunes tambours s'en revenant de guerre*. Mon bonheur sera total : j'attends une visite, une grande visite, Maman vient me voir.

On me demande au parloir. Je m'y précipite le cœur battant. Elle n'est pas seule. Tonton Armand, son chauffeur attitré, l'accompagne. Je suis ravi de voir mon oncle. Par contre, la présence de tante Geneviève, qu'on ne m'avait pas annoncée, ne me réjouit pas particulièrement. Elle est sèche comme une vieille fille, ce qu'elle est d'ailleurs. Elle est gauche avec les enfants et refuse qu'on l'embrasse, ce qui ne me prive pas. Toutefois, son uniforme d'infirmière militaire m'impressionne. Elle est coiffée d'un grand voile bleu au liseré blanc et porte une grande cape de ce bleu de roi qu'affectionne traditionnellement l'armée française. Des journées comme celles-là, un enfant en vit peu. J'ai Maman pour moi tout seul. Raoul, Armand, Babette et Marie-Olive ne sont pas là pour réclamer eux aussi leur part d'attention. Comme il est doux de se sentir fils unique quand on ne l'est pas ! En fin d'après-midi, le beau rêve s'évanouit.

— Au revoir, Maman. On se reverra dans six mois pour les grandes vacances, à moins que tu ne reviennes à Pâques.

Avant la tempête

LES grands séismes ont la particularité d'arriver sans prévenir, à moins de croire aux signes. Nul n'avait déchiffré correctement le message de la lueur sanglante qui avait illuminé notre ciel six mois plus tôt, ce ciel qui va bientôt nous tomber sur la tête au propre et au figuré. Pourtant, l'année 1940 débute dans le calme. Rien à signaler sur le front. Nous n'avons pas accès aux journaux. On nous tient au courant de l'actualité seulement quand il se passe un événement important, or il ne se passe rien.

Je suis acclimaté à la vie de pensionnaire.

En septième, les cours sont faciles. Ils ne me demandent aucun effort. Je peux ainsi profiter des agréments de mon enfance qui lance ses derniers feux. De cet hiver 1940, doux comme le sont ceux de la baie de Saint-Malo et du val de Rance, il ne me reste que des souvenirs de jeux et d'un bonheur retrouvé après des débuts si pénibles.

LE PLUS BEAU DES TERRAINS DE JEU

Le couvent et son annexe sont bâtis sur une pointe presque déserte à l'époque. Tout autour règne la lande. Les ajoncs, ces arbustes persistants aux épines acérées, y prospèrent grâce au doux climat qu'engendre le Gulf Stream. Seules quelques maisons et quelques villas sont construites dans le voisinage. Tout ce territoire nous appartient quand on nous y lâche pour la récréation.

En bas de ce promontoire, se trouve notre plage. On y descend par un sentier abrupt. À mi-pente, on croise le chemin des douaniers qui court tout le long du rivage au-dessus des criques sablonneuses ou des amas de rochers. C'est le chemin du Clair-de-Lune qui mène à Dinard dans un sens, à la Richardais dans l'autre. On l'emprunte pour rejoindre deux autres petites plages qui recèlent des trésors inestimables à mes yeux. Plusieurs coques de terre-neuvas y ont été abandonnées pour y finir leurs jours dans ce cimetière marin. Débarrassées de leur mâture et de leur grée-ment, elles reposent sur le flan comme des baleines échouées. Des planches du bordé manquent. Par ces failles, on se glisse dans le grand ventre vide des cétacés de bois. On n'y trouve que deux grandes cuves d'acier toutes rouillées et le mécanisme des pompes. Les panneaux de cale ont disparu, laissant voir le ciel et les nuages qui y courent. À la proue, il ne reste plus de trace du poste d'équipage sauf, sur la paroi, des calendriers collés à même le bordé. En les scrutant bien, on pourrait retrouver les jours barrés d'un coup de crayon par une main de loup de mer meurtrie par l'aviron, les lignes et les hameçons.

Plus bas encore que ces plages et ces rochers, nous atteignons l'estran, le domaine réservé de la mer et de sa respiration, la marée. C'est ici qu'elles sont les plus fortes de toutes les côtes de France.

Aux basses mers, deux fois par jour, l'eau se retire, dégageant une grande lisière grise, de la couleur de la bouillie d'avoine, ce mets traditionnel que Maman nous sert à l'occasion. Je n'apprécie pas particulièrement ce plat *bourratif* malgré le morceau de beurre qui fond à sa surface. J'adore toutefois quand elle coupe des cubes dans cette bouillie grise, solidifiée par le refroidissement, et les saute au beurre.

J'adore tout autant les grands bancs de vase. On y enfonce jusqu'aux genoux. Des ruisseaux temporaires se forment quand la mer se retire. On les franchit aisément en barbotant. Mais gare à la marée montante ! Tout à l'heure, le courant inversera son cours et les petits ruisseaux se transformeront en rivières infranchissables pour les distraits ou les imprudents.

Il y a aussi les horizons lointains. Nous nous dirigeons vers eux les jours de promenade. Le mercredi après-midi, en rang par deux, escortés sur le flanc de la colonne par le père surveillant, nous nous dirigeons vers des destinations exotiques comme la plage du Prieuré ; ou, plus loin, la plage du Port-Blanc, au-delà de la ville de Dinard et Saint-Énogat ; ou, encore beaucoup plus loin, la pointe du Décollé, à Saint-Lunaire. Une fois rendu, il faut revenir. Nos courtes jambes avalent ces innombrables kilomètres sans se plaindre. Nous y trouvons même du plaisir, bavardant et piaillant entre nous, trouvant encore la force de courir et de galoper au retour de ces grandes promenades. Nous rentrons à temps pour chanter le *Tantum ergo* au salut du saint sacrement, suivi de la récitation du chapelet.

LA NOURRITURE DE L'ESPRIT

Les exercices de piété jalonnaient notre journée du lever au coucher : prière du matin et du soir, messe de communion, action de grâce, *veni creator spiritus* avant chaque classe et chaque étude, bénédicité et grâces au réfectoire à chaque repas, lecture spirituelle, visite au saint sacrement pendant les récréations, salut du saint sacrement dans la soirée suivi de la récitation du chapelet, et j'en oublie. Encore s'agit-il d'une journée ordinaire.

Les dimanches et jours de fête, on y ajoutait la grand-messe chantée, précédée de tierce et de none, deux offices du bréviaire, plus les complies chantées en fin d'après-midi. Cette abondance de stations pieuses imposées à des enfants ne troublait pas la bonne conscience de nos éducateurs. De leur côté, ils se répandaient encore plus en prières et en oraisons. Ils nous formaient pour que nous les imitions plus tard. Elle ne me troublait pas non plus. À cet âge tendre, l'imagination vagabonde. Ma tête était ailleurs. Je rêvassais à nos jeux, à nos courses dans la lande, aux vacances passées ou à venir, à la dernière lettre reçue de la maison. Pis, le matin pendant la messe, j'avais faim et ne pensais qu'au petit déjeuner.

Tout compte fait, nous étions convenablement nourris en ce début de guerre où les restrictions n'existaient pas encore.

Nous mangions en silence en écoutant plus ou moins attentivement la lecture d'un livre d'intérêt général, récit de voyage ou biographie. Le volume circulait de voisin en voisin au signal du surveillant. Quand notre tour arrivait, nous interrompions notre repas, nous nous levions et reprenions la lecture là où l'avait laissée notre camarade. Le tout *recto tono,* d'une voix monocorde en *ar-ti-cu-lant* bien.

Les jours de fêtes ou pour de rares occasions particulières, le bénédicité récité, le père surveillant prononçait la formule rituelle autorisant les conversations.

— *Benedicamus Domino.*

— *Deo gratias,* répondait le chœur des affamés.

Alors, la clameur des voix remplissait le réfectoire.

Ces mots, *Benedicamus Domino,* étaient pour nous une grande joie. Parler à notre guise était formellement interdit. Enfreindre cette règle nous valait des punitions sévères. Les déplacements d'un local à l'autre du collège se faisaient obligatoirement en rang, les bras croisés sur la poitrine dans un silence absolu, discipline oblige.

* * *

La nourriture était correcte ; les pères mangeaient d'ailleurs comme nous. Seule la morue soulevait la réprobation générale parmi mes condisciples. Nous y avions droit les jours dits maigres, soit le vendredi plus les mercredis de carême pendant les quarante jours qui précèdent la fête de Pâques.

L'impensable, soit une révolte spontanée, arriva un vendredi midi. Une fois de plus, l'inévitable morue se retrouva sur nos tables ce jour-là. L'émeute estudiantine débuta par un murmure qui enfla rapidement jusqu'à atteindre des remarques peu flatteuses sur la pâture qui nous était servie.

Intervention verbalement musclée de la part du père surveillant !

Refus d'obtempérer.

On en arriva à la grève de la faim, nul ne toucha aux plats. Nous en sortîmes avec une punition générale, en plus de retourner à nos cours le ventre creux jusqu'au repas du soir. Ce sera la seule révolte ouverte dont je serai le témoin pendant la dizaine d'années de régime *concentrationnaire* qui débutait pour moi. Mes petits camarades avaient peut-être raison de se rebeller. Pour ma part, j'étais capable d'ingurgiter ce poisson mal dessalé et sans doute mal préparé, car il me rappelait malgré tout la délicieuse cuisine maternelle : Maman nous servait souvent de la morue en sauce blanche et j'adorais.

* * *

Les capucins, qui faisaient profession de pauvreté, vivaient en principe de la charité publique. Chaque couvent possédait son frère quêteur qui allait tendre la main de maison en maison. Il leur arrivait de recevoir des stocks de nourriture périmée ou des surplus. Un boulanger du voisinage nous fournissait régulièrement du pain trop cuit provenant de fournées ratées. Il se trouvait que, par une certaine aberration du goût, j'aimais et j'aime encore la croûte noirâtre et charbonneuse du pain trop cuit. Je n'avais donc rien à redire.

Une autre fois, il y eut à Saint-Malo une pêche miraculeuse de maquereaux. Pour ne pas en perdre l'excédent invendable on en fit don aux pères. Pendant plusieurs jours consécutifs, on nous en servit. La grogne grondait dans les rangs. Il n'y eut pas de soulèvement populaire. Les sanctions qui avaient suivi la révolte de la morue nous avaient rendus, sinon sages, du moins prudents. Nous avions bien tort de nous plaindre. Nous avions au moins le ventre plein. Dans les années qui vont suivre, ce même ventre sonnera le creux. Nous en viendrons à regretter la morue, les maquereaux et le pain carbonisé.

Merci, en passant, à Maman qui m'a appris à manger ce qu'on me sert sans récriminer, et à la nature qui a fait de moi un omnivore qui se contente de tout et de n'importe quoi, ou presque, tout de même ! Cela me permettra de passer au travers de cinq ans de restrictions alimentaires sans perdre ma bonne humeur.

Les premiers soins selon Maximilien

L'hygiène laissait quelque peu à désirer. On changeait de chemise et de sous-vêtements le dimanche. La douche était mensuelle. La toilette quotidienne se faisait à l'eau glacée. Un petit coup de débarbouillette, pardon, de gant de toilette, sur le bout du nez, un lavage rapide des mains, un coup de peigne, un rapide brossage de dents suffisaient à nous rendre présentables.

Les bobos causés par un manque de propreté chronique, jointe à une alimentation déficiente en vitamines, étaient courants.

Ce qui m'arriva juste avant Noël. Un furoncle apparut un beau jour sur mon poignet gauche, à l'endroit précis où le cubitus forme une bosse. Ce fut tout d'abord une rougeur, puis un point blanc se montra le bout du nez. De petit, il devint moyen, puis gros. D'insensible il devint gênant, puis douloureux. Je ressentais des élancements de moins en moins supportables. J'allai m'en plaindre au père Maximilien. Il regarda la chose et m'invita à passer dans son bureau.

— Asseyez-vous et relevez votre manche, me dit-il.

Il brandit alors un bistouri et fendit le clou d'où jaillit un flot de pus sans trop de douleur.

Puis, pour être certain que l'abcès était bien vidé, il pinça fortement entre ses deux pouces la plaie ouverte, s'y prenant à plusieurs reprises. La douleur était si vive que j'en serrai les mâchoires à me briser les dents pour ne pas pleurer, car, un homme, on le sait déjà... Mais le pire était à venir.

Le bon père Maximilien versa une bonne dose d'alcool sur la plaie. Aïe ! Aïe ! Aïe ! Là, ça n'allait plus, mais plus du tout. J'étais trop sonné, heureusement, pour lui envoyer un bon coup de pied dans les tibias.

— Offrez ça au bon Dieu et retournez en classe !

C'en était fini de mon martyre.

Jamais deux sans trois

Une loi stricte règne sur nos activités ludiques : la solitude est admise ; le groupe, trois élèves au minimum, est encouragé ; le duo est totalement prohibé.

Nul ne nous l'a dit, nul ne nous a expliqué les raisons de cet interdit qui autorise la camaraderie, mais défend formellement l'amitié, voilà le mot lâché, l'amitié à laquelle on rattache automatiquement l'adjectif *particulière*. Nos éducateurs veillent à nous protéger de ce mal sournois et rampant qui hante les murs des internats : l'homosexualité, puisqu'il faut l'appeler par son nom. Or ce mot est totalement absent de notre vocabulaire, du mien en tout cas. Nous sommes donc étroitement surveillés et l'ordre *Allez jouer !* retentit fréquemment dans la cour de récréation sans que nous en sachions le motif. Nous dépensons notre surplus d'énergie dans des parties de barre, de balle au chasseur ou encore de football où nous nous retrouvons à jouer à 25 contre 25, au lieu du onze traditionnel. C'est dire si le petit Gaston, athlète manqué, courait modérément après le ballon qu'il ne rattrapait jamais.

Nos jeux étaient surveillés de moins près lorsqu'ils se déroulaient à l'extérieur, dans le maquis d'ajoncs qui cernait le collège. Nous étions à l'âge où les bandes s'organisent, donnant naissance à des sociétés secrètes, avec son chef, ses codes, ses petits complots, ses inventions et ses projets d'aventure. Notre chef autoproclamé s'appelait Yves, Yves Jacob, un authentique Breton de Roscoff malgré son patronyme à consonance hébraïque. Il était le plus grand et le plus fort de la troupe. L'imagination ne lui manquait pas. Il m'en imposait par sa taille, mais surtout par son courage.

Au printemps, la chaleur revenue, la lande fourmillait de vipères venimeuses. Le mot *fourmillait* est peut-être un peu exagéré, reste que je n'en avais jamais tant vu de ma vie. Donc Yves s'était transformé en chasseur de vipères, activité dangereuse à laquelle je m'abstenais de participer par peur autant que par prudence. Il dépiauta la première qu'il attrapa pour orner un bâton. Ce sceptre rustique devint le symbole de sa puissance. Il décida de nommer un sous-chef et me désigna pour cet honneur. Je rêvai pendant un certain temps de ma canne à la peau de vipère. Les jours passèrent. Notre société secrète fut dissoute et nous changeâmes de jeux.

Doux printemps

I L est une page bien connue due à la plume romantique de René de Chateaubriand. Elle célèbre le printemps en Bretagne, si précoce, si doux, si parfumé. Il savait de quoi il parlait puisque, au même âge que moi, il courait sur le sable et les rochers qui cernent la ville close de Saint-Malo. J'étais un enfant heureux. Avec Corentin, François, Jean et les autres, je pataugeais les pieds nus dans l'eau, j'enduisais mes jambes de vase couleur de bouillie, j'escaladais les épaves. Les cloches de Saint-Malo et de Saint-Servant égrenaient pour nous les heures du jour.

Des événements nouveaux rendaient ma vie encore plus excitante.

Le Saint-Yves

Un jour, le père Yvon nous invite à visiter son bateau, le *Saint-Yves*, amarré dans le bassin Vauban, aux pieds des remparts. Il nous faut emprunter la vedette à la cale de Dinard. La trop brève traversée de la Rance me laisse à peine le temps de regarder l'île de Cézembre, au large, et Saint-Malo qui approche. La vedette contourne le môle des Noires et ralentit pour accoster à la cale de Dinan. Par-dessus les écluses, je vois, dans le bassin, la forêt des mâts et des vergues des terre-neuvas retenus au port par la guerre.

Le *Saint-Yves*, avec ses deux mâts, est le plus petit de la flotte. Sa coque en chêne est robuste. Elle rappelle dans ses formes les thoniers de Concarneau. Son aménagement intérieur a été conçu en fonction de sa mission de saint-bernard des mers, de service d'urgence des grands bancs. À côté de la pharmacie et de la salle d'opération, se trouve le carré réservé aux patients. On y trouve une demi-douzaine de lits comme je n'en avais jamais vus auparavant. Ils sont suspendus au plafond comme des hamacs. La gîte ou le roulis sont ainsi automatiquement compensés. Les malades n'ont plus à supporter que le tangage, diminuant de moitié l'inconfort causé par la houle. Les installations radios étaient des plus modernes pour l'époque. C'est de là que le père Yvon claironnait dans son micro : « Ici Radio-Morue ! », le plus insolite des postes de TSF.

J'ai vu bien des bateaux depuis lors, c'est encore le plus beau aux yeux de mon cœur. J'ignorais, à ce moment-là, qu'il ne reprendrait plus jamais la mer à destination de Terre-Neuve. Pour compenser, mon premier bateau, qui naviguera sur le Saint-Laurent, s'appellera aussi le *Saint-Yves*.

LES SORTIES

Le printemps nous apporte d'autres sorties. Il en est deux qui sont traditionnelles. La première nous mène à Dinan, en amont sur la Rance, à vingt kilomètres de la Vicomté, à l'*asile des fous* tenu par les frères de Saint-Jean-de-Dieu, communauté spécialisée dans les soins aux malades mentaux. Curieuse destination pour des collégiens que compense la visite de la ville médiévale de Dinan. Les remparts qui l'enserrent, ses tours rondes et crénelées, son puissant donjon m'impressionnent. J'imagine alors Bertrand Du Guesclin ferraillant au pied de cette citadelle. De Dinan, nous passons à l'abbaye de Léhon, dans les faubourgs de la ville. Là aussi je me prends à rêver. N'est-ce pas ici que se déroule l'histoire de Patira, le héros d'un des romans d'aventures qui nous enchantent ? J'irais volontiers à la recherche du *Trésor de l'abbaye*... Il faut reprendre le car pour rentrer à la Vicomté, la tête remplie d'images de chevaliers, de remparts et de coffres au trésor à découvrir.

L'autre excursion était moins lointaine et moins exotique puisqu'elle nous projetait simplement sur l'autre rive de la Rance, à Saint-Servant. Nous relevions de notre présence et de nos voix angéliques la procession de la Fête-Dieu dans le magnifique parc des Petites Sœurs des Pauvres.

Ce jour-là, le soleil brillait de tous ses feux. Nous prîmes le bac qui accostait au pied de la tour Solidor, à deux pas du couvent où le saint sacrement nous attendait pour que nous l'escortions de reposoir en reposoir avec nos cantiques en français et nos motets en latin. Nous passions de *Le voici l'agneau si doux* à *Panis angelicus* et autre *Tantum ergo*. Il faisait un temps radieux. Les frondaisons des grands arbres tamisaient l'éclat du soleil que reflétaient les parterres fleuris et les tapis de pétales multicolores disposés dans les allées par les mains pieuses des religieuses. C'était une journée lumineuse, sœur jumelle de cette autre journée où Maman m'avait dit :

— Regarde comme c'est beau, on dirait une cathédrale.

Elle n'était pas là pour me le répéter. J'étais maintenant assez grand pour me le dire moi-même et ranger le tout dans un repli de ma mémoire pour le restant de mes jours.

BAIN DE MER

À ce même moment de l'année, revenait un autre rituel : le premier bain de mer de la saison. Il avait lieu à une date fixe correspondant à la fête de je ne sais quel saint, peut-être Jean-Baptiste, le 24 juin. Nous descendions à la plage des Pères, notre maillot déjà passé sous nos vêtements (pudeur, pudeur). Au commandement, nous formions une ligne parallèle à la vague. Nous déposions nos vêtements à nos pieds dans l'attente du signal qui nous lancerait à l'eau.

Pas si vite ! Et s'il nous arrivait de nous noyer ? Que nous trépassions, passe encore, mais que nous nous présentions devant notre Juge suprême en état de péché, voilà qui serait inadmissible. Prenons donc nos précautions et une assurance tous risques sur notre bonheur éternel. À l'unisson, nous récitions l'*Acte de contrition* – petit frère des actes de Foi, d'Espérance et de Charité –, qui, assorti du plein repentir et du ferme propos de ne plus récidiver, ouvre la porte du paradis au pêcheur le plus endurci.

En écho à l'*amen* traditionnel, le père surveillant nous lançait un « À l'eau ! » qui déclenchait une ruée vers la mer dans une clameur de cris de joie qui s'éteignait aussi brutalement qu'elle avait commencé quand le froid de l'eau nous glaçait, des orteils à la racine des cheveux. Il existe des eaux plus propices aux bains de mer que celles de la Manche. Je l'appris à mes dépens ce jour-là. Je n'ai jamais récidivé.

ROSA-*LA ROSE*...

Ces jeux et ces ris me font oublier l'école.

En ce troisième trimestre, j'ouvre pour la première fois un livre vert à la couverture cartonnée et au dos de toile rouge. Sur la couverture, son titre s'étale en grosses lettres : *Grammaire latine*. En lettres plus petites, on déchiffre le nom de l'auteur : Henri Petitmangin. J'apprends bien vite que, dans la langue courante, on ne dit jamais : « Prenez votre grammaire latine », mais plutôt : « Ouvrez votre *petitmangin* », au nom propre devenu commun.

J'ouvre donc mon manuel. À la première page se trouve, sur deux colonnes, la première des cinq déclinaisons que j'apprendrai par cœur – comme le reste du livre d'ailleurs –, du nominatif à l'accusatif, en passant par le vocatif, le génitif, le datif et l'ablatif: *rosa, rosa, rosæ, rosæ, rosa, rosam*. Il y a de ces choses que l'on n'oublie pas.

Pendant les huit prochaines années, cette langue, dite morte, sera bien vivante pour moi. Entre la classe et la chapelle, depuis le matin jusqu'au soir, elle sera aussi présente que l'oxygène dans l'air que je respire.

J'en suis très fier et, l'été suivant, j'aurai l'occasion de faire la démonstration de mon savoir à madame Chevance, devant José son rejeton, le cow-boy manqué, ébloui de tant de science. Souffrante, à son habitude, elle se reposait dans sa chambre. À ma décharge, précisons qu'elle m'avait posé des questions sur ma vie de collégien.

* * *

Les jours, les semaines, les mois ont passé, l'année scolaire tire à sa fin. Le petit garçon timide, en manque de mère, s'est transformé en un autre garçon, moins petit, plus sûr de lui, prêt à affronter, du haut de ses presque douze ans, la grande tourmente qui va s'abattre sur la France.

Voilà arrivées les années 1940... Les quarantièmes rugissantes.

Les Allemands arrivent

MES ancêtres les Gaulois, m'avait-on appris, ne craignaient qu'une chose : que le ciel leur tombe sur la tête. Ils avaient bien raison. Le ciel tombera bientôt sur la tête de leurs descendants sous la forme d'un déluge de bombes lâchées par des nuées de Stukas, de Dornier, de Messerschmitt, de Heinkel, de Junkers.

Sous la belle lumière se reflétant dans les eaux émeraude de la baie de Saint-Malo, rien ne laisse présager l'arrivée du cataclysme, du séisme qui nous frappera.

L'annonce de l'offensive allemande en Belgique, le 10 mai, ne nous a pas perturbés. On va les arrêter comme en 1914. Nos éducateurs nous le disent. La France n'a-t-elle pas la plus forte armée du monde ? Nos frontières, protégées par les fortifications de la ligne Maginot, sont infranchissables. *Nous vaincrons parce que nous sommes les plus forts !* proclame le slogan du moment.

Les nouvelles nous sont distillées goutte à goutte. De peu encourageantes, elles deviennent mauvaises et finalement catastrophiques.

— Prions pour la France, mes enfants.

Ce que nous faisons de tout notre cœur avec l'ensemble du peuple français qui se souvient, soudain, d'être baptisé. Nous chantons :

> *Dieu de clémence,*
> *Ô Dieu vainqueur !*
> *Sauve, sauve la France*
> *Au nom du Sacré-Cœur.*

Pour faire bonne mesure, nous ajoutons le *Miserere* où, pauvres innocents, nous supplions le même Dieu vengeur d'avoir pitié de nous... Mais à tous ces appels montant de la France vers le Ciel, pas de réponse, sinon : *Abonné absent*.

Le terrible mois de mai s'écoule sans perturber la routine du collège. Juin arrive. On nous dit que les Anglais, *lâches et égoïstes*, se sont rembarqués à Dunkerque, laissant aux braves soldats français la tâche de protéger leur fuite. Les Allemands avancent. Ils approchent de la Marne. Un miracle les arrêtera, on nous le promet.

Il faudrait, hélas ! plus que des prières pour les empêcher de franchir cette étroite rivière.

Ils arrivent. Rien ne peut plus barrer la route à leurs chars.

À travers toute la France, c'est l'*exode,* un mot nouveau dans notre vocabulaire. La moitié nord du pays s'écoule à pied, à cheval, en train, en voiture vers le sud, fuyant des combats qui n'auront pas lieu, car l'armée recule, en pleine déroute.

Des mots qui ont hanté la mémoire de Naine, ma grand-mère, contemporaine de la guerre perdue en 1870 contre les Prussiens, resurgissent : *débâcle, déroute.*

La France est anéantie. Les Français sont effondrés.

JE RENTRE À LA MAISON

Le père Maximilien, notre directeur, nous réunit en ce jour de la mi-juin 1940. Il nous met au courant de l'approche des Allemands et de la décision de nous renvoyer chez nous avant leur arrivée. En réalité, il se débarrasse de nous et, partant, de sa responsabilité à notre égard. Il lance, seuls sur les routes de l'exode, des enfants de onze à quatorze ans, sans autrement se soucier des dangers qu'ils risquent de courir. À sa décharge, il faut noter que la Bretagne n'a pas été encore atteinte par les bouleversements causés par la défaite. La vie se déroule comme si de rien n'était. Les trains roulent, le téléphone fonctionne.

Ne réalisant pas la gravité de la situation, je suis ravi, tout en me gardant bien de le dire, de ces vacances inattendues. Impatient de revoir Maman, je boucle des bagages aussi légers qu'improvisés. Avec mes camarades, les deux Joseph, je refais, le cœur léger, le chemin inverse de l'automne précédent entre la gare de Dinard et la Vicomté. Me voilà en route pour Carhaix avec les deux correspondances à effectuer en chemin : Rennes, la grande ville, capitale de l'ancienne Bretagne, puis Guingamp, avec son petit train essoufflé et brinquebalant qui me mènera à la maison. Maman, qui s'y trouve certainement, sera bien surprise de voir débarquer, à l'improviste, son *petit mignon.*

Alors que nous roulons vers Rennes, un bruit de moteurs attire mon attention. Je regarde vers le ciel à travers la fenêtre du wagon. J'aperçois deux bimoteurs volant à basse altitude. Je les reconnais tout de suite, car j'ai regardé leur silhouette insolite dans le journal. Ils sont anglais, ce sont des Wellington. Je vois des bombardiers pour la première fois de ma vie. Je les ai identifiés sans peine.

Je suis incollable sur les avions français, les Morane-Saulnier, les Dewoitine, les Potez, les Marcel-Bloch. Je n'en verrai pas un seul. Je n'ignore rien non plus des appareils allemands, les Messerschmitt 109, les Dornier 111, les Stukas, les Junkers 352 et autres objets volants frappés de la croix noire, cernée de blanc, et de la croix gammée. Ceux-là, je vais les voir très bientôt, à les toucher, en quantité. Je suis, à l'époque, moins ferré sur les avions anglais. Je peux toutefois, en plus des Wellington, citer les Hurricane et surtout les mythiques Spitfire. On aura deviné après un tel catalogue que j'étais déjà passionné d'aviation (et que je le suis encore).

Après cet intermède aéronautique, nous touchons Rennes. Nous prenons notre correspondance dans un train qui est déjà en gare. Le départ est retardé. Un autre train de voyageurs est aussi en attente sur la voie voisine. Il déborde de réfugiés. Les fenêtres ouvertes laissent passer les bruits des locomotives qui halètent et la rumeur en provenance du convoi voisin. Je perçois des gémissements et des plaintes. Une femme se lamente. J'ai déjà entendu cela. C'était à la naissance de la petite Renée, ma cousine. Un bébé va naître dans un compartiment de wagon, perdu dans la foule de ces pauvres gens qui ne savent où ils sont et ignorent où ils vont, femmes en couches, vieillards, enfants de tous âges avec leur mère, assoiffés, affamés, priant le Ciel ou le maudissant.

La guerre vient de me rejoindre.

D'autres trains, formés de wagons de marchandises portant l'inscription : *Hommes 40, chevaux en long 8,* sont aussi arrêtés en gare de Rennes. Ils débordent de soldats aux uniformes kaki, coiffés d'un curieux casque de forme aplatie. De toute évidence, ce sont des anglais. *Ils filent à l'anglaise,* au propre et non au figuré. Pour moi et les autres voyageurs, ils ne sont pas en fuite. Ils vont à Brest pour se reformer, se réarmer et continuer la lutte au coude à coude avec nos braves soldats, les meilleurs du monde...

Notre train démarre enfin, sans que je sache encore par quelle voie les bébés quittent le ventre de leur mère. Ne croyant plus à l'histoire des choux où on les trouve, j'opte pour le nombril. Cela me pose toutefois un problème d'ordre anatomique, ayant constaté que mon propre nombril ne débouche nulle part. Mon éducation sexuelle devra attendre, car je ne peux pas compter sur Maman pour la faire et encore moins sur les pères.

Le trajet habituel se déroule sans anicroche. À Guingamp, je retrouve le petit train. C'est comme si j'étais déjà à la maison. Les autres passagers sont bien du pays. Les femmes portent la coiffe, je reconnais celle de Callac et celle de Carhaix. Il règne une bonne odeur de ferme dans le wagon. Autour de moi, on parle breton. Oh ! musique et parfum de mon pays natal !

D'ailleurs j'y suis. Je remonte la côte de la gare, le cœur battant, toujours flanqué de mes acolytes, les deux Joseph. Ils continuent leur chemin sans moi, l'un vers Poulfank, l'autre vers Kermarzin. Je suis de retour à la maison. Je pousse la barrière à l'entrée de la charcuterie, je traverse le magasin, j'ouvre la porte vitrée qui donne dans la cuisine où doit se trouver Maman. J'arrête sur le seuil, surpris. Maman n'est pas là.

Une jeune femme, par contre, s'y trouve, me tournant le dos. Elle lange un bébé sur la table placée entre l'évier et cuisinière. Je reconnais *tante* Camille. Mon regard est attiré surtout par les fesses luisantes et rebondies que la couche enveloppera… Elles appartiennent à Paul-Étienne qui a vu le jour le 1er janvier précédent. Au bruit de la porte, Camille se retourne et s'écrie, surprise :

— Le petit Gaston ! Qu'est-ce que tu fais ici ?

— Maman n'est pas là ?

— Non, elle est partie te chercher à Dinard avec ton oncle Armand !

Bonjour quand même, jolie cousine et petit cousin tout neuf dont le père est à la guerre.

Ainsi nos chemins se sont croisés. Maman s'était inquiétée de son petit garçon. Ayant décidé de le récupérer avant que les Allemands n'arrivent, elle avait réquisitionné son frère Armand et sa superbe Berliet. À leur arrivée à la Vicomté, ils apprirent que j'étais en route, quelque part entre Dinard et Carhaix. Retour en catastrophe et plein d'inquiétude maternelle sur mon sort. Ils arriveront dans la soirée et me trouveront à la maison, sain et sauf, à leur grand soulagement.

J'ai tôt fait d'apprendre les nouvelles. Camille, la Parisienne, enceinte, s'est réfugiée chez nous, chez l'autre Camille, sa cousine et marraine. Son mari, Étienne Legardinier, est à la guerre. Aux dernières nouvelles, son régiment se trouvait à Dunkerque. Maman, telle une poule qui veut rassembler tous ses poussins sous son aile protectrice, s'est inquiétée de moi ; elle l'est tout autant de mon frère Armand, lui aussi au petit séminaire, à l'autre bout de la France. Je découvre, soudain, le désarroi et la peur ancestrale de l'envahisseur qui habitent les grandes personnes.

Les émotions de la journée m'ont épuisé. Je retrouve avec plaisir ma chambre de dessous les toits.

Le lendemain matin, je suis arraché à mes rêves par des vrombissements de moteurs. Un coup d'œil à l'extérieur me donne la raison de ce bruit anormal. Un convoi de camions traverse la ville à vitesse réduite. Ils ont une curieuse apparence avec leur capot aplati et anguleux, mais ne laissent aucun doute sur leur identité : ils transportent des soldats anglais. Des passants leur font des signes amicaux auxquels les *tommies* répondent. La même fable continue de se répandre. J'entends dire autour de moi qu'ils vont à Brest pour se reformer. Je me joins aux badauds. J'adore tout ce qui est militaire et pour rien au monde je manquerais le spectacle. Pendant toute la journée, les convois se succèdent. Ils ne transportent que des hommes, armés uniquement de leur fusil, ce qui m'étonne. Passe enfin un véhicule qui transporte une chenillette. C'est le tout premier blindé que je vois et il est bien petit pour mon goût. La rumeur court qu'un canon a été abandonné à l'entrée de Carhaix, sur la route de Rostrenen. Je me sauve pour aller le voir. Il gît sur le côté dans le fossé. Pourquoi l'ont-ils laissé là ? C'est la question que je me pose encore aujourd'hui. Un jour, deux jours, trois peut-être se passent pendant lesquels les débris de l'armée de Sa Majesté britannique traversent Carhaix dans un flot plus ou moins continu. Nous ne sommes qu'à 80 kilomètres de Brest. Nous ignorons qu'à leur arrivée dans ce port, nos valeureux alliés précipitent leurs véhicules à la mer et s'embarquent illico pour rejoindre leur île. Puis, le trafic se tarit.

Je viens d'assister, sans le savoir, à une des plus grandes déroutes de l'armée anglaise.

Les réfugiés s'installent

Ils ont afflué par le train ou par la route. Toute la ville s'est mobilisée pour les accueillir et les abriter au mieux. Au Nivernic, monsieur Kerboto a transformé sa scierie en manufacture de lits de fortune. Le cadre de bois supporte un grillage léger qui sert à la fois de sommier et de matelas, lequel grillage provenait sans doute de la seule quincaillerie de la ville, la Quincaillerie Lebarbé.

Parmi les réfugiés, se trouve notre parenté de Paris presque au grand complet. Il y a tonton Yvonnik Paul et la tante Germaine –

toujours aussi digne – avec leurs enfants. Camille, déjà des nôtres, a été rejointe par ses sœurs, Yvette et Paulette, ainsi que par François, son frère. Tout ce petit monde mange chez nous. Quelle belle assemblée autour de la grande table de la cuisine ! À la fin du repas, j'apprécie le spectacle du haut de mon *digératatoire*, entouré de mes bateaux de guerre et de mes avions en carton découpé. Je peux encore y grimper, car je n'ai pas grandi, ou si peu, pendant ma longue absence.

L'atmosphère est lourde. Que deviennent les trois soldats : Étienne, Gaston (le fiancé de Paulette) et tonton René dont on est sans nouvelles. Par-dessus tout, se posent des questions cruciales : Où sont les Allemands ? Quand arriveront-ils ? Comment se comporteront-ils ? Notre mémoire est remplie du récit de leurs atrocités commises en 1914 en Belgique et dans le nord de notre pays.

Que faire aussi des jeunes en âge de porter les armes : Raoul et Ferdinand ont dix-neuf ans, Armand, dix-sept. Conciliabules entre tonton Ferdinand et Maman. Il leur faut partir en Angleterre pour se mettre à l'abri des Allemands. Je ne saurais dire si ce conseil de famille et de guerre donna suite à un célèbre appel venu de Londres, celui du général de Gaulle. J'en doute. Le sentiment du devoir envers la patrie, vertu cultivée dans notre famille comme dans la plupart des autres familles françaises, joint à la crainte des Allemands étaient suffisants. J'assiste au départ des volontaires. Leur bagage est réduit à l'essentiel. Ils montent dans la Peugeot de tonton Ferdinand pour rejoindre Bénodet où l'on peut embarquer. Maman les regarde partir le cœur gros. Les reverra-t-elle ? Ce genre de question ne me vient pas à l'esprit. Le cœur léger, je dis au revoir à Raoul et Armand, mes frères, ainsi qu'à Ferdinand, mon cousin.

* * *

Quel jour étions-nous ? Les événements se bousculent avec une telle rapidité qu'il m'est impossible de retrouver leur chronologie exacte. Les seuls repères sûrs sont le 18 juin, date de l'appel historique du général de Gaulle invitant les Français à continuer la lutte, et le 22 juin, la demande d'armistice par le maréchal Pétain. En consultant mon abondante documentation sur la Deuxième Guerre mondiale, je constate que les Allemands ont atteint Rennes le 18 juin et Brest le lendemain. Carhaix étant situé à mi-chemin entre ces deux villes, on peut fixer le 19 juin comme la date de l'arrivée de l'occupant dans notre petite cité. Le départ des volontaires pour l'Angleterre se serait passé la veille, le 18. Ces repères chronologiques sont d'un intérêt somme toute secondaire. Qu'importait le calendrier alors que nous étions emportés par la bourrasque de l'Histoire...

LA STATUE DU DESTIN

Ce midi, toute la famille, agrandie des cousins de Paris, est à table. Je suis assis au milieu, le dos au bahut-*digératatoire*, face à la porte vitrée qui donne dans le magasin. La conversation va bon train. Je n'y prête pas attention, trop occupé à vider le contenu de mon assiette. Les malheurs de la France ne m'ont pas coupé l'appétit.

Soudain, la porte s'ouvre. Je lève les yeux. Grand-père Geoffroy est là, debout dans l'encadrement, figé. Il est blême. Des larmes, de vraies larmes, coulent sur ses joues.

Je fixe son visage, surpris, étonné de voir pleurer Pépère.

Sa voix s'étrangle. Quelques mots, terribles, sortent de sa gorge :
— La France a demandé l'armistice.

Le ciel vient de crouler sur nos têtes de Gaulois.

C'est la première fois, et la dernière, que je vois pleurer l'austère et glacial grand-père.

Je suis bouleversé.

Cette image si brève, quelques lignes dans mon récit, quelques secondes dans ma longue vie, s'est incrustée à jamais dans mon souvenir. L'ange annonciateur du désastre se trouvait devant moi, tragique statue du destin. Il était venu au monde l'année même de la grande défaite de 1870. Parvenu presque au terme de sa vie, 70 ans plus tard, il nous annonçait une catastrophe pire que la précédente. Son vieux cœur de patriote en était brisé, le mien aussi.

LE DÉPART MANQUÉ D'ARMAND

Hier, tonton Ferdinand a déposé son fils et ses neveux à Bénodet. Un bateau s'y trouve prêt au départ, chargé d'hommes qui refusent la défaite et rejoignent l'Angleterre pour continuer le combat. Ce matin, le téléphone sonne. Armand appelle au secours, le bateau a appareillé sans lui. On l'a jugé trop jeune pour l'aventure. Il lui faut rentrer à la maison, mais il n'y a aucun moyen de transport. Tonton Ferdinand décide d'aller le chercher. Il me propose de l'accompagner avec ma cousine Lucienne. Je ne me le fais pas dire deux fois. En route, donc, pour Bénodet. Armand est bien là sur le quai à nous attendre.

Nous repartons immédiatement, car il n'y a pas de temps à perdre. Les Allemands étaient signalés à Rennes hier. Ils devraient être ici aujourd'hui.

Invasion ou pas, il est midi, l'heure de nous sustenter. Je me retrouve dans un restaurant pour la deuxième fois de ma vie et j'apprécie. On nous sert comme hors-d'œuvre une énorme salade de tomates qui apaise ma faim. Je ne me souviens pas de la suite du menu. Je traîne ainsi dans ma mémoire des coïncidences curieuses de tomates associées à des voyages hors du commun, celui-ci et les Glénan, trois ans auparavant.

Nous reprenons la route. Il ne nous reste plus qu'une vingtaine de kilomètres à parcourir quand tonton Ferdinand arrête pour faire le plein. Pendant que la pompiste actionne le levier qui fait monter le carburant, tonton la questionne.

— Les Allemands viennent de passer, répond-elle.

Il nous faut presser le retour. Mon oncle, qui a vécu 14-18, se souvient des convois militaires qui obstruent les routes. Il sait aussi les dangers que nous courrons à nous trouver face à des unités de reconnaissance ennemies, le doigt sur la détente. Il décide d'emprunter des chemins de campagne, délaissant la route nationale. Nous arrivons sans anicroche à la maison où Maman nous accueille avec un soupir de soulagement et un « Les Allemands viennent de passer. » *Bis* !

Je ne verrai mon premier soldat allemand que demain.

* * *

Le 7 février 2001 – Je suis à Saint-Lunaire où je passe mes hivers depuis 1989. Ce matin, à la chapelle du couvent des capucins à la Vicomté, j'ai assisté à l'enterrement du père Alexis, mon professeur de quatrième. Un des derniers liens avec ma jeunesse vient de se rompre. Ce fut l'occasion de retrouver des anciens condisciples que je n'avais pas vus depuis 53 ans.

SIE KOMMEN – *ILS ARRIVENT*

Ces derniers jours, j'ai regardé le passage d'une armée en déroute. Je vais maintenant assister au défilé d'une armée victorieuse se répandant comme la marée montante sur le pays conquis. Mes deux yeux ne sont pas assez grands pour voir ce surprenant spectacle. Mon cœur de petit garçon devra, lui, être assez grand et assez fort pour résister aux émotions, mélange de chagrin, de peine et de dépit.

J'ai vu ce matin mes premiers Allemands. Étaient-ce des moto-cyclistes, un camion ou un char ? Je l'ai oublié. En tout cas, les convois se succèdent les uns aux autres. Ils roulent vers Brest, leur objectif stratégique, en une succession ininterrompue de chars qui ébranlent les maisons à leur passage, de camions, de pièces d'artil-lerie, de motocyclettes avec leur side-car. C'était probablement des éléments d'une *panzer division* de la Wehrmacht, division blindée de l'armée de terre allemande. La même pensée s'impose à tout le monde devant cet étalage de puissance mécanisée : *Ce n'est pas étonnant que nous ayons été battus.*

L'Occupation

À CARHAIX, la vie continue comme si de rien n'était. Tous les magasins sont ouverts, y compris notre charcuterie-mercerie. On trouve de tout en abondance. Par contre, les *Boches*, terme inju-rieux dans notre langue devenu tabou, arrivent d'un pays qui manque de tout : depuis des années l'Allemagne a tout sacrifié à son réarmement. La France est pour eux un pays de cocagne. Un de leurs proverbes ne dit-il pas : *Vivre heureux comme Dieu en France* ? Ils ne la pilleront pas ni la mettront à sac, du moins pas pour tout de suite.

* * *

Pour l'instant, ils passent. Devant la maison, une colonne de chars défile à vitesse réduite. Toutes les trappes sont ouvertes. Le chef de char est l'unique membre de l'équipage qu'on puisse voir. Il se tient debout dans sa tourelle, les mains agrippées à l'écoutille. Seul son torse est visible. Son uniforme est de cou-leur noire et il est coiffé d'un béret aux dimensions inhabituelles. J'en déduis qu'il est rembourré pour protéger son crâne des chocs contre les parois de son engin. J'entends le ronflement puissant des moteurs, le cliquetis des trappes qui ballottent et surtout le grincement des chenilles. J'observe le blocage alternatif des chenilles contrôlé par le conducteur qui permet au blindé de tourner d'un côté ou de l'autre, en ripant sur place.

Je viens d'avoir la preuve que les chars peuvent virer. Trois se-maines plus tôt, dans la cour de récréation à la Vicomté, un de mes camarades m'avait soutenu mordicus qu'un tank ne pouvait tourner. J'étais persuadé du contraire. La discussion avait été vive et longue. J'avais essayé par tous les moyens de lui prouver qu'il était dans l'erreur. En réalité, j'ignorais par quel mécanisme ils changeaient de direction, je le savais maintenant, j'avais donc bien raison !

* * *

La curiosité a poussé Maman sur le trottoir. Je me tiens près d'elle. Un tank passe, faisant trembler la rue. Le chef de char est assis sur le rebord de la tourelle, les jambes pendantes dans l'écoutille. Il se restaure. Il tient dans sa main gauche une grosse boîte de fruits au sirop et, au moyen d'une grande cuiller, il engouffre des quartiers de pêches, l'un n'attendant pas l'autre.

Maman, à ce spectacle, se redresse indignée et lance :

— Le cochon, une boîte pour lui tout seul !

* * *

Un convoi s'est arrêté. La file de véhicules débute bien avant la gare. Elle bloque toute la grand-rue et se continue jusqu'à la route de Brest. Les Allemands mettent pied à terre pour la pause repas. Quatre d'entre eux pénètrent dans la charcuterie. Ils achètent des saucisses fabrication Geoffroy, crues et bien grasses. Ils traversent la grand-rue, entrent dans la boulangerie Guillou et en ressortent avec du pain. Ils passent à la porte à côté, aux Docks de l'Ouest, Succ. 221, chez madame Dincuff, pour se procurer moutarde de Dijon et bouteilles de vin. Le ravitaillement effectué, ils rejoignent leur véhicule pour leur pique-nique improvisé. Nous les regardons faire. Ils taillent de larges tranches de pain sur lesquelles ils vident la chair crue des saucisses puis ils recouvrent le tout de moutarde forte.

Éberlués, nous les regardons mordre à belles dents dans ces sandwiches débordant de viande graisseuse et crue. Pouah !

* * *

Maman regarde passer un convoi d'infanterie. Ils sont jeunes, ces soldats aux uniformes vert-de-gris. Malgré leurs lourdes bottes aux semelles cloutées, ils se déplacent avec une allure sportive. C'est l'été, il fait chaud, leur col est dégrafé, leurs manches retroussées. Ils sont grands, ils sont blonds, ils sont athlétiques, tels qu'on les a vu dans les films d'actualité. Maman, éblouie, s'écrie :

— Ah ! les beaux hommes !

* * *

Le physique des mâles allemands ne m'impressionne pas, moi. C'est plutôt les trophées qu'ils arborent que j'abhorre. Ils ont ramassé des casques français dont ils ont coiffé les phares de leurs véhicules. Dans les lames verticales des radiateurs, ils ont entrecroisé des baïonnettes françaises, modèle Lebel 96 aux longues et fines lames triangulaires. Je trouve leur geste déplacé. C'est déjà assez grave d'être vaincu sans qu'en plus les vainqueurs viennent nous narguer.

* * *

L'Hôtel de France est réquisitionné. Les Allemands s'y installent. Ils deviennent nos voisins. La *kommandantur*, ou plus exactement la *Standortkommandantur Carhaix*, mot nouveau pour la population, devient, du jour au lendemain, le centre administratif de l'occupant. Les bureaux s'installent. On apprend bien vite que les *ausweis* [permis de circuler] tout comme les *bescheinigung* [laissez-passer] se délivrent en cet endroit. On sait aussi qu'en cas d'infraction on s'y retrouve. C'est de là qu'émanent les différents *verboten* [interdits] comme le couvre-feu défendant de circuler sur la voie publique entre 21 h et 6 h.

* * *

En ce mois de juin, avec le soulagement de la fin des hostilités, on regarde les occupants non sans inquiétude, on étudie leur comportement avec la population civile. Toujours avec soulagement, on s'aperçoit qu'ils se conduisent en êtres civilisés. Ils ne volent pas, ils ne violent pas, ils ne pillent pas. Ils sont polis, ils paient ce qu'ils achètent. Bref, ils sont *korrekts*. Ils se répandent d'ailleurs dans Carhaix. Il faut des chambres pour les officiers, des cantonnements pour la troupe et des garages pour les véhicules.

* * *

Depuis trois ou quatre jours, les convois motorisés ne traversent plus notre ville où la vie est redevenue *normale*. Ce soir-là, un bruit de fers à cheval, le grincement de voitures hippomobiles, me font sortir sur le trottoir. Une colonne de curieuses charrettes monte la rue. Elles transportent de longues embarcations au fond plat, tirées par des attelages de quatre chevaux. Cela est nouveau pour moi, mais je reconnais une unité de pontonniers. Ainsi, l'armée allemande n'est pas entièrement motorisée. Elle aussi en est encore à la traction hippomobile. Ce qui est passé plus tôt était une avant-garde blindée, voici maintenant un échantillon du gros de l'armée qui, tout compte fait, n'est pas mieux équipée que la nôtre. Cela me met du baume au cœur.

Le convoi s'arrête à Carhaix pour la nuit. Les chevaux, une fois dételés, sont menés aux halles, près de l'église, qui serviront d'écurie. La cuisine roulante s'installe sur le Champ-de-Bataille. J'assiste en curieux au repas des soldats. Je ne suis pas le seul. Certaines personnes, des civils, s'approchent, *parlent* avec les Allemands. Une chose incroyable se passe alors. Le cuisinier sert à manger à ces pauvres gens... J'en suis retourné. Je ne comprends pas que l'on quête de la nourriture à ses ennemis et je comprends encore moins que ces mêmes ennemis en servent.

Le lendemain matin, les chevaux sont attelés, les officiers enfourchent leur monture et le convoi s'ébranle en direction de Brest. Ils sont les derniers à passer. Avec eux se termine le grand défilé de l'invasion. Commencé dans les grincements des chenilles et les grondements des moteurs des blindés, il prend fin dans le bruit ancestral des pas des chevaux et des charrettes.

* * *

Nous sommes désormais *occupés*. Je n'ai qu'à mettre le nez à la porte pour le constater. Devant l'Hôtel de France, devenu la *kommandantur*, une sentinelle casquée, bottée, le fusil à l'épaule, monte la garde. Il y règne une importante activité. Les soldats allemands nets, propres, astiqués, entrent et sortent. La cour intérieure de l'hôtel sert de garage. Les motos et autres véhicules légers cohabitent avec le cheval aux sabots vernis du père Moreau.

* * *

Un motard allemand, sanglé dans son imperméable vert aux larges pans, arrive à fond de train. Il ralentit pour passer sous la porte cochère, mais insuffisamment, car il rate son virage. Dans un crissement de pneu et un bruit de ferraille froissée, la moto se couche et part à glisser sur le flanc, laissant son conducteur pantelant au milieu de la rue Fontaine-Blanche.

Le spectacle ravit mon cœur de petit Français qui hait les Boches.

Le bruit fait sortir de l'hôtel une douzaine de *Fridolins* qui se précipitent sur la moto, la redressent, arrêtent le moteur et la poussent dans la cour.

Rassurés sur l'état de la mécanique, ils ressortent sans se presser pour relever leur collègue qui est toujours étendu, sonné, au milieu de la rue. Je venais de découvrir une des lois de la discipline militaire : le cheval passe avant le cavalier ! Cette loi est aussi applicable aux engins motorisés, comme on vient de le voir.

Dans le langage courant, pour éviter d'utiliser le terme péjoratif *boche*, on inventera un grand nombre de vocables argotiques pour désigner le soldat allemand. *Fridolin* en est un. On utilise aussi *fritz*, *frisé*, *chleu* (en souvenir des rebelles marocains), *doryphore* (en comparaison avec cet insecte qui dévore tout), *vert-de-gris* (en raison de la couleur de leur uniforme), *WH*, qui se prononce « double-vache »... (en rappel des plaques d'immatriculation qui portent ces deux lettres en abréviation pour Wehrmacht).

* * *

Les motos ne sont pas dangereuses que pour ceux qui les montent.

Était-ce le jour où le motard a raté son virage ou le lendemain ? Je descends à la gare. Arrivé à la hauteur du Château-Rouge, je vois de l'autre côté de la rue, devant sa maison, mon camarade Pierrick Troadec.

— Pierrick !

Et lui de s'élancer pour me rejoindre sans regarder. Au même moment arrive, montant la côte à toute vitesse, un Allemand monté sur sa grosse moto. Je hurle :

— Attention, Pierrick !

Surprise tant pour le Fritz que pour mon copain : coup de frein en catastrophe, juron, dérapage. Ouf ! Pierrick l'a échappé belle. Son visage est blême et celui de l'Allemand aussi vert que son uniforme.

* * *

Si vous pensez que le premier résistant de France s'appelle Charles de Gaulle, vous êtes dans l'erreur, avec tous les historiens.

Le premier résistant de France, c'est moi.

À la vue de mon premier Allemand, j'ai estimé qu'il était un intrus, que dis-je, un ennemi. Mon devoir de Français, comme on me l'avait si bien appris, était de me battre pour ma Patrie. Ce que je fis selon mes moyens et les armes à ma disposition.

Mes pistolets, hélas ! n'existaient plus. Pépère Geoffroy, prudent, avait jeté ces pièces de collection bien inoffensives dans le canal de Nantes-à-Brest.

Il me restait toutefois mes avions de carton : mon Farman bimoteur, un bombardier, et mon Potez, biplace et biplan, de reconnaissance. Avec eux, j'allais accomplir mon premier acte de bravoure.

Mon Farman dans une main et mon Potez dans l'autre, je franchis hardiment la porte de la maison. Le soleil brillait, beau temps pour voler. Le cœur battant, je remontai la grand-rue en mettant en valeur les cocardes bleu, blanc, rouge qui ornaient les ailes de mes appareils. Je cherchais des yeux un Allemand qui verrait briller les trois couleurs. Dans ma tête, des idées belliqueuses se bousculaient : *Vous êtes là, mais vous partirez un jour ; cette guerre, vous la perdrez. Si c'était de vrais avions avec de vraies bombes, on verrait ce qu'on verrait…*

Rendu à la place d'Aiguillon, je tournai pour traverser la place de la Mairie, descendre la rue de La Tour d'Auvergne et arriver, enfin, chez Naine, sain et sauf, gonflé d'orgueil d'avoir nargué l'ennemi héréditaire du haut de mes onze ans.

* * *

Mon activité de résistant faillit mettre Maman dans le pétrin.

La propagande française avait inventé un tract antihitlérien astucieux et amusant. Il s'agissait d'un pliage relativement simple sur lequel était dessinée une tête de cochon. Lorsqu'on le dépliait, la tête de cochon se transformait en caricature d'Adolf Hitler avec sa moustache de Charlot et sa mèche de cheveux sur le front.

Ce matin-là, Maman sert des soldats allemands. Je me faufile derrière eux avec, en main, le tract en question. Rempli de mauvaises intentions, je commence à le déplier. Maman me voit faire. Elle me fusille des yeux en me lançant, courroucée, sûre que les Frisés n'entendent pas le breton :

— *Innocent war uguen.*

Je comprends le message et, tout penaud, je fais disparaître l'objet délictueux.

Ici prend fin, pour l'instant, ma glorieuse carrière de résistant. Reste que je fus des tout premiers et sans doute le plus jeune !

* * *

Le mot allemand *ersatz* signifie « produit de remplacement », telle la margarine par rapport au beurre. Dès avant la guerre, il était entré dans le vocabulaire français. La presse nous serinait que les Allemands préféraient les canons au beurre et qu'ils avaient choisi de vivre en autarcie. Ils manquaient donc de l'essentiel. La chimie germanique avait trouvé des substituts à des produits aussi naturels que la confiture et le miel. Qu'on ait manqué de tout de l'autre côté du Rhin s'est avéré en ces jours tragiques que nous traversions. Les *Doryphores* ont littéralement assiégé les magasins d'alimentation. Les dessous féminins et les bas de soie se sont envolés pour le plus grand bonheur des *fraulein* et des *gretchen* attendant le retour imminent de leur vaillant guerrier. Maman profitait doublement de cet engouement puisque, à gauche, en entrant dans la boutique, c'était le rayon des saucisses et, à droite, celui des parures et de la lingerie fine.

Ce jour-là, j'étais allé faire une visite à Naine. J'étais attiré chez elle parce que les Allemands avaient réquisitionné le grand garage du fond de la cour. Je voulais voir de quoi il en retournait.

Ils étaient bien là, s'occupant à je ne sais quoi.

Planté dans un coin, je les observais.

De leur côté, ils me regardaient, eux aussi, et m'adressèrent gentiment la parole. Je n'y compris rien. À mon tour de leur parler poliment et au leur de ne rien comprendre. Ce dialogue de sourds se termina par un cadeau. Ils me donnèrent un cube d'une matière comestible non identifiée et une sorte de marmelade rougeâtre, en me faisant comprendre que c'était bon.

Après un « Merci, au revoir, monsieur », je me réfugiai dans la maison.

— Regarde, Naine, ce que les Allemands m'ont donné.

Grand-mère et Tata regardèrent les *choses*, les humèrent en plissant le nez et déclarèrent que c'était du miel et de la confiture fabriqués avec on ne sait quoi. Moi, docte comme il se doit, n'avais-je pas commencé à apprendre le latin, je déclarai :

— On appelle ça de l'*ersatz*.

Et l'*ersatz* passa à la poubelle.

Morale de ce petit fait vécu : au tout début de l'Occupation, les envahisseurs se montraient amicaux.

* * *

On m'avait enseigné que les Prussiens et autres races teutonnes, contrairement aux Gaulois, sont des modèles de rigueur, d'ordre et de discipline militaire ; bref un exemple à suivre ! Une démonstration de cette vérité première m'attendait ce midi-là.

Une animation inhabituelle règne autour de la *kommandantur*. Tout ce qu'elle contient de militaires vert-de-gris sort astiqués comme des sous neufs. Les bottes brillent comme des miroirs.

Les ordres fusent, hurlés par les gradés. Les talons claquent, les crosses de Mauser frappent le sol à l'unisson. Rien ne dépasse des rangs où règne une immobilité absolue. Apparaît un officier supérieur qui prend place sur le bord du trottoir. De nouveau, des commandements gutturaux résonnent. La colonne se forme en rang par trois. Un autre commandement et, comme un seul homme, ils tendent la jambe presque à l'horizontale. Toutes ces bottes retombent sur le pavé, suivies de l'autre pied, enclenchant cette incroyable mécanique du pas de parade de la Wehrmacht, le pas de l'oie. Ils défilent devant l'officier, martelant le sol dans un rythme de métronome. Rien pourtant ne marque le tempo, ni chant ni musique encore moins le traditionnel *une-deux* commun à toutes les armées.

J'en reste bouche bée.

C'est la première fois, et la dernière, que j'assiste à un tel spectacle.

Il faut dire que les soldats allemands subissent un entraînement sévère. L'unité d'occupation cantonnée à Carhaix comporte probablement des jeunes recrues, car des séances d'entraînement ont lieu sur le Champ-de-Bataille, devant l'effigie de La Tour d'Auvergne, le sabre à la main, l'œil fixé sur l'horizon des montagnes Noires pour ne pas voir l'ennemi fouler le sol sacré de la Patrie... J'observe le tout avec intérêt. Je ne suis pas le seul à le faire. Le bruit court même, en ville, que les sous-officiers frappent leurs hommes avec une schlague quand ils n'exécutent pas correctement les ordres. Je ne portai pas foi à cette rumeur colportée par un de mes petits camarades.

* * *

Les Anglais nous ont quittés, les Allemands sont arrivés. C'est l'heure d'un nouveau flot de voyageurs : ceux qui ont échappé aux combats et à la captivité ou raté leur fuite vers la liberté. Raoul et Ferdinand sont parmi les premiers à remonter la rue de la Gare. Le bateau qui devait les mener en Angleterre avait mis le cap au sud au lieu du nord, en route pour le Maroc. Il n'alla pas plus loin que Rochefort, dépassé par l'avance foudroyante de l'ennemi, et la signature de l'armistice. Ils furent donc démobilisés avant d'être incorporés. Ils prirent le train pour revenir à leur point de départ, au soulagement de Maman.

Ils ne furent pas les seuls à rentrer. À chaque arrivée de train, on voyait passer devant la maison des hommes seuls, aux vêtements mi-militaires, mi-civils. Ceux-là avaient échappé à cinq ans de *stalag*, lot réservé à plus d'un million de soldats français qui s'étaient rendus. Parmi les revenants, il y avait tonton René.

Je vous livre en deux mots son histoire telle qu'il me l'a contée.

— Mon régiment d'artillerie de campagne à traction hippomobile était en position dans les Ardennes, à l'endroit précis où les *panzers* ont percé le front en mai 1940. Pendant plusieurs jours, on a tiré sans arrêt, reculant, remettant en batterie, faisant feu, accrochant de nouveau les pièces jusqu'à ce que les chevaux, fourbus, refusent d'avancer. C'était la débâcle. J'ai ramassé un fusil, un MAS 36, et récupéré un vélo. J'ai pédalé jusqu'à Toulouse, tout au sud de la France, que j'ai rejoint parmi les premiers soldats en retraite.

Courage, fuyons ! Il aura ainsi évité de passer cinq ans de captivité en Allemagne. Soixante ans après les faits, on ne saurait le blâmer, d'autant que sa présence à Carhaix dans les années qui vont suivre sera déterminante.

* * *

La *kommandantur* a décrété que la population doit remettre aux autorités d'occupation toutes les armes qu'elle détient. Nous sommes en règle puisque grand-père Geoffroy a déjà jeté dans le canal nos pistolets antiques. Les autres Carhaisiens s'acquittent de leur devoir avec un empressement dicté par la crainte. Je regarde passer des hommes et des femmes chargés de fusils de chasse en bon état ou de vieilles pétoires qui dormaient dans les greniers depuis des éternités. Déjà quelque peu connaisseur, je note au passage des armes d'épaule à silex qui auraient eu leur place dans un musée. Cela me fend le cœur qu'elles soient remises aux Allemands qui vont les détruire. J'aurais eu tant de plaisir à jouer avec ces fusils en compagnie de José.

* * *

Carhaix débordait de réfugiés et Maman, bonne âme, s'en occupait. Elle avait pris en amitié un jeune ménage de Parisiens, les Muller, d'origine suisse. Ce matin-là, Maman, que j'accompagne, croise la jeune madame Muller sur la grand-rue, en face de la chapellerie Leroux. Échange de civilités, suivies de considérations sur la pluie et le beau temps. Puis j'entends la jolie Parisienne dire :

— Madame Lebarbé, je voudrais vous confier quelque chose, mais je crains que cela ne vous vexe.

Avec l'accord de Maman elle continue.

— Je suis étonnée qu'une personne d'aussi bonne éducation que vous s'adresse à son fils en argot.

— Mais non, réplique ma mère, stupéfaite.

— Mais si, insiste notre amie, vous appelez Gaston « *pote* ».

Maman éclate de rire.

— Je ne lui parle pas en argot, je lui parle en breton. *Pote* veut dire *garçon*. Ce sont les Parisiens qui ont adopté ce mot en entendant des soldats bretons s'interpeller entre eux.

Là-dessus, on se quitta sur un « Au revoir, madame » à l'intention de madame Muller et d'un « *Deus ta, paotr !* » [Viens-t-en, garçon] pour moi.

LA FIN DE L'ÉTÉ

C'est la fin de l'été, la fin de l'exode. Carhaix se vide. Les cousins de Paris ont retrouvé le chemin de la capitale. Camille aussi nous quitte avec Paul-Étienne, mon petit cousin tout neuf. Elle a le cœur gros de nous laisser. En me faisant ses adieux, elle me promet un cadeau. Elle va m'envoyer un train mécanique. Je suis ravi d'avoir un aussi beau jouet. Je me mets donc à surveiller le passage du facteur chaque matin. Les jours, les mois, les années passeront, le petit train n'arrivera jamais…En m'accueillant chez elle lorsque je serai soldat puis étudiant, elle me fera un bien plus beau cadeau.

L'automne sera bref. L'hiver qui suivra sera très long : quatre ans d'occupation, de privations, de peines, de drames et de douleurs.

La sixième

C'EST la fin de septembre. Je viens d'avoir douze ans. La rentrée scolaire se fait à la Vicomté comme si rien ne s'était passé depuis quatre mois. Au collège, il y a du nouveau et des nouveaux. Les aviateurs allemands qui occupent l'aéroport voisin de Pleurtuit ont réquisitionné nos locaux et s'y sont installés. Il ne reste qu'une classe d'une dizaine d'élèves, la mienne, les autres, faute de place, ont déménagé à Angers, à l'école Saint-Fidèle qui abrite déjà les classes supérieures. Nous voilà relégués, par la force des choses, dans la *clôture*, zone réservée aux religieux, formellement interdite à la gent féminine.

Privés de notre propre réfectoire, nous avons désormais notre table au centre de celui des pères. Le hasard a voulu que je sois face à la place réservée au père Yvon, qui est généralement absent. J'apprends son retour quand son couvert est mis. Dans les couvents capucins, les tables sont installées autour de la pièce. Les moines sont assis le dos au mur, sans vis-à-vis, laissant vide le centre du réfectoire. Chaque convive a, devant lui, outre son assiette, un petit pichet de cidre ou de vin, selon la région où l'on se trouve. Un autre pichet de plus grande capacité, rempli d'eau, est placé entre deux religieux. À la place du père Yvon, l'ordre est inversé quand il est présent. Le gros pichet contient le cidre et le petit est rempli d'eau... Dans son assiette, invariablement, le frère cuisinier a déposé une boîte de sardines à l'huile surmontée d'un gros oignon cru ! Une bonne prise de tabac avec ça ?

LES COLOCATAIRES D'OUTRE-RHIN

Nous avons ainsi de nouveaux voisins de palier. Ils se sont installés dans nos locaux et y ont pris leurs aises. Je découvre avec étonnement qu'ils ont décoré leurs quartiers avec une certaine touche féminine. Ils ont mis des rideaux aux fenêtres, ce qui ne serait jamais venu à l'esprit des moines, et pas n'importe lesquels, des rideaux à petits carreaux rouges sur fond blanc. Cela fait très féminin et détonne dans ce monde de guerriers qui se veut viril. La cour leur appartient. Dans un coin, ils ont organisé un élevage de cochons nourris avec les déchets de cuisine. Aviateurs, ils sont curieusement équipés de fusils de prise français, sans doute des Berthier-Lebel. Ces hommes, dont le collet de veste s'orne des ailes de la Luftwaffe, ne sont pas des *navigants* qui risquent leur vie au-dessus de la Manche, mais des *rampants* chargés du service général sur la base voisine de Pleurtuit. Ce ne sont pas des foudres de guerre. La cohabitation se passe sans heurt, même si le père Yvon se permet de les narguer. Un officier nous adressera une fois la parole pour nous dire, en français, qu'il était Autrichien, comme pour s'excuser d'être là. Il sortait de notre chapelle et nous y entrions.

* * *

C'était au moment de Noël. Désormais la messe de minuit ne se chantait plus à minuit en raison du couvre-feu, mais à 21 heures. C'est donc à ce moment que j'ai chanté *Il est né le divin enfant*. La cérémonie terminée, nous avons laissé la place à nos colocataires qui, tout aussi catholiques que nous, ont repris les mêmes rites romains. L'espace d'une nuit nous n'étions plus des ennemis.

* * *

Les occupants resserrent leur emprise sur la population et prennent des précautions. Tout individu de quatorze ans et plus doit détenir une carte d'identité. Tout le monde se fait donc tirer le portrait au collège. Même si je n'ai pas encore atteint l'âge requis, je prends la pose. Cette photo inutile est la seule de cette époque où je suis encore un enfant. Je conserverai précieusement cette pièce d'identité pendant les quatre ans à venir. Inutilement d'ailleurs, car jamais personne ne me la demandera, pas plus un agent français qu'un soldat allemand.

LA BATAILLE D'ANGLETERRE

Qui n'a entendu parler de la bataille d'Angleterre, qui mit aux prises la Luftwaffe allemande et la Royal Air Force anglaise à l'automne 1940, bataille mémorable qui décida de l'issue de la Seconde Guerre mondiale ? Peu de personnes peuvent encore se vanter de l'avoir vue. Mais qui peut prétendre avoir assisté à cet affrontement du mauvais côté, je veux dire du côté allemand ? Moi, pardi ! et mes petits camarades qui sont encore de ce monde !

Pleurtuit est une base avancée du dispositif aérien d'attaque allemand. Elle abrite des bombardiers bimoteurs et des appareils de chasse. Vingt kilomètres plus loin dans les terres, près de Dinan, un autre terrain sert de repaire à une escadre de bombardiers en piqué, des Stukas. Pendant près de deux mois j'assisterai au ballet presque incessant des avions décollant pour l'Angleterre ou en revenant, moins nombreux au retour sans que nous puissions faire le décompte.

Le père Francis, notre surveillant, nous mène régulièrement en promenade sur la route de Saint-Briac qui longe les abords du terrain. Les Allemands ont dressé, en bordure de la route, des miradors sur lesquels ils ont installé des armes antiaériennes, mitrailleuses et canons à tir rapide. Un peu en retrait, les avions sont rangés à portée de vue des passants. Je les observe avec intérêt. Ce sont des bimoteurs légers si on les compare aux quadrimoteurs américains ou anglais que je verrai plus tard dans le ciel de France. Je saurai bientôt leur donner un nom : Heinkel 111, Junkers 88 ou Dornier 17. Les chasseurs sont remisés hors la vue des promeneurs. Je ne vois les Messerschmitt 109 qu'en vol. Leur décollage est spectaculaire. Avant de les apercevoir, on entend le vrombissement de leur moteur lancé à plein régime. Puis ils apparaissent au-dessus des arbres alors qu'ils commencent à rentrer leur train d'atterrissage. Les jambes du train ne sont pas synchronisées. Il y en a toujours une qui se replie plus vite que l'autre, à mon grand étonnement.

Le mouvement des appareils n'est pas régulier. Je n'ai jamais assisté à un décollage de masse. Par contre, vers 13 heures, par une magnifique journée d'automne, alors que nous nous amusions dans la lande de la Vicomté pendant la grande récréation d'après-dîner, l'état-major de la Luftwaffe nous organisa un magnifique défilé aérien. Dans le ciel bleu, au-dessus de la Rance, quatre-vingt-dix Stukas Junkers 87 passèrent à basse altitude direction nord, vers l'Angleterre. L'espace était rempli du vacarme de quatre-vingt-dix moteurs. Émerveillé par le spectacle, je les regardais survoler l'île de Cézembre puis disparaître à l'horizon. Je n'ai pas le souvenir de les avoir vus revenir. Ces bombardiers en piqué monomoteurs, lents et peu maniables, étaient une proie facile pour les Spitfire et les Hurricane qui n'en firent qu'une bouchée.

L'heure de la récréation du début d'après-midi coïncidait curieusement avec les spectacles aériens. C'est à ce moment de la journée que les Anglais se manifestaient au-dessus de la baie de Saint-Malo. Des avions de reconnaissance venaient rôder, trop loin de nous pour qu'on puisse identifier leur modèle. Ils attiraient un feu antiaérien nourri en provenance de Cézembre et du Grand Bé. Le ciel se remplissait de petits nuages noirs en forme de boule. Il m'est arrivé aussi d'être réveillé la nuit par l'éclatement de bombes lancées sur la base de Pleurtuit par de rares bombardiers anglais. Tout cela n'était que piqûres de moustiques qui ne dérangeaient guère les aviateurs allemands.

UNE ÉNIGME DANS LE CIEL

Je vous ai dit que la guerre aérienne au-dessus de Dinard se passait toujours au même moment. Il est 13 h 30, nous sommes en début d'après-midi. Le père Francis, pour une fois, a varié le but de la promenade. Nous marchons vers le bourg de la Richardais qui ne se trouve qu'à un kilomètre de la Vicomté. La route, peu fréquentée à l'époque, descend dans un vallon, rejoint le bord de la Rance pour remonter vers le bourg en faisant un virage assez prononcé. La Richardais est dans l'axe de la piste de décollage de la base. D'ici peu, les Allemands vont d'ailleurs abattre le clocher qui gêne les pilotes. Nous grimpons la côte allègrement. Face à nous, deux soldats allemands la descendent.

Soudain, un bruit de moteurs sur la droite nous fait lever la tête. Un gros avion en phase de décollage, moteurs plein pot, apparaît au ras des arbres qui bordent le chemin. Au même moment une pétarade éclate. Le ciel s'embrase. Tout ce que Pleurtuit contient de mitrailleuses et de canons antiaériens, à ce qu'il me semble, tire sur l'avion qui nous survole. Je le regarde, je l'identifie, c'est un trimoteur de transport Junkers 352. Stupéfait, je me dis que les Allemands prennent un de leurs propres avions pour cible.

Tout se passe très vite. Les deux Allemands devant nous se jettent dans le fossé pour se mettre à l'abri des éclats. Ils nous hurlent d'en faire autant. Nul besoin de connaître l'allemand pour les comprendre. Je n'avais pas atteint le fond du fossé que j'avais perdu de vue l'avion qui traversait la Rance en direction de Saint-Servant. La cible hors de portée, le feu s'arrêta aussi vite qu'il avait commencé. Tout le monde se releva indemne et continua son chemin comme si rien ne s'était passé.

Je venais d'être témoin d'une scène inexplicable : les Allemands avaient tiré sur un de leurs avions à munitions réelles. Que les soldats sur notre chemin se soient mis à l'abri en était la preuve. En cas de tir à blanc ou d'un exercice, ils n'auraient pas agi ainsi. Pourquoi avoir ouvert le feu ? Voilà l'énigme…

Bien longtemps après, la guerre finie, quand on a commencé à en écrire l'histoire, j'ai appris que des pilotes français ont réussi à s'emparer d'avions allemands pour rejoindre l'Angleterre. Aurais-je assisté à une évasion de ce genre ? Je ne vois pas d'autre explication. Si tel est le cas, je doute que les évadés aient réussi à traverser la Manche. Il suffisait pour les Allemands d'envoyer un avion de chasse à la poursuite du lent trimoteur pour le rejoindre et l'abattre.

LE PÈRE FRANCIS

C'est donc dans le vacarme occasionnel des moteurs d'avion, le fracas des bombes, les éclatements d'obus et le crépitement des mitrailleuses que se passent les premiers mois de cette nouvelle année scolaire. Je suis désormais en sixième. Fini les rudiments du latin, on attaque son étude avec sérieux. C'est aussi la découverte de l'anglais qui pose de sérieux problèmes de prononciation car, comme tout le monde le sait, dans cette langue on écrit *élastique* et on prononce *caoutchouc* ! Elle nous est enseignée par le père Léandre qui revient de la guerre. J'ai toujours eu des doutes sur sa compétence dans cette langue vivante.

Ce qui m'inquiète surtout, c'est que je n'arrive pas à me souvenir du titulaire de notre classe. Est-ce un début sournois d'amnésie ou plutôt est-ce que son manque de personnalité l'aurait rayé de ma mémoire ?

Le père Francis, par contre, m'est resté très présent. Il se confiait à nous. Nous avons tout su de sa jeunesse difficile dans une ferme des Vosges, de son passage à la Trappe, chez les Cisterciens, et de son expérience toute récente de la guerre. Une de ses histoires m'avait frappé.

Les Trappistes, ou Cisterciens, suivent une règle très sévère qui les oblige au silence perpétuel. Ils ne peuvent communiquer que par gestes et par signes. Il nous racontait cette anecdote pour nous faire comprendre que les pires sentiments, comme la haine, peuvent germer même quand on ne se parle pas. Il s'agissait donc d'un moine qui, tous les matins, avait le même frère lai comme servant. Or ce brave trappiste aimait avoir une bonne rasade de vin dans le calice lors de la célébration de l'office divin. Malencontreusement, l'acolyte était persuadé du contraire. En frère charitable, il versait donc le vin pratiquement à la goutte. Mécontent, le prêtre lui faisait comprendre, par geste, qu'il en désirait davantage. L'autre comprenait l'inverse et diminuait encore la dose. Le mécontentement, jour après jour, allait en augmentant devant le saint autel. Gestes, mimiques n'y faisaient rien, le malentendu persistait, passant du mécontentement à la colère puis, finalement, à la haine. C'est bien le mot qu'utilisa notre surveillant. Le tout finit par se régler devant le père abbé. Plus tard dans mon parcours, je serai témoin d'une situation similaire entre deux religieux capucins.

Que de promenades nous ferons sous la houlette de notre père surveillant pendant cet automne ! La plage du Prieuré nous attire. Elle recèle des épaves laissées par la grande retraite de l'été précédent. Un vapeur d'un autre âge gît sur le flanc. C'est un navire propulsé par des roues à aubes, une véritable pièce de musée qui a été ressortie de la naphtaline au moment de l'évacuation de l'armée anglaise de Dunkerque au mois de mai précédent. Il est venu rendre l'âme ici, face à Saint-Malo. Il déborde de ceintures de sauvetage bourrées de kapok, gorgées d'eau de mer. Le long du chemin de ronde qui court de la Vicomté au Prieuré, nous découvrons des vêtements militaires abandonnés là par des soldats venus je ne sais d'où et cherchant la liberté.

* * *

C'est au Port-Blanc, la jolie plage située de l'autre côté de la ville de Dinard, que j'aurai mon véritable baptême du feu. L'incident précédent sur la route de la Richardais n'était qu'une répétition.

Il vente comme il peut venter sur les côtes de la Manche quand la tempête souffle. Imprudemment, nos pas nous ont menés sur la falaise qui borde la plage. Plus loin, nous apercevons des soldats allemands à l'exercice. Nous entendons des détonations sans plus nous en inquiéter, car ils tirent en direction du large. Soudain, quelques sifflements, ressemblant au bruit d'un insecte en vol, attirent mon attention. Je n'ai pas eu le temps de me poser des questions sur ce bruit étrange que déjà le père Francis, lui, avait compris. Des balles sifflaient à nos oreilles. Nous avons décampé sans demander notre reste. Les Allemands nous avaient-ils pris pour cible intentionnellement ? C'est une autre énigme qui n'aura jamais de réponse. Je serais porté à répondre par l'affirmative. Entendre siffler les balles, je saurai désormais ce que cela veut dire. C'est la première fois, mais non la dernière.

L'HIVER

L'hiver est arrivé. En cette fin d'année, comme si nous n'avions pas connu assez de malheurs dans les douze mois passés, un froid anormal, extrême pour la côte d'Émeraude, connue pour sa douceur, nous glace et nous saisit. Il neige et une épaisse couche blanche recouvre les plages, les champs et les jardins. Nous grelottons. Les capucins vont et viennent nu-pieds dans leurs sandales, hiver comme été. J'ai le cœur crevé de voir le père Francis marcher ainsi dans la neige froide et humide. La mauvaise saison a quand même du bon. Elle a mis fin aux raids aériens. Nous l'ignorons encore, les Allemands ont perdu la bataille d'Angleterre.

Le froid de la nature a attiré le froid de la mort dans notre cloître. Le père Octave est décédé. Ses frères en religion l'enseveliront selon les habitudes de leur ordre. Il repose sur son lit de mort, trois planches sur deux tréteaux, dans le parloir, près de la porte d'entrée du couvent. Le spectacle qu'il présente est impressionnant. Vêtu de sa bure, le capuce sur la tête, il tient dans ses mains son grand chapelet aux grains de buis. Son chef repose sur un petit fagot de sarments de vigne. La pâleur de ses pieds nus, de ses mains, de son visage, se découpe sur le brun de sa vêture. Le temps d'une prière je regarde, profondément troublé, ce gisant de marbre digne de figurer dans une de nos cathédrales. J'ai devant moi un spectacle, une mise en scène séculaire, faite pour que les moines se souviennent de la parole sacrée : *Memento, homo, quia pulvis es et in pulverem reverteris.* [Souviens-toi, homme, que tu n'es que poussière et que tu retourneras en poussière.] Pour un jeune garçon de mon âge, qui n'est qu'un moine en devenir, c'est beaucoup demander.

Ce que j'ignore à ce moment, c'est que ce froid de la neige qui glaçait les pieds du père Francis lui annonçait une mort prochaine.

L'enterrement du père Octave, mon maître en musique sacrée, est rapidement chassé de ma pensée par les fêtes de Noël qui n'ont de fête que le nom, car je vais les passer à la Vicomté. Je n'aurai pas la visite de Maman, empêchée par les événements. Il en sera de même à Pâques. Dix mois se passeront avant que je ne la revoie.

On ferme la Maison du Bonheur

Nous avons gagné la guerre le 22 juin 1941. Les Allemands, ce jour-là, se lancent à l'assaut de la Russie. Le monde entier retient son souffle.

À l'annonce de cette incroyable nouvelle, comme dans une illumination, je me dis qu'*ils* ont perdu. Cette fulgurante pensée, pleine d'espérance, ne me quittera plus. En un éclair, j'ai revu mon histoire de France, la Grande Armée retraitant dans la neige, harcelée par les cosaques, l'invincible Napoléon vaincu. Je pense à la triste histoire de mon aïeul, le grognard, se traînant vers sa mort en Allemagne. Si l'Empereur, ce génie que j'admire, a été battu par l'hiver russe, en 1812, Hitler ne pourra faire mieux. Il est perdu, la guerre est gagnée !

Une telle réaction chez un jeune garçon de mon âge peut étonner. Elle s'explique sans doute par mon éducation, mon goût pour l'histoire et une certaine maturité précoce. Saint Paul aura eu son chemin de Damas. En ce 22 juin, j'aurai eu le mien. Je peux paraître prétentieux d'oser raconter ce souvenir des plus authentiques qui, pour moi, dépasse la simple anecdote. Qu'on le prenne pour ce qu'il est : une illustration de notre vécu d'alors et des pensées qui couraient dans une tête de jeune Français dans le désarroi de l'Occupation.

* * *

Juillet 1941 – Les grandes vacances sont arrivées. Je reprends, pour la dernière fois à la gare de Dinard, le train à destination de Carhaix, via Rennes et Guingamp. En attendant ma correspondance dans cette ville, je vais embrasser ma marraine, la tante Olive, qui m'accueille avec un « Comme tu as grandi ! », leitmotiv que j'entends à chacun de mes passages au couvent de la place du Vally. Chère tante, ravie de voir son neveu qui lui rend visite bien plus pour le goûter qu'elle lui servira que pour le plaisir de la revoir !

MAMAN DÉMÉNAGE

Un grand changement m'attend à mon arrivée. En remontant la grand-rue, je passe, sans m'arrêter, devant la maison de la rue Fontaine-Blanche. Nous n'habitons plus là. Maman a vendu cet immeuble qui fait partie de son héritage à une demoiselle Le Meur. Je connais cette personne qui a visité notre demeure plusieurs fois en ma présence. Elle est de la campagne et porte la coiffe. Une fois citadine, elle s'empressera de faire disparaître cet attribut qui la désigne comme une *paysanne*.

Je continue donc mon chemin jusqu'à la rue Amiral-Emeriau où nous habiterons pendant une dizaine d'années jusqu'au grand départ en 1951. Ce changement ne me trouble aucunement. Il est vrai que nous revenons en territoire connu. Nous allons vivre dans l'immeuble appartenant à notre grand-père et qui nous est familier. Nous y avons passé plus d'une année à la suite du décès de notre père.

Cet immeuble a une curieuse particularité. Il forme, au coin de la rue, une équerre composée de trois maisons différentes mais mitoyennes. Seules les deux branches de cette équerre appartiennent à pépère Geoffroy. L'immeuble qui en fait l'angle est la propriété de monsieur Flamand. Madame tient, au rez-de-chaussée, un magasin de fruits et légumes fournis par son mari qui est horticulteur au bas de la gare. Tous les matins, on le voit remonter la côte, poussant sa brouette chargée de légumes. Au-dessus de cette boutique, il y a deux appartements. Il en est de même pour les ailes de l'immeuble bâties respectivement au-dessus du magasin et du laboratoire Geoffroy, lesquelles sont reliées par une cour intérieure. Un unique escalier dessert l'ensemble des six appartements, plus les combles où l'on trouve des chambres en mansarde. Cette sèche description a son importance. La disposition des lieux déterminera le destin de plusieurs personnes.

Nous allons occuper l'appartement du second étage dans la barre de droite de notre équerre, au-dessus du laboratoire. Cette aile revient à tante Geneviève dans le partage que le grand-père a fait de ses biens. Maman est donc la locataire de sa sœur. Tonton René hérite de l'autre partie du bâtiment, celle avec le commerce. Comme le laboratoire est situé dans la partie revenant à sa sœur Geneviève, il est aussi locataire de celle-ci. Pour mémoire, rappelons que tonton Armand a eu en partage le Nivernic et l'usine de salaison. Mais comme une partie de la maison d'habitation du Nivernic a été attribuée à Maman pour faire des parts égales, tonton Armand est le locataire de sa sœur aînée. Ce qui peut vous paraître obscur et finalement sans intérêt est, pour moi, tout à fait limpide.

Pour rejoindre notre nouveau logis, nous empruntons l'unique escalier qui dessert cet ensemble d'appartements. L'hiver, on laisse ses sabots dans l'entrée. Compte tenu de la densité de l'occupation, c'est un véritable slalom pour passer sans se prendre les pieds dans les *boutou coat*. Notre appartement est relativement récent. Équipement rarissime à Carhaix, nous avons des toilettes modernes avec chasse d'eau et l'indispensable chaîne que l'on tire. En prime, dans un monde ou les réfrigérateurs sont inconnus, nous avons l'usage de la vaste chambre froide de la charcuterie.

L'appartement s'ouvre sur un vestibule assez spacieux qui donne sur une cuisine suivie d'un cabinet de toilette. En façade, deux belles pièces donnent sur la campagne avec une vue imprenable sur les montagnes Noires. De l'autre côté de la rue, nous surplombons la gendarmerie où logent une demi-douzaine de gendarmes avec leurs familles. Par la fenêtre de la cuisine, au-dessus des murs, nous voyons l'arrière de la quincaillerie et le grand cube de béton de l'entrepôt. Juste au-dessus, sous les combles, nous bénéficions d'une partie du grenier et d'une chambre mansardée, communément appelée chambre de bonne. Je la partagerai avec Raoul quand je serai de passage et que mon grand frère ne sera pas absent.

Notre nouveau quartier se réduit à cette courte artère qui s'étend de la grand-rue d'un côté à la descente de la Fontaine-Lapic de l'autre. Elle déborde de vie. La charcuterie en est le centre nerveux par la clientèle qu'elle attire. Pas moins de trois débits de boisson jalonnent la courte distance entre le magasin Geoffroy et l'angle de la rue du Général-Lambert, voie centrale de notre petite ville. En plus de la boutique de quatre-saisons de madame Flamand, on compte Mil-Boutons, le tailleur ; Chevance, le sabotier ; Léon, le peintre en bâtiment, plus quelques autres commerces. Une seule maison n'a pas de magasin au rez-de-chaussée. Mademoiselle Guivarc'h, l'une des dames au chapeau vert, amie de Maman, vit seule dans cette vaste demeure.

Tout le monde n'a pas l'eau courante, peu s'en faut. La pompe publique qui fait le coin près de la gendarmerie est le rendez-vous des ménagères du quartier qui viennent y remplir leurs brocs plusieurs fois par jour. C'est là qu'on fait provisions de nouvelles, de ragots et de commérages, tenant d'une main l'anse du broc, et pesant de l'autre sur le gros bouton de cuivre qui fait couler l'eau. On y commère tout comme au lavoir de la Fontaine-Lapic où les laveuses font aller leur langue tout autant que leur battoir.

Il reste un dernier décor à dresser pour situer notre vie telle qu'elle se déroulera pendant les prochaines années à l'intérieur d'un étrange triangle formé par Carhaix, où nous habitons, le Nivernic, que vous connaissez, et Conval, qui nous attend.

Conval, au bout du monde

Tonton René adorait la pêche et la pratiquait en expert depuis sa tendre enfance. Il connaissait tous les cours d'eau des environs et les parcourait la ligne à la main. C'est ainsi qu'il découvrit l'Aulne. Cette rivière est sans doute l'une des plus belles de Bretagne. Elle est aussi l'une des plus longues. Elle prend sa source dans les monts d'Arrée et, après avoir décrit une courbe harmonieuse qui frôle Poullaouen à treize kilomètres de Carhaix, elle se jette dans la rade de Brest, près de l'antique abbaye de Landévennec. Très poissonneuse, on racontait que les valets des fermes voisines du cours d'eau exigeaient, dans leur contrat d'embauche, qu'on leur serve du saumon seulement deux fois par semaine. Mais j'ai lu la même histoire au sujet d'autres rivières !

La vérité est qu'à la fin des années 1930, on pouvait y faire de belles pêches de truites et de jeunes saumons, des tacons. Quelques rares saumons adultes remontaient encore l'Aulne malgré la canalisation partielle. Le tout dans un décor bucolique d'un vert digne de l'Irlande qui semblait ne pas avoir changé depuis l'aube des temps.

La passion pour la pêche et l'ichtyologie était telle chez notre oncle qu'il en vint à vouloir se lancer dans la pisciculture. Tonton René était quasiment analphabète – Maman, sa grande sœur, lui aurait appris à lire à 10 ans –, mais il était loin de manquer d'intelligence, de finesse et de détermination. Bref, il se présentait comme un parfait échantillon de la race des Paul.

Conval, c'est avant tout une chapelle au bord de l'Aulne, au cœur de ce qui semble une vallée déserte. Cinq cents mètres avant d'y arriver, le chemin traverse la cour d'une ferme importante. La maison d'habitation occupe un côté de l'ensemble des bâtiments. Elle est de construction récente et plus confortable que le *penti* traditionnel. Elle respire une certaine aisance. Nous sommes au Vergoin, chez monsieur et madame Olivier Tanguy, leurs deux fils et leurs cinq filles. L'une d'entre elles, jolie comme un cœur avec son abondante chevelure noire, répond au prénom d'Hélène. Je n'en dis pas plus pour l'instant.

Une fois franchie la cour du Vergoin, on aperçoit la rivière en contrebas. Le reste du chemin avant de rejoindre Conval est bordé de noisetiers si drus qu'ils bouchent presque le passage.

Au-delà des collines dénudées, couvertes de landes, il y a d'autres fermes. On les rejoint du fond de la vallée par des sentiers qui escaladent les pentes au travers des ajoncs aux fleurs d'or. La rivière coule entre de larges et vertes prairies où les *paotr-saout* gardent les vaches. Immédiatement en amont, un déversoir barre la rivière. Le bruissement de l'eau qui coule meuble le silence.

Le chemin arrête un peu plus loin au pied du courant que l'on traverse sur une étroite passerelle de bois, pour les piétons, ou par un gué, pour les bestiaux et les charrettes. On ne va pas plus loin. Ici finit le monde. Un canal d'arrivée qui recueille l'eau à la hauteur du déversoir rejoint en aval l'emplacement de la roue d'un moulin disparu. Au bord du chemin, dépassé la chapelle, se trouvent d'abord une grange puis une importante structure en pierre de forme bizarre en partie ruinée. Ce seraient les restes d'un four à chaux. Cet ensemble de bâtiments détonne dans l'environnement de ce coin perdu de la commune de Poullaouen, dont le bourg se trouve à une heure de marche.

Une chapelle protestante

La chapelle est une maison assez spacieuse, semblable aux autres maisons du pays, à la différence d'un clocheton surmontant le pignon de façade. En réalité, ce n'est pas une chapelle mais un temple protestant. Lorsque tonton fait la découverte et l'acquisition du lieu, le pasteur, un vieux monsieur, y réside encore. Que peut bien faire ce temple dans ce coin sauvage et perdu au centre d'une région dont l'attachement au catholicisme est bien connu ? Je me suis longtemps posé la question. Ce n'est que récemment que j'ai trouvé la réponse.

À la fin du XIXᵉ siècle, une secte protestante anglaise avait décidé, allez savoir pourquoi, de convertir les paysans bretons à sa foi. Leur prosélytisme porta fruit. C'est ainsi qu'en 1940, on pouvait trouver quelques reliquats des communautés protestantes comme ce temple et son pasteur, dernier de sa race. Un jour, non loin de là, nous traversions en voiture un village dont j'ai oublié le nom. Maman, qui était du voyage, nous fit remarquer que les gens qui habitaient là étaient « protestants ». Le tout dit à mi-voix, sur un ton qui laissait entendre, d'une part, qu'il ne fallait pas les fréquenter, et sous-entendre, d'autre part, qu'ils étaient des suppôts du diable… Comme il était rassurant alors de se savoir baptisé et membre en règle de notre mère la Sainte Église catholique, hors de laquelle il n'y a point de salut. *Amen.*

Chemins d'antan

De Carhaix, on a le choix entre deux itinéraires pour rejoindre Conval. Si on n'est pas pressé et qu'on ne craint pas l'effort, une fois l'Hyère franchie au Moulin-Meur, un lieu-dit situé à deux kilomètres au nord-ouest de Carhaix, on emprunte la *vieille route*.

Et vieille elle l'est, cette route, puisqu'elle remonte aux Romains. On ne l'entretient plus depuis l'ouverture de la *nouvelle* qui mène directement au bourg de Poullaouen. La voie romaine va tout droit, escaladant les côtes. On voyait large autrefois. La place ne manque pas sur les côtés. Le laboureur peut y tracer un sillon d'essai. Les charrettes, qui sont les seuls véhicules à l'affronter, y ont laissé de profondes ornières. Par temps sec, les vélos passent sans peine.

Quel bonheur de déambuler sur ce vieux chemin ! On y goûte la solitude, et en haut de la première côte, si on se retourne, on voit Carhaix au loin sur sa colline, surmontée par le clocher de l'église Saint-Trémeur aux quatre clochetons.

Combien de fois ai-je arpenté ces deux routes – la vieille et la nouvelle – à pied, à vélo, en voiture à cheval ou en auto, seul ou avec d'autres. C'était il y a plus d'un demi-siècle. Depuis, le modernisme a renversé l'ordre des choses. Le tracé rectiligne de la voie romaine a été choisi pour y construire une route neuve. Ce qui était la nouvelle route est devenue la vieille !

* * *

Une fois chez lui, tonton René modernisera sa propriété dans le but de la transformer en pisciculture. Le canal d'amenée de l'ancien moulin débouchera désormais sur une turbine qui fournira l'électricité. Il imite ainsi son père qui avait électrifié le Nivernic. Plus tard, il entreprendra des travaux de terrassement pour créer des bassins d'élevage dans la prairie, le long de la rivière. Il élèvera aussi un bâtiment pour l'écloserie d'alevins. Le repreneur de la pisciculture, lorsque tonton René nous rejoindra au Québec, en fera une importante entreprise spécialisée dans le saumon fumé, importé en grande partie du Canada. Le Conval de ma jeunesse, transformé en usine agro-alimentaire, n'est plus le désert qu'il était.

Bonjour la France

MIL neuf cent quarante et un sera une autre année charnière. Insensiblement, sans pour autant pousser vraiment en taille, je passe de l'enfance à la préadolescence. J'ai commencé à muer. Je n'atteins plus le fa dièse aussi facilement, quoiqu'il demeure encore de beaux restes de ma voix de soprano. Un changement important va toutefois survenir dans ma vie de collégien. La Vicomté ferme en raison des événements. À la rentrée, je dois me présenter à l'école Saint-Fidèle, 3, chemin du Colombier, à Angers.

Les occupants avaient décidé de mieux contrôler les côtes de France devenues la première ligne face à l'Angleterre. Ils délimitèrent une zone dite *interdite* où ne pouvaient demeurer que les personnes ayant leur domicile permanent dans cette région. Les élèves du collège ne répondaient pas à ce critère. On nous regroupa donc avec les classes supérieures qui déjà se trouvaient à Angers, de la cinquième à la terminale. Pour la première fois de ma vie, je vais sortir des limites de ma Bretagne natale. Je vais découvrir la France française. Le choc culturel ne me sera pas épargné.

Mais avant d'en arriver là, j'aurai passé des grandes vacances que l'on peut qualifier de normales. J'ai couru les champs, j'ai retrouvé mes camarades, dont Manu. Une troupe scoute a été mise sur pied. Le scoutisme est de mon âge, je m'y engage avec l'enthousiasme de mes douze ans. D'autant plus que ce mouvement aux relents patriotiques est interdit par les Allemands, ce qui le rend d'autant plus attirant.

LA FAMILLE ÉCLATE

Cet été sera marqué par un premier déchirement dans le tissu familial. Armand nous quitte. Tout comme moi, il est petit séminariste. Il a suivi l'exemple de tonton Gaston. Au lieu d'une bure brune, il portera la soutane blanche des Pères blancs pour évangéliser plus tard les musulmans d'Afrique du Nord.

Depuis un an, il est à la maison pour des raisons de santé. Il poursuit ses études par correspondance. Ayant terminé le cycle secondaire, il lui faut rejoindre le grand séminaire en Tunisie pour y faire sa philosophie. Rien de plus simple de nos jours. On saute dans un avion et, deux heures plus tard, on est à l'ombre des palmiers.

En 1941, ce n'était pas seulement plus compliqué, c'était tout bonnement interdit. La France était coupée en deux, à la suite de l'armistice de 1940. Au sud de la Loire, s'étendait la France théoriquement indépendante à l'ombre du képi du maréchal Pétain. Les Français du Nord vivaient dans la zone dite *occupée,* sous la coupe des Allemands. Une véritable frontière séparaient les deux France sous le vocable très politiquement correct de *ligne de démarcation.* Pour la franchir, il fallait une autorisation difficile à obtenir. On devait donc passer en fraude cette barrière imaginaire, mais bien réelle. C'est ce que mon frère va faire. Après avoir manqué son départ pour l'Angleterre avec Raoul et Ferdinand, il va tenter l'aventure et la réussir. Quand le reverrons-nous ?

Cette question doit sûrement tarauder Maman. Il faut fixer, avant qu'il nous quitte, l'ensemble de la famille sur la pellicule. On le fait au bord du canal, au Nivernic. Maman est entourée de ses cinq enfants. Pépère se tient à son côté, droit comme un pic. C'est un dimanche après-midi, car nous sommes tous *habillés en dimanche,* comme on disait alors. Armand nous quitte donc, en direction de la Tunisie, pour revêtir la soutane. Il vivra loin de nous pendant près de quatre ans, dont trois où nous serons sans nouvelles de lui.

* * *

> *Et plus que l'air marin,*
> *La douceur angevine.*

Cette ode au pays d'Anjou est signée Joachim Du Bellay, célèbre auteur de la Renaissance. Je m'inscris en faux contre cette déclaration. Je parle d'expérience. L'air des bords de Loire est doux, soit. C'est avec cet air qu'on fabrique des poètes. L'air marin, vif, salé, a du corps et du tempérament. Il engendre des hommes qui font de la prose ! Pendant les cinq prochaines années, je n'aurai d'autre choix que de respirer cet air si vanté. Je regretterai bien longtemps la brise marine des bords de Rance que je ne retrouverai qu'à l'heure de la retraite.

Le temps de la rentrée arrivé, cafardeux, je prends donc le train pour une destination inconnue : Angers, importante ville universitaire sur la Maine, au confluent de la Loire. Au lieu de passer par Guingamp et le nord, selon le scénario bien connu, je rejoins Rosporden, direction sud, par le petit train pour retrouver le grand de la ligne Quimper-Paris. Je vais atteindre ma destination via Nantes, grande ville industrielle. Mais, cette fois, je n'ai qu'un compagnon de voyage en la personne de Joseph Pastor de Kergloff, l'autre Joseph ayant jeté le froc aux orties entre-temps. Nous passons par des villes que je connais de nom, mais que je vois pour la première fois : Lorient, Vannes… Nantes approche et le paysage change. Certains toits ne sont pas couverts d'ardoise bleutée, mais de tuiles rosâtres. Et moi, j'aime pas ! La traversée de Nantes m'afflige, non sans raison. Les grands immeubles anciens sont de guingois. Leurs façades sont noircies par le temps.

Puis nous roulons le long de la Loire. Je suis dérouté par ce que je vois. Il est des champs, sur les coteaux, qui m'intriguent. Ils sont couverts de cultures ordonnées en rangées bien parallèles. Les feuilles arborent des couleurs rouille et dorées sous le soleil de l'automne. Je trouve cela moins laid que les bâtisses sales de Nantes, mais qu'est-ce donc ? De nature timide, quoi qu'on pense, je n'ose m'informer. J'attendrai donc pour apprendre que, pour la première fois de ma courte vie, je voyais de la vigne et que je n'avais pas fini d'en voir ! Je quittais ainsi l'espace armoricain granitique pour le tuffeau blanc et friable, mais si facile à travailler, du val de Loire au climat moins rude.

Il reste une dernière ville à traverser avant d'atteindre ma destination : Ancenis. Par la suite, à chaque rentrée, ce nom sonnera pour moi comme le signal de la cloche qui annonce la fin de la récréation. Dans une demi-heure, ce sera la gare peu accueillante d'Angers, puis le long trajet à pied à travers toute la ville jusqu'aux confins de Trélazé. Si Nantes ne m'a pas plu, cette ville me rebute. Je la trouve laide, sauf le beau et grand château des comtes d'Anjou, immense forteresse féodale juchée au bord de la Maine, et le vieux quartier qui l'entoure.

LA BARAQUE ET UN AUTRE ÉTAT DES LIEUX

Ses occupants ont baptisé l'école Saint-Fidèle du vocable peu flatteur de *la Baraque*. Cela peut porter à confusion. Lors de mes premières vacances, je mentionnais à Naine, curieuse de ma vie à Angers, que :

— … la baraque laisse à désirer.

— Comment, me dit-elle, tu vis dans une baraque ?

Ayant compris la méprise, je m'empressai de la rassurer en lui expliquant que c'était un édifice en maçonnerie et non un bâtiment allongé, construit en matériaux légers, destiné au logement des soldats ou des ouvriers.

Il est vrai que notre école, qui aurait dû porter, selon l'usage, le nom de collège, était presque insalubre. Il fallait parfois disputer notre espace vital avec les rats qui ne se gênaient pas pour traverser les locaux sous notre nez, donnant lieu à des chasses rarement fructueuses. Il était aussi préférable de ne pas laisser traîner des aliments dans notre tiroir au réfectoire. Cet inconvénient était mineur. Le pire, c'était l'humidité et le manque de chauffage. Les toilettes étaient du genre archaïque. Pour prendre notre douche, mensuelle, il fallait se rendre dans un collège voisin du nôtre ! Nous n'étions pas plus mal lotis, à part la vétusté des lieux, que le commun des collégiens et je connaîtrai bien pire sous les drapeaux.

Par contre, cet ensemble de bâtiments avait, de toute évidence, été conçu et construit, dans un passé assez lointain, pour les fins auxquelles il servait. Il formait un U qui encadrait la vaste cour de récréation. Les jardins étaient vastes et cultivés avec soin par le frère jardinier. Le climat angevin est propice pour la culture de la vigne et des arbres fruitiers. En saison, cela nous valait un supplément alimentaire, bienvenu en ces temps de disette, sous forme de fruits savoureux.

Notre quartier se trouvait à la lisière de la ville d'Angers, à proximité de Trélazé, centre de l'extraction de l'ardoise fine. Les carrières désaffectées, minérales d'aspect en raison des déchets de schiste et du manque absolu de végétation, nous servaient de but de promenade. Le tout n'était pas sans danger, car les anciennes carrières formaient des étangs sans fond où il était facile de tomber. Comme les plages de la Vicomté étaient loin ! Mis à part les ardoisières, l'environnement était presque agreste.

De l'autre côté de la rue, derrière un haut mur de pierre, un horticulteur se livrait à ses activités. Le soir, avant de m'endormir, dans les premiers temps, j'entendais des cris bizarres, jamais entendus auparavant, d'un animal que je n'arrivais pas à identifier. Tout comme pour la vigne, j'aurais pu me renseigner. Une fois de plus, mon amour-propre me l'interdisait. Je finis quand même par apprendre que ce cri n'était autre que les hi-hans d'un âne ! À propos, vous qui me lisez, avez-vous déjà entendu braire un bourricot ?

À côté de ce grand terrain voué à la culture, se trouvait le stade. Des fenêtres des dortoirs, nous avions une vue plongeante sur le terrain de foot et les pistes d'athlétisme. Nous étions aux premières loges, gratuitement, pour les rencontres sportives de haut niveau qu'occasionnellement on nous autorisait à suivre. Plus loin, notre horizon était barré par une usine imposante. Voilà l'environnement qui sera le mien pendant plusieurs années qui me paraîtront sans fin. D'autant plus que nous vivions littéralement entre les quatre murs qui font le tour de l'institution. Que l'on se rassure, je n'y fus pas malheureux, malgré les restrictions, la discipline, le dur labeur qu'on nous imposait et les malheurs de la guerre. Il est vrai qu'une grande espérance va bientôt nous habiter, celle de la délivrance et de la libération de notre pays.

* * *

1941 – Le 8 septembre, j'ai 13 ans et j'entre en classe de cinquième. Les années de calendrier ne correspondent pas vraiment à la vie des écoliers, collégiens et étudiants. Le rythme de leur vie suit celui des années scolaires. Nous sommes donc en 1941-1942.

Le père Odon est mon professeur titulaire, brave homme, certes, mais piètre pédagogue, trop préoccupé par la piété pour être au niveau des préoccupations de ses jeunes élèves. Il présida à ma rencontre avec le grec qui fera partie de mon quotidien, avec le latin. Rétrospectivement, je pense au dur labeur qu'exigeait l'étude de cette langue, morte depuis deux millénaires. Il ne m'en reste pratiquement rien, sauf la capacité de reconnaître quelques mots… et les blagues faciles que je vous ai déjà contées.

Quelques
images

La charcuterie, rue Amiral-Emeriau, vers 1905. Posant devant leur commerce : Pépère Geoffroy, une employée, Dodotte et l'un de ses frères.

La quincaillerie en 1922. De gauche à droite : Maman ; Naine, portant Ferdinand, fils de Ferdinand ; dans les bras d'une employée, Raoul, fils de Raoul.

*Maman dans tout l'éclat de
ses dix-huit ans. Elle a revêtu,
pour poser, la guise
traditionnelle du pays de
Carhaix, à la mode fisel.
La jolie Bretonne que voilà !*

*François Paul, le grand-père
de Morlaix. Portrait à la
mine, exécuté par Maman, sa
petite-fille artiste, vers 1914.*

Tonton Ferdinand et Papa (à droite), artilleurs au 35ᵉ régiment d'artillerie de campagne de Vannes, en 1910.

Toujours artilleurs, pendant la guerre de 14-18. De gauche à droite : inconnu, Papa, inconnu, tonton Ferdinand.

Mariage de Papa et Maman,
le 8 août 1920.
1. Barbe Blisier, l'arrière-grand-mère
2. Dodotte – 3. Tonton René
4. Tante Olive – 5. Maman
6. Tante Geneviève
7. Tonton Gaston
8. Pépère Geoffroy – 9. Papa
10. Tonton Armand.

Pépère Lebarbé (Ferdinand Lebarbé) et
Naine (Emma Leteinturier), la
cinquantaine prospère, vers 1910.

Promenade familiale d'un dimanche après-midi, en 1930. Papa et Maman ; Raoul, Babette, Gaston et Armand. Marie-Olive est encore à venir.

Maman, dans tous ses atours, trône au milieu de sa couvée. C'était pendant les années de bonheur. Tonton René épousait tante Yvonne, en ce jour de 1936.

En 1937, la tribu Lebarbé-Geoffroy pratiquement au complet, rassemblée en l'honneur de tonton Gaston, sur le bord du canal au Nivernic.

1. Jean-Gabriel Geoffroy
2. Raoul Geoffroy
3. Marie-Olive
4. Maman
5. Pépère Geoffroy
6. Dodotte
7. Tonton Gaston
8. Renée Geoffroy
9. Gaston
10. Tante Marie
11. Armand Geoffroy fils
12. Tonton Armand
13. Tante Geneviève
14. Tonton René
15. Tante Yvonne
16. Raoul Lebarbé
17. Ginette
18. Babette
19. Armand Lebarbé
20. Marie-Louise

Marie-Olive et Gaston, grillés par le soleil breton, jouent dans le sable de la plage de Bénodet pendant les vacances de 1936.

1938, souvenir de ma communion solennelle. Après le repas, on pose sur le Champ-de-Foire. Je porte, pour la seconde et dernière fois, mon beau costume Eton. Maman, Raoul, le premier communiant, Marie-Olive. Pensionnaires, Armand et Babette sont absents

Maman et ses trois fils, sur le seuil de Ti Bihan, la petite maison du bois de Kergoat, un dimanche d'été, en 1938.

Le petit séminaire des Missions du Levant, à la Vicomté-Dinard, tel qu'il paraît encore et tel qu'il était en septembre 1939 quand j'en franchis la grille pour la première fois.

1940. Les élèves de 6ᵉ entourent le père Francis qui perdra la vie lors du bombardement d'Angers, en 1944. Jean, François, Corentin, Gaston (au premier rang, le second à partir de la gauche) et les autres, sont là. Ils ne se quitteront pas pendant les sept années à venir.

Été 1941, au Nivernic. Émouvante
photo, car la famille va éclater.
Armand, à droite de Maman, va
passer en Afrique du Nord. Nous ne le
reverrons que quatre ans plus tard.

1er janvier 1941. Je prononce ma
promesse scoute dans le verger du
presbytère de Plounévézel, activité
interdite par les autorités
occupantes allemandes.

1945, à l'école Saint-Fidèle, à Angers.
Jean, François, Corentin sont bien
toujours là. Gaston aussi, second, à
partir de la droite.

Allemagne occupée, 1945. Armand, après un long séjour sur la ligne de feu, est devenu le chauffeur de l'aumônier général de la 1re armée française. La décapotable a vécu une première vie au service de l'armée allemande.

Août-septembre 1944, presqu'île de Crozon. Raoul est au fusil-mitrailleur. À ses côtés, son camarade André le Pen. Les maquisards sont devenus des soldats réguliers, combattant aux côtés des Américains pendant le siège de Brest.

Août 1946. Appuyé au muret qui clôt le Champ-de-Bataille, perdu dans mes pensées, je suis à la veille de quitter la maison pour le noviciat des Capucins, au Mans.

Le frère Gaston, dans le jardin du couvent des Capucins au Mans, en 1947.

Le frère Armand Lebarbé, au séminaire des Pères blancs d'Afrique, Thibar, Tunisie, 1942.

Paris 1948. Dans le style « Doisneau », une photo volée des cousins de Paris : Étienne Legardinier et Camille – oh ! la jolie Parisienne ! – derrière leur étal de légumes au marché couvert.

Fin mars 1951. En mer, à bord du Georgic, quelque part entre le Havre et Halifax (Canada), les émigrants : Gaston, Hélène, Raoul et Françoise, Maman, Marie-Olive.

Un élève de caractère

Rutabaga, n. m. – Plante de climat froid et humide, cultivée pour la partie de sa tige renflée au-dessous du sol, comestible. Syn. : Chou-navet.

Cette définition est celle du dictionnaire. Elle contient toutefois une inexactitude de taille. Si le rutabaga est comestible, c'est pour les bestiaux. Je le sais pour l'avoir vu, de mes yeux vu dans les fermes. Cela ne nous empêchera pas d'être nourri pendant quatre ans de ce légume insipide et sans qualité nutritive.

* * *

Nous sommes à table, dans le grand réfectoire. Le silence règne, troublé seulement par la voix du lecteur. Le père surveillant surveille. C'est-à-dire qu'il marche lentement entre les tables, les mains dans les manches, en jetant un regard plus ou moins attentif sur les convives. Cette semaine-là, c'est le père Louis-Antoine qui est de service. Il enseigne le français et les lettres anciennes en terminale. Son grand nez d'Arménien planté en pleine figure en dessous d'un crâne chauve, juste au-dessus de sa moustache et de sa barbe, ne me dit rien qui vaille, autant l'avouer. Ce qui me déplaît surtout dans ce personnage, c'est le petit ricanement nasillard qu'il émet quand il parle ou quand il rit. Sa tête est une vraie binette à caricature. Je me fais un plaisir à la reproduire sur mes cahiers de brouillon. Une fois de plus, ce midi, on nous a servi des rutabagas, cuits à l'eau évidemment, comme légume d'accompagnement d'un infâme bout de viande. J'ai consciencieusement vidé mon assiette, poussé par la faim. Dans ma portion, il se trouve malheureusement des morceaux provenant de la pointe du chou-navet remplis de fibres. Je les mâche soigneusement car, par ces temps de disette, il ne faut rien gaspiller, puis je recrache poliment les fibres mâchouillées sur le rebord de mon assiette. C'est à ce moment qu'une ombre passe derrière moi et j'entends une voix sévère me dire :

— Mangez ce qu'il y a dans votre assiette !

— Je ne peux pas, mon père, ce n'est pas mangeable !

— Mangez quand même ! m'ordonne le père Louis-Antoine, sur un ton comminatoire.

Ébahi par une telle idiotie, je ne trouve rien à dire. Par contre, pour faire connaître ma désapprobation, je hausse ostensiblement les épaules. J'ignorais à l'époque que le non-dit est pire que le dit lui-même. Qu'avais-je fait là ?

La foudre tomba sur ma pauvre personne. Le lundi suivant, après l'étude du soir, à la lecture hebdomadaire des notes, où chaque élève recevait de la bouche du père directeur une évaluation de son rendement assortie de félicitations ou de blâme, ce fut ma fête. J'écopai de la punition *numéro un*, soit une retenue. Me voilà privé de la promenade du mercredi après-midi, avec une pleine page de grec à traduire en français et, en prime, une mercuriale dénonçant mon insubordination et surtout mon *mauvais esprit*. Le tout en présence de mes petits camarades qui rigolaient sous cape. Je n'avais d'autre choix que de baisser la tête, d'encaisser et de me fabriquer une solide rancune contre le père Louis-Antoine, cet Arménien, ce métèque qui n'était même pas Français puisqu'il avait vu le jour à Constantinople !

* * *

Nous sommes en mars et, le 19 de ce mois, on fête saint Joseph, le patron de notre directeur, le père Louis-Joseph. La tradition veut que tout membre du personnel enseignant dont c'est la fête patronale se présente dans la cour de récréation après le repas de midi. Le rituel exige que les élèves forment la file et à tour de rôle viennent lui présenter leurs vœux. Me voilà, à mon tour, devant le père Louis-Joseph que j'apprécie, car il a vu le jour en Bretagne, et qu'entre *pays* on se soutient. De plus, il connaît le recteur de Plounévézel, petit bourg aux portes de Carhaix que je connais moi-même fort bien. J'ai aussi décelé chez lui une certaine sympathie à mon égard.

Fort de ces atouts, j'ose le tout pour le tout. Je n'ai pas digéré le coup des rutabagas et la punition qui a suivi. Je me sens victime d'une injustice et de la vindicte de l'Arménien. En outre, je n'ai pas encore exécuté la punition. N'ayant plus rien à perdre, je fonce. Mes vœux une fois présentés, au lieu de laisser la place au suivant, je plonge :

— Mon père, en l'honneur de votre saint patron et en ce jour de votre fête, puis-je vous demander de déclarer l'amnistie générale et de supprimer les punitions encore pendantes.

Il me regarde avec un éclair de malice dans les yeux.

— Accordé.

— Merci, mon père !

Ouf ! j'ai gagné ! Je ne sais s'il avait trouvé ma punition démesurée par rapport au délit ou s'il avait négligé les conséquences. Les quelques camarades qui bénéficiaient aussi de l'amnistie se félicitèrent de mon culot.

Hélas ! il y avait quelqu'un qui n'appréciera pas que son autorité soit battue en brèche en public : le père Louis-Antoine.

Je décidai alors, de mon propre chef, qu'il avait développé un ressentiment tenace à mon égard. Ce sera rancune contre rancune, vraie ou supposée, entre nous. Elle durera cinq ans. Louis-Antoine m'attendra au coin du bois. En 1945, j'entrerai en terminale sous sa coupe. Il me fera souffrir, c'est du moins ce que je m'imaginerai. Je deviendrai, bien à contrecœur, le spécialiste de l'*aperto libro*, littéralement *livre ouvert*. Debout, à ma place, je devrai traduire, sur-le-champ et sans aucune aide, un texte de Platon ou d'un autre auteur grec de l'Antiquité devant mes camarades soulagés d'échapper à cet exercice aussi pénible que périlleux.

J'étais injuste à son égard. Licencié ès lettres, le père Louis-Antoine était le seul de nos professeurs à détenir des diplômes vraiment supérieurs. Il préparait sa thèse de doctorat tout en nous enseignant. Non seulement il oubliera ou pardonnera l'incident des rutabagas, mais il inscrira, dans mon livret scolaire officiel du baccalauréat, des remarques fort élogieuses à mon égard.

Ce qui ne fut pas le cas de tous ses autres collègues… et rabattit ma superbe !

Et la superbe des Anglais, alors ? ou le sens des mots

Les Anglais, surtout quand ils sont Irlandais, ont l'épiderme sensible. Je vais avoir à faire face à deux professeurs d'anglais dans les années à venir, deux frères. Curieux destin que celui de ces Anglais. Irlandais d'origine, nés aux Indes, à Bangalore, d'un père officier de Sa Majesté, ils se retrouvent capucins en France. Je n'en ai jamais su la raison.

L'aîné s'appelle Fortunat en religion. Même s'il parle un français impeccable, il lui reste un fort accent. Il est le premier à s'en moquer avant qu'on ne le fasse, en prétendant qu'il ne peut pas dire *Fortunat*, tout en prononçant parfaitement le U, cette voyelle imprononçable pour un Anglo-Saxon. Il est donc obligé de dire *Fortiounat* ! Cela nous amuse à tout coup. D'autant plus que Fortunat-For*tiou*nat est d'un commerce fort agréable. Tel n'est pas le cas de son frère, le père Marie-Gérard, quelque peu pète-sec.

Contrairement à son frère, Marie-Gérard parle notre langue sans la moindre trace d'accent étranger. Sous les dehors d'un authentique Français, il camoufle un orgueil immodéré de sa provenance d'Outre-Manche. Il nous le fait savoir en nous vantant la supériorité de l'Angleterre sur son pays d'adoption. Digne fils de la *perfide Albion*, il ne nous attaque jamais de front. Il nous donne des exemples que je juge idiots, comme la hauteur des quais dans les *stations* de Grande-Bretagne par rapport à la première marche des wagons ! Nous n'avons évidemment pas le droit de riposte. Jusqu'au jour où je lui renvoyai la balle.

PAN ! DANS LA GUEULE

Les pannes de courant sont notre pain quotidien. Cette fois-là, elle survint pendant l'étude du soir. J'achevais de recopier au propre un *essai* en langue anglaise. Le manque de lumière m'empêcha de terminer mon travail. Je remis donc ma copie au propre inachevée, accompagnée de mon brouillon. Cela se passait un mardi. J'oublie l'incident jusqu'au samedi suivant où, le soir, pendant l'étude libre où nous pouvons faire ce qui nous plaît, comme lire ou écrire notre courrier, le père surveillant me fait signe de le rejoindre sur la tribune où il siège. Il me remet mon travail d'anglais inachevé en signalant que je dois le *refaire*, comme l'a indiqué le père Marie-Gérard dans la marge, à l'encre rouge. En voyant cela, je deviens écarlate comme l'encre sur ma copie. Tout tourne à la vitesse de l'éclair dans ma tête. Pourquoi *refaire* le travail ? C'est parfaitement stupide. Si on me demandait de le *recopier* en entier, je serais d'accord, mais le *refaire*, jamais !

Debout sur la tribune du père surveillant, rouge de colère, j'éclate, faisant connaître mon opinion en criant presque. Toutes les têtes se relèvent et me regardent, effarées que j'ose faire un tel éclat. Surtout que ce n'est pas fini. Je déclare, outré, que jamais je ne *referai* mon devoir. Là-dessus, j'ouvre la lourde porte qui donne dans la cour et la referme en la claquant.

On n'avait jamais vu de mémoire de petit séminariste un tel acte de rébellion, un tel scandale. Mon geste était irréfléchi. Une fois dehors je me retrouve plongé dans l'obscurité la plus totale d'une nuit glacée. Je reviens à la raison. Après quelques minutes à l'extérieur, je réintègre ma place à l'étude et *refais* mon devoir au complet.

Les conséquences de mon geste ne se font pas attendre et, une fois de plus, j'ai l'honneur des remontrances publiques à la lecture des notes avec en prime, comme toujours, les punitions qui les accompagnent. Pour enfoncer encore plus le clou, le père directeur a l'amabilité de déclarer que ce travail n'avait pas à être *refait*, mais simplement *recopié*. Autant déclarer, *urbi et orbi*, que je suis un crétin ! Je digère l'affront, n'ayant pas d'autre alternative.

* * *

Quelques jours plus tard, on fête la saint Gérard. Le rituel se renouvelle. Me voilà de nouveau dans la file respectueuse des élèves. Mon prof d'anglais bien aimé n'est pas seul. Le père directeur est à ses côtés avec d'autres professeurs. C'est à mon tour de serrer la main anglo-saxonne. Pouah ! Je m'exécute, faute de ne pouvoir l'exécuter, ce descendant des bourreaux de Jeanne d'Arc. Planté devant l'ensemble du collège, martelant mes mots, je lui lance, en élevant la voix pour que tout le monde m'entende :

— Bonne fête, mon père. *J'espère qu'à l'avenir vous ferez la différence entre refaire et recopier.*

Et pan ! dans la gueule !

Tonnerre aussi dans le ciel bleu de l'internat. Il me ne me pardonnera pas vraiment mon insolence, que j'aurai entre-temps payée au prix fort, puisqu'il me gratifiera, dans mon livret scolaire, d'un simple *Bon élève,* alors que celui-ci indique que je me suis classé premier à tous les examens.

Tant pis pour ma modestie

Il n'en sera pas de même de la part de Louis-Antoine. Il me qualifiera d'*Élève très intelligent, intuitif, personnel, artiste.* L'année précédente, le professeur de seconde m'avait aussi gratifié d'un *Élève très doué, artiste.* Je n'ai jamais trouvé là sujet à me glorifier, car je savais très bien que mes résultats brillants ne devaient pas grand- chose au travail. Les gènes hérités des Paul me prédisposaient aux lettres, tout comme tonton Gaston et ses fils, Yann et Alain, sont nés musiciens.

Les autres matières me ramenaient à la modestie. En mathématiques, j'avais droit à un *Un peu faible* que je qualifierais de poli de la part de notre prof de math. En terminale, ma notation en mathématique n'est guère plus élogieuse. J'écope d'un *Assez faible,* assorti toutefois d'une étonnante remarque : *A parfois des démonstrations originales.*

Fermé aux abstractions de l'algèbre, je me retrouvais dans les angles, les parallèles, les lignes diverses de la géométrie plane. Par je ne sais quel détour de l'esprit, il m'arrivait effectivement d'inventer des démonstrations de mon cru au lieu de répéter celles du manuel que j'avais oublié d'apprendre par cœur. Notre gentil prof de mathématiques n'ayant jamais vu cela de sa vie n'en était pas revenu. Je n'étais donc pas *personnel* seulement en littérature !

Je ne brille pas davantage dans les sciences physiques où mon rendement est noté : *Assez irrégulier* ou *Faible*, avec une place peu glorieuse en queue du peloton. J'étais donc fermé aussi à la physique et à la chimie. Je le serai encore plus à la philosophie.

Si on fait la moyenne de mes notes, je suis un élève ordinaire, milieu de classe. Je suis en conséquence victime du harcèlement de mes professeurs qui jugent mes piètres résultats à l'aune de ma prétendue intelligence. Ils me houspillent, me répètent sans cesse que je peux faire mieux, que je dois travailler davantage, que je dois faire un effort, que personne ne sera là pour me pousser dans le dos quand je serai adulte, ce en quoi ils se trompaient d'ailleurs.

(J'en garderai un solide complexe de culpabilité qui, encore aujourd'hui, remonte chaque fois que je me retrouve à ne rien faire.)

Cela ne les empêchait pas de mettre à contribution mes capacités. Dès la cinquième, je deviens le spécialiste attitré des *compliments*, allocutions de circonstances pour les fêtes de nos maîtres, ouvrant ainsi ma future carrière de discoureur et de conférencier.

Au vu et au su de ce qui précède, on comprendra que, dans les années à venir, j'aurai un parcours rempli de secousses et de cahots dont je vous fais grâce. L'arrivée et le passage de l'adolescence n'amélioreront pas mes défauts de caractère. J'aurai le redoutable honneur de me retrouver au premier rang des fauteurs de troubles lorsqu'il s'en produisait, coupable ou non, avec les inévitables punitions.

* * *

J'avais autour de moi nombre de professeurs et de camarades qui ne m'appréciaient pas outre mesure. Il y en avait d'autres, par contre, qui avaient su découvrir le côté positif de ma personnalité. J'ai donc bénéficié de l'appui paternel de quelques professeurs, et amical de certains condisciples.

Comme on me prête quelque intelligence, non sans outrecuidance, j'ai toujours professé que j'ai été compris et apprécié des personnes, collègues, professeurs, patrons... intelligents ! Fermons ce dossier pour ne plus le rouvrir.

Le triste quotidien de la faim

L ES restrictions alimentaires règnent en France. Les Allemands si gentils de 1940 montrent leur vrai visage et pillent le pays, ne nous laissant que les restes.

Je n'en avais pas encore vraiment senti les conséquences. À la maison, nous avions le nécessaire ; à la Vicomté aussi, car il y avait relativement peu de bouches à nourrir. À Saint-Fidèle, nous sommes beaucoup plus nombreux.

Les privations sont plus pénibles dans les villes où on peut plus difficilement recourir au marché parallèle, c'est le cas pour Angers. Le père économe peine à nous alimenter convenablement.

Beaucoup de mes compatriotes souffrent de la faim. J'ai la chance d'en être relativement protégé par ma nature. C'est que je suis encore petit pour mon âge, j'ai donc moins besoin de nourriture que la plupart de mes camarades, surtout ceux des classes supérieures. De plus, je ne suis pas difficile, ce qui m'aide à ingurgiter des aliments peu appétissants.

L'Administration a établi des catégories de personnes qui, suivant leur âge ou leur condition, ont droit à plus ou moins de sucre, de matière grasse, de pain, etc. On touche des *coupons* qui sont en principe honorés par le boulanger, l'épicier ou le boucher.

Je suis dans la catégorie privilégiée des *J3*, pour *Jeunes en croissance*. J'ai donc droit à des suppléments. Lesquels ? Pendant quatre ans, je serai au régime minceur, le même pour tous dans l'enceinte de notre collège.

Nous avons quand même droit à trois repas par jour, si on peut donner ce nom au petit déjeuner et au souper.

Le matin, nous nous rendons au réfectoire à 7 h 45. Nous sommes debout depuis six heures moins le quart et la faim nous triture les boyaux. Sur la table, notre ration de pain nous attend. Elle est disposée dans une corbeille, coupée d'avance en dix tranches plus ou moins égales. Pendant le bénédicité, dix paires d'yeux reluquent le pain, supputant quel morceau est le plus gros. À peine l'*amen* prononcé, dix mains se précipitent pour saisir le morceau convoité. C'est le plus rapide ou celui qui a la plus grande allonge qui gagne. Pauvre trésor, consistant en un morceau de pain complet où il entre plus de son que de farine ! Si encore il était frais. Mais non, il est rassis ; rassis et sec. On ne nous donne rien à tartiner, ni beurre ni confiture ni même une noix de margarine.

Heureusement que nous avons un liquide chaud pour l'aider à passer. On ne saurait le qualifier de café au lait, car le café, denrée exotique, donc introuvable, a été remplacé par l'orge grillée. Le lait est à zéro pour cent de matière grasse et le sucre a fait place à un succédané, la saccharine. Si encore le tout était vraiment chaud ! Il est tiède comme tout ce qu'on mange ou boit.

C'est après ce misérable petit déjeuner que nous entreprenons notre matinée de travail. Quatre longues heures d'étude nous attendent. Le seul réconfort disponible, si la faim se fait sentir, consiste en une gorgée d'eau recueillie dans le creux de la main au robinet extérieur de la cour de récréation. C'est dire que, lorsque midi approche, mon estomac crie famine.

Je me vois encore à l'étude de fin de matinée, peinant sur un thème grec ou une dissertation française. Je jette de plus en plus souvent un rapide coup d'œil sur la grande horloge accrochée au mur derrière le père surveillant. Je trouve que les minutes s'égrènent bien lentement.

Quand enfin nous nous retrouvons à notre place au réfectoire, le même manège que le matin se renouvelle pour savoir qui s'appropriera le plus gros morceau de pain. Le repas débute invariablement par une soupe plus claire que consistante, aux légumes ou au vermicelle. Le potage est suivi par le plat de résistance qui est toujours composé d'un morceau de viande, ou de poisson les jours d'abstinence, accompagné d'un légume, de pâtes, de lentilles ou de haricots secs. Un autre légume suit. Le repas se termine par le dessert. En saison, on nous sert des fruits du jardin, cerises, abricots, pêches, raisins. C'est la fête ! Pendant les mois d'hiver, nous avons droit à une portion de fromage, *zéro-pour-cent-de-matière-grasse*, ou à une petite cuillerée de confiture.

Ce menu peut paraître pantagruélique à la lecture. En réalité, il cache une pénible réalité. Nous sommes sous-alimentés. La viande consiste le plus souvent qu'autrement en une tranche fine d'une espèce de corned-beef, aux reflets verdâtres, sillonnée de filets jaunâtres révélant la présence de suif. D'autres fois, je dois faire un effort pour avaler une viande à la consistance bizarre, désagréable sous la dent, du moins la mienne. Je n'ai jamais pu identifier exactement de quelle partie de la vache provenait ce morceau de vieille carne. Ce devait être du pis ou du mou (poumon réservé aux chats en temps normal). Le pire, à mon goût, ce sont les sardines. Elles sont salées, terriblement salées. Pendant le reste de la journée, on souffre du supplice de la soif ! Les légumes, quand ils sont frais, sont comestibles. Bien qu'on finisse par se lasser de la salade cuite.

Quand on mange des lentilles, il faut faire attention aux petits cailloux. S'il s'agit de haricots secs, il est préférable de regarder ailleurs pour ne pas voir les points noirs qui sont des charançons (insectes s'attaquant aux grains). Il n'y a que le pain, les pâtes ou les pommes de terre qui ne posent pas trop de problème ou encore le camembert, sec comme du plâtre, et l'inquiétante gelée ornée du nom de confiture.

Lorsque nous nous retrouvons en récréation après le dîner, seul repas consistant de la journée, je me sens amorti. Ma digestion est difficile. Pendant les deux heures qui suivent, j'ai de la difficulté à me concentrer. Malgré des efforts méritoires, je suis pratiquement incapable de suivre le cours de mathématiques qui se donne en début d'après-midi. C'est peut-être une des raisons de mes piètres résultats. Fort heureusement, vers trois heures, je retrouve mes capacités, car la journée est loin d'être finie.

À 16 h 30, la cloche sonne pour la dernière récréation. Nous avons droit à un goûter vite avalé. Les J3, dont je fais partie, reçoivent un supplément vitaminé consistant en deux biscuits secs semblables à des petits-beurre Lu. Ils ont une couleur rosée aussi curieuse et anormale que leur goût. Pour les faire descendre, on s'abreuve à l'incontournable robinet de la cour.

Le souper, qu'on attend avec autant d'impatience que le repas du midi, est frugal. On a droit à une soupe, semblable à celle du dîner, suivie de macaroni ou, le plus souvent, de deux petites pommes de terre en robe des champs avec un minuscule rectangle de margarine et un *dessert*.

AU MENU, TÊTE DE LAPIN ET TRANCHE DE SOURIS

Il y avait heureusement les grandes fêtes pour apporter une amélioration à notre ordinaire. Ces jours-là, on nous servait du lapin, produit de l'élevage du frère jardinier. Le frère cuisinier le préparait dans une délicieuse sauce aux pruneaux. Comme toute viande présentée aux tables, les portions étaient coupées d'avance. C'était pour nous l'occasion de jouer le même jeu que pour le pain. Lors d'une de ces rares occasions – elle ne se présentaient que deux ou trois fois dans l'année –, je ne réussis pas à me placer parmi les plus rapides. Il ne restait plus pour moi que la tête du lapin ! Je revois encore ses orbites vides et ses deux grandes incisives qui me narguaient. Le peu de viande que je réussis à gratter suffisait à peine à remplir une dent creuse. Je fus tellement *traumatisé* et dépité que, pendant des décennies, je déclarerai que je n'aime pas le lapin de clapier...

Les souris non plus d'ailleurs. Quelle serait votre réaction si, dans votre tranche de pain, vous trouviez une tranche de souris ? Vous pousseriez un cri d'horreur ! Ce ne fut pas ma réaction ni celle de mes camarades quand, un beau matin, nous fîmes cette découverte au petit déjeuner. Chacun d'entre nous ôta soigneusement de sa ration de pain sec cette garniture incongrue et mangea le reste de bon appétit. C'était ça ou partir le ventre creux. Nul d'entre nous ne fut indisposé !

* * *

Ces privations ne m'ont pas laissé de traces physiques ni psychiques, à part – outre le lapin – le pain complet, gris, compact, pesant, caoutchouteux, inutilement rassis. Je me répétais souvent, *in petto*, qu'après la guerre, je ne mangerais que du pain blanc.

Il m'arrivait, très rarement, de recevoir un colis de victuailles préparé par Maman. En plus des crêpes, il s'y trouvait invariablement du pain blanc. Je le partageais avec mes compagnons de table, comme on nous en faisait l'obligation. J'avais l'impression de déguster du gâteau, tout sec et rassis qu'il fût. L'expression *Bon comme du bon pain !* a pris tout son sens pour moi depuis ce temps lointain de disette.

* * *

Malgré ces conditions, il ne semble pas que j'affichais une mine trop défaite. Enfin, c'est ce que permettent de croire ces quelques mots que Maman écrit, le 21 mars 1942, à Armand qui se trouve alors en Tunisie :

> [...] *Quant à Gaston, j'ai toujours d'excellentes nouvelles. Il se plaît aussi bien à Angers qu'à Dinard. Il vient aussi en vacances pour Pâques. Cela lui fera du bien de se refaire un peu à la maison quoique les pères capucins se débrouillent bien pour le ravitaillement. En tout cas, Gaston ne se plaint jamais* [...]

Si la nourriture manque, que dire du *textile* ? J'utilise ce mot à dessein. C'était celui utilisé pour qualifier les *points textiles* destinés à réguler la vente et la répartition du tissu, des vêtements et des chaussures. Avec le temps qui passe, il faut renouveler les habits qui s'usent ou deviennent trop petits pour les jeunes en croissance. C'est mon cas.

Maman pratique l'art de la débrouille pour habiller décemment sa tribu. J'userai à la corde le pantalon d'uniforme de l'armée française, teint en brun, de monsieur Guéguinou. Les vieux draps inusables du trousseau de Naine fourniront la matière première à Marie Herpe qui en tire des chemises râpeuses à souhait.

Maman tricote, comme toutes les Françaises, la laine des moutons, filée au fuseau ou au rouet par les paysannes qui se souviennent encore de cet art millénaire. (On a également réinventé les métiers à tisser.) Naine et Tata tricotent aussi, du matin au soir, des chaussettes de laine pour tout le monde.

Lorsqu'en juin 1944 pépère Geoffroy nous quittera, Maman fera retailler à mes mesures son complet du dimanche par Mil-Boutons, le tailleur du quartier. J'avais 16 ans et me sentais ridicule dans ce complet noir qui convenait plus à un vieil homme qu'à un adolescent. Deux mois plus tard, je porterai, et ce sera le comble, un pantalon d'uniforme allemand récupéré sur un prisonnier.

Piètre consolation, je voyais pire autour de moi. Le fait de porter des vêtements usagés me déplaisait, et petit à petit je développerai une aversion pour ces nippes et ces frusques portées par je ne sais qui. Par la suite, je récupérerai l'uniforme américain d'Armand, lui aussi teint en brun.

Restons dans cette couleur. Après la guerre, lors de mon passage au couvent, je me retrouverai affublé de bures ayant servi à plusieurs générations de moinillons.

Le pire m'attendra à la caserne où les jeunes appelés finissaient d'user des uniformes qui avaient fait la guerre ou presque. Ces effets, pour une fois, n'étaient pas teints en brun, mais en bleu aviation.

Tout le monde usait ses chaussures jusqu'à l'extrême limite. Je ne pouvais donc avoir recours à de vieilles godasses pour remplacer celles que je ne pouvais plus porter parce que mon pied grandissait. Heureusement, il ne manquait pas de sabotiers en Bretagne. Il y en avait même un à notre porte, à Carhaix. Je marcherai donc avec des *boutou coat*. Le remplacement des chaussons que l'on porte avec les sabots devenait lui aussi difficile. On se mit alors à en fabriquer avec de vieux tapis.

Passe encore de marcher avec des sabots, mais courir avec est malaisé. Je me revois participant à une partie de foot dans la cour de Saint-Fidèle. Pour une des rares fois de ma carrière de sportif, le ballon m'appartient. Je décoche un solide coup de pied sur ce dernier et je le vois partir de côté tandis que mon sabot décrit une superbe parabole en direction des buts sans atteindre, heureusement, aucun des autres joueurs. Pour me disculper, je déclarai qu'il valait mieux recevoir ça sur la tête qu'une bombe !

Brrr !

Même dans le val de Loire, réputé pour sa douceur, il peut arriver des coups de froid. Un hiver, je ne sais plus lequel, la Loire charriait des glaçons ! On grelottait dans les murs de la Baraque qui n'avait pas de système de chauffage central. C'était difficile à supporter, même si nous avions tous été élevés à la dure. Suer sur un thème latin n'a jamais réchauffé personne. Il n'y avait de poêle que dans les classes, la salle d'étude et la chapelle. Tout le reste était livré à l'humidité ambiante et la froidure. La présence d'un poêle ne signifiait pas pour autant qu'on l'allumait, en raison du manque de combustible. Il n'y avait ni bois ni charbon. On en était réduit à utiliser de la tourbe qui dégageait plus de fumée que de calories. Que de fois il a fallu ouvrir toutes grandes les fenêtres de l'étude enfumée, avec le résultat que nous avions encore plus froid. Si on ajoute à cela les coupures de courant, on peut se demander comment nous arrivions malgré tout à étudier.

Par miracle, je franchirai sans un seul jour d'arrêt pour cause de maladie ces temps noirs, pas un rhume, pas une bronchite, pas une grippe. Seul mon système digestif réagira à sa façon au régime alimentaire. Trop de féculents, me dira le médecin lors d'une visite médicale. Point n'était besoin d'avoir étudié à l'université pour faire un tel diagnostic.

Mes camarades qui n'affichaient pas la même bonne santé que moi se présentaient à l'infirmerie tenue par des religieuses. La sœur infirmière était fort sympathique. On en était venu à développer une familiarité de bon aloi avec la sœur Saint-Luc. Au point qu'un jour, un de mes petits copains, humoriste à ses heures, lui demanda si elle avait déjà mis son nom à l'envers. Curieusement, il n'y eut pas de suite à cette insolence d'un goût douteux.

Vacances, temps béni

HEUREUSEMENT, il y a les vacances. Le règlement de Saint-Fidèle s'est humanisé. Nous pouvons désormais passer les congés de Noël et de Pâques à la maison. Ô bonheur ! Ô joie ! Noël avec Maman, mon frère aîné (l'autre est au loin) et mes sœurs, je n'avais pas connu cela depuis trois ans. J'en profite d'autant plus que la pause est brève, une semaine seulement.

* * *

En ce jour de l'An, je savoure les plaisirs de la table et de la compagnie de mes cousins-cousines dans la chaude ambiance du Nivernic. Tonton Armand était passé maître dans la préparation du plateau de charcuterie maison qui ouvre traditionnellement les repas de fête sous son toit. Cette savante pyramide de cochonnailles me fait saliver. Je m'empiffre pour me remettre des privations du collège. Je dois pourtant interrompre le repas avant le dessert, car je suis attendu.

Je dois me rendre à Plounévézel pour prononcer ma promesse scoute devant le recteur de la paroisse, monsieur Bourhis, le chef de la troupe, Joël Bernard, et une assistance distinguée. La cérémonie se déroule dans le verger du presbytère, par discrétion, car le scoutisme, je vous le rappelle, est interdit par les Allemands. Je porte toutefois un uniforme que m'a donné Ferdinand, mon cousin. Je suis en culotte courte.

(Plus tard, je montrerai les photos qui ont immortalisé ce moment à mes fils incrédules. En bons petits Québécois, ils ne pourront pas comprendre que, le 1ᵉʳ janvier, il n'y ait pas de neige !)

La cérémonie à peine terminée, je saute sur mon vélo pour refaire à l'inverse la route de Nivernic, sept kilomètres bien comptés, pour savourer mon dessert, un baba au rhum. J'avais demandé avec insistance, avant de partir, qu'on me garde ma part. Hélas ! un gourmand, dont je n'ai pu connaître le nom, l'avait dévorée.

Qu'on me pardonne la mauvaise plaisanterie : *Le baba, je l'ai eu dans le baba !*

* * *

Les repas de famille se suivent et ne se ressemblent pas. Le prochain se tient à Conval où tonton René et tante Yvonne nous ont conviés. Vu la distance, on y va en voiture. Je me retrouve en ce froid matin d'hiver dans la bétaillère (camionnette aménagée pour le transport des cochons) de tonton René. C'est lui qui conduit. Grand-père Geoffroy nous accompagne. Nous transportons une partie du repas, les hors-d'œuvre, presque aussi gargantuesques que ceux de tonton Armand qui, du reste, nous attend à Conval avec femme et enfants, Maman et tante Yvonne.

Nous descendons la côte du Moulin-Meur. Rendu à mi-chemin, j'entends un grand bruit. La camionnette accélère de plus en plus. Je vois mon oncle qui tient ferme le volant, les dents serrées, n'arrivant pas à freiner. Il dirige alors le véhicule sur le bas-côté herbeux espérant ainsi ralentir, sinon arrêter le camion, car le pont du Moulin-Meur, précédé d'un virage serré, approche rapidement. Si tonton René ne réussit pas à le négocier, nous allons nous précipiter dans la rivière. Tout se passe très vite. Le temps de m'inquiéter, de sentir un pincement au cœur, de me faire une petite frayeur, nous passons le pont et la bétaillère s'arrête d'elle-même sur le bord de la route déserte. Nous sommes sains et saufs. Ouf !

C'est la panne, majeure : l'arbre de transmission est décroché.

Dans l'impossibilité de communiquer avec qui ce soit, il nous faut attendre un secours hypothétique. Personne ne passe ni ne passera avant deux longues heures. Nous voyons enfin apparaître tonton Armand. Il est à notre recherche, inquiet, se demandant bien pourquoi nous sommes en retard. L'heure est passée de nous mettre à table. Mon second repas de fête aura été gâché lui aussi.

Cette aventure, qui aurait pu être funeste, se passe à la jonction de la vieille route et de la nouvelle, au carrefour du Moulin-Meur. D'autres aventures et tragédies se dérouleront bientôt au même endroit.

Le trimestre de l'hiver 1942 ne me laisse pas de souvenir digne de mention. Il en est de même du congé de Pâques que je passe à la maison *à me refaire,* comme le dit Maman.

Un été de liberté

J'AI le souvenir d'avoir vécu deux mois de liberté en cet été 1942, malgré la présence des Allemands et une guerre qui se rapproche de nous.

Pour la majorité des Français, les Chleus, les Fridolins, les Fritz se fondent dans le paysage. Après mes premiers contacts bien éphémères avec eux lors de leur arrivée, je ne dirai pas un mot à un seul Allemand et pas un seul Allemand ne m'adressera la parole pendant quatre ans d'occupation. Ils sont à la fois absents et présents. On suit les nouvelles de la guerre avec attention. Les armées hitlériennes avancent en Russie à une vitesse stupéfiante. La devise inscrite sur les boucles de ceinturon des *feldgrau* : *Got mit uns* [Dieu avec nous] semble prophétique.

Une propagande machiavélique se déverse sur nous et il est facile de s'y laisser prendre. Celle en provenance de Vichy est la plus pernicieuse, car elle est couverte par la figure encore prestigieuse pour la plupart des Français du vieux maréchal Pétain. Comme tous les jeunes de ma génération, j'ai appris et j'ai chanté, en marchant au pas, l'hymne à la gloire du vainqueur de Verdun :

Maréchal nous voilà !
Devant toi, le sauveur de la France
Nous jurons, nous, tes gars
De servir et de suivre tes pas

En contrepartie, une voix d'Outre-Manche, très adroite elle aussi, mais une voix sans visage pour l'instant, contrebalance celle de nos vainqueurs et de leurs acolytes. De Gaulle, avant son appel au combat du 18 juin 1940 à la radio de Londres, était inconnu des Français. Pendant quatre ans, il sera une voix, rien qu'une voix, mais quelle voix !

Depuis l'automne 40, il y a deux ans, je n'ai pas entendu une seule détonation, pas une bombe, pas un coup de fusil. Je n'ai pas vu un seul avion anglais dans le ciel. À peine ai-je aperçu un convoi ferroviaire qui transportait des chars allemands au camouflage jaune sable, au lieu du vert traditionnel. J'ai alors pensé qu'il s'agissait d'engins blindés destinés à l'Afrika Corps de Rommel, qui se colletait en Libye avec les Britanniques, non sans succès. Il y a toutefois du changement dans l'air.

Le ciel au-dessus de ma tête va se peupler d'avions aux cocardes rouge, blanc, bleu de la Royal Air Force, à l'inverse de notre bleu, blanc, rouge. La donne est en train de changer en notre faveur. Le retour de l'aviation alliée dans notre ciel en est le signe annonciateur.

OBJECTIF LORIENT

Les Allemands ont construit d'importantes bases navales pour abriter leurs sous-marins qui ravagent la flotte britannique dans l'Atlantique. L'une se trouve à Lorient. Ce port est situé sur la côte sud de la Bretagne, à une soixantaine de kilomètres seulement de Carhaix à vol d'oiseau. Les bombardiers qui s'envolent du sud de l'Angleterre pour lancer leurs charges d'explosifs sur l'abri des submersibles ennemis passent obligatoirement au-dessus de notre ville. Lorsqu'ils volent de nuit, nous entendons le vrombissement des moteurs qui s'éloigne vers le sud, s'affaiblit puis s'éteint. Peu de temps après, une lueur rouge illumine le ciel à l'horizon. Les bombes éclatent sur Lorient. Puis, quelques instants plus tard, le sol frémit sous nos pieds. L'onde de choc nous a rejoint au travers du granit breton malgré les 60 kilomètres qui nous séparent de la base sous-marine.

* * *

Dès mon retour pour les vacances, j'ai repris mes activités scoutes. Justement, un matin nous étions dans les champs en bas de Carhaix, côté sud, menant un grand jeu de piste. Le soleil brillait. Ils sont passés juste au-dessus de nous, à une altitude assez basse pour que je puisse distinguer les avions et vérifier que c'était bien des bimoteurs. On les a regardés passer comme à un défilé aérien. Les carlingues d'aluminium poli brillaient au soleil. Il n'y eut pas de lueur à l'horizon en raison de la clarté du jour, mais la terre vibra.

Par une autre belle journée ensoleillée, il en passa un nombre assez important. Ils remontaient vers le nord, de retour de mission. Ils volaient à altitude élevée, laissant derrière eux d'interminables traînées de condensation blanche, du plus joli effet, qui remplissaient le ciel lumineux. Ces longs rubans d'ouate immaculée s'étendaient en ligne droite, sans dévier. D'autres appareils, beaucoup plus rapides, traçaient de grandes boucles de vapeur qui contournaient la trace blanche des bombardiers, passant par-dessus, repassant par-dessous, virevoltant, allant et venant. On ne m'avait pas remis le programme de ce spectacle aérien. Je n'en avais pas besoin pour savoir que j'assistais à l'interception de bombardiers anglais par la chasse allemande. Les avions s'éloignèrent dans le ciel. Je les suivis des yeux jusqu'au bout, espérant que j'assisterais à la chute d'un appareil, peu m'importait d'ailleurs qu'il soit ami ou ennemi. Belle mentalité !

Pendant toute la guerre, je rêverai, sans que mon souhait se réalise, de voir tomber un avion, suivi d'une longue traînée de fumée noire, vrillant d'une aile sur l'autre, dans un grondement assourdissant, s'écrasant dans une gerbe de feu accompagnée de la pétarade de ses munitions qui éclatent. Avec, de préférence, des parachutes qui s'ouvrent si c'est un de nos alliés, quand même !

* * *

Les Anglais s'acharneront sur Lorient pendant deux ans. Ils ne réussiront jamais à détruire l'imposante masse de béton qui protégeait les sous-marins. C'est à peine s'ils causeront quelques égratignures à la chape de ciment épaisse de plusieurs mètres. La base sera en état de marche quand la marine française la récupérera en 1945. Par contre, hélas ! il ne restera plus rien de la ville de Lorient écrasée, dévastée, rasée. Devant la violence des bombardements, la population, qui ne comptait plus ses morts, sera évacuée. Les Lorientais seront donc les prochains réfugiés que nous allons recueillir à Carhaix. Ils formeront la troisième vague, après les Espagnols de 36 et les Parisiens de 40. Les Brestois qui subissent le même sort les rejoindront bientôt. Des destins vont se croiser… *Bis repetita placent…*

LE DÉBARQUEMENT ?

La lueur rougeâtre, au loin à l'horizon, qui accompagne les bombardements sur Lorient nous est familière. Elle est annonciatrice du débarquement qui nous délivrera. Nous commençons à l'attendre, ce débarquement promis par la radio de Londres, sans trop y croire pour le moment. La journée a été belle et le temps chaud, lourd. La nuit est tombée sur Carhaix. L'obscurité la plus absolue règne sur la ville et la campagne qui s'étend jusqu'à la ligne des montagnes Noires. Ce paysage m'est familier. Je l'ai sous les yeux quand, de ma chambre, je regarde dehors par le vasistas relativement petit et haut placé dans la pente du toit, m'obligeant à me hisser sur la pointe des pieds.

Un grondement lointain attire mon attention. Intrigué, je regarde dehors, pensant ne rien voir en raison de l'obscurité. Le grondement semble s'intensifier et la lueur augmenter. Pour une fois, il ne s'agit pas de Lorient qui se trouve plus à gauche par rapport au curieux phénomène dont je suis témoin. Ce bruit et ce halo couleur d'incendie ne s'atténuent pas. Serait-ce le débarquement ? Hypothèse peu vraisemblable, mais non impossible. Tout l'horizon est maintenant embrasé. J'observe cet étonnant spectacle qui semble s'éterniser. Au bout d'un très long moment, il finit par s'atténuer et disparaître. Ce n'était pas le débarquement attendu et souhaité, mais, plutôt, l'orage le plus extraordinaire que j'aie vu de ma vie entière. Depuis lors, j'estime que l'expression « *déluge* de feu » devrait être remplacée par celle d'« *orage* de feu ».

ICI LONDRES...

La chambre sous les toits m'appartient désormais à moi tout seul. Raoul est absent. J'en fais mon quartier général, ma cellule, mon aire de jeu, laissant l'appartement à Maman et mes sœurs. Nous avons la TSF, on le sait. L'appareil est lourd et encombrant. Je le monte quand même le soir, dans ma chambre de bonne, pour écouter en toute tranquillité le bulletin de nouvelles de fin de journée de la BBC.

Les Allemands ont décrété qu'il est *verboten* d'écouter Londres. Conscients de ne pouvoir empêcher les Français de le faire, ils essaient d'en brouiller la retransmission en émettant sur la même longueur d'onde un bruit de crécelle, gênant certes, mais finalement inefficace.

J'ai l'impression, en bravant l'interdit, de faire œuvre de résistance. L'émission nous y invite par son contenu. Elle débute invariablement, après une invitation à baisser le volume, par les quatre notes d'ouverture de la *Cinquième Symphonie* de Beethoven, trois brèves et une longue, le V de la victoire en morse. Le speaker enchaîne avec la formule rituelle :

— *Ici Londres, les Français parlent au Français. Aujourd'hui* tantième *jour de la lutte du peuple français pour sa libération...*

J'écoute avec ferveur les *vraies* nouvelles concernant la guerre, enfin la vérité selon les Anglais. Il ne me vient pas à l'esprit de mettre en doute ce que j'entends. Les menteurs, ce sont les Allemands et leurs séides français. Londres nous serine que Radio-Paris ment, Radio-Paris est allemand.

À la fin du bulletin et des reportages, commence l'interminable litanie des messages personnels. Destinés à la résistance intérieure, ils sont souvent cocasses. Il est impossible de deviner ce qu'ils cachent : rendez-vous clandestins, parachutages d'agents ou d'armes, mise en garde contre des traîtres, transferts en Angleterre d'aviateurs abattus via une petite plage bretonne, etc. Lorsque j'écoute ces messages dans la pénombre de ma chambre sous les toits, j'ai le sentiment que, sous le calme apparent qui règne autour de nous, grouille une vie souterraine.

CARHAIX RÉSISTE

Discrètement, la guerre se déroule aussi dans notre petite ville. Dans la clandestinité la plus totale, Carhaix est devenue la plaque tournante d'un réseau d'évasion pour les aviateurs abattus. Les frères Manac'h en sont la cheville ouvrière. Des aviateurs anglais sont cachés, en attendant leur départ, dans des maisons toutes proches de la nôtre. Quelle surprise pour moi quand j'apprendrai, des décennies plus tard, que mademoiselle Correc et mademoiselle Guivarc'h, deux dames au chapeau vert à qui on aurait donné le bon Dieu sans confession, offraient l'asile de leur maison. Que monsieur Dubrez en faisait autant.

Je fus d'autant plus étonné que mademoiselle Guivarc'h hébergeait à l'occasion des Allemands, sur réquisition naturellement. Elle habitait seule dans sa vaste maison, je vous l'ai déjà dit. Les chambres vides ne manquaient pas. C'est ainsi qu'elle demanda à Maman si je ne pourrais pas aller dormir chez elle pendant quelques jours, car une de ses chambres était occupée par un officier allemand. Elle craignait de rester seule en cette inquiétante compagnie. Maman insista tellement que je dus me rendre à cette demande. Pauvre mademoiselle Guivarc'h qui n'avait sûrement rien à craindre, elle avait passé l'âge de soulever des passions…

Quelques résistants de la première heure seront victime de leur engagement. Le docteur Andrieux et le notaire Leclerc, entre autres, seront déportés et ne reviendront pas des camps de concentration.

LA QUESTION JUIVE

Je n'ai pas souvenance d'avoir eu connaissance des lois concernant les Juifs. Je n'ai jamais vu une étoile jaune. La raison en est simple. Il n'y avait pratiquement pas d'Israélites en Bretagne et les rares qui y vivaient restaient inaperçus. Tel ce monsieur Bloch, originaire de l'est de la France, qui passa toute la guerre dans un petit village de la côte bretonne sans seulement changer son patronyme pourtant bien reconnaissable. Bloch ou Floc'h, *mem estra* [c'est la même chose].

Personnellement, je ne rencontrerai mon premier Juif qu'à l'âge de 20 ans, lors de mon service militaire. Il s'appelait Cohen. J'ignorais même que ce nom était d'origine hébraïque.

Personne, quoiqu'on prétende aujourd'hui, n'était au courant de ce qu'on appelle la shoa, les premiers intéressés en particulier, hélas !

J'allais oublier qu'une des sœurs de tante Yvonne avait épousé un brave homme de confession israélite avant la guerre. Cela avait fait jaser.

Sans être antisémites, faute de raison valable, nous ne pouvions oublier que Jésus, fils de Dieu, fils de la Sainte Vierge, et petit-fils de sainte Anne, descendant du roi David, avait été condamné à mort par ses coreligionnaires…

Pépère

En cet été 42, grand-père Geoffroy, qui vit seul au premier, a pris ses habitudes chez nous au second. Le midi, Maman tient table ouverte pour son vieux père. Le couvert est mis dans la salle qui fait office de pièce où l'on reçoit, de chambre à coucher occasionnelle et de salle à manger.

Pépère s'assied en bout de table, le dos au lit-clos. Il règne en *pater familias*. L'ordre et la discipline sont de mise. Les ordres et les remarques désobligeantes à notre égard fusent sans qu'on ait le droit de se rebiffer. On entend successivement, ou dans un ordre différent, des déclarations comminatoires telles que :

— Les enfants ne parlent pas à table ! – Ne mettez pas vos coudes sur la table ! – Demandez et on vous servira ! (et, surtout, le terrible…) – Mangez ce qu'il y a dans votre assiette !

Bref, grand-père, le pète-sec, me gâchait la vie. Un jour, ce fut lui qui laissa un morceau de gras dans sa propre assiette. Je le notai avec satisfaction et une certaine rage rentrée. Lorsqu'il eut quitté la table, je m'empressai de le faire remarquer à Maman qui, décontenancée, ne trouva rien d'autre pour me répondre que de me traiter d'insolent.

* * *

Pépère allait au jardin tous les matins. C'était un potager situé à la mi-côte du Moulin-Meur. Il descendait en pente assez raide jusqu'au bord de la rivière, ce qui faisait son charme si on s'y rendait pour se reposer. Par contre, pour y travailler, il fallait continuellement monter et descendre.

En jouant au jardinier, Grand-Père se rendait fort utile pour la maisonnée qu'il fournissait en légumes, bienvenus en ces temps de disette. Mais il vieillissait, ses forces déclinaient et dès que j'arrivais en vacances, il me regardait comme un membre du STO (Service du travail obligatoire). J'étais donc fermement convié à l'accompagner pour faire ma part à l'effort de guerre. Sur un ton sec, j'étais invité à sarcler, à gratter, à cueillir, à transporter. Boulot ! Boulot !

Mon grand-père, que je me forçais à aimer malgré tout, ne pouvait pas savoir que traduire du latin et du grec, quand on est sous-alimenté et en pleine croissance, est aussi fatiguant que de débiter un cochon. Depuis lors, j'ai le jardinage en aversion.

* * *

Le 21 mars 1942, Maman écrit à Armand que Pépère…

[…] a beaucoup vieilli cet hiver. Il a eu une bronchite, puis une forte crise d'asthme cardiaque. Il est toujours plus ou moins essoufflé, souffre du côté. Il ne peut guère travailler, ce qui n'arrange pas son caractère. Un jour de colère, il s'est fâché. Il en était malade de rage… Le jour où nous avons piqué l'ail et les échalotes, ç'a encore été un drame, comme l'année dernière, tu t'en souviens […]

* * *

Pauvre Grand-Père ! J'attendais des marques d'affection de ta part alors que c'est moi, ton petit-fils, qui aurait dû t'en donner pour soulager les peines et les duretés de ta vieillesse. Il est trop tard pour te dire qu'au fond, je t'aimais bien.

JE TROUVE UN TRÉSOR

Cet été-là, il n'y avait plus de garnison allemande à Carhaix, à l'exception de quelques soldats affectés à la *kommandantur*. Les locaux qu'ils occupaient étant libres, il était tentant d'y jeter un coup d'œil.

Ainsi, la vieille chapelle de Notre-Dame-de-Grâce, désaffectée après la démolition de l'ancien hôpital près du Champ-de-Bataille, avait servi d'entrepôt aux occupants.

Un jour, passant devant cette chapelle, je décide de sonder la porte, qui s'ouvre. L'ancien et obscur édifice me semble vide. J'y entre tout de même pour bien m'en assurer. Plus rien ne reste dans la nef déserte. Poussant plus loin mes recherches, je tombe soudainement en arrêt devant six antiques mousquets appuyés contre le mur, dans un coin.

Je les observe et les étudie avec soin. Ils sont longs et massifs, le canon est d'un calibre élevé, inhabituel, et la crosse, courte, incurvée, soigneusement sculptée sur ses deux côtés. L'archaïque système de mise à feu est à mèche, les datant, sans erreur possible, du XVIe siècle.

J'ai devant moi six pièces de musée, toutes semblables. Elles sont là sans doute depuis le jour des vide-greniers de juin 40. Je n'en reviens pas de ma chance. Je vais en piquer au moins une et la rapporter à la maison. Je n'ai que la place à traverser, l'escalier à grimper pour la camoufler dans le grenier. En cinq minutes tout sera réglé.

C'est alors que ma nature prudente m'amène à réfléchir aux conséquences de l'entreprise. Si, par malheur, un des rares Allemands encore à Carhaix me voit, je risque les pires ennuis. Il me faut aussi passer devant la porte de la gendarmerie. Quelle sera la réaction des gendarmes s'ils m'aperçoivent ? Le cœur gros, j'abandonne mon butin, ma prise de guerre, à son destin. Ce n'est pas aujourd'hui que je commencerai ma collection d'armes anciennes. Mais d'où provenaient ces mousquets et que sont-ils devenus ?

À LA RECHERCHE D'UN TRÉSOR... EN VAIN

Je vous présente Jean Person. Il a mon âge. Nous avons usé nos fonds de culotte sur les bancs de la même classe. Il est scout, lui aussi. Il est plein de vie et de projets. Il fait partie de mes bons copains et nous sommes souvent ensemble en dehors des réunions de la troupe scoute. Jean traîne à droite et à gauche, fouillant et farfouillant partout. Il me parle de ses découvertes. Je l'admire et je me laisse entraîner pour une fois dans une de ses expéditions.

L'école Saint-Trémeur avait été réquisitionnée pour loger les soldats allemands. Elle se trouve vide pour la même raison que la chapelle de Notre-Dame-de-Grâce. Jean s'y était introduit, en passant par une fenêtre, à la recherche de quelque butin. Une extraordinaire trouvaille l'y attendait, une caisse remplie d'harmonicas. Pour une raison qu'il ne me dévoile pas, il avait abandonné sa trouvaille. Tout comme moi avec mes mousquets, il regrette l'occasion manquée. Un harmonica est le rêve de tous les jeunes et ils sont introuvables dans le commerce. Les meilleurs, de la marque Horner, sont de plus fabriqués en Allemagne. Il ne faut pas manquer l'occasion.

Jean me propose de l'accompagner pour pénétrer de nouveau dans l'école et récupérer les *musiques-à-bouche*. Mon naturel prudent, une fois de plus, me recommande de m'abstenir, mais l'envie d'avoir un harmonica bien à moi est plus forte.

En plein après-midi, avec des ruses de Sioux, nous passons par derrière le bâtiment de l'école pour rejoindre une fenêtre du rez-de-chaussée. Elle s'ouvre sans peine et nous nous glissons à l'intérieur, le cœur battant. Hélas ! les locaux sont vides, rien n'y traîne. Le Allemands ont tout emporté. Nul ne saura l'immensité de ma déception. Il ne reste plus qu'à retraiter, repousser soigneusement la fenêtre derrière nous et nous éclipser. Le trésor avait disparu…

LES BIGOUDENS

Jean l'aventurier habitait dans la cour du cinéma, en face du cimetière. Ce détail me ramène en mémoire une des plus idiotes insolences de mon adolescence.

Il existait en Bretagne une grande variété de coiffes, répondant chacune à un terroir bien précis. L'une des plus extravagantes ornait la tête des Bigoudens de la région de Pont-l'Abbé. Partie d'une modeste coiffe, elle avait pris, au fils des ans, une hauteur tubulaire démesurée. Dentellières itinérantes, on les voyait toujours le crochet à la main, proposant leur production dans les marchés souvent fort loin de leur Pont-L'Abbé natal, à Carhaix en particulier. Elles allaient par paire ou par trio.

* * *

Les Bigoudens vont au cinéma et moi aussi. Si bien qu'un beau soir, la salle étant presque pleine, je n'ai d'autre choix que de m'asseoir derrière une rangée de coiffes qui me masquent l'écran. Les femmes qui n'arborent pas la coiffe portent un chapeau, parfois minuscule, souvent d'une envergure abusive. Les bonnes manières autorisent alors qu'on les prie poliment d'ôter leur belle coiffure pour que le spectateur assis derrière elle voie le spectacle.

Moi donc, petit insolent, avec toute la déférence qui s'impose, je sollicite de ces dames qu'elles enlèvent leur coiffe. Sauf que je sais fort bien qu'il leur faut une bonne demi-heure pour assurer sur le haut de leur crâne ce superbe tuyau de dentelle, haut de 30 centimètres. Je m'attends à une réaction musclée. J'attends encore. Elles ont le bon sens de jouer à celles qui n'ont rien entendu. J'en suis quitte pour mes frais et je dois regarder le film en me tordant le cou.

Le cinéma était alors une des rares distractions disponibles. La séance débutait par un documentaire, suivi des *actualités*. Pendant une quinzaine de minutes, ce résumé audiovisuel des événements de la semaine précédente constituait un vecteur idéal pour toutes les propagandes. Les Allemands y étaient passés maîtres. On ne voyait que des sujets concernant les faits d'éclat de la Wehrmacht, de la Luftwaffe, des U-Boot (*Heil Hitler !*) ou de l'État français de Vichy et ses colonies (*Maréchal, nous voilà !*).

Un jour, Maman fut alertée par une amie qui avait reconnu Armand au cinéma, dans les *actualités*. Elle se précipita pour voir son fils parti déjà depuis un an en Tunisie. Je fis la même chose. Effectivement, Armand était bien sur l'écran, tout de blanc vêtu, la chéchia sur la tête, en compagnie de ses condisciples séminaristes, applaudissant je ne sais quoi. Maman se paya une seconde séance pour regarder de nouveau son fils, car la vision était fugitive. Brève carrière de figurant de cinéma pour Armand…

ENCORE CONVAL

Pendant ces deux longs mois de l'été 1942, Conval m'attirera de plus en plus en remplacement du Nivernic. Maman n'a pas renouvelé le bail de la petite maison dans le bois de Kergoat. Pire, les Allemands ont réquisitionné la salaison de tonton Armand. Ils se sont installés comme chez eux, allant jusqu'à bâtir des baraquements au bord du canal et de la rivière, sur la presqu'île. Étant interdit de séjour au Nivernic, j'adopte Conval comme résidence secondaire. J'y vais facilement pour la journée, en vélo, parfois à la demande de mon oncle ou de ma tante pour une commission. J'emprunte toujours la vieille route, plus courte et plus pittoresque que la nouvelle.

Tonton René, ne pouvant plus utiliser sa bétaillère faute de carburant, a fait l'acquisition d'un cheval et d'une charrette dernier cri. Elle est munie de pneus au lieu des traditionnelles grandes roues cerclées de fer. J'adore, à l'occasion, faire le trajet au pas lent et sonore de la rossinante, assis près du cocher, Jean Le Ver, un employé de mon oncle. Le puissant arrière-train de ce cheval de trait en mouvement me fascine plus que le paysage que je connais par cœur.

Pendant les deux années à venir, notre vie tournera beaucoup autour du clocheton de chapelle de la maison de Conval, à laquelle on accède en traversant la cour du Vergoin, la ferme aux jolies filles.

La quatrième : Salut l'ado !

A DIEU ! mon enfance…
Adieu ! ma carrière de soliste… Ma voix est définitivement cassée, je l'ai trop forcée en début de mue.

Adieu ! les culottes courtes… Je porte désormais pantalon ou culotte de golf.

Adieu ! naïveté… Adieu ! charme des jeunes années… Le petit garçon commence à développer sa véritable personnalité.

Salut l'ado !

Son caractère s'affirme. Ceux qui ne l'apprécient pas auront beau jeu de prétendre qu'il est rétif, raisonneur, impulsif, mauvais caractère, quoi ! Mais, si on gratte les aspérités, on trouvera en dessous le bon côté du personnage.

* * *

Septembre 1942 – C'est de nouveau la rentrée. Fort de mes quatorze ans tout neufs, je rejoins Angers. Il me faut entreprendre l'année scolaire 42-43 sous la férule du père Alexis, professeur de quatrième. Il fait partie, heureusement, du peloton des profs que je considère comme *intelligents,* en compagnie du père directeur, du père Basile, histoire et géo, et du père Cyrille, à qui je ferai face l'an prochain.

DE BELLO GALLICO

L'année dernière, comme livre de chevet pour nos études latines, nous avions le *De viris illustribus* dont la prose est relativement simple. Nous remplaçons ce classique, qui n'en est pas un, par une œuvre universellement connue pour son contenu, sa beauté et la difficulté de sa prose : *De bello gallico,* de Jules César.

La guerre des Gaules est, on ne peut plus, dans l'air du temps. Pendant cette année scolaire et celle qui suivra, nous vivrons de plus en plus intensément cette guerre qui se déroule dans notre Gaule moderne. Elle sera aussi terrible que celle qui vit nos ancêtres aux prises avec les légions romaines, il y a deux millénaires (à moins de s'appeler Astérix). Mais cette fois, les envahisseurs de la Gaule devront repartir, l'épée dans les reins.

DIEPPE

Alors que je battais la campagne pendant mes vacances, un événement, mineur d'une part, important de l'autre, s'était produit. Les Anglais avaient tenté un débarquement à Dieppe sur les côtes normandes. Les survivants rembarquèrent plus vite qu'ils étaient débarqués, enfin ceux qui n'étaient pas morts ou prisonniers, c'est-à-dire la minorité.

Une fois de plus, les Anglais avaient programmé un de ces désastres dont ils ont le secret, en ayant bien pris soin d'envoyer des troupes coloniales se faire tuer à leur place. Les Allemands, fiers de leur victoire, claironnèrent leur succès avec raison. Les Anglais, eux, transformèrent leur défaite en succès, comme la fuite de Dunkerque deux ans plus tôt. Soumis aux propagandes de l'un et de l'autre camp, nous prêtâmes foi aux Britanniques.

Pourtant, parmi les témoins de cette bataille, il y avait un de mes camarades, Jean Bourdon, Dieppois de naissance, qui se trouvait aux premières loges. Je lui posais des tas questions auxquelles il avait réponse, naturellement. Jean se rengorgeait d'avoir vu, de ses yeux vus, des soldats anglais... qui, en réalité, étaient des Canadiens.

ENCORE UN DÉSASTRE

En cette soirée de novembre, le père directeur, contrairement aux usages, se présente à l'étude. Il a son air grave des mauvais jours. Je me demande de quelle bêtise je me suis encore rendu coupable. Je me rassure rapidement. Il n'y a rien qu'on puisse me reprocher. Ouf !

Une nouvelle aussi terrible qu'inattendue nous tombe sur la tête. La flotte française, formée de tous ces magnifiques navires que j'avais vus à Brest avant la guerre, venait de couler dans le port de Toulon.

— Recueillez-vous, jeunes gens. Une fois de plus des marins français sont morts au champ d'honneur. Allons nous recueillir à la chapelle et prier pour le repos de leurs âmes.

De profundis clamavi ad te, Domine... Resquiescant in pace. [Des profondeurs j'ai crié vers toi, Seigneur... Qu'ils reposent en paix.]

Ce soir-là, j'allais me coucher le cœur gros, une fois de plus, devant les malheurs qui n'en finissaient pas de s'abattre sur ma patrie.

Mais rapidement, nous saurons qu'en fait les équipages avaient choisi de saborder leurs navires pour éviter qu'ils ne tombent aux mains des Allemands. C'est que ceux-ci avaient décidé d'envahir le sud de la France, zone non encore occupée, en réponse au débarquement des Américains survenu en Afrique du Nord quelques jours plus tôt.

Il n'y avait pas eu de victimes. Nous avions inutilement récité le *De profundis* !

* * *

La France, totalement occupée désormais, va subir le poids de plus en plus oppressant de la présence ennemie, des restrictions, de la disette, des bombardements, des déportations, des exécutions…

Pourtant, malgré la grisaille ambiante, cette classe de quatrième me laissera le souvenir des rayons de soleil baignant notre classe. Le titulaire de la classe, le père Alexis, y est pour beaucoup.

LE PÈRE ALEXIS

À la première rencontre du père Alexis, on ne voit que sa barbe. De toutes les vénérables et innombrables barbes de capucins que j'ai croisées, c'est la plus belle. Au lieu de pousser dans tous les sens, d'être clairsemée, chétive, grisonnante ou queue de vache, elle est parfaitement fournie, légèrement ondulée, fait unique dans les appendices pileux monacaux. Cette barbe et la moustache à la gauloise qui l'accompagne sont d'une couleur rare, d'un châtain clair aux reflets roussâtres tirant sur le blond vénitien. Quelque peu orgueilleux de cet ornement pileux, il la caresse souvent, sa barbe, voluptueusement, si je puis me permettre.

Le père Alexis avait deux qualités qui le rendaient sympathique au premier abord, tout au moins à mes yeux. Il avait vu le jour à Saint-Malo et il faisait partie de la catégorie des *Intelligents*, si vous voyez ce que je veux dire.

Il s'est vite établi entre nous deux une complicité qui aurait pu faire penser que j'étais son *chouchou*, terme équivoque dans l'enceinte d'un internat. Au cours de ces neufs mois où je m'assoirai tous les jours devant lui dans la salle de cours, il me décochera, l'œil en coin, des flèches auxquelles je me permettrai de répondre, aiguisant mon esprit de répartie. Il fera éclore ce talent que la Providence m'a accordé, celui de m'exprimer avec aisance par l'écrit et la parole. C'est sous sa gouverne que je deviendrai le spécialiste des *compliments* et autres discours de circonstance.

Le père Alexis se permettait quelques petits accrocs à la règle. C'est ainsi qu'il me remit un jour une copie corrigée qui portait, dans le coin de droite en haut de la feuille, un cerne roussâtre causé de toute évidence par une brûlure de cigarette. Sûr de l'impunité, d'un ton badin je le lui fis remarquer devant tous mes condisciples. Et lui de se défendre, et moi d'insister...

— Si, si, si, c'est bien une trace de cigarette...

Ce n'est pas avec Louis-Antoine ou Marie-Gérard que j'aurais pu me permettre cette impertinence. Quoique, quoique... Un jour, en classe de terminale, alors que j'avais dessiné la caricature de mon Arménien favori, un de mes petits camarades, faux frère en Jésus-Christ, avait fait la vacherie d'interpeller notre professeur.

— Mon père, regardez ce que Gaston a dessiné...

Il renifla deux fois selon son habitude et poursuivit son cours sans autre forme de procès. Peut-être ne s'était-il pas reconnu.

Le père Alexis cachait derrière sa barbe deux dons qui faisaient des envieux parmi ses frères en religion. Il faisait valoir le premier quand il officiait. Sa voix était superbe. Je me souviens de cette émotion que je ressentis en l'entendant tenir la partie du Christ, dans le chant de la Passion, au cours des cérémonies de la Semaine sainte. Dans la pénombre de notre petite chapelle à peine percée par les flammes tremblotantes de quelques cierges de cire, sa voix chaude répondait aux accents des deux diacres en aube blanche tenant le rôle du chroniste et de la synagogue, dans le long récit des derniers moments de Jésus.

* * *

Au lieu d'Alexis, il aurait dû choisir le nom de Chrysostome [Bouche d'or], car c'était le meilleur orateur sacré qu'il m'ait été donné d'entendre.

Quand je l'ai entendu prêcher pour la dernière fois, il était vieux et malade. Nous assistions dans la chapelle de la Vicomté à la grand-messe du dimanche qu'il célébrait. Sa magnifique voix ne s'était pas altérée avec les ans. Lorsque vint le moment du sermon, je fus immédiatement saisi par son art du discours que j'avais oublié. Pendant vingt minutes, je restai suspendu à ses lèvres, non pas tant par le contenu théologique de son sermon que par l'art consommé de sa présentation et la maîtrise de l'art oratoire de la part de ce vieil homme fatigué.

Dès l'introduction, je reconnus ces règles de la composition classique qu'il m'avait inculquées. En quelques phrases, il nous dévoila le sujet qu'il allait traiter en trois points. Puis, sans une hésitation, sans texte, sans note, il entreprit le développement de la première partie, pour, le temps venu, passer à la seconde puis à la troisième et terminer, enfin, par la péroraison qui résumait les thèmes qu'il avait développés.

Après la messe, j'allai le saluer. Je lui fis savoir à quel point son sermon m'avait touché et lui demandai s'il l'avait prononcé de mémoire. Sa réponse fusa. Il ne l'avait pas écrit. Il avait simplement médité un court instant avant l'office sur le sujet qu'il allait traiter et composé, dans sa tête, l'ossature de son discours.

ET, QUI PLUS EST, VERSIFICATEUR

Nous avions eu un échange dont les détails m'échappent. Je lui aurais adressé un texte quelque peu taquin que j'aurais signé *Taquin et demi*. Peu importe la raison, je reçus de sa part cette réponse en vers.

BALLADE POUR UN GARÇON QUI A GRANDI

J'ai connu, voilà deux trois ans,
Un bébé joufflu et charmant.
Sa voix faisait pâmer d'extase
De grands gars qui, à cette phase
De leur crise d'adolescents,
S'enthousiasmaient et pleins d'emphase,
La louaient en moult périphrases.

Mais où donc est la voix d'antan ?
Le garçonnet portait culotte ;
On voyait ses genoux luisants,
Ses mollets ronds et florissants :
Ça lui bottait mieux que des bottes.
Mais, hélas ! Les temps ont bien changé
Et le garçon porte grimpants.
Il a bien cru en enrager !
Où sont les culottes d'antan ?

Une tête aux cheveux bouclés
Ça fait battre les cœurs d'émoi !
C'était le cas... vous l'avouerez
Simplement entre vous et moi.
Maintenant les boucles sont tombées,
La tondeuse est passée dedans.
Vrai ! J'en suis resté bouche bée.
Mais où sont les cheveux d'antan ?

Prince, ce titre vous portâtes,
Vous eût's une cour de galants.
Maintenant que vous v'là haut sur pattes
Où sont donc les amis d'antan ?

Si vous permettez, à taquin et demi taquin trois quart
Ta(r)quin l'Ancien,
Sans en avoir l'air. (r)

Cette amusante ballade, qui témoigne de l'habileté versificatrice de mon maître, doit être replacée dans les mœurs du temps. Il est vrai qu'en ce début du XXIe siècle, elle suffirait à faire arrêter un enseignant. Innocent, je l'étais, ne voyant rien de répréhensible dans ce poème. Son auteur l'était tout autant que moi, innocent dans les deux acceptions du terme, naïf et non coupable. Ce n'est qu'une taquinerie et il le souligne. Elle témoigne de l'amitié paternelle qu'il me portait alors. Il avait vu briller les dernières lueurs de mon enfance et il trouvait devant lui un adolescent ombrageux. Il relève le fait avec humour. On ne peut reprocher à ces hommes privés de toute affection terrestre de s'attacher à un enfant sympathique dont ils ont la charge.

* * *

Cette année scolaire passera vite. Comme les gens heureux n'ont pas d'histoire et que je fus heureux, il n'y a rien de particulier dont je me souvienne et qui mérite d'être narré. Je passerai les vacances de Noël et de Pâques à la maison.

L'été me ramènera à Carhaix, en juillet, pour la pause estivale.

L'été 1943

JE profite de ma liberté retrouvée pour jouer au scout avec Manu et les autres, pédaler en direction de Conval ou du Nivernic, naviguer sur le canal et l'Hyères à bord de notre barque, lire, bricoler, écouter Radio-Londres, insouciant comme toujours.

LE CHÂTEAU DE MA MÈRE

Marie Bosson, une de ces dames au chapeau vert d'avant-guerre, amie intime de Maman, vieille fille par obligation, avait épousé, très sur le tard, un sympathique veuf chargé de jeunes enfants dont une fille malade chronique. Maître Le Goff, notaire de son état, habitait un bourg pittoresque du nom de Gouézec, juché dans la montagne, passé Pleyben et son calvaire, à une cinquantaine de kilomètres de Carhaix. Non loin, s'élevait un charmant petit château qui était à vendre.

Maman disposait à l'époque d'un certain capital. C'était avant qu'elle connaisse de sérieux problèmes d'argent, consécutifs à la crise économique causée par la guerre. Maître Le Goff suggéra donc à Maman de se porter acquéreur de cette propriété. Elle se laissa tenter et vint proche de l'acheter. L'affaire n'aboutit pas, pour des raisons qu'on ne prit pas la peine de me donner.

* * *

Marie Bosson, dans le courant de l'été, invita Maman à passer un week-end à Gouézec. Je fus du voyage, car c'est bien d'un voyage qu'il s'agissait. Le petit train nous déposait à Pleyben et il restait quelques kilomètres à parcourir sans moyen de transport public. Le notaire fit appel à des cultivateurs de ses amis, les Le Jollec, qui envoyèrent leur fils Yves, avec cheval et voiture, nous attendre à la gare.

Nous n'étions pas des inconnus pour Yves Le Jollec. Il connaissait très bien mon frère Raoul, ayant été son condisciple à La Joliverie à Nantes, trois ou quatre ans plus tôt. Le monde est petit. Si petit que Yves me rejoindra deux ans plus tard à Angers, s'étant découvert entre-temps une vocation tardive de capucin.

À Gouézec, je passai deux jours agréables ayant fait la connaissance du fils de la maison, Michel, qui avait mon âge. Le dimanche matin, j'assistai à la grand-messe dans l'église paroissiale, noire et blanche des costumes et des coiffes de ces paysans et paysannes endimanchés. Je fus frappé par l'ambiance de la cérémonie où tout ce qui n'était pas en latin se disait en breton et, surtout, par le fait que l'assistance formait deux groupes distincts, les hommes dans la moitié avant de la nef et les femmes derrière.

L'après-midi, nous nous rendîmes faire une visite au château. On nous reçut fort civilement. Faisant le tour de la propriété, je regrettais que nous n'en soyons pas les châtelains.

Jusqu'au moment où nous vîmes passer des Allemands, des marins. Pas n'importe lesquels, comme on nous le fit savoir, mais des sous-mariniers. Le château avait été réquisitionné par la marine allemande pour servir de lieu de repos aux équipages de U-Boot entre deux croisières dans l'Atlantique. Ils venaient du port de Brest qui hébergeait leurs sous-marins dans une base bétonnée à l'image de celle de Lorient.

Non, décidément, il n'y avait rien à regretter. De tels locataires n'auraient été qu'une source d'embarras et de problèmes pendant et après la guerre pour Maman.

Les Lorientais

Carhaix déborde de réfugiés qui ont fui les bombardements continuels sur Brest et Lorient. Les Anglais essaient désespérément de couler les cuirassés et croiseurs allemands qui ont trouvé refuge à Brest et de détruire les bases sous-marines situées dans ces deux ports. Les U-Boot causent des dommages irréparables aux convois de cargos qui ravitaillent l'Angleterre. Malheureusement, il tombe autant de bombes sur la ville que sur les objectifs militaires, tuant et mutilant quantité de civils et jetant à la rue les survivants. On les reloge dans les villes voisines épargnées par les raids aériens. Carhaix regorge donc de Lorientais et de Brestois.

Nous avons ainsi de nouveaux voisins. De l'appartement du dessous, montent des effluves de musique classique. C'est la preuve que le fils de la maison, qui remonte la manivelle de son phonographe pour y faire tourner du Mozart, n'est pas tout à fait de notre monde. De plus, sa sœur répond au prénom aussi bizarre qu'inhabituel de Rosen. Je n'en sais pas plus sur ces gens particulièrement discrets qu'il m'arrivait de croiser dans l'escalier.

Il n'en était pas de même de la tribu, que dis-je, de la smala des Le Coënt-Facon qui s'était installée dans l'appartement de tonton René et de tante Yvonne.

Mesdames Le Coënt et Facon sont apparentés aux Cyrille, les propriétaires de l'Hôtel de France, et aux Le Maigre, photographe.

Pour faire de la place aux nouveaux venus, mon oncle et ma tante avaient transporté leurs pénates à l'étage en dessous, chez pépère Geoffroy qui vivait seul depuis le décès de Dodotte.

Nos nouveaux voisins illustraient parfaitement l'expression *Serrés comme des sardines en boîte*, puisque, lorsque toute la tribu était réunie, quatre adultes et sept enfants s'entassaient dans quatre pièces. Cela arrivait en général les fins de semaines, car les deux pères de famille et l'aîné des Le Coënt avaient gardé leur emploi à Lorient, tout comme l'un des gendres.

En peu de temps, nous avons établi d'excellentes relations de voisinage avec eux. Il faut dire que le hasard avait bien fait les choses. Louis Le Coënt convenait parfaitement à Babette ; son frère Henri avait mon âge et Jacques Facon, celui de Marie-Olive.

On ne s'ennuyait pas chez eux. Cette cohabitation forcée amenait des situations amusantes et cocasses, comme l'anecdote déjà contée des vingt sous à la quête du dimanche, ou encore la disparition de la bague de fiançailles de madame Le Coënt qui fut jetée avec l'eau de vaisselle dans les toilettes.

Comme s'il n'y avait déjà pas assez de monde dans cet espace restreint, madame Le Coënt et l'aînée de ses filles se trouvèrent enceintes en même temps. Alors que le moment de la délivrance approchait, tout le quartier se demandait qui verrait le jour le premier, l'enfant de la mère ou celui de la fille. Si je vous dis que la tante sera plus jeune que sa nièce, vous devinerez laquelle des deux apparut la première.

Les Lorientais seront donc de bons amis pour nous tous et encore plus pour Babette qui se découvrira bien vite des affinités particulières avec Louis et vice versa. On devine la suite… Le mariage, mais pas le drame qui les attend… N'anticipons pas. Le temps est encore au bonheur…

RAOUL PREND LE MAQUIS

En cet été 43, le vent de l'Histoire commence à tourner. Les Allemands ne sont plus les gens accommodants que nous avons connus il y a trois ans. Tout va mal pour eux. En Russie, ils connaissent leur propre retraite, pire que celle des grognards de Napoléon. Les bombardiers anglais et américains écrasent leur pays, juste retour des choses, lâchant sur la France, au passage, une partie de leur chargement, sanglant tribut à payer pour notre libération.

La guerre rejoint Raoul. Depuis son départ avorté pour l'Angleterre, mon grand frère vit à Carhaix. Après avoir travaillé à la charcuterie jusqu'au retour de tonton René, il a été embauché par tonton Ferdinand, à la quincaillerie.

En cette fin d'été, sa vie tranquille et routinière est interrompue par une convocation qui a transité par la gendarmerie. Il doit rejoindre l'Allemagne pour y travailler dans l'industrie de guerre, comme travailleur forcé. Nos occupants, à cours de main-d'œuvre, ont exigé du gouvernement français qu'il leur livre 250 000 jeunes gens. Raoul en fait partie. Il est hors de question qu'il réponde à la réquisition du Service du travail obligatoire, suivi de la déportation en Allemagne.

Comme la plupart des jeunes gens ans de son âge, il décide, à la seconde convocation, prévenu par ceux-là même qui devaient l'appréhender, de disparaître et de se fondre dans la nature sous une fausse identité. C'est ainsi qu'un certain *Pierre Le Du*, patronyme fort répandu dans la région de Carhaix, trouve asile dans une ferme amie des environs de Pleyben. Il y passe trois mois puis, finalement, au mois d'octobre, tonton René lui offre l'hospitalité à Conval. Personne ne viendra le chercher là. Certainement pas les Allemands, et encore moins les gendarmes qui ne manqueraient pas de s'annoncer, pour être certains de ne pas le trouver.

Dans sa cachette du bout du monde, Raoul, infatigable, va se rendre utile, en compagnie de François Cousse, l'employé de tonton René. Il va en particulier planter des sapins sur le flanc de la colline couverte d'ajoncs qui surplombe l'ancienne chapelle. (Depuis lors, le semis est devenu un superbe boisée et l'embryon de pisciculture une véritable usine, transformant la sauvagerie du lieu en un banal site industriel.)

Conval s'est transformé en repaire de dangereux *terroristes*, car Raoul et François ont été recrutés par le mouvement de résistance local. À son insu, mon grand frère s'engage dans une série d'aventures qui auront des conséquences sur sa longue existence.

La grande attente

SEPTEMBRE 1943 – C'est la rentrée, une fois de plus. Cafardeux, je refais le pèlerinage entre Carhaix et *Hannegueursse* comme le clame, à l'allemande, le haut-parleur de la gare, suivi du traditionnel *Angers*, en français cette fois.

Nous ne prêtons plus attention à ce bilinguisme des chemins de fer français à l'intention des voyageurs en vert-de-gris qui occupent les meilleures places dans les trains. C'est ainsi que nous passons par *Loriente* [Lorient], *Vanesse* [Vannes], *Nanntesse* [Nantes], *Hannegueursse*, où nous descendons, avant que le convoi ne continue en direction de *Lemansse* [Le Mans], *Chartresse* [Chartres] et finalement *Gross Pariss* [le Grand Paris].

La famille est dispersée aux quatre vents de l'Histoire. Raoul se terre, Armand se trouve quelque part en Afrique du Nord, pour ma part, je suis en exil à Angers, et mes sœurs, en pension chez les chanoinesses régulières de Saint-Augustin, à Gouarec qui n'est, tout de même, qu'à 30 km de Carhaix...

Je viens d'avoir 15 ans. Je suis entré de plain-pied dans l'âge bête, comme on disait fort justement à l'époque. Ma voix de soprano n'est plus qu'un lointain souvenir. La nature va m'obliger à compléter mon portrait.

Au début de l'année scolaire, je me suis installé au fond de ma nouvelle classe. Je dois bientôt changer de place, car je lis difficilement les gribouillis que trace le prof de math avec son bâton de craie qui grince sur le tableau, me faisant de mon côté grincer des dents, car j'y suis allergique. J'entreprends, par la force des choses, une migration vers le centre de la classe puis vers la première rangée. Ma vue est encore brouillée. Moi qui n'aime pas au départ les abstractions algébriques, j'en arrive à les détester sinon à les haïr. Il ne me vient pas à l'idée que je souffre de myopie. Fort heureusement, le professeur de math, lui, voit clair et rapporte mon cas au père directeur. Me voilà donc muni d'un permis de sortie pour aller consulter l'ophtalmo qui, sur-le-champ, chausse mon nez de lunettes. Il donne ainsi la dernière touche à mon visage ingrat d'adolescent boutonneux, et me rend du même coup une vision normale à défaut du goût pour les a+b de l'algèbre.

* * *

De cette année scolaire, il me reste le souvenir du temps figé qui ne passe pas, des aiguilles de la grande horloge de la salle d'étude qui n'en finissent pas de faire le tour du cadran, pour qu'enfin sonne l'heure de la récréation.

Nous attendons, comme tous les autres Français, jeunes ou vieux, libres ou prisonniers, engagés dans cette guerre ou prudemment attentistes. Nous savons maintenant que la fin du cauchemar approche. Nous attendons le débarquement. Nous nous doutons bien qu'il n'aura pas lieu en automne, encore moins en hiver. Mais, qui sait ? Cette grande espérance amène avec elle son lot d'inquiétudes. Une fois de plus, la France servira de champ de bataille et notre libération se fera au milieu des ruines et des croix de bois. Cette grande destruction a déjà commencé, les villes en ruine et les victimes civiles ne se comptent plus. C'est, hélas ! le prix à payer.

Mais, dans ma tête d'adolescent, ces sinistres pensées n'ont pas leur place. J'ai hâte de vivre de grands événements et surtout de voir ma patrie victorieuse comme en 1918, comme du temps de l'Empereur et de tous les autres héros de mon manuel d'histoire. À ma grande honte, j'avoue avoir adoré le grand spectacle militaire auquel j'ai assisté trois ans plus tôt et je pressens que celui de la Libération sera encore plus intéressant. Je vais voir une vraie guerre. Je n'éprouve d'ailleurs aucune inquiétude. Je serai seulement spectateur, étant malheureusement trop jeune pour porter un fusil, et rien de fâcheux ne peut m'arriver. Inconscience de la jeunesse, de l'adolescence, de l'âge bête... Peut-être pas si bête après tout, car la suite prouvera que mes pressentiments étaient bien fondés. Mais nous n'en sommes pas là encore.

Puissance, Équilibre, Harmonie

Grâce à mes lunettes toutes neuves, je peux lire sans difficultés les mots *Puissance, Équilibre, Harmonie* écrits sur une affiche représentant le château de Versailles que le père Cyrille, mon nouveau professeur, a épinglée au mur. Je luis fais l'honneur de le classer dans la catégorie des *Intelligents*. Mon nouveau mentor, homme jeune et placide, me fait presque oublier le père Alexis, car j'ai rapidement établi avec lui une communication de confiance.

Ces trois mots n'étaient pas anodins, mon maître avait volontairement ajouté cette devise. Dans sa tête, elle symbolisait la quintessence de la *culture classique française,* avec l'esprit cartésien, le principe de la tête bien faite, non point bien pleine, le tout condensé dans le personnage symbolique de *l'honnête homme.* À mon insu, je suis rendu à un stade capital de ma formation. Dans huit mois, à la fin de cette longue année scolaire, grâce à la fréquentation assidue des Racine, Corneille, Bossuet, Descartes et *tutti quanti,* ma tête sera faite, bien faite, aussi ordonnée et logique que celle d'un *matheux,* avec, en prime, une ouverture sur le Beau et l'Universel. Les années de formation qui suivront ne feront que conforter ce que j'ai reçu de fondamental en cette année cruciale de mes 15 ans.

Qui sont donc tous ces vieux ?

Cette année, l'effectif des élèves a grossi. Il y a pléthore de vocations tardives. Ces *vieux* ne sont pas sans m'intriguer. Il y en a un qui nous a raconté être un prisonnier de guerre évadé. Il désire, comme nous, devenir capucin. Les autres restent cantonnés dans une prudente réserve. Ils se mêlent peu à nous qui sommes encore presque des enfants. Pendant les récréations, alors que nous courons et galopons, ils font les cent pas, un livre à la main.

Il en est un qui m'intrigue particulièrement. Il porte un nom bizarre qui sonne flamand, De Vries. Il est le plus âgé des vieux. Je lui donne 35 ans environ. Il vit en marge, taciturne, perdu dans ses pensées, perpétuellement un livre à la main. On a l'impression qu'il vit dans un autre monde. J'apprends qu'il écrit. J'en aurai un jour la certitude quand une pièce de théâtre de son cru nous sera présentée. Curieux personnage en vérité. Il n'a vraiment pas le profil de la vocation tardive classique. Qui est-il donc ?

Il en est un autre, le grand frère d'un de mes petits camarades. Il s'appelle Barbier. Pourquoi faut-il que ce nom me revienne ? Son attitude me paraît curieuse. Sans qu'il en fasse part, on le sent mal à l'aise. Je me dis qu'il ferait aussi bien de s'en aller, tant son comportement laisse transpercer son mal-être.

Sur le moment, je ne me pose pas davantage de questions et, surtout, je ne questionne pas mes maîtres qui, de toute façon, ne m'auraient pas répondu. J'aurai, dans un an, après le cataclysme de l'été 44, à la reprise des cours, la surprise de ne pas revoir la plupart de ces vocations tardives. Barbier, le vieux, n'est plus des nôtres. Son frère m'apprend qu'il se planquait parmi nous pour éviter la déportation en Allemagne. Qu'en était-il des autres ? Je ne l'ai jamais su. Lorsque l'histoire de la déportation des juifs sera connue après la guerre, il m'est venu à l'esprit que le bizarre De Vries était un Israélite, camouflé par l'Église catholique comme tant d'autres de ses coreligionnaires.

1944 : Aux armes, citoyens !

L'HIVER est de retour sur les bords de la Loire, après un automne d'or et de pourpre sur les coteaux couverts de vignobles. Je travaille de bon cœur. Noël arrive et passe. Le lendemain, 26 décembre, c'est le voyage habituel en direction de Carhaix. La voie ferrée est le seul moyen de transport disponible. Les wagons sont pris d'assaut. En jouant des coudes, on y accède autant par les fenêtres que par les portes. Il n'y a pas un centimètre carré de libre.

Impossible d'aller aux toilettes occupées en permanence par des voyageurs qui n'ont pas trouvé d'autre espace où s'installer. Les horaires sont de plus en plus fantaisistes en raison des coupures de voie par la résistance et du manque de matériel roulant, démoli par les bombardements ou réquisitionné par les occupants. Ce ne sont que des inconvénients mineurs quand on a 15 ans et qu'on va revoir sa mère et ses sœurs. Raoul ne peut prendre le risque de venir à Carhaix et nous sommes toujours sans nouvelles d'Armand. Ces quelques jours de fêtes familiales passeront bien vite sans qu'elles m'aient laissé de souvenir particulier. Je retrouve sans encombre ma place sur les bancs de Saint-Fidèle pour un second trimestre studieux, gris, humide et frisquet sous le magistère du père Cyrille.

Les jours allongent. Les couleurs changeantes de la liturgie virent du vert au violet. Voilà le Carême qui, en ce temps de disette et de privation, dure en fait 365 jours au lieu des 40 traditionnels. Arrive la Semaine sainte. Le père Alexis va chanter la Passion. Le repas de Pâques ressemble terriblement à celui du Vendredi saint.

En ce lundi de Pâques chaud et ensoleillé, je reprends une fois de plus le train à la gare Saint-Laud pour des vacances bien méritées. J'ai le choix entre deux itinéraires, l'un par le sud, via Nantes, l'autre par le nord, via le Mans à bord du Paris-Brest (le train, pas le gâteau !). J'opte pour ce dernier itinéraire. Je corresponds au Mans, direction la Bretagne, toujours en compagnie de mes camarades bas-bretons. Le train n'est pas surchargé pour une fois. Nous roulons le cœur en fête comme tous les collégiens qui partent en vacances. Nous passons les villes de Laval et de Rennes sans encombre. Saint-Brieuc est le prochain arrêt. Ensuite, ce sera Guingamp où j'irai embrasser ma marraine, la tante Olive à l'immense cornette, en attendant le tortillard.

Soudainement le convoi ralentit. Nous sommes en pleine campagne. Que se passe-t-il ? Dans un chuintement de vapeur et le grincement des roues d'acier sur les rails, fer contre fer, il stoppe. Tout le monde met la tête à la fenêtre pour chercher la cause de cet arrêt imprévu. L'inquiétude nous gagne.

Prendre le train au printemps de 1944 est une entreprise périlleuse. Les avions de nos futurs libérateurs rôdent dans notre ciel. Il leur arrive de prendre des trains de voyageurs pour cible, causant d'innocentes victimes civiles (de nos jours hypocritement cataloguées sous la dénomination de *dommages collatéraux*). Sur le bord de la voie, se tiennent des employés de la SNCF. Ils nous invitent à descendre avec nos bagages. Nous sommes arrêtés par un train qui a déraillé. Nous le longeons en file indienne sur l'étroit sentier qui borde les rails. Le convoi de marchandise est couché sur le flanc. J'observe tout en marchant. Pas de doute, ce déraillement n'est pas accidentel. Il a été causé par les résistants qui ont fait sauter la voie. Je ressens une bouffée de joie pascale m'envahir. Elle n'a rien à voir avec la résurrection du Christ, mais bien plutôt avec celle de ma France de nouveau au combat. Un autre train nous attend plus loin. Le temps passe, les heures s'étirent avant qu'il ne démarre. Je vais ainsi perdre une journée de mes précieuses vacances déjà si courtes. Peu m'importe. Je viens d'avoir la preuve que la Résistance existe bel et bien. Les Français, les Bretons, *pen kalled* [à la tête dure], ont repris la lutte.

Cet arrêt involontaire sonne comme les trois coups traditionnels du régisseur qui cogne sur le plancher de la scène du théâtre. Il annonce le début du grand drame, tragédie et comédie tout à la fois, dont je vais être l'acteur enthousiaste et le témoin attentif. La pièce aura pour titre : *Le plus bel été de ma vie.*

DIVINATION ET SUPPUTATIONS

Les vacances de Pâques se sont envolées. Le train me ramène à Angers sans encombre en compagnie de mes inséparables camarades de voyage. Notre petit bagage à la main, nous empruntons les rues d'Angers pour rejoindre le chemin du Colombier. Nous bavardons. Notre sujet est d'actualité : le débarquement si attendu aura-t-il lieu bientôt ? En cette journée, le soleil brille de tous ses feux sur la Maine et le val de Loire. Nous connaissons suffisamment l'Histoire pour savoir que les grandes offensives se déroulent au printemps. Tout nous porte à croire que le débarquement tant promis et tant attendu ne saurait tarder.

De ces considérations d'ordre stratégique, nous passons à nos préoccupations de collégiens. Nous nous sommes arrêtés en plein milieu de la rue. Nous supputons la date de cet événement historique qu'il faut ramener, tout de même, à des conséquences plus triviales. Je me souviens que, quatre ans plus tôt, à la mi-juin, l'invasion des Allemands m'avait valu les plus longues vacances de ma courte existence. Si les Anglais avaient la bonne idée de retraverser la Manche en mai ou en juin, il est probable qu'on nous renverrait à la maison, faisant ainsi débuter les grandes vacances plus tôt que prévu. Ragaillardi par cette perspective de trimestre raccourci et de vacances rallongées, je rejoins l'école Saint-Fidèle dans la bonne humeur. Ainsi cette grande bataille encore à venir, qui décidera du destin de la France, laissait la place à des considérations bien terre-à-terre, conditionnées par mon peu de goût pour l'effort.

* * *

Avril file, suivi du joli mois de mai, ce mois de Marie qui nous vaut chaque jour un chapelet supplémentaire, mais aussi le retour des rogations. C'est ma cérémonie liturgique préférée avec la Fête-Dieu. Pour demander au ciel de bénir les semences du printemps, une procession se déroule dans la rosée du petit matin, au travers des allées du grand potager et du parc. Le célébrant chante les invocations de la longue litanie composée il y a des siècles, à laquelle nous répondons en chœur : *Te rogamus, audi nos* [Nous t'implorons, écoute-nous]. Les invocations sont des plus curieuses. Il en est une qui me ravit : *A furore Normandorum* [De la fureur des Normands] à laquelle on répond par : *Libera nos, Domine* [Délivre-nous, Seigneur]. Dans ma tête, je remplace *Normandorum*, après tout je suis Normand par mon père, par *Germanorum*, plus de circonstance.

Autant le soleil brille pendant toutes ces semaines, autant une sorte de brume embrouille les idées de tous. L'avenir est incertain. Nous attendons le débarquement. Si nous n'en ressentons pas les conséquences, sinon de faibles échos filtrés par nos quatre murs d'enceinte, toute la France est en ébullition. Les bombardements se succèdent, semant la désolation. Même notre vie scolaire en est bouleversée. Le ministère de l'Éducation nationale a décidé de devancer les épreuves du baccalauréat qui ne comportent plus que l'écrit. Cela ravit les futurs bacheliers qui vont bénéficier d'un diplôme au rabais.

* * *

Les finissants vont nous quitter pour passer cet examen réussi d'avance. Les futurs bacheliers ne reviendront plus à Saint-Fidèle. En septembre prochain, ils rejoindront, en principe, le noviciat des capucins au Mans.

En cette douce et chaude soirée de ce 28 mai, dimanche de la Pentecôte, un grand feu de camp réunit élèves et professeurs pour une soirée d'adieu. Les sketches succèdent aux chansons pour se terminer fort tard dans la bonne humeur générale.

Une fois le feu éteint, nous montons nous coucher. Je suis étonné par la clarté ambiante, en dépit du *black out*, de cette nuit pleine d'étoiles, annonciatrice de l'été. Mort de fatigue, je tombe endormi.

Des feux de camp aux feux du ciel

MINUIT... Je me réveille en sursaut. Quelque chose m'a arraché à mon premier sommeil. Je m'assois dans mon lit. Un grondement remplit le ciel. Nicolas, mon voisin de dortoir, a sursauté tout comme moi et s'est redressé sur son séant. Nous regardons dehors par la fenêtre située à notre droite. Elle est grande ouverte en cette chaude nuit de printemps. En un éclair, je revois le spectacle qui m'avait tant impressionné juste avant la déclaration de la guerre. Comme en ce jour, le ciel est embrasé, rouge vif. Le présage était authentique puisque je vois sa réplique. La guerre m'a rejoint un jour où je ne l'attendais pas. Une fois bien réveillé, le bruit confus se transforme en un grondement sourd de moteurs d'avions se superposant aux explosions en chaîne.

Nicolas se retourne vers moi :

— C'est un bombardement !

Ma réponse fuse.

— On descend !

Fébrilement, j'enfile mon pantalon sur mon pyjama, glisse mes pieds nus dans mes souliers. Mon camarade en fait autant. Nous nous précipitons, les premiers, pour dégringoler les deux étages. En quelques secondes nous sommes en bas de l'escalier. À ce moment précis, la porte du bureau du père directeur s'ouvre pour laisser place à ce qui me semble une apparition. Le père Louis-Joseph, qui me paraît plus grand que nature, se dresse devant nous. Saisis, nous nous arrêtons. Son calme nous calme. Il a saisi la gravité de la situation et veut enrayer immédiatement le début de panique.

— Remontez ! nous ordonne-t-il sur un ton posé.

Penauds, nous nous exécutons. Nos camarades se sont réveillés eux aussi. Le père surveillant ordonne de former les rangs. Tout le monde, au son des explosions, éclairé par la grande lueur des fusées et des incendies, descend aussi calmement que s'il se rendait en classe ou à la chapelle. Ce calme n'est qu'apparent. Une fois à l'extérieur, le vacarme des explosions, le tremblement du sol, la rumeur des bombardiers qu'on ne peut voir malgré l'intense lueur rouge parcourue par des éclairs, me prend aux tripes. La peur, une peur viscérale, me saisit, m'étreint. Si je n'étais entouré par mes camarades aussi effrayés que moi-même, j'appellerais Maman au secours. Il n'y a pas d'abris antiaériens dans cette partie de la ville, encore moins à Saint-Fidèle, même pas une tranchée où nous mettre à l'abri. Quelqu'un nous crie de nous rendre dans le potager et de nous coucher au sol. Je me jette à terre, sur le ventre, entre deux plates-bandes.

Je reprends mes esprits. Les explosions et les frémissements du sol ralentissent. Ils semblent s'arrêter. Le grondement des moteurs s'éloigne. Serait-ce fini ? Une voix s'est élevée. Lequel de nos éducateurs s'adresse à nous ? Je ne reconnais pas la voix qui commence à réciter l'*Acte de contrition* qui nous assurera le ciel si, par malheur, notre dernière heure est arrivée. Jamais je n'ai dit et redit cette prière avec autant de ferveur. D'autant plus que la pause est de courte durée. J'entends venir d'autres avions. Ils approchent. Ils sont au-dessus de nos têtes. Tout recommence. Je prie le Ciel, tremblant de peur, mais bien vivant quand même, aplati dans mon allée de jardin. Nous récitons le chapelet pour tous ceux qui, à ce moment même, agonisent, écrasés dans le fond de leur cave ou ensevelis dans l'éboulement de l'abri où ils ont trouvé refuge.

Après une pause, une nouvelle vague nous survole. Le sol frémit, secoué par un séisme. Le rouge du ciel causé par les fusées éclairantes est parcouru des reflets dorés des incendies qui éclatent et ronflent. Les minutes s'égrènent, passent, troublant ma notion du temps.

Je retrouve mes esprits en constatant que les bombes ne tombent pas directement sur nous. Quel est donc l'objectif visé ? Sans doute la gare qui se trouve de l'autre côté de la ville. Nous sommes donc théoriquement en sécurité. Pourtant, il y a cette immense usine Bessoneaux, de l'autre côté du stade, dont nous ne sommes séparés que par le chemin du Colombier. Pourvu qu'ils ne changent pas d'objectif et ne prennent pas cette usine pour cible, car on va y rester.

Ces pensées me passent par la tête tandis que mon immense frayeur s'apaise un peu. C'est à ce moment que, relevant la tête, j'entraperçois, ou plutôt je devine, trois formes blanches qui se déplacent à proximité. Qui sont donc ces fantômes qui se promènent parmi nous, couchés sur le sol, défilant les *Je vous salue Marie* les uns après les autres, avec une ferveur qui ne m'est pas coutumière ? Ne seraient-ce pas sœur Saint-Luc, notre infirmière, et ses deux collègues ? Mais oui, ce sont bien elles. Trois religieuses en chemise de nuit errant à la lueur des incendies au milieu de moines et de collégiens étendus sur le sol, voilà un spectacle cocasse malgré tout. Sauf le respect qui leur est dû, on s'en amusera quand la peur qui nous tenaille le ventre se sera calmée. Sur le moment, personne n'a envie de rire...

* * *

Combien de temps aura duré cet interminable bombardement de la Pentecôte 1944 à Angers ? Je ne saurais le dire. Une demi-heure, trois quarts d'heure, une heure peut-être. Peu importe sa longueur, car il m'aura paru sans fin. J'entends avec soulagement le grondement de la dernière vague de bombardiers s'éloigner puis s'éteindre. Le silence revient sur nos têtes. Nous ne bougeons pas dans la crainte de l'arrivée d'une autre vague. Je prête l'oreille. C'est fini. Bien fini pour nous qui nous en tirons avec plus de peur que de mal. Mais qu'en est-il des quartiers touchés ? Il doit y avoir quantité de morts et de blessés, de malheureux ensevelis dans les caves. Le ciel est toujours aussi rouge. On entend encore de rares explosions. Nous remontons nous coucher. Un sommeil de plomb m'entraîne dans une suite de rêves et de cauchemars...

LES HORREURS DE LA GUERRE

On nous a laissé dormir tout notre saoul. Un soleil éclatant me réveille en ce lundi de la Pentecôte, jour traditionnellement férié. Je reprends mes esprits. La grande peur de la nuit dernière a laissé son empreinte en moi. Je ne tremble plus, mais je me sens nerveux, fébrile, un état qui subsistera plusieurs jours. (J'observerai, bien plus tard, les mêmes signes chez moi après un grave accident automobile dont je sortirai indemne, chez un pilote rescapé de l'écrasement d'un avion de brousse dans le Grand Nord et chez un jeune chasseur retrouvé après s'être égaré en forêt.)

On nous fait grâce de la messe matinale. La cour de récréation bruisse des conversations de mes camarades. Les supputations vont bon train, chacun cachant pudiquement ses sentiments, car je n'étais pas le seul à avoir souffert des affres de la peur. On nous dit que le quartier entourant la gare Saint-Laud a terriblement souffert, que la gare est totalement détruite. Notre collège était finalement assez éloigné de l'objectif. Par contre, une autre propriété des Capucins, couvent qui héberge une dizaine de religieux, n'est séparée de la gare que par la largeur d'une rue.

Nous entourons le père Louis-Joseph venu nous donner les dernières nouvelles : le couvent est pratiquement détruit ; le feu couve dans les ruines. Deux religieux ont été tués, dont le père Francis, et deux autres sont blessés. Mon cœur se serre. Je n'avais pas revu le père Francis depuis Dinard, mais je n'avais pas oublié les belles aventures vécues en sa compagnie. Adieu père Francis, il y a quelqu'un qui ne vous oubliera jamais.

Pour l'instant, on cherche sans succès le corps du second tué, sans doute enseveli sous des débris. (On ne retrouvera ses restes qu'au bout de trois mois, guidé par des essaims de mouches.)

Le Ciel, faute de protéger les morts et les blessés, avait par contre été bienveillant pour les survivants. Le couvent détruit formait un quadrilatère autour du cloître et du jardinet intérieur. La chapelle occupait un côté de ce carré, les trois autres abritant les locaux conventuels, dont un seul avait une cave où quelques moines ont trouvé refuge. Les bombes ont détruit trois côtés du bâtiment sur quatre, épargnant par miracle celui sous lequel des religieux s'abritaient. Plutôt que la sécurité d'une cave voûtée, les quatre victimes avaient choisi une tranchée creusée dans le jardin pour se protéger. Ainsi se joue la vie, à pile ou face.

Certains de mes camarades qui étaient sur les lieux ce matin ont ramassé les Saintes Espèces dans les gravats de la chapelle avec leurs mains sales !

Toutes ces nouvelles nous consternent.

Le père directeur fait alors appel à des volontaires pour aider au déblaiement et sauver ce qui peut l'être encore dans les ruines du couvent. Je meurs d'envie d'y aller, mû davantage par la curiosité que par le dévouement. Je lui dis mon désir de faire partie du groupe composé de camarades plus vieux et plus forts que moi. Je le regarde droit dans les yeux pour qu'il lise dans mon regard une supplication muette. C'est un non aussi discret que ma demande qui me répond. Il a pourtant un mouvement qui trahit un dilemme intérieur.

Gaston est peut-être encore un peu jeune pour voir ce qu'il risque de voir, doit-il penser. *D'autre part cette expérience va lui former le caractère.*

Je lis l'hésitation dans son regard, puis j'entends :

— D'accord, Gaston, vous pouvez y aller.

Notre convoi se forme. Nous empruntons la charrette à bras du collège, carriole à deux grandes roues munie de brancards, que nous tirons sans difficulté, car elle est vide pour l'instant. Nous marchons d'un bon pas dans les rues quasi désertes et intactes qui mènent à la gare et au couvent. Le ciel est bleu, le soleil cogne dur. Depuis des semaines il fait un temps splendide. J'oublie ma nervosité, ravi de faire partie de l'expédition.

Nous approchons de notre destination, quelques bombes sont tombées ici, assez loin de la cible, détruisant des immeubles. Je me dis qu'ils visent vraiment mal. Cela me surprend, car aucune défense antiaérienne ne s'est manifestée pendant le raid. En fait, la ville n'a pas de protection de ce genre puisque, à ma connaissance, elle ne recèle pas d'objectif militaire.

Une odeur de feu et de cendre nous prend à la gorge. Au loin, une bombe explose provoquant un sursaut de surprise. Nous voici en plein champ de bataille, au milieu des maisons abattues, éventrées, exhibant leurs entrailles par leurs façades effondrées. Des incendies brûlent encore, la poussière nous dessèche la gorge. La soif nous gagne, attisée par le soleil brûlant à son zénith dans le plus beau ciel bleu qui soit. Les débris bouchant la rue nous obligent à des détours.

Nous voici arrivés à destination, dans un quartier où je ne suis venu que rarement, une fois ou deux peut-être. La petite place sur laquelle donnait le couvent est encombrée de pierres de taille et d'autres débris. L'immeuble qui faisait le coin s'est écroulé. Il a reçu une bombe de plein fouet. Tout autour, ce ne sont que décombres fumants. Des sauveteurs dégagent les ruines à mains nues, à la recherche non pas des survivants, hélas ! mais des cadavres. Tout le monde est mort là-dessous, nous dit-on. Dix-sept personnes, toutes de la même famille.

Je m'attarde. Je regarde les hommes, gris de la poussière agglutinée par leur sueur, dégager le corps d'une adolescente. Ses yeux sont clos. Elle est vêtue d'une chemise de nuit verte. Sa main raidie par la mort serre un chapelet. Je suis étonné que le corps ne porte aucune blessure visible bien que la pauvre jeune fille ait été écrasée sous une maison de pierre. Je reste, curieusement, quasi insensible devant ce tableau macabre, comme tétanisé. C'est sûrement sa mère dont je vois apparaître une épaule, un bras, dégagée par d'autres secouristes tout à côté. Elle serre un jeune enfant dans ses bras. Elle aussi tient son chapelet à la main. Tout comme sa fille, elle ne porte aucune blessure apparente.

Je voulais voir la guerre, je la vois dans ce qu'elle a de plus horrible : le massacre des innocents.

Je n'en ai pas fini avec les émotions.

Le père Pierre, l'aumônier de la troupe scoute à laquelle je collabore, me tire par la manche. Je sursaute, n'ayant pas remarqué sa présence.

— Gaston, venez dire adieu à votre jeune camarade, me dit-il.

Tout près de nous, le long d'un mur resté debout, se trouve une civière recouverte d'une couverture grise. Je n'y avais pas prêté attention.

— Approchez, Gaston.

Il soulève précautionneusement le coin droit de la couverture, découvrant la tête d'un jeune garçon. Je détaille le visage rond d'un enfant d'une douzaine d'années, gris de poussière, les yeux clos, respirant, si l'on peut dire, le calme. On jurerait l'œuvre d'un sculpteur. Le seul signe extérieur de l'écrasement qu'il a subi, tout comme sa mère, sa grande sœur et le bébé, consiste en une traînée de matière cervicale s'écoulant de sa narine droite, figée sur sa lèvre supérieure. Ce détail me frappe. Je me retiens pour ne pas sortir mon mouchoir, pour essuyer ce nez qui coule. Le tout ne dure qu'un instant. Le père Pierre recouvre la figure du jeune garçon, restée gravée à jamais dans ma mémoire.

Je ne sais que dire, d'autant que ce pauvre petit mort, je ne le connais pas. Je ne l'ai jamais vu auparavant. Le père aumônier a dû confondre. Cela ne m'empêche pas de réciter pour le repos de son âme une courte prière avant de retrouver mes condisciples. Je jette un dernier regard sur les secouristes toujours à la recherche des victimes.

Un détail me frappe. Cette maison ancienne était bâtie en tuffeau, la pierre tendre et dorée du val de Loire. La cave, dont la voûte avait été construite aussi soigneusement que celle d'un édifice religieux, s'étendait aussi sous la rue. Sous l'impact de la bombe tombée exactement sur la maison, celle-ci s'était effondrée sur elle-même, écrasant la partie de la cave située en dessous, mais épargnant le reste de la crypte. Une ouverture béante laissait voir qu'elle était vide et intacte. À quelques mètres près, cette malheureuse famille n'aurait peut-être pas été anéantie.

Où sont donc passés mes camarades ? Je les cherche du regard. Sur ma gauche, c'est la dévastation totale. La gare Saint-Laud, par laquelle j'ai transité tant de fois, n'existe plus. J'ai sous les yeux une vision de champ de bataille. Les bâtiments sont arasés, les murs abattus, les rails arrachés par la force des explosions, dressés vers le ciel, tordus, enchevêtrés. J'en reste bouche bée. La poussière qui n'est pas encore complètement retombée me dessèche la gorge. La soif me saisit. Il n'y a rien à boire. L'eau sort en gargouillant des conduites crevées et arrachées. Elle coule dans les cratères de bombes, les caves, au travers des débris, détrempant au passage des cadavres. Impossible de s'en abreuver. Sur cette scène de désolation plane une odeur indéfinissable, celle de la guerre.

Une casserole rouge vif à dix pas devant moi attire mon attention. Elle est posée sur un cylindre de métal gris, comme un signal de danger. Je m'approche pour découvrir avec stupéfaction qu'elle coiffe une grosse bombe non éclatée, fichée bien droite dans le sol ! J'ignore qu'il s'agit d'une bombe à retardement. Elle peut exploser à tout moment, sans prévenir. Mieux vaut alors ne pas se trouver à proximité. Personne n'a prévenu l'innocent que je suis. Je passe donc sans appréhension tout en me gardant bien toutefois de toucher à quoi que ce soit. J'apprendrai un jour qu'il s'agissait d'une bombe de 250 kg, engin standard qui garnissait les soutes des bombardiers.

À propos, qui nous a rendu visite la nuit dernière ? Les avions portaient-ils les cocardes rouge, bleu, blanc de la Royal Air Force ou les étoiles de la US Air Force ? Nous nous posons la question entre nous, sans pouvoir y répondre. Certains prétendent que le son des moteurs est différent qu'il s'agisse des Anglais ou des Américains, ou encore des Allemands. Billevesées que tout cela, selon moi.

Dans les ruines fumantes

Je retrouve mes camarades dans les ruines du couvent. Je découvre l'étendue des dégâts. Tout est démoli, sens dessus dessous, les toitures arrachées, disparues. Je pénètre dans ce qui fut la chapelle. L'incendie qui la dévorait s'est éteint de lui-même, mais le feu couve. J'aperçois le ciel là où se trouvait la voûte de la nef. Une bombe a dû tomber droit dessus, épargnant heureusement la sacristie située en arrière du chœur. Au-dessus de cette sacristie, se trouve, à l'étage, la bibliothèque riche de milliers de volumes dont certains de grande valeur. C'est tout ce qu'il reste à récupérer et à mettre à l'abri avant que le bâtiment ne s'effondre ou que le feu ne s'attise de nouveau.

Encore faut-il y monter. L'escalier a disparu. On trouve une échelle, mais rendu là-haut, le danger nous guette. Si les poutres ont résisté près des murs, il vaut mieux ne pas mettre le pied au centre de cette vaste pièce. On passerait au travers du plancher. Heureusement, les rayons contenant ces milliers de volumes courent le long des murs. Il sera donc possible de les récupérer en longeant prudemment les parois. Descendre ces livres au rez-de-chaussée en les portant dans nos bras et en empruntant l'échelle nous prendrait des jours. La solution s'impose d'elle-même. La bibliothèque est éclairée par une vaste baie ouverte dans le mur du pignon. Nous allons jeter les livres au travers de cette ouverture providentielle que le souffle des bombes a dégarnie de ses vitraux.

Nous sommes une demi-douzaine de récupérateurs à nous activer. Nous travaillons à la chaîne, nous passant les livres de main en main jusqu'au dernier déménageur placé près de l'embrasure de la fenêtre. Il y empile les volumes sur une hauteur d'environ 75 centimètres avant de les pousser dans le vide. Pour éviter de détériorer définitivement ces livres que nous voulons préserver de la destruction, nous récupérons quelques matelas sauvés des flammes. Placée judicieusement au pied du mur, ils amortiront le choc. Nous faisons un premier essai qui s'avère concluant.

Nous nous mettons au travail et les étagères se dégarnissent rapidement. Mon goût naturel pour l'effort m'a fait trouver la meilleure place dans la chaîne, la dernière, celle où on reçoit les livres pour les empiler avant de les jeter dans le vide. Je m'évite ainsi le danger de passer au travers du plancher qui peut lâcher à tout instant et, en plus, j'ai la possibilité de voir les titres des livres, nouveaux et anciens, que contenait la bibliothèque. Évidemment, il n'y a pas de romans. Tous, ou presque, traitent de philosophie et de théologie. Sauf cette série de 28 volumes *in-folio*, pas moins, qui retiennent mon attention par leur poids et leur dimension. J'ai dans les mains la série complète en édition originale, de la grande *Encyclopédie* de Diderot, ce condensé, sulfureux au XVIIIe siècle, de toutes les grandes idées du siècle des Lumières. C'est un véritable trésor que je tiens. Quand au cours de mes études récentes de littérature et d'histoire j'ai pris connaissance de cette œuvre immense, j'étais loin de me douter que je verrais un jour des exemplaires originaux, surtout dans de telles circonstances. J'arrête la chaîne pour un instant, le temps d'ouvrir un des volumes, de regarder, en le feuilletant, quelques-unes des superbes gravures dont il regorge.

— Qu'est-ce que vous faites, Gaston ?

On me ramène à la réalité. Hélas ! ce trésor prendra le même chemin que les bouquins sans valeur. Je finis de les empiler. Je les pousse, conscient du geste iconoclaste que je fais. Ils tombent parmi les autres livres sur les matelas, abîmés, mais sauvés.

Le soleil tape de plus en plus fort, l'atmosphère est toujours aussi sèche et poussiéreuse. Nous mourons de soif. Notre groupe ne manque pas de petits débrouillards qui vont à la recherche d'une boisson quelconque pour nous rafraîchir. Il est évident qu'ils ne trouveront pas d'eau potable. Ils commencent leurs recherches par la cave la plus proche, celle qui, la nuit dernière, a sauvé les pères qui avaient fait le bon choix. Les barriques de vin ont eu, elles aussi, la vie sauve tout comme les bonnes bouteilles. Le vin de messe ou de table ne peut être que de bonne qualité en Anjou. Nous pouvons étancher notre soif avec de grandes rasades de blanc du pays. Nous ne nous en privons pas, sans nous méfier des effets des vapeurs d'alcool tant nous sommes altérés.

La gaieté nous gagne rapidement. L'horreur de la situation s'estompe. La corvée tourne en rigolade. Nous en oublions le danger qui nous menace : l'effondrement possible de la bibliothèque, les bombes à retardement. Il y a déjà eu quelques déflagrations dans les environs depuis que nous sommes au travail. Une de ces bombes éclate sous mes yeux dans un bruit étourdissant, à moins de cent mètres. Une gerbe de terre et de débris divers gicle dans le ciel comme une fusée. Je n'ai pas le temps d'avoir peur que toute cette terre est retombée. Cette image fugitive s'incruste dans ma mémoire comme le visage du jeune garçon tout à l'heure, pour la vie.

Cela ne m'empêchera pas, plus tard, de passer et repasser plusieurs fois devant la casserole d'émail rouge coiffant le cylindre gris sur la place, tout comme les autres personnes qui travaillent au déblaiement. On vient de m'apprendre que, de l'autre côté de cette place, on a retrouvé une survivante. Des secouristes s'affairent pour la dégager des décombres de sa maison. Il est alors cinq heures de l'après-midi. Cela fait près de dix-sept heures qu'elle est coincée, à un mètre du cadavre de son mari. Encore une fois, ma curiosité me pousse vers cette scène macabre où, finalement, il n'y a rien à voir. Retour au travail qui achève. Les rayonnages sont vides. Nous ramassons les livres que nous empilons dans la charrette à bras.

En plus du vin, les camarades fouineurs ont trouvé une bouteille de Cointreau, cette liqueur d'oranges amères qui, curieusement, est fabriquée à Angers où, pourtant, les orangers ne poussent pas. Nous faisons honneur à cette liqueur sucrée, avec modération certes dans mon cas, mais pas celui de tous. La bonne humeur règne dans le groupe, quelque peu déplacée parmi les ruines encore chaudes et les cadavres à peine refroidis. Tirant et poussant le charreton débordant de livres, nous reprenons le chemin du collège où personne, à notre arrivée, ne devinera la cause de notre bonne humeur.

L'obscurité tombe sur Angers, grièvement blessée, qui compte ses morts. Il y en aurait eu 300. Le feu qui couvait dans la chapelle éventrée reprendra dans la nuit pour dévorer ce qui était encore debout.

Ouf, quelle nuit et quelle journée !

* * *

La nuit du bombardement, nous sommes le 29 mai. Le débarquement en Normandie aura lieu dans une semaine, le 6 juin. Pendant ces quelques jours, l'aviation américaine bombardera systématiquement le réseau ferré qui mène en Normandie pour empêcher la venue des renforts allemands. Tous les points de passage sur la Loire seront détruits : Saumur, Tours, Orléans, etc.

Ce sont bien des forteresses volantes B17 qui grondaient sur nos têtes.

La douzaine de bombes de 250 kg qui, dans la même ligne droite, ont successivement écrasé, entre autres, le jardin, le couvent, la place, la maison aux 17 cadavres et celle de la survivante provenaient d'un même avion qui avait dévié de sa cible.

Il n'y avait aucune défense allemande anti-aérienne à Angers.

Un voyage au long cours

JE suis alors à l'âge où une bonne nuit nous remet sur pied. En ce mardi matin, 30 mai, je m'attends à ce que notre vie routinière recommence. Tel n'est pas le cas. Il n'est pas question de reprise des cours. Nous sommes laissés à nous-mêmes. Immédiatement, le bruit court que le collège va fermer ; que nous allons rentrer chez nous. Je n'ose trop y croire, bien que cela corresponde à mes vœux les plus secrets. Je pense à Maman qui doit s'inquiéter de mon sort si elle a eu connaissance du bombardement d'Angers, ce qui est peu probable. L'attente ne durera pas longtemps. Le père directeur nous fait part de la décision de nous renvoyer chez nous. Il me semble entendre une reprise du discours que j'avais entendu quatre ans plus tôt, alors que les Allemands arrivaient, tandis que cette fois ils sont à la veille de s'en aller. Nous prendrons le train jeudi matin.

Il faut que je prévienne Maman de mon arrivée. Encore sous le coup de l'émotion, je lui écris une longue lettre où je lui raconte dans le détail ce que je viens de vivre. (Un mois plus tard, je suis dans le magasin avec tante Yvonne quand le facteur livre ma lettre. Je la parcours. Tante me demande de la laisser la lire. J'y étale mes sentiments, mes peurs. La crainte qu'on en rie me fait la déchirer…)

Comme la gare n'existe plus, le train que nous devons prendre se formera dans une petite station située de l'autre côté de la Maine, cette rivière qui baigne Angers et se jette dans la Loire aux Ponts-de-Cé, à quelques kilomètres de notre collège. Nous trouvant ainsi du bon côté du cours d'eau, nous ne serons pas immobilisés si un autre bombardement détruit le pont. Le convoi doit démarrer tôt jeudi matin. Il faut absolument rejoindre la halte ferroviaire mercredi en soirée pour être à pied d'œuvre le lendemain, aux aurores.

* * *

Mercredi, sans me faire prier, je boucle un bagage léger, car je me doute que le voyage sera compliqué et les trains bondés. En fin de journée, avant le couvre-feu, nous prenons la route le cœur léger. Nous, c'est le groupe composé d'une vingtaine de Bretons : Yann, Corentin, Fanch, Joseph, Gaston et les autres… Nous avons empilé nos valises dans la charrette à bras dans laquelle lundi nous avons transporté les livres. Le beau temps continue, le soleil semble vissé dans le ciel bleu. Pour l'instant, il baisse à l'horizon. Les gens nous regardent passer, se demandant si nous ne sommes pas l'avant-garde d'une nouvelle migration. Deux heures de marche nous amènent à la porte d'une minuscule gare proche de nulle part. Nous n'y sommes pas seuls. Elle est pleine de passagers en attente avec qui nous passerons la nuit.

Nous grignotons un sandwich prélevé sur le viatique dont on nous a munis en prévision d'un voyage d'une journée. La nuit tombe.

Une lueur s'allume à l'ouest. Elle vacille. Le sol frémit. Tout le monde regarde ce phénomène anormal rapidement identifié : encore un bombardement. Ce ne peut être que la ville de Saumur, éloignée d'une cinquantaine de kilomètres, qui encaisse.

Je me trouve un coin libre sur le sol de la gare. Nous allons passer la nuit couchés sur la dure, la valise sous la tête en guise d'oreiller. C'est ma première expérience du genre. J'apprends bien vite que la dureté du carrelage se supporte en restant allongé sur le dos, mais que dans cette position on ne s'endort pas facilement. Sur le côté, par contre, on trouverait le sommeil, mais il y a cette hanche et cette épaule qui cherchent à faire leur trou sans y parvenir. Heureusement, la fatigue est plus forte que l'inconfort et je m'endors.

Un train pour quelque part

Le soleil se lève sur ce jeudi 1er juin. Le brouhaha de mes compagnons d'infortune me réveille. Je suis immédiatement sur pieds. J'apprécierais volontiers une boisson chaude et un bout de pain. Je dois me rabattre sur un morceau de sandwich et l'eau tiédasse d'un robinet de la gare. La toilette sera pour un autre jour. Il ne reste qu'à attendre le départ du train de Nantes, annoncé pour sept heures. La direction nous convient. Le fait qu'il n'aille pas plus loin nous dérange. Sept heures arrivent, puis huit, puis neuf, puis dix. Partira, partira pas ? Oui, enfin nous démarrons à vitesse réduite, soulagés. Nantes n'est qu'à une centaine de kilomètres. À midi nous y sommes. Notre convoi ne va décidément pas plus loin. Un autre train en direction de Quimper est annoncé pour la fin de l'après-midi.

Bons petits séminaristes, nous savons qu'à Nantes se trouve un couvent important, siège des études en théologie. Même si nous ne sommes pas attendus, les pères nous serviront certainement un repas. Traînant notre bagage, nous entreprenons la traversée de la ville. Nous avions deviné juste. Nous pouvons nous restaurer. Le plein fait, il nous faut déjà reprendre la route à l'envers pour ne pas manquer notre train, pour Rosporden et Carhaix dans mon cas, et Quimper pour mes compagnons de route.

La locomotive patine sur les rails et démarre à l'heure dite. Je sais déjà que, même si tout se passe bien, je veux dire si quelque résistant n'a pas fait sauter la voie, je vais manquer ma correspondance. Je ne serai pas à la maison ce soir.

Alors que nous progressons à une allure plutôt réduite, les rumeurs circulent parmi les voyageurs. Un monsieur à l'air sérieux nous raconte, en regardant le ciel toujours bleu à travers la fenêtre, que les avions anglais ont mitraillé des trains dans les parages. La même chose peut arriver. Je sais qu'il n'a pas tort et je m'en inquiète. Si je désire voir tout ce que je peux de la guerre, je n'ai nulle envie de me retrouver sous une attaque aérienne. L'expérience de la nuit de dimanche à lundi m'a suffi.

Une autre rumeur parcourt les wagons. Notre train s'arrêtera à Lorient. Cela sonne bizarrement à mes oreilles. Je n'en vois pas la raison et je me demande si ce n'est pas un bobard. Lorient a été rayé de la carte après deux ans de bombardements quasi continus. Si nous devons passer la nuit à cet endroit, nous ne trouverons pas d'abri pour dormir, pas de ravitaillement et, d'autre part, nous risquons de recevoir des bombes. Nous allons bientôt atteindre Questembert, petite ville où nous ne risquerons rien. La plupart des gens qui nous entourent ont tenu le même raisonnement et décident de descendre à cet arrêt pour y passer la nuit et remettre au lendemain la continuation du voyage. Notre petite bande d'adolescents décide de suivre leur exemple.

La nuit est tombée lorsque nous descendons du train. Il y a foule sur le quai de la gare de Questembert. En peu de temps, tout ce monde disparaît à la recherche d'un gîte pour la nuit. L'hôtel situé de l'autre côté de la rue déclare complet plus vite qu'il ne faut de temps pour le dire. Nous nous retrouvons seuls, désemparés, sans un sou en poche. Si nous ne voulons pas passer la nuit à la belle étoile, il n'y a qu'une solution, frapper à la porte du presbytère pour demander au curé du lieu de dépanner des petits séminaristes errants, n'ayant pas une pierre où poser leur tête, comme Notre Seigneur Jésus-Christ.

Lorsqu'il nous ouvre sa porte, le brave abbé ne semble pas trop heureux de nous voir. La charité chrétienne l'oblige quand même à nous dépanner. Il nous offre un toit, un bâtiment ouvert aux quatre vents, tout au fond de son jardin, avec de la paille en guise de matelas. Nous nous installons, le ventre creux, à la lueur de la lune. Le sommeil tarde à venir, car il y a des bruissements inquiétants autour de nous. Des rats vont nous tenir compagnie pendant toute la nuit. Je finis par sombrer dans un sommeil profond dont je suis arraché en sursaut par un rat qui me passe sur le corps. Je me rendors pour, de nouveau, me réveiller à moitié, en maudissant ces sales bêtes. La nuit se passe ainsi de rat en rat. L'aube me débarrassera de mes peu ragoûtants tortionnaires à quatre pattes.

ENFIN CARHAIX

Le lever est pénible. Le soleil éclatant des derniers jours ne sera pas de la partie en ce matin du vendredi 2 juin. Il fait gris. Un temps à réjouir un Breton qui rentre à la maison.

(Ce temps couvert marque le début de la perturbation atmosphérique génératrice d'une forte tempête qui retardera d'un jour le débarquement en Normandie.)

Serai-je capable d'arriver à la maison aujourd'hui ? C'est la première question qui me vient à l'esprit en secouant les brins de paille de mes vêtements fripés. Mes compagnons ont la même préoccupation. Monsieur le curé n'a ni le temps ni les moyens de s'occuper de nous. Nous ne devons pas être jolis à voir, pas débarbouillés depuis deux jours, les mains sales, dépeignés, nos pauvres hardes défraîchies et notre estomac criant famine.

Nous retrouvons les autres voyageurs sur le quai de la gare. L'attente commence. On nous promet un train dans la matinée, à une heure inconnue. Le moral n'est pas très élevé parmi nous. C'est encore moi qui suis le plus proche de la maison. Deux ou trois de mes camarades habitent dans les environs de Quimper. Les autres sont Léonards et se demandent à juste titre comment ils iront de Quimper à Lesneven, le Folgoat, Kernilis ou Lanarvily. Les heures passent avec de fausses espérances. Encore faudra-t-il que train arrive du bon côté, c'est-à-dire en direction de Quimper. Nous ne nous voyons pas faire marche arrière vers Nantes. Les heures passent sous le ciel gris.

Il sera bientôt midi quand enfin le sifflet d'un train se fait entendre au loin. Il arrive. Il s'arrête. Nous nous bousculons pour trouver une place et ne pas manquer le départ. Nous voilà enfin partis. C'est alors que les peurs de la veille nous reprennent. Pourvu que nous ne soyons pas la cible des avions anglais. Ma crainte augmente alors que nous approchons du port de Lorient. Par la fenêtre du wagon, on aperçoit l'énorme bloc de béton qui abrite les U-Boot. Après un bref arrêt, nous repartons sans encombre. Ouf !

Au prochain stop, ce sera Rosporden et la correspondance pour Carhaix. J'approche du but de cet interminable voyage. J'ai droit à quelques heures d'attente supplémentaires dans cette autre petite gare qui sent déjà bon le pays. Peu m'importe, rien maintenant ne peut m'empêcher d'embrasser Maman ce soir.

Voilà enfin mon Carhaix natal. Allègrement, je remonte la rue de la Gare. Je passe devant notre ancienne maison ; je traverse le Champ-de-Bataille ; je tourne au coin de la rue Amiral-Emeriau. Je suis arrivé. Je grimpe, quatre à quatre, les deux étages. Sans frapper, je saisis la poignée de la porte de l'appartement pour l'ouvrir. Elle résiste. Elle est fermée à clef. Je cogne, pas de réponse. Maman n'est pas là !

Oh ! non ! Pas comme il y a quatre ans quand je suis rentré en catastrophe de Dinard ! Elle n'est sûrement pas partie me chercher à Angers. Où donc se trouve-t-elle ? Je dégringole l'escalier à toute vitesse. En bas, il y certainement quelqu'un qui pourra me renseigner. Est-ce tante Yvonne ou la bonne qui me reçoit, je ne sais.

— Il n'y a personne ici. Où sont-ils donc ?

— Grand-père Geoffroy est très gravement malade, il ne lui reste que peu de temps à vivre, une question de jours. Tout le monde est à son chevet à Conval.

La réponse est comme une gifle en pleine figure. Me voilà tout décontenancé par la triste nouvelle, désemparé par cette maison vide où je me retrouve tout seul. La joie de mon retour tombe comme un soufflé raté.

Il se fait tard, heureusement. Je suis épuisé par le manque de sommeil causé par la sarabande des rats et les émotions. Je retrouve ma chambre et mon lit. Avant de tomber, terrassé par le sommeil, j'ai le temps de faire un calcul rapide. Mon odyssée, d'Angers à Carhaix, aura duré deux journées complètes, 48 heures bien comptées, au lieu des six heures habituelles. Il s'en est passé des événements inattendus, inédits, incroyables, effrayants, émouvants depuis dimanche dernier, depuis cinq jours seulement, et la semaine n'est pas finie.

J'ARRIVE, GRAND-PÈRE S'EN VA

Ma solitude sera brève, le lendemain Maman est de retour, surprise et soulagée à la fois de me trouver là. Les événements, l'incertitude du moment la préoccupent moins que l'état de santé de son vieux père qui se dégrade. C'est la raison du retour en ville. À propos, pourquoi ce long séjour à Conval avec Pépère malade ? Je n'ose poser la question. Le récit de mes aventures n'intéresse personne. Maman l'aînée, au premier chef, tonton Armand et tonton René sont préoccupés par l'état de leur père. Il nécessite une surveillance et des soins constants. Maman le veille depuis des jours et des nuits. Je devine qu'elle est épuisée. Mon arrivée est providentielle, je vais prendre la relève au chevet de mon grand-père. On l'a installé dans sa chambre, dans son appartement du premier.

Les heures sont longues au chevet de Pépère. Il ne semble pas souffrir. Il sommeille, se réveille, me regarde. Nous échangeons quelques mots brefs. Il retombe dans une léthargie traversée par des songes, des cauchemars. Par moment, il délire. Il profère des paroles difficiles à interpréter. Ces lambeaux de monologue m'impressionnent. Surtout lorsque, après un silence prolongé, je le vois s'agiter. Il fait un effort pour se relever en criant du plus fort de sa voix éteinte :

— Les Walkyries… Les Walkyries…

J'en ai le souffle coupé. Il les voit passer dans son délire, au travers d'un ciel wagnérien, ces messagères, hôtesses du Walhalla, le paradis germanique où elles conduisent les héros morts au combat. Il ne manque que le son des cuivres de l'orchestre de Bayreuth pour compléter cette lugubre scène. Dans quel coin obscur de son inconscient a-t-il déniché cette vision, lui cet artisan charcutier que je pensais inculte. Je ne peux m'empêcher de faire dans ma tête le parallèle avec le grand tableau *Le rêve passe* où des soldats endormis voient défiler dans le ciel nocturne les hussards, les dragons, la Garde de l'Empereur.

Grand-Père a de longs moments de demi-conscience. Il me parle alors comme pour livrer un testament à son petit-fils qu'il doit aimer plus qu'il ne l'a laissé paraître. Il est question du temps lointain. Il me confie ce qui me paraît un secret de famille, tu et caché depuis très, très longtemps. Cela remonte à la Révolution française. Il est question d'un aïeul, prêtre, défroqué, d'un mariage… une histoire dont les détails m'échappent. Je l'écoute avec intérêt, me demandant où se termine la réalité et où commence la part du délire. (Je demanderai un jour à tonton Gaston s'il est au courant de ce secret. Il m'assurera n'avoir jamais entendu parler de cette histoire qui ressemble un peu à la sienne propre, soit dit en passant.)

Pépère me fit d'autres confidences dont j'ai perdu le souvenir. Je ne sais s'il s'adressait à moi où à un auditoire qui n'existait que dans son délire.

Il revient parfois à la réalité, surtout quand il doit se lever pour répondre à un besoin naturel. Il en est encore capable, non sans difficultés. Je le vois, cette fois-là, s'asseoir dans son lit puis repousser les couvertures. Il marque un temps d'arrêt, tâchant de rassembler le peu de forces qui lui reste. Il finit par poser les pieds sur le sol puis par se redresser. Il est devant moi, flageolant sur ses deux jambes maigres qui dépassent des pans de sa longue chemise de nuit. Je me précipite pour le soutenir. D'un brusque geste d'impatience, il me repousse tout en me jetant un regard dur.

* * *

Ainsi, Grand-Père, ton dernier geste à mon égard aura été de me repousser. Je ne t'en ai jamais voulu, car j'ai lu la détresse au fond de tes yeux. Il t'était sans doute insupportable qu'un de tes petits-fils soit témoin de ta déchéance physique et vienne à ton secours.

* * *

Surveiller pendant des heures son grand-père qui agonise, c'est beaucoup demander à son petit-fils de 15 ans. Passer des morts aux mourants, en si peu de temps, à cet âge, aurait dû me causer un grave traumatisme. Au XXIe siècle, on croirait bon de faire appel à une assistance psychologique. Je n'en avais pas besoin, Dieu merci. Si je ne débordais pas d'affection pour ce grand-père de glace, je l'aimais quand même. Toutefois sa disparition programmée, qui faisait partie des choses de la vie, me laissait indifférent. Je l'avoue et le confesse, sinon avec honte, du moins avec un centigramme de gêne, une pincée de remords et une once de repentance, alors que j'ai atteint l'âge qu'il avait alors.

* * *

Deux jours passeront dans cette atmosphère funèbre.

LE DÉBARQUEMENT

Quand je m'éveille en ce matin du 6 juin 1944, j'ignore que le soleil s'est levé sur une journée historique. Une fois debout et présentable, je descends aux nouvelles à l'appartement de mon grand-père, où Maman doit déjà se trouver.

Avant que j'ouvre la bouche pour m'enquérir de l'état de Pépère, j'aperçois tonton Armand qui me lance, triomphant :

— Les Anglais ont débarqué !

— Quoi, le débarquement a eu lieu ? Où ça ?

— En Normandie ! Ton grand-père est au plus mal. On a attendu son dernier souffle toute la nuit. Quand, à six heures ce matin, je lui ai annoncé que je venais d'entendre la nouvelle à la radio, il s'est assis tout seul dans son lit et a dit :

— Habillez-moi ! Je veux voir ça !

Pauvre pépère Geoffroy, il n'y avait rien à voir à Carhaix ce jour-là, sinon toi, le vieux patriote des marches de Champagne, à l'agonie, dont l'annonce de la libération de la France, tant attendue et tant espérée, sera la dernière joie sur cette terre. Elle séchera ces larmes qui coulaient sur tes joues en ce 22 juin 1940, quand tu nous annonçais, debout dans l'encadrement de la porte, que la France avait perdu la guerre.

Ta vie en sera prolongée de 24 heures. Tu ne nous quitteras que demain… pour toujours.

L'orage

L A guerre dans toute sa violence vient de s'abattre sur la France. Elle est loin de Carhaix, en ce premier jour des combats de Normandie, et proche à la fois. Tout ce qu'on devinait, pressentait ou savait du combat clandestin de la Résistance va surgir au grand jour, dans les larmes plus que dans la joie, soutenu par une espérance qui fera supporter l'inacceptable.

Le mot *résistance* est écrit dans les gènes des Bretons, enfants d'une race rustique et entêtée, qui s'honore elle-même du qualificatif de *pen kalled* [tête dure]. Le centre de la Bretagne, dont Carhaix fut jadis la capitale, a derrière lui une longue tradition de révolte. Les Bonnets rouges ont causé de sérieux ennuis à Louis XIV. En 1789, la Révolution y a dressé sa guillotine. En 1944, le pays tout entier participe à la résistance ou l'appuie. Si les maquis s'en prennent aux Allemands, nous risquons de sanglantes représailles.

On peut en effet craindre le pire à la suite du débarquement. Maman ne tergiverse pas. Je n'assisterai pas à l'enterrement de grand-père. Je dois rejoindre immédiatement Conval où je serai en sécurité avec Raoul, mon frère, mes deux sœurs et mes cousins, Renée et Yvon. Elle nous rejoindra après la cérémonie funèbre. Je ne me fais pas prier deux fois pour enfourcher mon vélo qui est, en fait, celui de Maman, une bicyclette de femme, de couleur verte, sans dérailleur. Ça tire dur dans les mollets quand on grimpe une côte ! C'est à ce moment que j'ai fait une invention révolutionnaire :

la côte réversible, montée sur un axe permettant de la basculer au besoin. Il n'y aurait ainsi que des descentes !

Je pédale de bon cœur entre les ornières de la vieille route que j'emprunte au carrefour du Moulin-Meur. Je suis maintenant comme un vieux cheval qui rentre à l'écurie. C'est Babette qui me reçoit. Avec Marie Cousse. Même dans ce trou perdu il se passe des choses. On m'en fait part : Raoul et François Cousse ont rejoint leur unité du maquis à l'annonce du débarquement. On m'avait caché, avec raison, que Raoul était résistant. Cette nouvelle ravit mon cœur de petit frère, tout fier que mon aîné soit un soldat. On ignore naturellement où ils sont et quand ils reviendront. Un groupe de maquisards qui n'est pas celui de Raoul bat la campagne. Ils viennent de passer. Il y a ici une TSF et une turbine pour fournir de l'électricité. C'est le seul endroit à des kilomètres à la ronde où on peut prendre les nouvelles de Londres. Ils vont revenir.

UN ENTERREMENT COCASSE

Il ne s'agit pas de celui de grand-père qui se déroulera demain dans la plus stricte intimité. C'est connu, la vie continue dans les pires situations. Les femmes accouchent et on enterre les morts. Donc, d'autres funérailles suivront celles de Pépère, plus tard en fin d'après-midi. Alors que la famille éplorée se recueille dans l'église, le corbillard et son cheval attendent devant le porche. Passent des Allemands qui détèlent le cheval en question et partent avec. Tête des porteurs, lorsqu'à la fin de la cérémonie, ils se présentent avec le cercueil pour le placer dans le corbillard ! Heureusement, le cimetière est tout proche. Porter à bras ce fardeau ne posait pas de problème.

LA RÉSISTANCE ALLEMANDE

Je ne verrai rien, reclus à Conval, mais je serai témoin de ses terribles conséquences. Des troupes allemandes traversent les campagnes autour de Carhaix. Prévoyant le débarquement des Alliés, mais ignorant où il se passerait, les Allemands ont positionné, un peu partout dans l'ouest de la France, des unités de réserve qui interviendront à l'endroit et au moment voulus. C'est ainsi que la Basse-Bretagne sert de cantonnement à une division de parachutistes, l'élite de l'infanterie, même s'ils ne sautent plus du ciel, faute d'avion pour y monter. Cette unité a été formée récemment avec des jeunes recrues prêtes à se battre jusqu'au dernier pour défendre leur mère-patrie. Ils viennent de recevoir l'ordre de rejoindre la Normandie.

Nous ignorons alors de quelle force il s'agit. J'apprendrai plus tard son identité :

> Troisième division de parachutistes, unité d'élite, forte de 17 000 hommes, sous le commandement du generalleutnant *Schimp*. Quartier général au Huelgoat.
>
> L'unité est mise en alerte le 6 juin à 2 heures du matin. Elle prend la route le 7 au soir... Soldats surchargés. En arrivant à Carhaix au terme de la première étape, la troupe est épuisée. Elle a les pieds en sang ; la chaussure du parachutiste n'est pas conçue pour les longues marches d'infanterie. Les charrettes d'alentour sont donc réquisitionnées, 45 par bataillon, pour véhiculer le matériel et les éclopés, avec remplacement des chevaux tous les deux jours. Les mouvements ont lieu sur les routes secondaires... Ils ne seront à pied d'œuvre que le 18 juin. Ils auront parcouru 350 km en 10 jours.
>
> – La Bretagne à l'épreuve,
A. Le Grand et A. Le Berre, éd. Daoulan

On notera qu'il ne s'agit pas de SS, de sinistre mémoire, mais bien d'une division régulière.

Les soldats allemands se déplacent par les chemins secondaires, on l'a vu. À un kilomètre en amont de Conval, la vieille route enjambe l'Aulne par un beau pont de pierre ancien. On appelle cet endroit Pont-Pierre, tout bêtement. Elles passent donc à proximité de notre refuge, à notre insu, par l'antique voie qui mène au Moulin-Meur puis à Carhaix, cette route que je viens de parcourir en vélo.

Faisons le point. Nous sommes rendus le jeudi 8 juin. Pépère a été enterré aujourd'hui. Son décès remonte à hier, le 7 juin ; le débarquement à l'avant-veille, le 6 juin. Les événements se sont bousculés à un tel point que j'ai dû réfléchir un long moment pour que tout se place et s'emboîte dans ma mémoire.

Humanité et barbarie

Un bruit court dans le bourg de Poullaouen en cette fin de journée du 8 juin.

— Madame Lebarbé et madame Geoffroy ont été arrêtées avec la fille Tanguy.

C'est que l'on vient de voir passer deux voitures allemandes à bord desquelles se trouvent effectivement Maman, tante Yvonne et Hélène Tanguy, de la ferme du Vergoin, accompagnées de soldats casqués, armés de mitraillettes.

Au même moment, à Conval, nous avons la visite des résistants. Ils viennent de nous quitter après avoir écouté Radio-Londres. En sortant, ils ont récupéré les armes qu'ils avaient laissées à l'extérieur. Je me trouve alors sur le chemin, tout à côté de la maison. J'entends venir une auto.

Curieux, j'attends pour voir qui ça peut bien être. Une voiture verte débouche. En une seconde j'identifie un véhicule allemand, une Volkswagen, la Jeep allemande. Elle ralentit. Une autre la suit. Stupeur, j'aperçois Maman tenant un enfant, assise à l'arrière de la première. Tante Yvonne et Hélène Tanguy se trouvent dans la seconde. Il y a deux Allemands par véhicule, le chauffeur et un accompagnateur qui se tient assis en amazone sur le rebord de la voiture. Mitraillette au poing, le doigt sur la détente, il surveille attentivement les alentours, l'air inquiet, se demandant sans doute dans quel piège ils se sont jetés. Maman et l'enfant, Hélène et tante Yvonne descendent des voitures, récupèrent leurs bagages avec le nécessaire du bébé, se répandant en remerciements. J'offre poliment à nos visiteurs de boire un verre de cidre avant de repartir.

— *Nein, danke schön, offe viderzeïne.* [Non, merci beaucoup, au revoir.]

Les voitures exécutent un demi-tour laborieux, car le chemin est étroit, et disparaissent plus vite qu'elles n'étaient venues.

Surpris par cette arrivée dans un tel équipage, nous demandons ce qui s'est passé.

HUMANITÉ

Après l'enterrement du grand-père Geoffroy, les trois femmes avec Yann, le nouveau-né de tante Yvonne, se dirigeaient vers Conval, comme prévu, dans la charrette de la ferme du Vergoin. La belle Hélène, fille aînée des Tanguy, nos plus proches voisins, tenait les rênes. Arrivés à la mi-côte du Moulin-Meur, juste avant notre jardin, des Allemands les arrêtent, vident les bagages sur le bord de la route et partent avec l'attelage réquisitionné. Voilà les trois femmes bien ennuyées. Comment continuer la route avec le bébé et leurs affaires ? Tante remonte à Carhaix pour demander à Auguste Blaize, le menuisier, s'il ne consentirait pas à les conduire à Conval avec sa charrette à bras. Celui-ci accepte. On charge la voiture et on descend vers le Moulin-Meur. Au carrefour de la vieille route, encore une fois :

— *Halt ! Requizizionne !*

Le manège recommence. Les Boches vident la voiture à bras et voilà Maman, Hélène Tanguy et tante Yvonne avec le tout petit cousin en panne de nouveau, au bord du fossé, à deux kilomètres de Carhaix et à dix de Conval, entourées d'Allemands, perdues, désemparées, ne sachant plus que faire.

Au culot, tante Yvonne, poussant Yann dans son landau, décide d'aller parlementer avec un officier. Elle lui explique la situation, lui montre le bébé, se plaint qu'on vient de leur prendre successivement leur charrette et le cheval, puis la voiture à bras. Touché par ses arguments, l'officier consent à leur venir en aide. Il fait venir deux voitures, installe Maman et le petit dans l'une, case Yvonne et Hélène avec les bagages dans l'autre et fouette, cocher ! Ce geste de compassion, qui honore celui qui l'a posé, aurait tourné au drame si ce convoi exceptionnel était arrivé dix minutes plus tôt à destination, face à face avec les résistants-*terroristes*.

Les Tanguy ne reverront jamais ni leur cheval ni leur charrette. Cette aventure rocambolesque leur vaudra une sérieuse remontrance de la part de tonton René lorsqu'il l'apprendra :

— Mais à quoi avez-vous pensé ? Quelle imprudence !

BARBARIE

Au même endroit, au Moulin-Meur, quelques heures plus tard…

[…] Il est environ 21 heures. Deux boches se saisissent du premier patriote, Le Dain, un jeune homme de 22 ans à peine. Houspillé avec une brutalité sauvage, il tombe sur la chaussée comme une masse inerte. Un Allemand lui prend la tête à deux mains et la cogne à trois reprises contre la paroi du camion. Pas une plainte, pas un reproche de la part de la victime. Dans la voiture, ses compagnons ont tristement baissé la tête sans mot dire. Plus d'espoir. Relevé à coup de baïonnette dans les reins, il assiste à la préparation de son supplice. Un boche a détaché une échelle du camion et l'a appliquée contre le poteau. Il est monté portant à la main un câble électrique à haute tension qu'il noue par une extrémité à la console. À l'autre bout de la corde, un nœud coulant se balance dans le vide à trois mètres du sol. Le drame se précipite. À coup de bottes, de crosse de fusil, de baïonnette, Le Dain doit marcher jusqu'au petit talus

qui se trouve juste au-dessous de la corde et y grimper. Puis un boche le saisit à bras-le-corps, le hisse à la hauteur du nœud, le lui passe au cou et brusquement lâche son emprise. Le corps tombe mais le nœud se défait, et il dégringole dans la prairie jusqu'au bas du ravin profond de cinq à six mètres qui côtoie la route en corniche. Un moment stupéfaits de cette situation imprévue, les boches se sont esclaffés sur la route. Le Dain a gémi, en tombant dans la prairie sa tête a porté contre un caillou en arête et il saigne abondamment. Mais les bourreaux n'ont aucune pitié. Deux d'entre eux sont descendus et, le saisissant par les cheveux et les épaules, le traînent, pantin désarticulé, à travers les ronces et les cailloux du remblai. Sur la route, le malheureux jeune homme s'affaisse sans connaissance. Pendant deux ou trois minutes, il gît sur l'asphalte sans que personne ne s'en occupe. C'est un homme à demi-mort que les Allemands pendent à présent. Cette fois, le câble a tenu. Avec un bruit mat, il s'est tendu sous le poids du corps. Une ou deux convulsions, puis plus rien, le premier crime est consommé. Mais les boches ne s'en tiennent pas là. Ils raillent encore le cadavre : « Terroriste ! Nous corrects ! », le font balancer de la crosse de leurs fusils et finalement lui accrochent un écriteau sur la poitrine avec cette inscription : Ainsi sera fait à quiconque tirera sur un membre de la Wehrmacht. Blêmes, mais sans un mot, les six autres ont vu l'exécution de leur camarade. Bientôt ce sera leur tour... Les larmes coulent sur les joues d'un vieux paysan... le camion est reparti tandis que l'ordre est donné aux paysans de défiler lentement devant le cadavre de façon à mieux voir l'écriteau [...]

* * *

Ce triste récit est tiré d'un document dactylographié, qui tient sur six feuillets de papier jauni de mauvaise qualité : *Rapport détaillé sur les actes d'atrocité commis par les Allemands à Carhaix*. Il est signé par le caporal Cougard, des Forces françaises de l'intérieur et daté du 1er octobre 1944.

C'est une copie carbone de l'original. Il traînait à la maison. Je l'ai pris sans le dire à Maman. Je le conserve précieusement depuis lors.

L'ÉCRITEAU SUR LE POTEAU

Quelques jours après cet horrible événement, je passais par là, me rendant à Carhaix pour quelque course. Le carrefour était désert, les colonnes allemandes avaient continué leur chemin. L'écriteau était resté attaché au poteau qui avait vu la mort de ce pauvre Le Dain. Je lus l'inscription qu'il portait en tout point conforme à celle que donne le caporal Cougard : *Ainsi sera fait...* Mon premier mouvement fut de l'enlever pour le conserver comme souvenir et pièce à conviction. Les événements que j'avais vécus depuis quelques jours m'avaient rendu prudent. Je ne voyais personne aux alentours, mais quelque sentinelle allemande pouvait se dissimuler derrière une haie et me tirer dessus. Je continuai donc prudemment mon chemin. Quand je repasserai quelques jours plus tard, il aura disparu. Une main pieuse aura fait le geste que je n'avais pas osé commettre.

L'ATROCE CALVAIRE DES PENDUS

Le Dain appartenait à un groupe d'une dizaine de jeunes gens de Carhaix et des environs qui, sur l'ordre de Londres, avaient pris le maquis à l'annonce du débarquement. Ils n'étaient pas armés. Les parachutages auront lieu plus tard. Pour leur malheur, ils se présentent sur l'heure du midi à la ferme du maire de Plounévézel, commune voisine de Carhaix. Ils sont à table quand arrive une voiture allemande.

Ils sont six parachutistes à bord du véhicule qui désirent rencontrer le maire pour organiser la réquisition des charrettes. Les résistants prennent peur et tentent de s'échapper. Rafale de mitraillette : un mort, le premier. Arrestation de toutes les personnes présentes, incendie de la ferme. Ils se font molester puis, à bord d'un camion, ils sont amenés au Moulin-Meur. Ils étaient sept prisonniers, le Dain exécuté, il en reste six promis à la corde.

Les Allemands, en route pour la Normandie, vont les égrener le long de leur chemin, pour l'exemple. Le prochain sera pendu au haut de la côte du Moulin-Meur à l'entrée de Carhaix. Le suivant verra sans tarder la fin de son martyre, à deux coins de rue de la maison de ses parents, en plein centre de la ville. Il subit le même sort que ses camarades en face de notre ancienne maison, celle du Bonheur, rue Fontaine-Blanche qui sera rebaptisée *rue des Martyrs*. La prochaine exécution aura lieu cinq kilomètres plus loin. La victime, Georges Le Naëlou, est presque de la famille. C'est le cousin de Margot Le Naëlou, ma future belle-sœur. Le sinistre voyage prendra fin à Loudéac à une centaine de kilomètres du Moulin-Meur. Quelle agonie aura été celle de François L'Hostis, la dernière victime, supplicié à quatre heures, le lendemain après-midi ! Quel horrible spectacle pour les témoins de ces pendaisons ! Quel calvaire pour les parents qui voient le cadavre de leur fils exposé à la vue des passants, à qui il est interdit de le décrocher avant 48 heures… Le Dain, la première victime, resta accroché à son poteau pendant plusieurs jours, personne ne se présentant pour recueillir son corps.

Je connaissais la plupart d'entre eux, même si je n'étais pas leur camarade en raison de la différence d'âge.

Il y en avait un autre toutefois, Jean Manac'h, que je connaissais fort bien puisqu'il était dans ma classe à Saint-Trémeur, quoiqu'il fût plus âgé que moi. Disons qu'il était en retard dans ses études. Il sera le seul rescapé. Quand les Allemands font irruption dans la ferme, il a la présence d'esprit de se cacher dans le conduit d'une cheminée. S'agrippant des mains et des pieds à la paroi, il attendra que le cauchemar prenne fin.

* * *

La 3e division de parachutistes, engagée dès son arrivée sur le front, sera décimée au cours de la bataille de Normandie. La paix revenue, il ne sera pas nécessaire de rechercher les auteurs de ces atrocités, morts sans doute au champ de leur déshonneur.

TERRORISTE OU PATRIOTE

Ces deux anecdotes – l'aimable raccompagnement de trois femmes et d'un enfant, l'exécution sauvage de huit hommes – hantent ma mémoire. Je les ai souvent racontées pour démontrer comment l'humanité et la barbarie peuvent coexister dans le même groupe, dans la même unité. Il y a d'un côté cet officier qui fait preuve de bonté et de l'autre cet acte de cruauté qui se déroule peut-être sous les yeux du premier. Les Allemands s'étaient inventé une justification pour les innombrables crimes de guerre qu'ils commettaient en toute bonne conscience. Ils considéraient officiellement les résistants comme des francs-tireurs, soldats irréguliers non couverts par les lois de la guerre. Ils s'arrogeaient ainsi le droit de les condamner à mort. Ils avaient développé une véritable phobie des *terroristes*, terme péjoratif qu'ils utilisaient dans leur propagande alors que les résistants se prétendaient des *patriotes*.

L'auberge

L A maison du bord de l'Aulne s'est transformée en auberge. Je me demande comment on a pu loger autant de monde dans l'ancienne chapelle dont les dimensions sont réduites. La première solution a été de transformer le grenier en dortoir pour y loger les jeunes. Les adultes ont trouvé leur place au rez-de-chaussée.

Faisons le calcul. Comptons d'abord cinq Lebarbé : Maman, Raoul, qui s'absente à l'occasion, mes deux sœurs et moi-même ; ajoutons tonton René, tante Yvonne, qui nous hébergent, avec mes trois cousins, Renée, Yvon et Yann. Sans oublier François et Marie Cousse, le couple d'employés. Si ma mémoire est fidèle, nous avons même eu la visite prolongée de madame Coq, notre voisine de palier à Carhaix, dont le mari est prisonnier de guerre en Allemagne. Cela donne treize à la douzaine !

La vie s'organise et devient vite routinière. Pour ma part, je bats la campagne, braconne une énorme truite au pied du déversoir, au grand déplaisir de mon de mon oncle qui me le fera savoir.

Le retour des résistants

Deux jours passent. La nuit est tombée depuis longtemps. Dans la vallée silencieuse, l'obscurité est totale. Il pleut à torrents. On frappe à la porte.

— Ouvrez, c'est nous !

Nous reconnaissons la voix de Raoul. La porte s'ouvre. Raoul et François Cousse sont là, musette en bandoulière, trempés, épuisés, soulagés d'être revenus sans encombre. Les questions fusent.

Leur groupe du maquis s'est regroupé selon les ordres. Ils n'ont pas d'armes, les parachutages attendus n'ayant pas eu lieu. On les a renvoyés chez eux. Ils passent à travers champs pour éviter les mauvaises rencontres : les Allemands remplissent les chemins dans leur mouvement nocturne vers la Normandie. Quand ils rejoignent la grand-route, il leur est impossible de la traverser, car les colonnes allemandes se succèdent sans arrêt dans l'obscurité. Ils se planquent dans les genêts, près d'une ferme, sur un surplomb, à deux pas du chemin. Sous leur nez, les Allemands, fantomatiques, défilent à pied ou en vélo. Au bout d'une attente angoissante de deux heures, une brèche se forme dans le convoi. Ils en profitent pour sauter de l'autre côté de la route et poursuivre leur chemin dans la nuit noire. Les voilà arrivés sains et saufs. Les résistants sont redevenus de braves paysans.

Raoul fulmine.

— On n'a même pas d'arme. C'est tout juste si on a un brassard. Les chefs sont des andouilles. Je n'y retournerai plus !

Un visiteur du soir inattendu...

Est-ce le lendemain soir ? Nous savons qu'une colonne allemande a fait halte à Pont-Pierre. Il doit être onze heures. Tout le monde est couché. On frappe à grands coups à la porte. Qui est-ce à cette heure-ci ? On n'attend personne. Les coups redoublent, réveillant tout le monde. Les hommes de la maison, tonton René, Raoul et François, se sont levés (Gaston, la mouche du coche, aussi). Faut-il ouvrir la porte, oui ou non ? Qui est là ? Des Allemands avec de mauvaises intentions ou un patriote perdu dans la nuit ? Il faut se décider. Tonton René tourne la clé, entrouvre la porte, jette un coup d'œil : un soldat allemand lui fait face. Il baragouine quelque chose d'inintelligible pour nous. Nous réalisons bien vite, avec soulagement, qu'il est seul. Forçant le passage, il entre.

L'intrus est équipé de pied en cap : sac au dos, cartouchières au ceinturon, fusil à la bretelle. Il nous demande quelque chose, dans une langue que nous ne comprenons pas, un vrai dialogue de sourds. La tension diminue maintenant que nous savons qu'il est seul, seul oui, mais armé. À force de gestes accompagnés de quelques mots dont nous devinons le sens, notre visiteur finit par se faire comprendre. Il veut passer la nuit ici. Demain, il partira.

Il n'y a pas d'autre solution que d'acquiescer, mais pas question qu'il dorme dans la maison. On décide de l'installer dans la grange, de l'autre côté du chemin. Tonton René lui fait comprendre de le suivre. À la vue du bâtiment qu'on lui offre comme logis, il nous lance un « *Nein !* » catégorique.

Retour à la case départ, nous nous retrouvons dans la cuisine. Conciliabule entre les hommes. Installons-le dans la *stal-dour*. Cette pièce, située dans le haut-bout de la maison, se trouve à l'aplomb du mur de pignon qui porte le clocheton. On y accède uniquement par l'extérieur et il faut la traverser pour monter au grenier-dortoir. Du temps du pasteur, c'était peut-être la salle de prière, pour l'instant, c'est le débarras. On explique laborieusement notre offre à notre visiteur. Lorsqu'il a saisi la proposition, il fait un geste qui veut tout dire. Je revois la scène comme si elle s'était passée hier. Il passe le pouce sous la bandoulière de son Mauser et le fait tomber dans sa main gauche, geste familier pour un soldat ou un chasseur. De la main droite, il saisit le verrou de culasse, qui sonne métal contre métal – *clac-clac* – tandis qu'il le relève, puis le tire vers l'arrière pour éjecter la balle. Il vient de décharger son fusil en signe de confiance et d'acquiescement.

La tension est tombée, définitivement. Il y a dans la *stal-dour* une chaise longue en osier tressé, semblable à celle sur laquelle Papa a passé ses derniers jours dans la cuisine de la quincaillerie. Notre hôte y sera bien couché. Tante Yvonne lui passe une couverture piquée, rouge, pour qu'il se couvre. L'Allemand commence alors à se déséquiper. Le moment est venu de le laisser seul.

Nous nous retrouvons dans la cuisine où le conciliabule reprend. D'où sort-il, ce soldat solitaire ? Il fait sans doute partie de la colonne qui fait étape à Pont-Pierre. Pourquoi diable s'est-il retrouvé à notre porte en pleine nuit ? Est-il perdu ou, plutôt, n'aurait-il pas déserté ? Il nous a semblé qu'il parle une langue autre que l'allemand. Ce serait un étranger sous l'uniforme de la Wehrmacht qui ne veut pas monter au front. Nous n'avons pas la réponse et nous ne l'aurons jamais.

Il reste la question fondamentale : que faire de ce soldat ennemi, le tuer ou lui laisser la vie sauve ? Car c'est bien de cela qu'il s'agit. Il me semble entendre encore la conversation entre les hommes. S'il existe des raisons de le supprimer, ne serait-ce que de récupérer le fusil et les munitions, il y a aussi de sérieux inconvénients. Premièrement, qui va se charger de la besogne ? Aucun n'est volontaire et je les comprends. Je ne sais plus qui propose alors de demander à Lagadec de se charger de l'exécution. C'est un ancien marin qui a déjà fait le coup de feu et s'en vante. Il habite tout près, à Trébescon, un hameau situé de l'autre côté de la rivière, invisible toutefois de Conval. Cette hypothèse est repoussée aussi vite qu'elle est avancée. La sagesse prévaut : la nuit porte conseil. Allons nous recoucher...

Au petit jour, le problème est résolu. Le nid est vide, notre visiteur du soir s'est envolé. Que lui est-il arrivé par la suite, je l'ignore. Le bruit a couru entre Conval et Pont-Pierre les jours suivants : un soldat allemand a été aperçu, errant dans les environs, puis plus rien. Il a disparu, naufragé dans la lande comme un marin perdu en mer…

Depuis deux semaines, les événements, tragiques pour certains, ont déboulé en cascade. Avec les jours qui passent, tout semble s'apaiser autour de nous. La vie s'est organisée dans la sérénité de la campagne. Le débarquement aura été un succès, mais les Allemands ont réussi à bloquer l'avance des Alliés en Normandie. La bataille fait rage à trois cents kilomètres de Carhaix. Nous n'en savons que ce que Radio-Londres veut bien nous dire. Dans le fond de notre Bretagne, nous n'en avons aucun écho sonore. Le gros des troupes allemandes qui nous occupaient est parti se faire décimer.

La vie reprend son cours normal. Nous retrouvons le chemin de Carhaix, pour une courte visite, le temps de faire des courses ou de récupérer quelque objet, quelque vêtement. De l'aller-retour, on passe au séjour bref, puis plus ou moins prolongé. Cette tendance se confirme avec les semaines qui passent. Rien ne semble vouloir bouger sur le front de Normandie. Conval reste tout de même notre base de vie. Je finis par m'y ennuyer, les camarades scouts, les copains sont à Carhaix. Je n'ai comme seule lecture que l'*Encyclopédie Larousse* en six volumes. Je la feuillette et refeuillette, portant un intérêt marqué aux nombreuses pages consacrées à la reproduction d'œuvres d'art.

La résistance au quotidien

C E calme n'est qu'apparent. Tout le centre de la Bretagne est entré en dissidence. Les résistants, tels des poissons dans l'eau, s'organisent, se préparent pour la bataille qui se déroulera bientôt sur notre terre. De mon observatoire de Conval, je vais assister, toujours aussi curieux et, je dois l'avouer, quelque peu exalté, à des scènes de la vie d'un résistant. Ce *combattant de l'ombre*, pour reprendre les termes ampoulés des plumitifs de la Libération, c'est mon grand frère que j'admire et que j'envie.

Raoul est revenu de la première mobilisation du maquis sain et sauf, ce qui n'a pas été le cas pour tous ses camarades. (Ce gâchis avait été causé par une décision du haut commandement allié qui avait ordonné le soulèvement général des maquis le 6 juin, contre l'avis de la France libre qu'on avait délibérément ignoré.)

JUIN 1944

Aujourd'hui, on a entendu des bruits lointains de combat. Ce serait un accrochage entre les FTP (Francs-Tireurs et Partisans) et les Allemands dans la forêt de Duault.

Raoul ne bouge pas de Conval. Un messager passera pour le prévenir s'il y a un rassemblement. Il a changé d'avis depuis sa mauvaise expérience lors du débarquement et il est revenu sur sa décision du moment de ne pas y retourner.

* * *

Quelques patriotes sont passés aujourd'hui. Ils viennent de réquisitionner un bureau de tabac à Plouyé, petit bourg voisin de Poullaouen, de l'autre côté l'Aulne. Ils ont pris le tabac pour le distribuer aux maquisards. Les ayants droit civils, privés de leur *décade* de gros-gris ou de tabac à chiquer, ne vont pas apprécier.

* * *

Aujourd'hui, dimanche, des inconnus ont pêché dans la rivière. Ils sont descendus de Pont-Pierre jusqu'à Conval. Il y avait deux ou trois hommes sur chaque rive tirant un grand filet qui barrait toute la largeur de l'Aulne. Ils ont ratissé le cours d'eau. Je n'ai pu voir ce qu'ils ont pris. C'était sans doute des patriotes.

* * *

Tonton René, Raoul et François Cousse ont discuté à midi d'un prochain parachutage qui doit leur fournir les armes qui leur manquent. Ils auront le choix entre un fusil ou une mitraillette. La question est de savoir quelle arme est préférable : le fusil, lourd et encombrant, qui tire loin et juste, mais au coup par coup, ou une mitraillette, légère, qui tire par rafale, mais dont la portée et la précision sont moindres. Tonton René, qui a l'expérience de la guerre, penche pour le fusil. Raoul et François se rangent à son avis.

JUILLET

Ce soir, Raoul et François sont partis pour un rendez-vous secret. On est venu les prévenir. Raoul s'est équipé. Il a empli sa musette avec des vivres et du linge de rechange. Il a roulé sa couverture, puis ils ont pris la route.

* * *

Raoul était parti depuis cinq jours. Il m'a réveillé quand il est arrivé à deux heures du matin. Je l'ai entendu parler en bas avec Maman. Il monte se coucher.

— Et alors ?

— Merveilleux, Gaston, on est armé. Il y a deux dépôts d'armes, un sous un tas de pierres, un autre sous un tas de fagots. Je ne sais pas où j'étais ni qui nous commande. On nous laissait choisir ce qu'on voulait, fusil ou mitraillette.

— Où as-tu mis tes armes ?

— On les a planquées dans les fougères au-dessus de la maison.

— J'irai les voir demain matin.

— Oui, oui !

* * *

Comme convenu, ce matin on s'est glissé en douce dans les fougères. Je soupèse le fusil. Les grenades surtout m'étonnent. Je n'avais jamais vu de fusil ni de grenade de si près. Ce sont des armes anglaises. Je suis étonné par la forme de la poignée de la crosse qui ne ressemble pas du tout à celles des Lebel français ou des Mauser allemands. Stupéfaction à la vue de la baïonnette qui ressemble à un gros clou mal effilé, gros comme mon index. Je me demande comment on peut faire pénétrer un engin semblable dans le corps d'un ennemi. Les balles sont rangées dans une cartouchière en forte toile kaki qui se porte en bandoulière. (Pour leur part, les Français ou les Allemands sont munis de cartouchières en cuir, passées dans le ceinturon.)

Mieux vaut ne rien laisser traîner près de la maison. S'il y avait une perquisition, peu probable mais possible, le fait de détenir des armes ou des objets en provenance d'Outre-Manche nous attirerait les pires sévices. Raoul a décidé d'enterrer son fusil et les autres objets compromettants.

* * *

La nuit tombée, nous montons ensemble à mi-pente de la lande, en arrière de la maison, dans l'obscurité. Un calme absolu règne dans la vallée. Il n'y a pas le moindre souffle de vent. Ayant déniché un endroit convenable, facile à retrouver, mon frère entreprend de creuser une tranchée.

Le cœur battant, j'attends qu'il ait fini son travail. Je prête l'oreille, car il me semble entendre un bruit curieux, clair, cristallin. Je n'ai jamais rien entendu de semblable. Mon imagination s'emballe. Quel est donc ce bruit ? Ne serait-ce pas un signal entre des individus cachés dans l'obscurité qui nous surveillent et pourraient nous surprendre ? Le souvenir des chouans bretons qui correspondaient entre eux en imitant le hululement du hibou, pendant la grande

Révolution, me remonte à la mémoire. Je n'ai pas peur, mais je m'inquiète.

Raoul achève de creuser. Il emballe soigneusement fusil, baïonnette, grenades et munitions dans de la paille et une toile imperméable. Il dépose le tout dans la fosse et rebouche soigneusement le trou. Je devine ce qu'il fait plutôt que je ne le vois. Avant de redescendre, il efface soigneusement toutes les traces autour de la cachette. J'entends toujours les notes bizarres qui n'ont pas arrêté depuis que nous sommes là-haut. Le temps est venu de poser la question *mezza voce*.

— Dis, Raoul, entends-tu le bruit ?

— Quel bruit ?

— Écoute. Tu n'entends pas ? Qu'est-ce que c'est que ça ?

Il tend l'oreille.

— Ça ? Innocent, c'est le chant des crapauds !

L'obscurité aura empêché Raoul de voir le rouge de la honte sur ma figure.

* * *

Un messager est passé aujourd'hui. Il était porteur d'une convocation. L'unité de Raoul doit se rassembler. Les FTP, une organisation de lutte armée contrôlée par le Parti communiste dans le but de prendre le pouvoir à la libération, se sont fait accrocher par les Allemands dans le bois de Duault. Il faut les dégager. L'ordre est accompagné d'un conseil : se hâter lentement. La bagarre a débuté hier. Elle est peut-être terminée.

Et puis, entre nous, qu'avaient-ils besoin, les FTP, d'engager le combat avec les Allemands ? Qu'ils se débrouillent ! Raoul et François ont décidé de ne pas bouger.

Raoul et François sont membres des Forces françaises de l'intérieur (FFI), organisation de lutte armée sous le contrôle de la France libre, commandée par le général de Gaulle. Prétendre qu'il existe un antagonisme entre les Francs-tireurs et partisans, et les FFI serait un euphémisme.

Août

Dimanche, avec des camarades, Raoul a passé la journée à faire de l'exercice, quelque part dans les champs, non loin de Conval. J'aurais aimé les voir faire.

On raconte aussi que notre voisin, retraité de la marine, à qui on avait pensé demander de nous débarrasser du déserteur allemand, passe ses dimanches en embuscade, le long de la grand-route, pour tirer sur les Allemands de passage.

* * *

Hier soir, plusieurs hommes, que je ne connais pas, étaient réunis dans la grange. Je les ai vu chiffrer un message qui sera transmis à Londres par radio. Je n'en ai pas su le contenu. Je les regardais faire, non sans une certaine émotion. Je suis accoutumé d'entendre les mystérieux messages personnels le soir, à la radio de Londres, quand « les Français parlent aux Français ». Les phrases, plus cocasses les unes que les autres, me laissent perplexes. Que veulent-elles dire ? À qui sont-elles adressées ?

Je me trouvais hier à l'autre bout de la chaîne, dans notre France occupée. Un message est parti de l'autre côté du *channel*. Demain ou après-demain, dans le flot des messages personnels, sans le savoir, j'entendrai peut-être la réponse.

Je ne me suis pas attardé dans la grange. Je n'ai pas revu les inconnus.

* * *

Raoul et François sont repartis avec leur fusil pour quelques jours.

* * *

Raoul et François sont de retour. Ils viennent de vivre une aventure hors de l'ordinaire et Raoul nous la raconte.

Ils avaient été convoqués pour assurer la sécurité d'un parachutage. Ils ont allumé des feux en triangle pour indiquer la zone d'atterrissage. L'avion est arrivé et quatre parachutes se sont ouverts. Un des arrivants s'est mal reçu en touchant le sol. Il a perdu son paquetage. C'est un officier américain. Deux autres sont aussi des officiers, l'un anglais, l'autre français. Le quatrième est un opérateur radio.

L'Américain, quand il a retrouvé ses esprits, s'est désolé de la perte de ses affaires. Il a fait envoyer un message pour qu'on lui parachute un paquetage de remplacement. Le même Américain a été effrayé par l'apparence des maquisards qui n'ont rien de militaire dans leur tenue et leur contenance. Ce sont des paysans des environs, dont les vêtements sont rapiécés et qui sont chaussés de sabots. Il leur a dit qu'ils ressemblaient à des gangsters de Chicago. Il est vrai qu'avec leur défroque, leurs armes et leurs cartouchières en bandoulière, on pourrait les prendre pour des bandits corses ou calabrais, mais de là à les comparer aux gangsters américains, il y a une marge !

– 319 –

Raoul et ses camarades ont escortés le parachutés en direction d'un autre groupe de résistants. Ça s'est passé en pleine nuit, à travers les champs et les landes. L'Américain était nerveux. Un des compagnons de Raoul a trébuché. Sa mitraillette s'est déclenchée toute seule et une rafale est partie. L'Américain a été le premier à se jeter au sol, paniqué, m'a dit Raoul avec son petit sourire en coin.

* * *

J'ai interrogé Raoul sur ses propres souvenirs de l'époque, pour les comparer avec les miens. Il ne semble pas se rappeler de l'anecdote ci-dessus, qu'en principe je ne peux pas avoir inventée, mais que les années peuvent avoir déformée.

Il m'a toutefois confirmé avoir assisté à un parachutage d'armes. Parti des environs de Poullaouen, son groupe a marché trois heures, en pleine nuit, pour rejoindre la zone de parachutage qui se trouvait à proximité du Moulin-Meur, bien qu'il n'en ait pas connu l'emplacement exact.

UN PARACHUTAGE

Le récit qui suit est extrait d'une lettre adressée à mon frère Armand, le 19 novembre 1944, alors que nous venions de retrouver sa trace.

[…] *La demande se fait par radio en précisant l'endroit et le nombre d'hommes à armer. On donne aussi le code à répéter à la TSF dans les messages personnels. On entend, par exemple, « les carottes sont cuites », deux fois. Cela veut dire que le parachutage aura lieu dans la nuit même, dans les conditions indiquées et qu'il y aura deux avions. La nuit, les patriotes en armes d'une compagnie voisine se réunissent dans le terrain convenu. On dresse une ligne de défense en cas d'attaque par les Boches, ce qui est excessivement rare. On allume trois feux en ligne droite. Les avions sont déjà au-dessus du terrain et on lance le signal convenu pour confirmer que tout est prêt, par exemple la lettre A en morse lumineux. Le premier avion fait alors un tour autour des feux, prend la ligne et juste au-dessus des signaux lâche son chargement, une dizaine ou une quinzaine de parachutes de toutes les couleurs : noir, kaki, orange, bleu, blanc, rouge, qui sont en soie et par conséquent magnifiques. Les fusils sont dans des tubes de fer, deux mètres de long sur cinquante centimètres de diamètre. Là-dedans ils sont calés par des copeaux et il faut plusieurs hommes pour les soulever. Il en est de même pour*

les mitraillettes qui sont démontées en trois morceaux. Les grenades
sont dans des caisses ainsi que les balles, les chargeurs, les panse-
ments individuels, les fusils-mitrailleurs que j'oubliais. Une fois les
parachutes descendus, on réquisitionne deux ou trois charrettes dans
les fermes voisines suivant l'importance du parachutage et, en pleine
nuit, on va camoufler les armes dans les endroits les plus invrai-
semblables. Ensuite, on partage les parachutes entre les hommes
pour les payer de leur nuit blanche et tout le monde se retire. [...]

La suite de mes aventures

PLUS les semaines s'écoulent, plus je passe de temps à Carhaix.
Nos activités scoutes, encore clandestines, ne ralentissent pas.
Joël Bernard, notre chef, fait partie de la résistance. Au besoin, il
utilise certains d'entre nous, Manu Le Guen en particulier. Notre
local est situé dans une grande maison inoccupée, rue Brizeux, à
deux pas de l'église Saint-Trémeur.

Joël est le fils aîné de cette riche famille (selon les on-dit) qui
ne fréquente pas n'importe qui. Cela n'empêche pas Maman de
côtoyer madame Bernard dans les organisations caritatives et les
filles Bernard d'être les copines – pardon, les amies – de mes sœurs.
Gildas, l'autre garçon, fait aussi partie de la maistrance de la troupe.
Tout comme son frère Joël, je le trouve *vachement sympa*.

L'HOMME INVISIBLE

Nous sommes dans le petit train, quelque part du côté de Port-
de-Carhaix, passé le Nivernic. Que faisons-nous là ? Mystère ! Ma
mémoire flanche. L'essentiel est que je m'y trouve avec quelques-
uns de mes camarades de la troupe scoute Alain-Barbe-Torte.

C'est l'été, le soleil brille. Le wagon est complet, je suis debout à
l'une de ses extrémités. Comme il n'y a pas de compartiments dans
ces voitures, je peux observer l'ensemble des voyageurs. C'est ainsi
que je repère un homme jeune, pas très grand, qui se tient debout,
à l'opposé du wagon, près de la porte donnant accès à la plate-
forme extérieure. Ses vêtements sont impeccables, à l'état neuf. Il
est coiffé d'un chapeau mou, comme fort peu de Français en
portaient. À l'époque, le béret, la casquette ou, en Bretagne, le

chapeau rond étaient les coiffures habituelles. On n'allait pas non plus nue-tête et, surtout, on ne portait pas de lunettes de soleil. Or ce curieux personnage en porte, lui. Bref, il tranche sur le reste des passagers.

Sa manière d'être est étrange. Il ne bouge pas de sa place près de la sortie. Il paraît nerveux et semble surveiller du coin de l'œil son entourage. Debout à l'autre extrémité de la voiture, je le suis des yeux, me posant des questions sur son identité.

* * *

Qui cet homme pouvait-il bien être ? Un résistant sur ses gardes, prêt à sauter du train en cas de danger, se cachant derrière ses lunettes noires, mais dévoilant (bêtise ou imprudence) sa qualité d'homme de l'ombre dans le soleil de l'été ? Ou, tout au contraire, un agent de la Gestapo cherchant sa proie ? Dans ma tête, je votai pour la première hypothèse.

A posteriori, je pense avoir eu raison. Il arrivait que les agents français parachutés en France s'habillent de neuf, à Londres, avant de partir. Même s'ils prenaient soin de faire disparaître toute étiquette ou marque indiquant la provenance de leurs vêtements, la qualité du tissu et la coupe de leur costume, qui tranchaient tellement sur les hardes et les guenilles du Français moyen, les trahissaient. J'ai observé cet homme pendant tout le temps du trajet, me demandant si j'étais le seul à l'avoir remarqué. Nous sommes descendus du train, l'espion, le résistant ou l'agent de la Gestapo a continué pour une destination que lui seul, sans doute, connaissait.

J'avais regardé ce curieux personnage pendant si longtemps et si intensément que sa silhouette et son visage, malgré les lunettes de soleil, sont restées gravés dans ma mémoire. Il n'était pas très grand, avec une chevelure châtain très foncé. Il répondait, curieusement, à un type d'homme très commun chez les Canadiens français. Peut-être était-il, après tout, un lointain cousin d'Outre-Atlantique venu prêter main-forte à la résistance française. Il y en a eu qui ont raconté leurs aventures après coup. Dommage que je n'écrive pas un roman, je pourrais inventer l'histoire extraordinaire du premier Canadien que j'ai vu et la joindre à celle de la première Canadienne que je rencontrerai quelques années plus tard.

BALLET AÉRIEN ET GROSSE FRAYEUR

Je suis à Carhaix. Le soleil brille une fois de plus en cet après-midi d'août. Je bricole dans ma chambre de dessous les toits. Un bruit de moteurs d'avion attire mon attention. Je jette un coup d'œil par le vasistas en me hissant sur la pointe des pieds. Le panorama, jusqu'à la lointaine crête des montagnes Noires, s'étale sous mes yeux. Je suis aux premières loges pour le spectacle aérien, le *show*, qui débute.

Venant de l'ouest, sur ma droite, je vois, à l'horizon, une demi-douzaine de chasseurs qui ne peuvent qu'être alliés. Ils volent à une altitude relativement basse, aile contre aile. Ils sont trop loin pour que je distingue les marques de nationalité. Mais ce sont sûrement des américains, des Mustangs, sans doute. Je les regarde filer. Ils passent à quelques kilomètres au sud de Carhaix.

Lorsqu'ils se trouvent dans l'axe de mon regard, je vois l'un d'eux virer sur l'aile et piquer vers le sol suivi par les autres. C'est spectaculaire. Arrivé à très basse altitude, l'appareil de tête amorce une chandelle pour reprendre de la hauteur suivi par le reste de l'escadrille. Une fois regroupés, les chasseurs plongent de nouveau à la queue leu leu. Je suis comme pétrifié devant ce ballet aérien. Tout cela se passe dans le bruit des moteurs surpuissants lancés à plein régime, atténué toutefois par la distance.

Soudain, peu après le deuxième plongeon de l'escadrille, une série d'explosions saccadées, couvrant le vrombissement des moteurs, me rejoint. Je comprends alors la raison de ce ballet joué pour moi tout seul dans mon grenier. Ils avaient repéré une cible et, après l'avoir reconnue, ils avaient fait une seconde passe pour la mitrailler. Le *staccato* des mitrailleuses m'est parvenu avec un certain retard en raison de la distance. Mais sur quoi tirent-ils donc ? Je n'en ai pas la moindre idée. Peu importe, c'est le spectacle qui m'intéresse… J'en oublie de m'inquiéter du sort des malheureux qui se trouvent sous ce déluge de balles. Je perds les avions de vue. Ils filent plein ouest.

Tout heureux d'avoir assisté à ce ballet aérien, je reprends mon bricolage quand un bruit énorme, effrayant, me fait sursauter. En une fraction de seconde je comprends. Les avions sont de retour. Après avoir effectué un grand virage en U, ils sont revenus sur Carhaix. Ils se trouvent juste au-dessus de ma tête. Ils prennent en enfilade la grand-rue, en direction de la gare. Le vacarme des moteurs et des mitrailleuses qui tirent à plein régime me glace le sang.

Une intense frayeur m'envahit.

Vite un abri, sinon je vais me faire tuer. Sous mon lit, c'est la seule place. Je me jette à terre. Impossible de me glisser sous lui –

pour une protection illusoire, je me le dirai après coup –, il n'y a qu'une vingtaine de centimètres entre le sommier et le plancher. Tout se passe dans ma tête à une vitesse incroyable : je vais mourir. Il n'y a qu'un rang d'ardoises et les deux centimètres de plâtre du plafond entre la mitraille et moi. Les balles vont passer au travers. Quelques secondes d'éternité, une peur incontrôlable… c'est fini.

Je me relève du plancher sur lequel je me suis jeté, je retrouve mes esprits. Ma première réaction est de remercier le Ciel d'être sain et sauf. La seconde est une secrète satisfaction, que je dévoile ici, d'avoir vécu un instant de véritable guerre. Je dégringole l'escalier pour courir aux nouvelles. Dans la grand-rue tout est normal, il n'y a pas de dégât visible. Je ne m'attends pas à en voir, car les balles de mitrailleuse ne sont pas des bombes, dont j'avais vu les conséquences deux mois plus tôt. J'apprends que c'est la gare qui a été visée. Je m'y rends au pas de course. Là non plus, il n'y a rien à voir, heureusement.

Ainsi, les avions n'ont pas arrosé Carhaix comme je l'avais imaginé dans ma panique. Ils se sont restreints aux installations ferroviaires situées à 500 mètres de la maison. Le vacarme avait été si intense que j'étais persuadé qu'ils piquaient droit sur moi. La honte m'envahit d'avoir inutilement cédé à la peur, car un homme ne pleure pas, on le sait, et un *soldat* doit être impavide ! Fort heureusement pour mon orgueil, il n'y a pas eu de témoin. Ce sera un de mes petits secrets… Je garderai toujours le souvenir de ce tonnerre. Peut-être qu'au lieu de voir des Walkyries comme Pépère, lorsque mon tour sera venu, je crierai dans mon délire : « Les avions ! Les avions ! »

Dans la soirée, les nouvelles arrivent. Bien des familles sont endeuillées. Un train, à l'arrêt à la gare de Port-de-Carhaix, a été mitraillé. Toutes les victimes, une dizaine, uniquement des civils, sont de Carhaix ou de la région. Triste épilogue d'un ballet aérien dansé devant moi, pour moi tout seul.

À la rentrée, mon camarade Joseph de Poulfank me dira que son père se trouvait alors près de la gare, par le plus grand des hasards. Il était venu, avec cheval et charrette, chercher des graines dans un commerce du quartier :

— Mon père a fait la guerre, celle de 14. Il avait de l'expérience. Il n'a pas paniqué et il a maîtrisé son cheval effrayé qui ruait dans les brancards. Il n'a rien eu…

Jean Person, le héros de la *queste* du trésor des harmonicas, est toujours aussi aventurier. En compagnie de Manu Le Guen, de son frère Dédé et de José Chevance, l'apprenti cow-boy qui ne voulait pas être *paotr-saout,* ils ont fait les 400 coups, véritables histoires *clochemerdesques.* Ce mauvais jeu de mot est volontaire et plein de sous-entendus. Malheureusement, n'ayant été ni acteur ni témoin de ces actions héroï-comiques aux dépends des Allemands – j'étais alors au pensionnat –, je ne les conterai pas, bien qu'elles vaillent leur pesant d'or. Il appartient aux survivants de le faire.

L'affaire Person est d'une autre nature. J'en ai deux versions : la mienne, logée dans ma mémoire, et l'autre que je tiens de Manu. Comme dans tout ce qui précède et qui suivra, je m'en tiendrai à mes propres souvenirs. Cela ne change rien ni au fond ni à l'authenticité de l'incroyable histoire que voici.

* * *

Nous sommes à la toute fin du mois de juillet. Je suis convoqué à une réunion spéciale de la troupe. Curieusement, elle a lieu le jour même, dans l'après-midi. À l'heure dite, je retrouve tous mes camarades. Joël, notre chef, a l'air préoccupé. Nous nous regroupons autour de lui dans la cour arrière de la maison où nous avons notre local. Foin du cérémonial qui entoure habituellement nos réunions ! Joël entre directement dans le vif du sujet.

— Ils se passe actuellement un événement très grave qui nous concerne tous. Il doit rester secret. Si l'un d'entre vous ne se sent pas capable de garder sa langue, qu'il s'en aille. Ensuite, nous donnerons tous notre parole de scout de ne pas dévoiler ce que je vais vous apprendre. Je vous le répète, c'est très grave et en même temps extrêmement dangereux dans les circonstances présentes. Réfléchissez avant de prendre votre décision.

Mon choix est vite fait. Curieux comme toujours, pour rien au monde je laisserais passer l'occasion de connaître un vrai secret. Tous mes camarades réagissent comme moi, car personne ne manifeste le désir de se retirer. Nous nous serrons autour de notre chef pour prêter serment : parole de scout, nous ne révèlerons jamais ce que nous allons entendre.

Joël, l'air toujours grave, nous explique de quoi il s'agit.

— Jean Person, votre camarade ici présent, a été arrêté par des miliciens. Ils l'ont frappé pour le forcer à espionner pour eux. Je vous en fais part pour que vous soyez sur vos gardes. Ça s'est passé sur le chemin du Moulin-C'hesek. Alors que Jean passait par là, il est tombé, par hasard, sur un campement de miliciens. Voici où il se trouve. Quand on va au Moulin-C'hesek, on prend la route de Callac que l'on quitte à un moment donné pour emprunter le raccourci qui mène au moulin à travers champs. Vous connaissez l'endroit : c'est là, à flanc de colline. Jean, malgré les coups, n'a rien dit. Il a appris toutefois que X (un garçon de notre âge que je ne connais pas personnellement) a accepté d'espionner pour le compte des miliciens. Évitez-le. Surveillez s'il n'y en a pas d'autres qui font la même chose. Si vous en trouvez ou si vous voyez quoi que ce soit d'anormal, faites-le-moi savoir. Je compte sur vous et n'oubliez pas votre parole de scout !

(Les miliciens appartiennent à une formation paramilitaire créée par le gouvernement collaborateur de Vichy. Peu nombreux, ils participeront à la lutte contre les résistants aux côtés des Allemands. Se sachant perdus, ils commettront les pires exactions contre leurs compatriotes français.)

Jean Person, un peu en retrait du cercle que nous formons, écoute, la tête basse, le discours de notre chef de troupe. Il fait pitié à voir avec son air de chien battu. Pauvre Jean ! Quelle aventure, mais quel courage ! Je ne regrette pas d'avoir décidé de connaître le secret. Je ressens à la fois de la compassion et de l'admiration pour mon camarade.

La réunion terminée, c'est autour de lui que le cercle se reforme. Les questions fusent, car nous sommes tous curieux de connaître son aventure dans le détail. Moi plus qu'un autre. J'en apprends de belles. Il nous explique comment il a été arrêté par les miliciens. Il nous décrit l'organisation de leur campement, comment leurs tentes sont disposées, l'interrogatoire et les menaces qu'il a subis. Ce qui m'intéresse le plus, c'est de connaître le détail des sévices dont il a été la victime. Il me raconte où, comment, avec quoi il a été frappé. Il répond affirmativement à la question de savoir s'il souffre encore. Il m'indique les endroits de son corps où il a mal : les bras, les épaules, le dos. Je compatis de tout cœur. Il apprécie visiblement l'intérêt que je lui porte. Nous nous quittons là-dessus.

Fier dépositaire d'un *secret de la Défense nationale*, je pars vivre la suite de mes aventures qui, de plus en plus, prennent dans ma tête la forme d'un grand jeu scout. Maman, si elle avait su, aurait dit :

— *Innocent warn ugent.*

Je n'aurais jamais connu le fin fond de l'histoire si, quelques semaines plus tard, après la Libération, je n'avais rencontré Manu, par hasard, dans la rue de l'église. Je ne l'avais pas vu, pas plus que Jean Person d'ailleurs, depuis la fameuse réunion. Je pose la question à mon ami :

— Dis-moi, Jean Person, qu'est-ce qu'il devient, comment ça s'est terminé son histoire avec les miliciens ?

Manu me regarde avec un petit air malin. Un énorme, mais alors énorme éclat de rire, qui a dû résonner jusqu'au bas de la gare, me répond. Puis Manu me raconte la suite de l'Affaire Person...

Forts des renseignements fournis par Jean Person, les FFI mettent sur pied un plan d'attaque pour surprendre les miliciens dans leur nid et les exterminer. De nuit, ils cernent le champ où se trouve le campement des miliciens. Le doigt sur la détente, ils s'approchent dans l'obscurité, veillant à ne pas alerter les éventuelles sentinelles. Ils atteignent le talus qui entoure le champ. De plus en plus sur leurs gardes, ils le franchissent. Rien ne bouge. Un silence de mort règne sur ce coin de campagne perdu dans l'obscurité... Surpris, les combattants (doublement de l'ombre), se retrouvent devant le néant : pas trace d'une tente, pas de braises dans des foyers, ni âme qui vive... Surprise et déception...

Les miliciens auraient-ils déguerpi ? Eux-mêmes se sont-ils perdus dans la nuit ou bien trompés de champ ? Il ne leur reste qu'à rebrousser chemin, bredouilles et déçus. À bien y penser, n'auraient-ils pas plutôt agi sur une information erronée ? En voilà une belle question à se poser...

Le jour venu, l'enquête est vite faite. Jean comparaît. Penaud, il finit par avouer qu'il a tout inventé pour éviter d'être puni car, depuis plusieurs jours, il fait l'école buissonnière.

* * *

Bravo quand même, Jean. Bravo l'Artiste. Ton imagination, ton talent de comédien (et ton culot) méritent de passer à la postérité. Des quatre véritables affabulateurs que j'ai rencontrés dans ma vie, tu auras été le premier et le meilleur. Les trois autres, je les ai immédiatement repérés. Toi, par contre, tu nous as menés en bateau, roulés dans la farine, de façon magistrale... Un vrai champion !

Plusieurs jours après ma rencontre avec Manu, c'est Jean Person que je croise, curieusement au même endroit. Nous sympathisons.

Au cours de la conversation, il me fait part d'une extraordinaire découverte qu'il vient de faire. Tout près du bourg de Plounévézel, il est tombé, en se baladant, sur une caverne. Personne ne la connaît, sauf lui. Et dans cette caverne il y a des choses extraordinaires. Je ne sais plus s'il a employé alors le mot trésor. Il m'invite à l'accompagner à la découverte. Je le laisse parler, me disant *in petto* qu'il n'existe aucune caverne en Bretagne en raison de la nature du sous-sol, qu'il m'a déjà attrapé deux fois et qu'il ne le fera pas une troisième. Pauvre Jean, incorrigible affabulateur…

Je ne devais plus le revoir.

Les jours de la Libération

DANS ces quelques jours de la toute fin de juillet et du début d'août, comme la guerre stagne en Normandie et que le calme semble régner dans notre région, nous avons pratiquement délaissé Conval pour séjourner de nouveau à Carhaix. Ce qui me convient.

TOUR DE VÉLO EN BRETAGNE

Ce devait être le 1er ou le 2 août. En cette fin de matinée, on frappe à la porte de notre appartement. Après un « Entrez » de circonstance, elle s'ouvre pour livrer passage à un capucin ! On ne l'attendait pas celui-là, c'était mieux, toutefois, qu'un agent de la Gestapo. Comme il s'agissait, en plus, du père Alexis, c'était du domaine du supportable, bien que je me sois demandé, sur le moment, ce qu'il pouvait bien me vouloir. En fait, tout ce qu'il souhaitait, vu l'heure, c'était une invitation à dîner. Ce n'était pas la peine de lui faire un dessin pour que Maman comprenne et s'acquitte de ses devoirs de maîtresse de maison avec le tact qu'on lui connaît. C'est donc à table que je prends connaissance des raisons de sa visite impromptue.

Voilà déjà deux mois qu'on nous a renvoyés dans nos foyers et les bons pères commencent à s'inquiéter de la situation (spirituelle) de leurs élèves. Il a donc entrepris de visiter tous les petits séminaristes originaires de la Basse-Bretagne. Je suis le premier de la liste. Il arrive de Dinard, en vélo, voyage sans problème, à part son interception par les Allemands à La Pie, quelques kilomètres avant d'arriver à Carhaix : une vérification d'identité, sans conséquence pour lui, mais qui lui a donné chaud quand même.

Il est donc de passage à Carhaix. Il a l'intention de continuer son périple le lendemain, vers Plouay, à une cinquantaine de kilomètres, pour visiter Julien, un de mes condisciples. Son itinéraire le conduira ensuite à Saint-Thurien, joli bourg du Sud-Finistère, lieu de résidence de Jean Bourrhis, un autre condisciple, qui se trouve être le cousin du père Louis-Joseph, notre directeur, originaire lui-même de ce village.

— Pourquoi ne pas m'accompagner, Gaston ?

Surpris, peu tenté à première vue par l'invitation, je réponds par un silence qui en dirait long si Maman ne s'exclamait spontanément :

— Pourquoi pas, Gaston ? Tu devrais accompagner le père, c'est une bonne idée.

Il y a maintenant deux mois que je traîne à la maison et Maman ne serait pas fâchée de se séparer de son adolescent, selon le principe qui voudrait, selon le refrain bien connu, que les vacances sont des vacances pour les enfants, mais pas pour les parents. Elle saute donc sur l'occasion pour me faire disparaître pendant quelques jours.

C'est ainsi que, le lendemain, je me trouve sur le vélo de Maman, pédalant ferme au côté du père Alexis. Pour éviter que sa bure de ne se prenne dans la chaîne, il s'est passé entre les jambes le bout de la corde qui le ceint et l'a repassée dans le dos, la nouant à sa ceinture. Ce geste, je l'ai vu faire de nombreuses fois par les capucins lorsqu'ils désirent travailler à leur aise, surtout le frère jardinier. Ainsi équipés, on jurerait qu'ils portent un vaste pantalon de zouave.

Le ciel est bleu, la route est large, dit la chanson régimentaire des vrais zouaves. C'est vrai pour nous aussi, en cette belle journée d'été. En plus d'être large, la route est vide. Pas un casque à l'horizon. La cinquantaine de kilomètres qu'il nous faut avaler n'est pas facile, car nous devons franchir les montagnes Noires. Une autre vieille chanson de route, autre rengaine de marche, serine :

> *La monteras-tu la côte ?*
> *La côte est montée, Biffin est resté…*

Par bonheur, nos montagnes bretonnes n'ont de montagnes que le nom. De l'autre côté de la crête, on descend en roue libre.

En fin d'après-midi, après voir vu Gourin et les halles du Faouët, la flèche du clocher de Plouay nous annonce l'arrivée de la première étape de notre tour de Bretagne. Julien est aussi étonné de l'apparition du père Alexis que j'ai pu l'être la veille.

Julien n'est pas mon condisciple favori. Il est trop parfait. Il marche la tête penchée à droite, à moins que ce soit à gauche, tel qu'on le fait quand on est pieux et bon. À l'étude, il est placé juste devant moi. Je l'observe, le nez sur sa version latine ou dans son *petitmangin*, apprenant sa leçon. Une telle concentration m'impressionne. En plus, compte tenu de son comportement d'élève parfait, il ne connaît pas les punitions. Si, un jour, je voyais une auréole briller autour de son front, je n'en serais pas surpris. Il faut pourtant se méfier de l'eau qui dort. Julien jettera la bure aux orties. À en juger par une lettre qu'il m'écrira en 1949, l'ange s'était transformé en un joyeux drille qui préférait le whisky au vin de messe.

Ce jeune homme, encore saint pour l'heure, a des avantages fort bienvenus en cette soirée qui nous trouve fatigués et affamés. Son père est boulanger, la maison est grande. Nous sommes assurés d'un souper et d'un toit pour la nuit.

Le lendemain matin, reposés, nous enfourchons nos montures et... en route pour Saint-Thurien. Aujourd'hui, il n'y a pas de montagne à franchir. Nous avalons les 35 bornes de la deuxième étape dans la bonne humeur. Nous dépassons Quimperlé et Bannalec. Me voilà revenu en Cornouailles. Encore quelques kilomètres et voilà Saint-Thurien, sa grande place avec l'église d'un côté et le boulanger de l'autre, village tout à fait conforme aux normes.

Surprise, surprise pour mon camarade Jean Bourrhis et ses parents. Comme la veille, nous sommes assurés d'un souper et d'un toit. Son père est boulanger et la maison est grande (*bis*). De plus, Jean n'entre pas dans la catégorie des saintes nitouches comme Julien. J'apprécie.

Le lendemain matin, je me réveille frais et dispos pour reprendre la route. Tel n'est pas le cas de mon coéquipier du tour de Bretagne. Il est fatigué et le dit au petit déjeuner. Non sans raison, car il a avalé des kilomètres depuis trois jours : 125 km de Dinard à Carhaix ; 50, de Carhaix à Plouay ; près de 35 la veille, de Plouay à Saint-Thurien. Il propose donc de prendre une journée de repos avant de repartir. Le boulanger et la boulangère donnent leur accord. Jean est ravi de passer une journée en ma compagnie et c'est réciproque. Le soleil brille, la journée s'annonce radieuse. Il suffit de descendre la côte qui débute derrière chez lui pour se retrouver, tout en bas, au bord de la rivière fraîche à souhait pour y patauger.

L'EXTRAORDINAIRE NOUVELLE

C'est ce jour-là que l'extraordinaire nouvelle colportée par Radio-Londres nous parvient : les Américains viennent de percer enfin le front allemand. Leurs divisions sont en train de se faufiler dans une brèche étroite, juste devant le mont Saint-Michel, aux portes d'Avranches. Elles commencent à se répandre comme un raz-de-marée dans toute la Bretagne.

Ils seront bientôt ici nos libérateurs. Mais quand ? Les imaginations s'enflamment, la mienne plus qu'une autre peut-être. Le pays aussi s'enflamme. C'est le bonheur, c'est la joie totale. Comme il n'y a pas un Allemand à des kilomètres à la ronde, on peut sortir les drapeaux français qu'on cache depuis quatre ans ou qu'une main féminine vient de coudre précipitamment avec trois bouts de tissus aux trois couleurs de la France.

Pour l'instant, nous n'en savons pas plus. Nous allons rejouer 1940 à l'envers, alors que nous attendions l'envahisseur sans connaître ni le jour ni l'heure où il apparaîtrait. C'était dans la crainte et le désespoir. Aujourd'hui, c'est dans la liesse que nous attendons l'arrivée de nos libérateurs. En ce début d'août illuminé par un soleil de gloire, c'est la victoire, celle dont je n'avais jamais désespéré, qui vient vers moi, chantant *La Marseillaise* :

> *Allons enfants de la Patrie,*
> *Le jour de gloire est arrivé…*

Je sais par expérience que les prochains jours seront pleins d'imprévu et de danger. L'histoire est un éternel recommencement. Tout comme en 40, voici quatre ans, je me trouve loin de la maison. Il faut que je rentre au plus vite. Maman, qui ne sait où je me trouve, va s'inquiéter de moi, et moi d'elle. Je ne puis absolument pas la rejoindre pour la rassurer. Tout s'est arrêté en France, plus rien ne fonctionne, ni le train, ni le téléphone, ni le courrier. Il faut vraiment que je m'en aille. Je fais part de ma décision au père Alexis et aux parents de mon camarade qui s'opposent, à juste titre, à mon projet. Ce serait de la folie de partir seul sur les routes au travers des colonnes d'une armée ennemie en déroute, harcelée par les maquisards. Nos hôtes nous invitent gentiment à demeurer chez eux, le temps qu'il faudra, jusqu'à ce que la situation s'éclaircisse.

Le drame des pendus, tout frais dans ma mémoire, me revient à l'esprit. Je me rends à leurs raisons. Ici nous sommes en sécurité. Tout au moins en principe.

Les événements se précipitent en cette même journée. Les maquisards arrivent. Les voilà sur la place de l'église. Sachant qu'à Saint-Thurien il n'y a pas un seul Allemand, ils ont décidé de libérer le village et de s'y installer. Je crois entendre le père Alexis, mon ex-prof de littérature, me souffler à l'oreille le vers fameux du *Cid* de Corneille :

— *À vaincre sans péril, on triomphe sans gloire.*

LES MAQUISARDS

Les maquisards forment une troupe disparate d'une cinquantaine d'hommes. Seuls leurs armes et le brassard bleu, blanc, rouge, marqué du sigle FTP, qu'ils portent au bras gauche, leur donnent un air militaire, leur assurant une légitimité (théorique) de combattant face aux Allemands. Leurs vêtements sont ceux qu'ils portaient lorsqu'ils ont quitté leur ferme ou leur village, usés, rapiécés. Certains sont encore chaussés de sabots qu'ils échangeront pour des bottes lorsqu'ils feront leurs premiers prisonniers. Ce qui attire les regards, c'est le foulard qu'ils portent tous, malgré la saison. Il y en a de toutes les couleurs, mais le rouge prédomine. Certains ont utilisé de la cordelette blanche, tissée serrée, faite de ce qui semble de la soie, pour assujettir leur équipement de fortune. Je vois, pour la première fois de ma vie, du nylon. Tout cela provient des parachutes récupérés après les largages d'armes. Dans les semaines et les mois à venir, ce tissu de nylon sera la seule matière textile disponible. Marie Herpe va bientôt m'en faire des chemises.

Je suis intéressé au premier chef par les armes. Je connais déjà le fusil anglais Lee-Enfield, de calibre .303, puisque c'est celui de Raoul. Par contre, je n'ai jamais vu de mitraillette britannique de près. Tout ce que j'en sais, c'est qu'il faut les manier avec prudence, car elles ont la fâcheuse tendance de partir toutes seules, les mésaventures de mon grand frère me l'ont appris.

Si la forme de la crosse et de la baïonnette-clou m'a laissé une curieuse impression, la Sten Gun, elle, va me surprendre. On dirait un bricolage de plombier. J'apprendrai ultérieurement que tel est le cas. Cette mitraillette a été conçue et mise en fabrication dans l'urgence par les Anglais qui ne possédaient rien de semblable dans leur arsenal. Il s'agissait de produire le plus rapidement possible une arme bon marché, facile à fabriquer et finalement jetable. J'en aurai la démonstration dans deux jours sur cette même place.

Ce jour-là, je verrai, amusé, un de nos libérateurs essayant de dégager le chargeur de sa Sten. Il pèse sur le bouton poussoir, tire de toutes ses forces sur le chargeur, rien ne bouge. Il se reprend de toutes les façons. Rien n'y fait. Après s'être battu pendant cinq minutes avec cet engin démoniaque, il le saisit par la crosse et, avec un air de dépit, le jette au loin. L'arme tombe dans un fossé voisin où elle se trouve peut-être encore. Je viens, à mon insu, d'apprendre que la guerre est un immense gaspillage dont les Américains, je vais le savoir bientôt, sont les champions. L'armement des maquisards est complété par le fusil-mitrailleur Bren, arme dite *collective* que je n'ai jamais eue dans les mains, et les grenades qui sont fort utiles pour pêcher dans les rivières !

Voici le mode d'emploi : dégoupiller, jeter dans le cours d'eau en prenant soin de se tenir à l'abri des éclats. Tout ce qui nageait dans les environs flotte désormais sur le dos. Ramasser, vider, écailler, si nécessaire, et faire cuire. On notera que ces engins peuvent aussi être utilisés à des fins militaires !

LES TROIS GLORIEUSES

Les trois journées suivantes ne seront qu'un tourbillon de joie, de peur, de liesse, de deuil. Tout est en désordre dans ma mémoire. Autant la livrer ainsi sans chercher une suite chronologique.

* * *

Ce que je ne saurais décrire, c'est l'atmosphère incroyable, extraordinaire de la Libération. Elle est d'abord intérieure : une sensation de bonheur intense remplit le cœur. Ce sentiment ne peut s'expliquer avec des mots. Mais tous le partagent. Il est palpable dans la lumière de cet été de gloire. Toutes les barrières que les Français ont l'art de dresser entre eux – politiques, sociales, idéologiques – sont tombées miraculeusement. Pour l'espace d'un instant, tous les Français sont libres, égaux et frères.

Ce bonheur est égoïste, car les victimes seront nombreuses sur la route de la Libération. Nombre de patriotes, FFI et FTP, perdront la vie dans les combats, les escarmouches, ou victimes des brutalités et des atrocités commises par les Allemands et leurs complices. Des civils innocents payeront aussi un lourd tribut. De nombreuses familles seront plongées dans un deuil d'autant plus insupportable qu'elles pleurent un fils mort alors que la bataille achève ou, pire, est terminée. Ces morts, les mères en larmes, les veuves, les orphelins on les oublie, tout à la joie de la liberté retrouvée. Il n'est pas trop tard pour que j'en éprouve un certain remord, tant d'années après, car c'est bien ce qui se passait dans ma tête d'adolescent exalté et, j'en jurerais, dans celle des adultes qui m'entouraient.

* * *

Le soleil brille alors que, descendant me baigner à la rivière avec Jean Bourrhis, je vois dans le ciel un curieux avion. Il n'est pas très haut, je peux donc l'observer en détail. C'est un bimoteur, monoplace, avec un double fuselage qui prolonge chaque moteur. Cette configuration est si bizarre qu'on ne peut l'oublier. Il s'agit en fait d'un chasseur-bombardier Lightning P38. C'est aux commandes d'un appareil de ce type, dans la version de reconnaissance, que Saint-Exupéry disparaîtra quelques jours plus tard, au-dessus de la Méditerranée. Je le regarde virer sur l'aile gauche, puis piquer sur une cible que je ne peux distinguer. Je m'attends à entendre le *tac-tac* des mitrailleuses. À la place, je vois très distinctement un objet noir se détacher de l'avion. L'instant d'une seconde, je pense qu'il perd un morceau, pour m'écrier :

— Jean ! regarde la bombe !

Nous la voyons parfaitement décrire une parabole pour disparaître derrière la colline qui bouche l'horizon. Un gros boum. C'est déjà fini. Le P38 a disparu. On ne saura jamais ce qu'il visait… À propos, l'eau était bonne.

* * *

Nous revenons de la baignade. Nous avons remonté la côte qui nous mène à la boulangerie. Devant la maison voisine de celle-ci, nous nous arrêtons, surpris, éberlués par ce qui s'y trouve : la plus bizarre voiture que nous ayons jamais vue. La carrosserie de couleur vert olive ressemble à une boîte rectangulaire. Elle est ouverte, décapotée, avec un vaste pare-brise. En l'examinant, on constate qu'il y a deux sièges en avant et une banquette pour deux personnes en arrière. Il s'agit, de toute évidence, d'un véhicule militaire de petite dimension. D'où peut bien sortir cet engin dont les formes carrées me rappellent les horribles camions anguleux des armées de Sa Majesté britannique qui défilaient devant la maison en 1940. Il ne porte pas d'immatriculation en WH, donc ce n'est pas allemand. Par contre, cette étoile blanche sur le capot, n'aurait-elle pas un rapport avec le drapeau américain ?

Nous nous précipitons aux nouvelles à la boulangerie.

Elles sont bonnes. Le fils d'à côté vient d'arriver pour embrasser ses parents qui étaient sans nouvelles de lui depuis des années. Il fait partie des parachutistes qui ont été largués sur la Bretagne. Un de ses camarades l'accompagne dans une des voitures dont ils sont équipés. Ils ne font que passer.

Je viens de voir la première Jeep de ma vie, prémisse d'un torrent de véhicules de tous genres qui vont inonder notre Bretagne à mon plus grand ébahissement.

* * *

Il n'y a pas de clairons ni de tambours pour exécuter la *Sonnerie Aux morts*, comme l'exige la tradition, pour rendre les honneurs aux défunts de la compagnie de FTP qu'on enterre ce matin. Mais l'émotion est générale. L'église de la localité voisine de Saint-Thurien, où se déroule la cérémonie, est remplie de fidèles. Je me trouve là avec mon camarade, par curiosité pure, car nous ignorons de qui il s'agit et sur quel champ d'honneur ils sont tombés.

Les FTP montant la garde autour des cercueils rendent les honneurs militaires avec gaucherie. On n'apprend pas le maniement des armes au maquis comme dans une cour de caserne. Les gradés, pour certains, n'en savent pas plus que leurs hommes. La dignité et la gravité règnent toutefois parmi ces jeunes hommes au foulard de soie de parachute rouge, devenu l'insigne des maquisards communistes.

Ceux qui sont morts pour la patrie
Ont droit qu'à leur tombeau la foule vienne et prie...
– Charles Péguy

ALERTE ! ILS REVIENNENT

Nos FTP libérateurs sont en alerte. On leur a signalé qu'un important convoi allemand se trouve présentement sur la route nationale qui joint Quimper à Vannes. Il passera dans la soirée au carrefour de cette route et de celle qui mène à Saint-Thurien, à seulement cinq kilomètres. L'ordre leur a été donné de l'intercepter.

Un air guerrier règne sur le village. Il ne manque que les fanfares de trompettes appelant les vaillants soldats au combat. Je me mêle avec délice à ce branle-bas, regrettant de ne pas avoir un fusil pour prendre place dans les rangs. C'est un va-et-vient d'estafettes entre le carrefour et notre place d'arme improvisée. On pense à tout, même aux pauvres blessés qu'il faudra soigner. C'est le rôle des femmes qui mettent en place un poste de secours avec les moyens du bord. Elles vont tenir le rôle d'infirmière volontaire même si on déplore l'absence d'un médecin.

C'est ainsi que l'après-midi se passe. Tous les combattants sont partis tendre le piège. Il ne reste plus au bourg que les vieux, les femmes, les enfants et un adolescent frustré de ne pas aller au feu.

Les soirées d'août sont longues quand on vit à l'heure allemande qui a deux heures d'avance sur le soleil. Le crépuscule arrive enfin. Nous avons été prévenus de l'approche de la colonne ennemie. Nous prêtons l'oreille, guettant l'écho des premiers coups de feu. La nuit tombe et les quelques détonations se transforment en rafales. D'espacé, le tir devient nourri. Le ciel au loin s'éclaire soudain des fusées que lancent les Allemands. Je revois en modèle réduit le spectacle des bombardements sur Lorient que je regardais de mon vasistas. Je me tiens sur la place avec le reste de la population, dans l'attente des nouvelles. Il y aura bientôt une heure que je joue au spectateur frustré quand j'entends dire qu'on apporte un blessé. Je ne me précipite pas pour le voir. Il en arrivera d'autres. La panique saisit les infirmières volontaires qui voient le sang pour la première fois. Demain, les mauvaises langues diront qu'elles ont abandonné leur poste. C'est la rumeur qui courra. Les raisons ne manquent pas pour expliquer et excuser leur abandon de poste.

* * *

Le bruit de la bataille ne diminue pas et le ciel est toujours rouge au sud. Une estafette essoufflée arrive à ce moment sur la place. C'est un messager de mauvais augure.

— Sauvez-vous ! Évacuez le village ! Allez vous cacher, vite ! Les Allemands arrivent. Ils ont réussi à faire sauter le barrage. Ils sont plus forts que nous. Vite ! Vite ! Vite ! Allez vous planquer dans les champs !

La panique saisit tout le monde. Il y a eu tellement d'atrocités depuis quelques semaines. Nous savons que si les Allemands nous trouvent ici après l'attaque du maquis, ils se vengeront sur nous. On peut craindre le pire. La crainte se transforme en frayeur et la frayeur en panique. Quittons en vitesse le bourg. Nous avons une chance d'échapper au massacre en nous dispersant dans les champs qui entourent Saint-Thurien.

Je ne suis pas le dernier à prendre la clé des champs, ma bravoure étant surtout d'ordre intellectuel, sinon mystique. La place se vide en un instant, tout le monde se sauve, la peur au ventre, y compris les infirmières improvisées. Mon camarade me montre le chemin, si l'on peut dire, car la nuit est noire et la lueur à l'horizon s'est éteinte, redoublant mes appréhensions. Fort heureusement, la nuit est chaude et douce.

— Restons ici, me dit Jean.

Je devine autour de moi les formes pyramidales des gerbes de blé qu'en d'autres temps j'aurais poétiquement comparées aux alignements de menhirs de Carnac. Je m'allonge sur le sol. Ça pique ! La moisson vient d'être faite et c'est le chaume qui me sert de couche. Toujours en d'autres temps, j'aurais comparé ma situation de fugitif à celle d'un fakir hindou allongé sur son sommier de clous. Nous restons tapis dans l'obscurité, scrutant le silence nocturne à l'affût de bruits qui annonceraient l'arrivée des Allemands. Pour l'instant, seul le calme profond de la nuit nous entoure. Le temps file doucement. L'espoir renaît. Peut-être ne viendront-ils pas. Les minutes s'égrènent, puis les heures.

Me suis-je assoupi ? La peur me quitte progressivement. La barre du jour paraît à l'horizon. On bouge dans notre champ. Des conciliabules se tiennent. L'humidité du petit matin nous transit. Ils ne viendront pas, nous sommes sauvés. Une fois le bouchon sauté, ils ont continué leur chemin vers Lorient où ils vont se retrancher pour empêcher les Alliés d'utiliser le port.

On nous le confirme avec le jour qui montre le bout de son nez. Rentrons à la maison boire et manger quelque chose. Les émotions, surtout de cette nature, ça creuse, croyez-en mon expérience. Cette nuit blanche m'a mis sur les genoux. Mon camarade aussi. Après le repas du midi, je n'en puis plus. Je décide d'aller m'allonger pour récupérer et je tombe immédiatement dans un profond sommeil comme on chute dans un précipice.

* * *

Je me réveille trois heures plus tard, hébété. Où suis-je, quelle est cette chambre que je ne connais pas, quelle heure est-il, quel jour sommes-nous ? Je suis encore au plus creux d'un immense cauchemar qui a envahi mon sommeil. Il est rempli de bruit de bataille, de détonations qui précèdent l'arrivée des cohortes de soldats allemands qui nous poursuivent, tirent sur les fuyards, mettent le feu aux maisons, massacrent femmes et enfants qui ne courent pas assez vite pour leur échapper. Je cours pour éviter un coup de baïonnette. Je suis effrayé comme jamais je ne l'ai été, même sous les bombes et la mitraille. L'horreur à l'état pur. Dans mon cauchemar, j'ai ressenti tous les sentiments qui ont accompagné dans leur âme et dans leur chair les pendus, les fusillés, les torturés. La peur viscérale de la mort.

Je reprends mes sens et me situe dans cet environnement inhabituel. Encore dans les vapeurs de mon sommeil, je prends conscience que j'y ai vécu toutes les frayeurs de la nuit passée, de ce qui aurait pu se produire. Avec les minutes qui défilent, je retrouve mon aplomb. Ce n'était qu'un rêve, un mauvais rêve. Je suis vivant et finalement bien reposé. C'est peut-être l'heure d'aller se saucer dans la rivière en compagnie de Jean. Debout, vaillant guerrier d'opérette, et, surtout, pas un mot de ce cauchemar au père Alexis ni à mon camarade. On pourrait me traiter de poule mouillée…

* * *

Je viens de vivre, sans le savoir, quelques-unes des heures les plus traumatisantes de ma vie, après la mort de mon père. Elles me poursuivront jusqu'au seuil de la vieillesse. Cette sieste et les scènes d'horreur qui l'ont peuplée resteront gravées de façon indélébile dans mon subconscient. Il me sera désormais impossible de m'endormir à l'heure de la méridienne, même dans un état de fatigue des plus intenses. Pendant mes deux années de couvent à venir, l'horaire m'accordera une courte sieste de trente minutes au début de l'après-midi. Jamais je ne pourrai fermer l'œil pendant ce temps de repos, malgré une nuit écourtée par les offices. Le même symptôme me poursuivra au cours des prochaines décennies, jusqu'à un âge avancé.

Il est curieux qu'un rêve ait eu une telle influence sur mon psychisme. Sans doute que dans son irréalité il a condensé toutes les peurs, les frayeurs et les émotions bien réelles à travers lesquelles je venais de passer.

* * *

— Je rentre à la maison.

C'est ce que je dis le soir même au père Alexis. Depuis trois jours que nous sommes ici la situation a évolué. Même si nous n'avons pas encore aperçu un seul Américain, nous pouvons nous considérer comme libérés. Les Allemands ont évacué le pays. Il en court encore dans les campagnes, mais les patriotes leur font la chasse. Je m'inquiète de Maman qui, de son côté, doit se poser des questions sur mon sort. Je reprends la route demain matin, ma décision est prise.

Jamais deux sans trois, dit le proverbe. En 1940 et en cette année 1944, il y a deux mois, les pères nous ont lancés sur les routes, insouciants ou inconscients de leur responsabilité envers leurs élèves. Encore une fois, le père Alexis me laisse partir, seul, pour une étape de 50 kilomètres sur une route où, à chaque virage, je risque une mauvaise rencontre, un fuyard de l'armée en déroute prêt à n'importe quoi pour s'emparer de ma bicyclette verte. Je ne rêve pas. Je verrai tout à l'heure un résistant avec un vélo au guidon bizarre. Il en manque la moitié qui s'est cassée au ras de l'axe central. Il m'indique une trace de balle très visible. Le jeune cycliste à qui il appartenait a été tué par un Allemand.

Dar guer – *À la maison*

L<small>E</small> lendemain matin, le petit déjeuner avalé, mon maigre bagage arrimé sur le porte-bagages de mon vélo, je prends la route, direction Scaër pour commencer. J'ignore si la route est dégagée jusqu'à Carhaix. Je sais seulement qu'à cinq kilomètres de Saint-Thurien, les patriotes ont érigé une barricade. La route est sûre jusque-là. À cet endroit, on pourra sans doute me renseigner sur la suite de mon itinéraire. Et moi de pédaler dans la fraîcheur du matin, libre comme l'air. Les cinq kilomètres sont vite avalés. Voici le barrage. Quelques maquisards y montent la garde, décontractés. La conversation est brève.

— D'où venez-vous ? Où allez-vous ?

Ma réponse est vite donnée et s'achève par une question :

— La route est-elle libre ?

On me répond qu'il y a une autre barricade plus loin, mais qu'après, on l'ignore.

Cela me suffit. Je repars jusqu'à la deuxième station. Ses gardiens m'assurent que la route ne comporte aucun danger jusqu'à Scaër.

— Renseignez-vous rendu là.

Je suivrai ce judicieux conseil et je reprends la route en direction de ce gros bourg.

Depuis mon départ, je n'ai pas rencontré âme qui vive à part les deux postes de guet. La campagne me semble aussi vide que le

Sahara. Soudain, j'entends des coups de feu sur ma gauche, suffisamment lointains pour que je ne m'en inquiète pas. Je tends quand même l'oreille. Peu de temps après, les détonations reprennent. Elles sont espacées et finalement peu nombreuses. Cela me fait accélérer le mouvement par prudence. Le silence se rétablit sur la campagne, toujours aussi déserte.

Je roule, je roule jusqu'au moment où j'aperçois, sur le bas-côté de la route, une file interminable de bidons d'essence manifestement vides. Il ont été déposés ou plutôt jetés là en vrac. Je les longe, me demandant ce que cela signifie. Sans nul doute, une colonne motorisée a refait le plein ici, puis elle a abandonné les contenants vides pour continuer son chemin. Allemands ou Américains ? Je n'hésite pas longtemps. Les Américains sont passés par ici. Me voilà rassuré pour la suite de mon voyage. La voie est sûrement libre, bien qu'elle soit toujours aussi déserte. Cela fait trois jours que je suis *libéré* et je n'ai toujours pas vu un seul *GI*. C'est étonnant, mais il y a un précédent. J'ai bien attendu 24 heures avant de voir mon premier Allemand il y a quatre ans.

Les kilomètres défilent. Je dépasse Scaër, puis Gourin. Je suis comme le cheval qui sent l'écurie. N'ayant pas de montre, je ne sais pas quelle heure il est. D'après mon estomac, on doit approcher de midi. Parlant d'approcher, le Nivernic n'est plus loin. Voici d'ailleurs Port-de-Carhaix et son pont sur le canal. Des pierres sur la route m'obligent à freiner et à zigzaguer pour finalement arrêter pile. Il n'y a plus de pont, on l'a fait sauter ! Je ne m'en rendais pas compte. Ce phénomène bizarre pourrait se comparer à un mirage. La coupure était invisible jusqu'à ce que je sois pratiquement au bord du gouffre. J'aurais pu y tomber si j'étais arrivé très vite.

Quitte pour la peur, je me demande comment traverser le canal pour rejoindre le Nivernic qui n'est plus qu'à un petit kilomètre. Fort heureusement, il y a une écluse cent mètres en aval. Je vais passer par là, à condition que les Boches ne l'aient pas fait sauter, elle aussi. Sinon, je vais avoir un problème. Grâce au ciel, elle est intacte. La passerelle sur le haut des portes de l'écluse est bien étroite et ce n'est pas facile de l'emprunter avec une encombrante bicyclette verte. Je finis par traverser sans encombre, jetant, en passant, un coup d'œil à la maisonnette qui abrite la turbine électrique. Encore quelques tours de roue et me voilà arrivé chez tonton Armand et tante Marie, sain et sauf. Exclamations à ma vue.

— Gaston ! D'où viens-tu ?

Nouvelles exclamations quand je leur raconte mon périple. Ils ignoraient évidemment que j'étais sur la route. Je m'enquiers de Maman. Tonton de me répondre :

— Heureusement que tu n'es pas arrivé hier !

— Et pourquoi donc ?

— Tu n'es pas au courant ?

— Au courant de quoi ?

— Que la population de Carhaix a été évacuée de force par les Allemands. Tu aurais pu te faire tuer ! Les Allemands sont enfin partis et tout le monde est rentré en ville maintenant. On a eu de sérieux problèmes ici. Les Boches nous ont volé la Berliet. Ils n'ont pas pu la faire démarrer. Arrivés au Moulin-du-Roy, ils l'ont abandonnée au bord de la route, après y avoir mis le feu. Fort heureusement, si l'intérieur a été abîmé par les flammes, la mécanique ne semble pas avoir souffert. Ils nous ont aussi volé notre TSF. Mais tu dois avoir faim. Tu vas dîner avec nous et, après, tu pourras aller rassurer ta mère.

Tu parles si j'ai faim, chère tante Marie, et si j'ai hâte d'arriver à la maison : *Dar guer, paotr*. À propos, bonjour les petits cousins, bonjour les petites cousines !

* * *

C'est décidément la journée des exclamations.

— Où étais-tu ? J'étais morte d'inquiétude !

Il est bien temps de t'inquiéter, ma chère et tendre mère. C'est pourtant toi qui m'as jeté sur la route de tous les dangers pour te débarrasser pendant quelques jours de ton adolescent de fils, malgré ses réticences, souviens-toi. Le temps n'est pas aux récriminations, mais au bonheur des retrouvailles.

D'autant que, de retour sain et sauf, tout comme Maman et mes sœurs, ravi de mes aventures, je vais pourvoir les raconter à qui veut bien m'entendre, et Dieu sait si je suis bavard ! Mais on ne m'écoutera pas tant que je n'aurai pas moi-même prêté l'oreille au récit de…

L'EXODE DES CARHAISIENS PAR BABETTE

[…] À peine Gaston était-t-il parti avec le père capucin que les Allemands sont arrivés pour investir la ville. Ils étaient très nombreux, des parachutistes, je pense. Tous les jours, on vivait dans l'attente du pire : incendies dans la ville, arrestations en masse, attaque de Carhaix par les maquisards. Le samedi matin, on entend le grondement des tanks américains. Je suis seule avec Maman. Yoyo est à Conval, Gaston sur la

route et Raoul, dans le maquis du côté de Poullaouen. Les Boches se fortifient dans la ville. Ils mettent des canons en position près de la gare et de l'église de Plouguer, la ville est en état de siège. Les Américains contournent Carhaix. On voit la poussière soulevée par leurs tanks, du côté de Motreff, de notre fenêtre. Dans la journée du samedi et du dimanche, tous les ponts sautent. On entend le crépitement des mitrailleuses et le sifflement des balles. Enfin, le dimanche à quatre heures, ordre d'évacuation : à six heures, tous les Carhaisiens doivent se trouver sur la grand-rue avec leurs bagages. Les personnes trouvées dans la ville après huit heures seront fusillées comme espion. Sous la garde des Boches, nous avons pris la route de Plévin. Imagine-toi une colonne de 6000 personnes surmontée de drapeaux blancs, les enfants, les vieux suivent. Naine ne pouvant marcher, nous l'avions laissée à l'hôpital. Mais Tata a fait ses douze kilomètres, allègrement, sans se plaindre. En arrivant au canal, les Boches se mettent à nous mitrailler, les cochons. Nous étions dans une petite route encaissée. Ils ont tiré trois rafales et à ce moment est arrivé un officier à cheval qui a donné l'ordre de cesser le feu. Il paraît qu'ils avaient l'ordre de nous exterminer tous. Quelle bouillie ça aurait fait. Ils n'ont blessé que deux personnes heureusement. Au canal, les Boches nous ont dit que nous rentrions dans la zone des terroristes et qu'ils nous retiraient leur protection. Tu t'imagines avec quel soulagement nous sommes rentrés dans la zone des terroristes qui nous ont d'ailleurs très bien reçus. Nous avons couché dans un grenier, dans le foin, et le dimanche nous avons vécu une des journées les plus excitées que je vivrai jamais sûrement. Tu te rends compte, 6000 personnes l'une sur l'autre à Plévin dans la joie de la Libération, la haine du Boche et des collaborateurs, l'anxiété, car nous pensions bien ne rien retrouver en rentrant. Les collaborateurs dont Taldir [druide, journaliste, poète, auteur de l'hymne national breton, il a entretenu des relations compromettantes avec les Allemands] sont arrêtés, les jeunes filles collaboratrices sont tondues, les gens hurlent, crient. Quelle journée ! Le soir on entend les cloches de Carhaix sonner, les gendarmes vont voir et reviennent en nous disant que les Allemands ont quitté Carhaix, les patriotes l'occupent. Quelle joie, nous rentrons avec hâte. Les dégâts ne sont pas très grands. Ils ont brûlé trois maisons et pillé quelques autres. Et ce sont les défilés de patriotes devant le monument aux morts, au Champ-de-Bataille, puis le premier convoi américain est passé. [...]

– Extrait d'une lettre de Babette à Armand,
écrite peu après les événements

Je ne me souviens pas plus de mon premier Américain que de mon premier Allemand. C'est qu'il y en avait trop ! Ils traversaient Carhaix, en route pour Brest, par pleins camions, pleins chars Sherman, pleins transports de troupe semi-chenillés (*half-tracks*), pleines Jeep, pleins véhicules de reconnaissance à six roues. Un torrent d'engins de toutes sortes. Par contre, pas un seul soldat ne marche à pieds ; pas un cheval ne fait partie des convois. Voilà qui nous change de la Wehrmarcht en retraite. Ils sont déroutants, ces Américains dont les uniformes ressemblent à des vêtements civils, dont les semelles des chaussures ne sont pas cloutées, et dont les marques extérieures de respect envers leurs supérieurs sont inexistantes. Ce sont pourtant de vrais soldats, puisqu'ils sont en train de gagner la guerre. Telles sont les pensées qui me trottent dans la tête en les regardant passer, la bouche bée d'admiration et d'étonnement. Voici enfin venu le grand spectacle que j'attendais depuis quatre ans.

À peine arrivé à la maison, je redescends dare-dare pour me mêler à la foule qui a envahi la grand-rue. L'animation dépasse tout ce que j'ai vu jusqu'alors, même aux plus grands jours de foire. L'atmosphère est électrique. La joie se palpe. Je revis Saint-Thurien décuplé, centuplé. C'est qu'ici, je suis dans mon monde. On se congratule, on s'embrasse, on se félicite, on se raconte ses aventures, on applaudit les Américains.

Babette a revêtu sa plus belle robe. Elle s'est installée sur le perron surélevé de l'entrée de la quincaillerie pour ne rien manquer du spectacle. De mon côté, la curiosité m'a amené en face de l'Hôtel de France, un peu plus haut sur la grand-rue. La *kommandantur* qui s'y trouvait depuis quatre ans s'est transformée en poste de commandement du maquis. Les Américains s'y sont installés aussi. C'est un va-et-vient perpétuel.

Justement, une voiture de reconnaissance à six roues, munie d'une tourelle armée d'un canon, freine devant l'hôtel. Le conducteur s'extraie, non sans difficulté, de son poste exigu situé en avant, juste à l'aplomb du canon. Il saute à terre. Au même moment, je vois apparaître la tête puis les épaules du chef de char par la sortie supérieure de la tourelle. S'aidant de ses deux mains posées de chaque côté de l'écoutille, il entreprend un rétablissement pour sortir de son engin. Une violente explosion se produit à ce moment-là, saisissant tout le monde par surprise. Le canon était chargé et le coup est parti, déclenché involontairement par l'Américain. La rue est noire de monde. Par une chance inouïe, l'obus passe au-dessus de toutes ces têtes sans en toucher aucune.

Babette n'a rien vu de tout cela, mais elle a entendu l'explosion. Une seconde, plus violente, la fait sursauter une seconde fois. Elle voit un éclair dans l'encoignure d'une fenêtre du premier étage de la maison d'en face. L'obus vient de terminer sa course à cet endroit. Encore une fois, plus de peur que de mal.

Me voici maintenant place de la Mairie. Il y règne une animation différente de la grand-rue. Ici la guerre continue. On a signalé un groupe d'Allemands aux environs du canal, sur la route de Plévin. On organise un petit groupe d'intervention pour les récupérer. Une camionnette est prête à partir. Des patriotes s'installent dans la caisse dont le hayon est abaissé. Je connais bien le dernier à s'asseoir à l'arrière, les jambes pendantes à l'extérieur. Gilbert Poulizac est un camarade de mes frères. Il habite dans la grande maison qui fait le coin entre la place de la Mairie et la place d'Aiguillon, à deux pas de la voiture. Il est blond et coiffé d'un béret. C'est l'image d'un condamné à mort qui me reste. Dans une demi-heure, il sera tué par une balle allemande. Un autre nom à graver sur le socle du monument aux morts de Carhaix.

La Puissance et la Gloire

À quel immense défilé, à quel incroyable étalage de puissance militaire vais-je assister en ce jour et ceux qui vont suivre. Voilà quatre ans, j'avais été impressionné par la démonstration de supériorité militaire de nos envahisseurs allemands, succédant au passage peu glorieux des Anglais en déroute. Comme tous les Français j'avais pensé alors : *Ce n'est pas étonnant que nous ayons été battus.* En août 44, je me dis, éberlué : *Ce n'est pas étonnant que ce soit au tour des Boches d'être battus...* tout en savourant ce merveilleux retournement de situation.

Les chars Sherman succèdent aux M13, les GMC aux Dodge, les automitrailleuses M8 Ford aux Destroyer chasseurs de chars, aux canons de tout calibre. On ne compte plus les Jeep. À bord de tous ces engins, des hommes aux uniformes défraîchis, épuisés par cette course-poursuite sans fin après un ennemi désorienté mais qui ne se rend pas. Les blindés passent en grondant ; le sol frémit sous leurs chenilles. On acclame nos libérateurs. Ils répondent en lançant des paquets de cigarettes Lucky Strike ou Camel, des barres de chocolat, des sachets de café en poudre, du chewing gum ou même… du papier de toilette, tout enfin, ou presque, ce que contiennent les boîtes de rations quotidiennes.

Mes yeux ne sont pas assez grands pour tout voir, tout regarder, tout observer.

Carhaix déborde de FFI sortis on ne sait d'où. Certains ont déniché des éléments d'uniforme français, sentant la naphtaline, qui les transforment en guerriers d'opérette. Comme le danger rôde encore dans la campagne environnante, plusieurs arborent des chapelets et des médailles miraculeuses, comme des nègres leurs grigris. Le regard que je jette sur eux n'est pas amusé. Je juge leur accoutrement ridicule et leur piété déplacée. Que font-ils là d'ailleurs, paradant devant l'hôtel de La Tour d'Auvergne, au lieu de poursuivre les Allemands comme le fait mon grand frère !

En ces quelques brèves journées d'août, j'aurai regardé passer, je ne le l'apprendrai que bien plus tard, des éléments de la 6e division blindée US, composante de la 3e armée sous les ordres du célèbre général Patton.

Cette liesse, comme un brasier qui se consume, va s'éteindre d'elle-même sans que j'en aie conscience. Le passage des véhicules américains, qui va en se raréfiant, servira en quelque sorte de thermomètre à cette extraordinaire bouffée de joie et de bonheur total qui nous a tous envahis, laissant dans l'ombre la peine et le chagrin des familles des disparus. Au point que, rencontrant Marie Herpe au milieu de la foule, je l'embrassais sur les deux joues, oubliant, pour un instant, le manque de charme évident de notre couturière. Un peu gêné par ce geste inconsidéré, et n'en revenant pas moi-même, je ne pus m'empêcher d'en faire part à Maman qui en sourit.

— Tu te rends compte, Maman, j'ai embrassé Marie Herpe !

Finis les dangers, les appréhensions, les craintes et les terreurs… Enfin libre, la famille, sauf Raoul le soldat et Armand dont nous ne savons rien, retrouve l'appartement de la rue Amiral-Emeriau. Une bonne partie des objets de notre vie quotidienne a été déménagée au cours de l'été à Conval. Il faut rapporter ces mille et une choses en ville. Les allers-retours en vélo se succèdent sans se ressembler.

BAILEY BRIDGE… WHAT'S THAT ?

En compagnie de Babette, je descends en roue libre la côte du Moulin-Meur, direction Conval. Je revis l'épisode tout récent du franchissement du canal à Port-de-Carhaix. La route ici aussi est couverte de débris et le pont a disparu, dynamité. L'antique pont romain qui le double est amputé de son arche centrale. Comment franchir l'Hyères dans ces conditions ? Fort heureusement, il nous reste la chaussée du moulin sur laquelle il ne coule qu'un filet d'eau en ce mois d'août si ensoleillé. Nous avons tôt fait de franchir cette coupure humide, pour reprendre l'expression militaire, en pataugeant et en poussant nos vélos. Une fois sur la vieille route, nous pédalons allègrement, nous disant qu'au retour, en fin d'après-midi, un autre bain de pieds, dans l'eau froide de la rivière, nous rafraîchira.

Une petite déception doublée d'une grande surprise nous attend au retour. Inutile de nous déchausser, car là où il n'y avait plus de pont, ce matin, il s'en trouve un, cet après-midi, sous la forme d'une curieuse structure métallique à laquelle est accrochée une pancarte sur laquelle je lis : *Bailey Bridge.* Me voilà aussitôt repris par les vieux démons de mon enfance, ceux des *Succ. 221* et des *Quis ut Deus ?* incompréhensibles. Même si Babette et moi étudions l'anglais, nous sommes à court de vocabulaire. Ébahis par ce que nous voyons, à mille lieues des ponts de la Bérézina, nous n'osons pas poser de question aux *GI* qui servent l'engin blindé semi-chenillé armé d'un affût quadruple de mitrailleuses anti-aériennes, posté là en cas d'une bien hypothétique attaque de l'aviation allemande.

Il me faudra les lumières du recteur de Plounévézel, quelques jours plus tard, pour que j'apprenne, pour le restant de mes jours, la signification de cet énigmatique *bridge,* ou plutôt de ce pont-*bridge* que je découvrirai dans le Québec universellement bilingue des années 1950.

Le jour de gloire est arrivé

EST-ce le lendemain de la découverte du pont-champignon ou deux jours plus tard, je refais le même trajet pour les mêmes raisons, seul cette fois. Les Américains sont partis, plus personne ne garde le pont Bailey au Moulin-Meur. Raoul est cantonné à Poullaouen avec ses camarades. Quitte à me rallonger, je décide de passer par le bourg dire bonjour à mon frère, *ce héros au sourire si doux* (Victor Hugo). Pédalant de bon cœur, j'avale les 13 kilomètres d'une traite.

— Bonjour, Raoul !

Raoul, surpris, me répond avec son habituelle concision :

— Tiens, qu'est-ce que tu fais là ?

Je m'explique. De son côté, dans le minimum de mots indispensable pour la compréhension, il m'apprend qu'ils détiennent une bonne douzaine de prisonniers allemands qu'ils doivent convoyer à Carhaix. Ils partent dans l'instant. Je le supplie de m'attendre, car je veux faire la route avec eux, à pied évidemment. La réponse, brève, fuse :

— Va à Conval et, au retour, si nous ne sommes plus là, tu nous rejoindras…

Filant comme une flèche, je vais et reviens de Conval en un temps record, avalant les dix kilomètres à la vitesse d'un champion du Tour de France. À mon retour, ils ont déjà quitté Poullaouen. Appuyant toujours sur les pédales avec la dernière énergie, je finis par rattraper la colonne qui progresse lentement sur la route, déserte, de Carhaix. Ils n'ont pas fait plus de deux ou trois kilomètres depuis leur départ.

MES PRISONNIERS

Le spectacle est à la fois grave, étonnant et hilarant. Les Allemands se sont d'eux-mêmes mis en rang et, incroyable mais vrai, ils marchent au pas. Survivants d'une bataille perdue, ils ont gardé les automatismes du dressage à la prussienne. Ils n'ont pourtant rien conservé de la tenue impeccable à laquelle ils nous avaient habitués depuis quatre ans. Ils ont été débarrassés par les maquisards de leur ceinturon à la boucle ornée d'un *Got mit uns* [Dieu avec nous] et surtout de leurs bottes, prises de guerre fort convoitées, échangées contre les *boutou coat* des paysans transformés en militaires.

Je revois le pittoresque tableau de Raoul et ses camarades, sous le chaud soleil d'août. Les armes, fusil ou mitraillette, mises à part, ils n'ont rien de militaire. Le brassard bleu, blanc, rouge, orné du sigle FFI, et porté au bras gauche, leur donne la qualité de combattant. Les campagnards sont vêtus de bleus délavés, tellement rapiécés qu'on ne sait plus quel morceau de tissu est, ou n'est pas, d'origine. Marque distinctive du Français d'alors, ils ont tous le béret plus ou moins défraîchi vissé sur la tête. Ils portent un équipement disparate formé de la cartouchière-bandoulière de coton filé kaki, d'un ceinturon allemand et d'une musette fourre-tout à la hanche. Mon grand frère est tout de même mieux vêtu.

* * *

Les patriotes se sont répartis de chaque côté de la colonne formée par les prisonniers dépenaillés qui ne paient vraiment pas de mine. Mon regard est attiré par l'un d'eux. Il est de petite taille. Ses cheveux bruns, coupés courts, grisonnent. *C'est un petit vieux !* me dis-je. Il fait partie de ceux qui ont perdu leurs bottes et ont écopé de sabots en remplacement. En vérité, il boite et marche avec difficulté. Il fait pitié à voir avec son pantalon, style culotte de cheval, qui arrête à mi-mollets, laissant apparaître ses chaussettes de laine grise ravalant sur ses chevilles. Plus on avance, plus il traîne les pieds.

Je me trouve en queue de colonne, poussant mon vélo sur lequel Raoul s'est déchargé de ses *impedimenta*. Je suis aux premières loges pour assister à la scène héroï-comique qui va suivre.

Notre Allemand n'en peut plus. Un des maquisards se rend compte, tout comme moi, que son sabot droit a causé, à force de frottements, une plaie ouverte sur son coup de pied. Il existe de nombreux récits où les geôliers allemands abattent sur place les prisonniers incapables de suivre. Ce n'est pas le genre de la maison, heureusement ! Dans un mélange de charabia et de baragouin, appuyé de mimiques *ad hoc*, on tente d'expliquer au petit vieux d'ôter ses sabots et de marcher sur ses chaussettes, en pied de bas, dirais-je en québécois. Il finit par comprendre et ôte la chaussure qui le blesse. Il continue ainsi sa progression, claudicant en sabot d'un côté, en chaussette de l'autre.

Pourquoi n'a-t-il pas enlevé les deux ? Il est idiot ce Boche ! C'est la première réflexion qui me vient à l'esprit. Puis, je comprends qu'en réalité il est mort de peur, tout comme ses compagnons. Il est arrivé à ces pauvres hommes ce que tous redoutaient le plus : tomber entre les mains des Français. Ils savent les exactions qu'ils ont commises ces dernières semaines. Ils redoutent le châtiment des terroristes assoiffés de vengeance. On n'a pas pu, ou simplement négligé, de les prévenir qu'on les mène à Carhaix pour les remettre aux Américains et à leurs camps de prisonniers de guerre. Ils sont persuadés qu'on nous les menons vers le poteau d'exécution et la fosse commune. Ils nous implorent de les épargner : pas *kaputt*.

Finalement, notre boiteux jette son second sabot dans le fossé et continue, sur ses chaussettes, ce qui aura été, peut-être, la plus longue marche de sa vie, son chemin de croix.

Râlant, brisé, livide, et mort plus qu'à moitié,
Et qui disait : « À boire ! À boire par pitié ! »
Mon père, ému, tendit à son housard fidèle
Une gourde de rhum qui pendait à sa selle,
Et dit : « Tiens, donne à boire à ce pauvre blessé. »

– Victor Hugo

Car nous ne sommes pas au bout de notre route. Le soleil monte, la chaleur avec. Les hommes ont soif, l'ado qui les accompagne aussi. Voici au détour d'un virage, sur la gauche, une maison basse dont la porte grande ouverte est surmontée d'une branche de pin desséchée encore garnie de ses cocottes. Comme le minaret pour la mosquée ou le clocher pour l'église, c'est le signe du *débit de boisson*, à l'usage des illettrés et aussi de ceux qui ne le sont pas.

Voilà arrivé le temps d'une halte rafraîchissante dans cette oasis bretonne pour la troupe assoiffée.

Nos prisonniers rompent les rangs, tout en demeurant groupés. Le chef de l'escorte commande du cidre bien frais pour lui et ses hommes, et de l'eau pour les prisonniers. La tenancière, brave paysanne portant la coiffe, apporte un seau rempli d'eau tirée au puits, un de ces seaux en zinc comme on en vend à la quincaillerie Lebarbé dont il provient peut-être, accompagné d'un seul et unique bol à l'intention des Allemands altérés.

Du coin de l'œil, j'observe leur manège. Les uns après les autres, ils se passent le bol et boivent à grands traits. Tout le monde, ou presque, a eu son tour. Il en reste deux ou trois qui se tiennent à l'écart. Pourquoi ne veulent-ils pas boire ? Voilà la question ! Ils sont pourtant aussi assoiffés que leurs compagnons.

Tout le monde, ou presque, rafraîchi, nous reprenons la route toujours aussi déserte, aussi chaude, jonchée par endroits de munitions jetées, perdues ou abandonnées par les fuyards. Sur le moment, je cherche une justification à ce geste incompréhensible. J'ai cru reconnaître des gradés dans les récalcitrants. N'auraient-ils pas été vexés que les hommes de troupe aient bu avant eux ? Cette explication vaut ce qu'elle vaut. Elle m'est venue alors que je poussais mon vélo derrière les *condamnés à mort*. Depuis lors, je n'en ai point trouvé d'autre.

Encore quelques kilomètres et nous voilà à mi-chemin de notre destination. L'endroit est frais et ombragé. Un ruisseau court au fond du vallon. L'endroit, ou le lieu-dit, porte le nom de *Dour Camm*. En québécois, on traduirait librement par *Ruisseau-Croche*. C'est le temps d'une autre pose. Les rangs sont rompus, les Français d'un côté et les ex-ennemis de l'autre. Quelques prisonniers s'approchent de notre petit groupe, précautionneusement. Une curieuse conversation s'engage, car l'un d'eux possède quelques rudiments de français. Il nous questionne sur nos armes :

— Angleterre ?

— Oui.

— Parachute ?

— Oui.

Nous mimons, de nos bras étendus, la grande voile de nylon qui descend du ciel. Notre homme s'enhardit à notre contact. Soudain, comme s'il sortait de sa poche un bout de phrase qu'il a travaillé, ruminé, s'assurant qu'elle sera compréhensible, nous montrant de la main, il déclare :

— Vous, pas *terroristes* ; vous, *patriotes* !

Le pensait-il vraiment ou n'était-ce qu'une ruse naïve pour nous amadouer dans le but de sauver sa vie qu'il jugeait en danger ? Les deux à la fois sans doute.

Ces cinq mots sont restés à jamais gravés dans ma mémoire. Depuis lors, combien de fois n'ai-je vu des mouvements qualifiés de terroristes, une fois vainqueurs, devenir l'expression du patriotisme national. Les patriotes sont les terroristes d'hier et les terroristes sont les patriotes de demain. Retenons la leçon…

La dernière station du calvaire

La colonne a repris son lent cheminement. Elle a déjà fait deux stations dans ce qui est, dans la tête de ces hommes, une sorte de chemin de croix. Une troisième les attend. Nous voici en vue du carrefour du Moulin-Meur. Il n'y a que deux mois, bien brefs, que le pauvre Le Dain y a été exécuté. Les prisonniers l'ignorent, mais cet acte de sauvagerie est frais dans la mémoire de Raoul, de ses camarades, tout comme dans la mienne. Arrivé à la hauteur du troisième poteau à compter du pont, celui-là même qui a vu l'agonie et la mort du *terroriste,* un commandement retentit.

— Halte !

Les Allemands, toujours disciplinés, se rangent sur le bas-côté de la route, à droite, le long du muret de pierres. La route, ici, a été taillée à même le flanc de la colline, formant un à-pic rocheux, face à eux. L'endroit semble avoir été créé pour servir de stand de tir, idéal pour fusiller des condamnés à mort. Il suffirait de les faire se ranger le long de cette muraille de roche qui arrêterait les balles perdues et de commander le feu de peloton. Ici se termineraient leurs pauvres vies.

Ils n'ont plus d'illusion à se faire quand ils réussissent à décoder le discours qu'on leur tient dans un charabia franco-germanique : ils vont mourir.

— Ici, camarade à nous pendu, mort, *kaputt*, par vous… *Kamarad, kaputt…* Il y a deux mois… Dix camarades *kaputt…*

Le tout est accompagné du geste de la corde qu'on serre autour du cou et autres mimiques. Chaque fois que, radotant, je conte cette histoire, à ce point de mon récit j'ajoute, appuyant sur les mots :

— J'ai lu la mort sur leur visage.

L'effroi se lisait dans leurs yeux, l'effroi d'une fin annoncée, d'autant plus affreuse qu'ils pouvaient, prisonniers de guerre, s'estimer rescapés de la grande tuerie.

Leur supplice sera bref.

Un ordre fuse :

— Marche !

La colonne s'ébranle. Impressionné par cette scène presque irréelle, je scrute les visages : la vie, la vie retrouvée, les illumine. Sauvés, ils sont sauvés… mais pas arrivés à destination pour autant.

ARME SUR L'ÉPAULE… DROITE !

Un fusil, c'est lourd. Raoul en a assez de trimbaler le sien.

— Passe-le-moi, je vais le porter.

Il ne se le fait pas dire deux fois pour me le tendre et moi pour le saisir. Je passe la bretelle sur mon épaule droite. C'est vrai que c'est pesant un Lee-Enfield. Peu m'importe, car transformé en maquisard par le seul fait de porter une arme, ma machine à rêver s'emballe.

Je suis un vrai soldat, enfin ! J'aimerais pouvoir m'engager. Après tout, je ne serais pas le premier jeune Français à tricher sur mon âge. Il y a eu de nombreux précédents.

Je savoure ce moment martial, bien plus extraordinaire encore que le plus fou de mes rêves.

Nous montons la côte du Moulin-Meur. Voici les faubourgs de Carhaix et, plus haut, les deux clochers qui dominent la ville encore en ébullition. Les ordres sont de livrer la *marchandise* à la gare. Il nous faut donc traverser tout le Carhaix de l'époque en empruntant la grand-rue noire de monde. Notre arrivée soulève l'enthousiasme et la curiosité, car on n'a pas encore vu autant de prisonniers à la fois. La foule s'entrouvre pour laisser passer ce défilé de la Victoire en petit format. Gonflé d'orgueil et de vanité, fier comme Artaban, j'adopte une attitude martiale. Ma présence, toutefois, soulève des interrogations. On me connaît. Surtout mes sœurs qui badaudent comme tout le monde pour ne rien manquer du spectacle ambiant. Vraie fille, un brin rapporteuse, ma *piquez* de petite sœur se précipite à la maison où Maman prépare le repas.

— Maman ! Maman ! Gaston a un fusil. Il est avec Raoul. Ils ont des prisonniers !

— Gaston avec un fusil ? Qu'est-ce que c'est que cette histoire ? Il va en entendre parler celui-là !

Babette voit aussi défiler ses frères, s'en étonne, mais ne juge pas nécessaire d'alerter notre mère.

C'est ainsi que, sous les applaudissements destinés aux vaillants patriotes et les huées à leurs prisonniers, nous descendons jusqu'au bas de la gare où on nous annonce qu'il y a maldonne de notre part. C'est à l'école des filles, devant laquelle nous sommes passés en entrant en ville, que sont regroupés les prisonniers. C'est là que les Américains et leurs camions GMC viendront en prendre livraison.

Nous voilà obligés de refaire notre défilé à l'envers. S'il y a quelqu'un d'heureux, de satisfait et de ravi, c'est bien moi, l'enfant de troupe. Je serais bien prêt à le recommencer dix fois. J'en oublie le poids du fusil sur mon épaule et la faim qui commence à me tenailler. Comme des artistes qui bissent, nous remontons la rue de la Gare, accompagnés encore par les bravos et les huées. Certains spectateurs nous suivent, remplis d'intentions douteuses envers nos Boches.

Ce qui devait arriver finit par se produire. Je me trouve à droite de la colonne alors que nous allons passer devant la quincaillerie Lebarbé. Un homme me bouscule, se faufile dans le groupe et décoche un magistral coup de pied au c… d'un prisonnier. Magnanime, je m'interpose. L'agresseur, satisfait de son geste patriotique et vengeur, se retire. Grâce à moi, ce n'est pas aujourd'hui, comme il est dit dans *La Marseillaise,* qu'*un sang impur abreuve*(ra) *nos sillons.*

Notre mission remplie, je me retrouve à la maison avec Raoul et ses camarades pour y boire le vin de l'honneur et de la victoire.

Tout n'est pas fini pour autant. Les remarques fusent de droite et de gauche.

— Madame Lebarbé, on a vu votre fils, oui, Gaston le plus jeune, escorter les Allemands. Il portait un fusil. Vous ne l'avez quand même pas laissé s'engager !

Cela me vaut des remontrances bien senties de ma mère.

— Tu n'y penses pas, mon garçon ! J'ai bien assez de tes deux frères.

* * *

Je me suis rarement couché aussi heureux que ce soir-là. Tous les rêves de l'enfant qui jouait aux soldats de plomb avec Pierrick Troadec, qui coiffait le casque bleu horizon de son père, qui marchait jusqu'à Moscou sur les pas de l'ancêtre de Morlaix et de l'Empereur, qui jouait avec le joli canon en cuivre chez Naine et le tank encrier à la maison, qui voulait sauver la France, tous ces rêves s'étaient matérialisés en cette inoubliable journée.

Entre guerre et paix

Parlons-en de s'endormir du sommeil du juste. En ce soir de gloire, l'espace entre mon sommier et le plancher, si réduit que je n'ai pu y trouver refuge pour m'abriter des projectiles des Mustangs américains, est encore vide, mais pour peu de temps.

Une armée en déroute abandonne derrière elle des quantités incroyables d'objets de toute sorte. En ces jours-là, il n'y a qu'à se baisser pour ramasser. Avec mes camarades scouts, nous nous équipons, *gratos,* pour nos futures activités : sacs à dos, gamelles, toiles de tente individuelles, etc. J'ai même tenu entre mes mains un magnifique poignard de parachutiste. La lame glisse à l'intérieur du manche, particularité que je n'ai jamais retrouvée ailleurs. Pour la faire jaillir, il suffit de peser du pouce sur le cran d'arrêt en tenant le couteau vers le bas, puis de relâcher : une véritable merveille d'ingéniosité, devenue pièce de collection très cotée. Je m'en veux encore de l'avoir égaré.

On peut aussi récupérer des armes. Raoul s'en est chargé. Faisons le compte : un fusil allemand Mauser, cal. 8 mm avec sa baïonnette ; une mitraillette anglaise Sten Gun, cal. 9 mm ; trois obus de mortier, cal. 80 mm, dans leur boîtier de transport en métal ; un assortiment de grenades à manche allemandes et américaines, quadrillées, plus, en quantité, des munitions, réelles et à blanc, pour le fusil et le pistolet-mitrailleur.

Un arsenal préventif

Dans la France qui se libère, il existe une grave fracture politique. J'ai déjà parlé des FFI et des FTP. Une tension sérieuse existe alors entre ces deux mouvements. Ceux qui ne se rangent pas sous la bannière rouge des communistes, essentiellement la droite et son bras armé, les FFI, craignent, non sans raison, une révolution communiste menée par les bandes armées des FTP.

Voilà pourquoi je dormirai désormais sur un véritable arsenal rangé sous mon lit. Quant aux munitions, ce sont les gendarmes eux-mêmes, gardiens de l'ordre, qui ont invité mon grand frère à passer s'approvisionner dans leur caserne, de l'autre côté de la rue. Il y avait, à l'époque, caché dans les greniers carhaisiens, de quoi armer un régiment pour le moins et toutes ces armes doivent encore s'y trouver, rongées par la rouille.

Outre les armes, on trouve de tout, du blindé (tout de même rare) au cheval. Dans ce cas, on a le choix, car les bêtes abandonnées errent en liberté dans les champs du côté du Moulin-du-Roy. Les paysans, comme les Tanguy du Vergoin, qui ont perdu des bêtes confisquées par l'occupant, n'ont qu'à venir se servir pour recompléter leur cheptel.

Scout-Cavalerie

Je connaissais les scouts à pied, les scouts marins, mais je n'avais jamais entendu parler des scouts à cheval. Pourtant ça existe ! En cette fin d'après-midi, je traîne sur la grand-rue entre la quincaillerie et la place d'Aiguillon. C'est noir de monde, une fois de plus. Un claquement de sabots de cheval attire mon attention. Droit sur moi arrive, au grand trot sinon au petit galop, un superbe cheval de selle de race barbe. Quand je dis superbe, je dis superbe. De robe claire, il n'est pas très grand. Il tient sa tête relevée au bout d'un cou joliment arqué, orné d'une longue crinière aux crins assortis à sa longue queue. Mais qui donc monte ce superbe animal lancé à une vitesse exagérée ? Quelle surprise ! Je reconnais mon camarade Guenver. Du haut de sa selle, il domine le monde, aussi fier, sinon plus, que moi défilant, le fusil de Raoul à l'épaule. C'est à peine s'il me voit en passant. J'ai le temps de remarquer qu'il ne chevauche pas à cru. La bête est parfaitement harnachée à l'ordonnance. Deux questions me viennent immédiatement à l'esprit : où a-t-il déniché ce cheval ? Et surtout : où a-t-il appris à monter ? J'ai le souffle coupé d'admiration par le culot de mon copain.

Le lendemain, je le croise, à pied cette fois.

— Où est ton cheval ?

— Les patriotes l'ont réquisitionné.

Pauvre cavalier démonté ! Son dépit est si évident que, par amitié, je m'abstiens de lui poser les questions qui me brûlent les lèvres.

LE MAUSER DE JEANNOT LE PEN

Les Le Pen [La Tête, Le Chef] fourmillent en Bretagne, tout comme les Le Guen [Le Blanc], Le Du [Le Noir] ou Le Bihan [Le Petit]. Nous avons donc des Le Pen dans nos relations. Monsieur est contrôleur à la SNCF à bord du petit train et madame fait dans la couture. Ils ont deux fils. L'aîné, Dédé, vieux copain de Raoul, lui tient compagnie dans les rangs du maquis. Jeannot, qui a mon âge, fait partie de mon cercle de camarades, bien qu'il ne soit pas scout. J'ai donc avec lui des relations quelque peu différentes, bien que très suivies, car il habite juste en haut de la Fontaine-Lapic, à deux pas de la maison. Nous partageons la même passion pour les armes à feu. Il se trouve que son frère aîné, tout comme le mien, a planqué son arsenal personnel. Jeannot a vu *mon* Mauser, il m'a montré le sien. On les manipule, faisant claquer la culasse. On démonte et remonte cette dernière. Nous relevons la hausse marquée jusqu'à 2000 mètres. Nous dévissons la baguette et l'ôtons de son logement situé dans le fût, sous le canon. Bref, nous en savons bientôt presque autant qu'un soldat de la Wehrmacht. De là à glisser des balles (réelles) dans le magasin, il n'y a qu'un pas. Nous sommes conscients qu'une balle tue, mais parfaitement imprudents. Ce maniement d'arme se déroule dans le grenier, à côté de ma mansarde, à l'insu, bien sûr, de ma mère.

Il arrive à Maman d'être absente. La sachant sortie, nous osons l'impossible. Nous chargeons le Mauser avec des cartouches à blanc, théoriquement inoffensives, dont nous disposons en quantité limitée. Qui appuie le premier sur la détente ? Ce doit être moi.

La détonation assourdissante dans cet espace fermé retentit. Elle a sans doute été entendue dans tout le quartier. À cette époque, il en faut plus pour inquiéter des Français fraîchement libérés. Le jeu se poursuit. Nous le reprendrons le lendemain. Cette fois, Jeannot a aussi le sien. Il s'est faufilé avec le Mauser de son frère. Et… Pan ! Et… Pan ! Nous sommes là, deux jeunes idiots, à tirer à l'arme de guerre en pleine ville.

Le jeu prend fin, faute de cartouches. Nous avons épuisé le stock de balles à blanc. Nous entreprenons alors de défaire des munitions réelles, arrachant, à l'aide de pinces, la balle sertie dans la douille. On se lasse de tout, heureusement, et notre jeu stupide prend fin sans accident. Non sans que je coince entre-temps une balle dans le canon à la sortie de la boîte de culasse. Incapable de l'extraire, je dus avouer ma bêtise à Raoul. Il piqua, avec raison, une de ces colères qui me glaça d'autant plus que c'était la première fois de ma vie que je le voyais en cet état. Ce fut aussi la dernière.

PARDON ET PÈLERINAGE

Je continue à mélanger tous ces événements, petits ou grands, qui se sont déroulés sur une très courte période de deux semaines tout au plus. Il m'est impossible de les dater avec précision, sauf le pèlerinage du 15 août, à Châteauneuf-du-Faou.

Tout ce que Carhaix compte de guides et de scouts va rendre hommage à la Vierge Marie, patronne de la France, et la remercier de nous avoir protégés des dangers et rendu notre liberté. Il nous faut tailler la route à pied.

> *Vingt kilomètres à pied, ça use, ça use…*
> *Vingt kilomètres à pied, ça use les souliers !*

Il en faudrait plus pour nous enlever notre gaieté d'adolescents et d'adolescentes. C'est la première fois qu'on organise une sortie mixte avec nuit en camping. Plutôt que *mixte*, je devrais utiliser le qualificatif *juxtaposée*. Pourtant, tout le Carhaix bien-pensant en jasera quand il l'apprendra.

Une fois de plus, il fait beau. Nous rions, nous chantons. À Pont-Triffin, la route enjambe le canal de Nantes-à-Brest. Des patriotes y montent la garde. Nous arrêtons pour une pause. Les maquisards de faction, à peine plus âgés que nous, sont ravis de la distraction que nous leur procurons. Il en est même qui s'intéressent aux cheftaines, charmantes jeunes filles en fleur. Un certain Paul

Dorval, de Brest, remarque alors une Mimi Le Naëlou. Début d'une idylle, un mariage suivra. Ignorant pour le moment ce que le destin leur réserve, nous reprenons la route. Pour la première fois, celle-ci n'est pas déserte.

Nous devons continuellement nous ranger sur le bord du chemin pour laisser passer des blindés et des véhicules divers marqués de l'étoile blanche. La plupart portent, en plus, accrochés sur les tourelles ou le toit, de grands panneaux orange fluorescent, signes visibles de leur nationalité à l'intention de l'aviation amie. Ils roulent plein pot vers Brest, le grand port stratégique, où les affaires vont mal pour nos libérateurs. Ils ont perdu 24 heures sur les routes de Bretagne, 24 heures qui ont permis aux Allemands de se retirer dans la zone fortifiée de la cité du Ponant et d'y organiser la résistance. Les alliés ont un besoin vital de ce port pour leur ravitaillement. Le siège, coûteux et finalement inutile, durera un mois, transformant la vieille cité en un amas de ruines.

Mais nous, garçons et filles, la plupart frères et sœurs, cousins et cousines ou amis d'enfance, nous nous soucions de la stratégie comme d'une guigne. Nous cantonnons pour la nuit dans la paille d'une grange où nous menons un chahut monstre (et anodin) qui sera à l'origine des ragots. Notre dimanche matin est pieux : nous prions Notre-Dame. Notre dimanche après-midi sera sportif. Il faut refaire dans l'autre sens les 20 kilomètres de la veille. *Les kilomètres ça use, ça use…*

Les GI

Son éloignement relatif, 85 kilomètres, fait que nous ignorons ce qui se passe à Brest. Par contre, la bataille qui s'y déroule nous vaut une ultime invasion. Les *GI* occupent Carhaix et ses environs. Sur la route de Poullaouen, près de Dour Cam, ils ont créé un immense dépôt de matériel du génie. Le minuscule pont Bailey près du Moulin-Meur fait piètre figure à côté des montagnes d'éléments et de pièces détachées servant à les monter. Il y a de tout dans les champs dont les talus ont été éventrés et le sol empierré. Je découvre l'existence des *bulldozers*, des *scrapeurs* et des autres engins routiers. Ils m'impressionnent presque autant que les tanks. C'est la première fois que je vois de tels engins, mais rien de ce qui vient d'Amérique ne saurait m'étonner.

Si le matériel m'impressionne, le personnel me surprend : curieux soldats aux semelles de caoutchouc qui ne claquent pas des talons, saluent distraitement les gradés du bout des doigts sur leur casquette de laine, traînent nonchalamment des pieds. Ils se déplacent en Jeep, en Dodge ou en GMC, gaspillent l'essence, cette précieuse matière, n'hésitant pas à en verser un litre ou deux dans leur casque d'acier et à y mettre le feu pour réchauffer une boîte de *pork and beans* ou un quart de café.

Une chose vue : un de ces *GI* est en faction devant le portail d'entrée de l'école communale au carrefour en T de la grand-rue et du boulevard de la République. Il occupe une guérite peinte de chevrons noirs et rouges abandonnée là par les Allemands en déroute. Je l'observe. Il semble s'ennuyer prodigieusement, comme toute sentinelle, piétinant sur place. À un moment donné, je le vois, avec stupéfaction, saisir son fusil Garand qui porte la baïonnette au canon et, de toutes ses forces, porter un coup violent sur le côté de la guérite. Il arrache, à force de bras, la lame qui a traversé les planches et recommence, frappant à coups redoublés jusqu'au moment où, fatigué, il s'arrête. Il venait de passer sa rage, mais quelle rage ? *God knows !* Dieu seul le sait !

Les *GI*, jeunes hommes en bonne santé, draguent les filles. Dans les circonstances, il est de bon ton pour ces dernières d'accepter leurs galanteries, ce qui eût été déplacé avec leurs prédécesseurs vert-de-gris et puni par le rasage de leur chevelure à la Libération. Babette fait donc la connaissance d'un sympathique Américain.

— Invite-le à dîner, lui suggère Maman.

Le lendemain, ils sont deux à frapper poliment à notre porte. Pour la première fois de ma vie, je parle anglais ou, tout au moins, j'essaie. Je rassemble toutes les règles de grammaire et de syntaxe, les verbes irréguliers et les centaines de mots que j'ai mémorisés. Je me rends vite compte que si j'arrive sans peine à traduire une page de Dickens, comme du Cicéron ou du Platon, il n'en est pas de même pour déchiffrer les borborygmes qu'émet un Américain. Je finirai quand même par apprendre qu'il est âgé seulement de 19 ans, et qu'il porte, pour une raison inconnue, le *nickname* de Moon. Il a bien hâte de rentrer à la maison pour embrasser sa mère dont il nous montre la photo prise avec le reste de la famille devant une bizarre maison de bois.

Ces garçons ne resteront pas longtemps dans nos parages. Un jour, j'irai traîner autour du dépôt pour revoir ce Moon que je trouve sympathique. Dans mon meilleur *basic english*, je m'informai de lui auprès d'une sentinelle qui bâillait d'ennui au bord de la route. J'appris que Moon se trouvait aux douches de campagne installées au fond du vallon où coule le ruisseau de Dour Cam. Nous en étions là dans notre difficile conversation quand soudain un bruit énorme me fit sursauter. Mon Américain se jeta au sol. Je restais debout, grand benêt, quand je vis apparaître dans un effroyable vacarme un, puis deux, trois, quatre, cinq, six chasseurs, des Mustangs, surgissant de derrière la colline, au ras du sol, l'un derrière l'autre, bas à pouvoir presque les toucher. Mon interlocuteur se relève aussi vite qu'il a plongé. Ouf ! les avions étaient américains. Notre conversation s'arrêta là. Je ne revis jamais Moon-la Lune.

Après avoir soigneusement ratissé le pays à la recherche de l'eau-de-vie de cidre et des œufs frais qu'ils troquaient contre des effets d'équipement, du chocolat, des cigarettes et que sais-je encore, toutes choses introuvables en France depuis des années, ils levèrent le camp. J'allai, par la suite, traîner dans les champs qu'ils avaient empierrés. Ils avaient abandonné derrière eux non seulement des tonnes et des tonnes de caillasse, mais aussi nombre d'engins dont un *bulldozer* et des camions GMC apparemment en bon état. Il y avait de quoi surprendre, assurément !

LE BOUQUET FINAL

Tout feu d'artifice se termine par un bouquet final qui doit surpasser tout ce qu'on a vu au cours du spectacle pyrotechnique. Des fusées, des pétarades, des éclairs, des lueurs incendiaires, j'en aurai vu et entendu pendant cet été qui s'achève. J'en ai eu plein les yeux, plein les tympans. Avant que le rideau ne tombe, la VIIIe armée aérienne US va me servir le tableau final, celui que j'aurais réclamé si on m'avait demandé mon avis. Des avions, j'en ai vu tant et plus, à l'unité, par paire, à la demi-douzaine ou treize à la douzaine. À quelques occasions, j'en ai compté une bonne cinquantaine à la fois. C'est peu quand on entend tous les soirs à Radio-Londres : « Cette nuit, mille avions ont bombardé Berlin (ou la Ruhr, ou Cologne…). *Tous nos appareils ont regagné leur base.* » Propagande, que de mensonges on commet en ton nom !

* * *

Une fois de plus, je descends la côte du Moulin-Meur, lieu de tant de mes aventures. Il sera bientôt midi. Le ciel est breton. C'est-à-dire que les nuages se font la course dans le ciel, voilant et dévoilant un soleil qui a déjà perdu de sa force. Pour moi, *brao eo an amzer* [il fait beau] et toute la vallée de l'Hyères s'étend, verdoyante, devant mes yeux, du Moulin-de-Kerniguez à mes pieds jusqu'à Kergroaz et le pont de Petit-Carhaix. Paysage bucolique que vient troubler soudain un lourd grondement en provenance du nord. Tiens, des avions ! Désormais il n'y a plus lieu d'avoir peur, la guerre est finie, du moins pour nous. Je les distingue au-dessus des collines de Plounévézel.

Ces quadrimoteurs ont toutes les caractéristiques de la forteresse volante B17, le bombardier standard américain. Ils volent dans une formation compacte, étagés en hauteur, étalés en largeur. Je n'en ai jamais vu autant à la fois : une centaine. Arrêté au bord de la route, j'admire le défilé en connaisseur. On ne saurait être mieux placé ; je me trouve vraiment aux premières loges. Cette formation passe lentement, remplissant l'air du vacarme de 400 moteurs en étoile de 1200 cv de puissance chacun, pour un total de 480 000 chevaux bien comptés. Elle s'éloigne.

Comme à Angers, trois mois plus tôt, le bruit s'amenuise en decrescendo. Mon oreille, encore fine à l'époque, perçoit déjà, toujours au nord, un crescendo de la même musique qui se révèle être une autre escadre qui suit la première. Ébahi par la grandeur du spectacle, je n'entends pas arriver une voiture qui stoppe à ma hauteur. Trois ou quatre *GI* en descendent pour assister à mes côtés au défilé de la Victoire qui se déroule devant nos yeux. Car cette deuxième escadre n'est pas la dernière. D'autres la suivent, toujours aussi ordonnées, toujours aussi tonitruantes, jusqu'au passage du 1000e avion. Puis le dernier *box* de B17 s'estompe à l'horizon et le calme redescend sur la vallée. Les Américains remontent dans leur voiture. *The show is over.* Pour moi, acteur et spectateur de cet été rugissant, sans que je sache sur le moment, le spectacle est fini, bien fini…

Le rideau est tombé, à l'américaine, sur ce qui fut pour moi *The Biggest Show on Earth.* En breton, Maman dirait :
— *Echu e.* [C'est fini.]

* * *

Colchiques dans les prés
Fleurissent, fleurissent,
Colchiques dans les prés,
C'est la fin de l'été…

Cette chanson mélancolique est ma favorite dans le répertoire des rengaines que nous chantons autour du feu de camp. L'été, c'est bien vrai, s'achève : le plus mouvementé, le plus extraordinaire de ma vie entière. J'aurai, au cours de ces mois, joué au plus excitant de ces grands jeux scouts auxquels nous nous adonnions avec ardeur. Je l'ai vécu avec la naïveté et l'inconscience de mes presque 16 ans, enfant attardé qui joue à des jeux de grands, la tête remplie d'images d'Épinal.

Bref, qu'est ce que *j'ai eu du goût,* pour parler carhaisien !

C'est la rentrée – Grise seconde

L ES grandes vacances auront duré quatre mois. Le temps est venu de rejoindre Saint-Fidèle. Si, en juin, le voyage entre Angers et Carhaix avait été long et difficile, le refaire en sens inverse, en septembre, est pratiquement impossible. Les trains sont toujours rares, lents et bondés. Ponts, gares et voies ferrées ont été systématiquement détruits par les belligérants.

Heureusement, qu'on me pardonne ce mot, tonton Armand et tante Marie ont décidé d'aller voir où en est leur malheureuse Ginette, hospitalisée dans un sanatorium du Massif central. Ils sont sans nouvelle de ma pauvre cousine depuis des mois et fort soucieux, à juste titre, de sa santé. Quitte à faire un détour, ils acceptent de me déposer à Angers. Je prends la route au petit matin dans la Berliet, remise en état par mon oncle après son incendie par les Allemands. Elle a souffert, mais elle roule encore, toujours au gazogène.

Sur la galerie, tonton Armand a arrimé des sacs de jute remplis de bois débité en petits morceaux. Ce système de génération de gaz par la combustion de matière ligneuse est malgré tout efficace : je ne me souviens que d'un seul arrêt pour recharger la chaudière, en haut d'une côte où nous étions arrivés de peine et de misère, le moteur à bout de souffle.

La route est déserte, nous roulons des heures sans voir âme qui vive. Nous croisons des quantités incroyables d'épaves de véhicules allemands tordus, déchirés, calcinés qui jonchent le bord du chemin, témoins de la déroute si récente de la Wehrmacht. Roulant relativement lentement, la Berliet au feu de bois n'est pas une F1, nous sommes à la porte du collège à midi, à temps pour le repas.

Au revoir et merci, tonton Armand et tante Marie, embrassez Ginette de ma part. Pauvre et pitoyable cousine, il lui reste peu de temps à vivre. Avant la fin de l'année, elle nous aura quittés. Elle venait d'avoir 16 ans, tout comme moi.

* * *

La vie reprend, en noir et blanc, comme un film de l'époque. Tous les souvenirs qui remontent dans ma mémoire sont gris et ternes, comme cette France ruinée, meurtrie, où nous nous retrouvons une fois éloigné l'orage de la guerre. Cette sensation est telle que, des décennies plus tard, lorsqu'il m'arrive de regarder un film couleur traitant de cette période, je change de chaîne, car ce n'est pas ainsi que c'était...

Me voilà unique élève à Saint-Fidèle pour quelques jours, car la place offerte dans la Berliet m'a contraint à réintégrer le collège avant la date officielle de réouverture. Je ressens une curieuse sensation qui me rappelle étrangement le plaisir que je ressentais chaque fois que je me retrouvais seul avec Maman. L'attention de tous mes maîtres m'était réservée, j'étais le centre de la communauté. Je vois arriver mes camarades, sans déplaisir, en ordre dispersé, toujours en raison des difficultés de transport.

L'entrée dans la classe de seconde me range dans la catégorie des grands. L'an prochain, en première, je serai un ancien. Je vais basculer, physiquement et mentalement, dans le monde des jeunes adultes. Fini le petit Gaston à qui on passait tout, ou presque. C'est dur, dur, de ne plus être un enfant !

Les retrouvailles, après un tel été, nous procurent d'interminables sujets de conversation. Chacun raconte *sa* guerre aux autres. La mienne, servie par mon bagout, dépasse celle de mes camarades, tout au moins à mon avis. Je la conte, pour la première fois, devant un auditoire intéressé ; je la narre ; je la recommence ; je la raconte de nouveau, jusqu'au moment où mon auditoire, connaissant mes histoires par cœur, estime que je me répète. Je deviens le roi des enquiquineurs. Leur vengeance fut subtile. Je fus décoré, au cours d'une soirée théâtrale et humoristique, des étoiles de Général en chef de la Défense passive, organisme civil et non combattant, chargé des mesures de sauvetage et de protection contre les raids aériens, en coopération avec la Croix-Rouge. Tout Saint-Fidèle s'amusa à mes dépens. Il ne me restait plus qu'à trouver de nouveaux sujets de conversation. Ce que je fis.

Un prof en noir et blanc

C'est qu'il est terne, le père Éphrem, petit homme grisonnant d'une discrétion exagérée, brave moine au demeurant, dévoué comme tous ses collègues. Il ne peut remplacer ses deux prédécesseurs, hommes d'exception dans mon cœur et mon estime. J'ai dû fouiller dans le tréfonds de ma mémoire pour retrouver son nom, mais sa silhouette et sont visage me sont encore présents. Le père Éphrem a de bonnes connaissances musicales sans que j'ose, pour autant, le qualifier de musicien. Il jouera un rôle important dans ma formation.

Un des regrets de ma vie

J'ai un goût certain et un certain goût pour la musique. Cela remonte à ma petite enfance, aux leçons du père Octave et à la fréquentation assidue du grégorien. Si ma voix d'adulte n'a pas de qualité particulière, je chante juste en plus d'avoir de l'oreille. J'ai développé une passion pour l'orgue et je rêve de pouvoir en jouer. C'est un de mes camarades qui touche l'orgue, pardon, l'harmonium, car ce coûteux instrument n'a pas sa place dans la chapelle des pauvres frères de Saint-François. Il n'a qu'un an de plus que moi et il s'en tire pourtant comme un pro. Je lui voue, musicalement parlant, une admiration sans borne. Nous nous entendons d'ailleurs fort bien. De mon côté, je m'essaie désespérément, passant des récréations entières à faire des gammes et autres exercices. En principe, tout devrait se passer sans problème puisque je connais le solfège et que j'ai des professeurs compétents. Or je n'arrive pas à lire verticalement une partition pour une raison irrémédiable dont j'ignore la cause. Il y a une incompatibilité entre mes yeux, mon cerveau, mes doigts, les dièses, les bémols, les bécarres, les rondes, les croches et autres notes. Comble de malheur, je n'ai pas le sens du rythme. Quoi que je fasse, je ne serai jamais organiste, ni même sonneur de biniou, à mon grand dam. Je me contenterai d'être un auditeur comblé par toutes les musiques, à condition qu'elles soient *géométriques*. Comprenne qui pourra !

Encore un Noël en cage

Mauvaise nouvelle : nous passerons les vacances de Noël à Saint-Fidèle. Il faut rattraper le temps perdu pendant le trop long congé de l'été précédent. Je juge la raison farfelue et mesquine. Je subodore un moyen détourné de nous former le caractère puisque les classes arrêteront quand même pendant une dizaine de jours.

Il est vrai que les personnalités s'affirment, dont la mienne. Je nage dans l'adolescence dont le courant m'entraîne dans une direction qui ne correspond pas à celle qu'on voudrait me voir suivre. Bref, je suis normal. Je grandis, enfin ! La croissance jointe à la sous-alimentation me laisse dans un état de fatigue latent qu'on baptise paresse. Cela me vaut de nombreuses remontrances. Malgré des efforts méritoires, je n'arrive pas à surmonter les difficultés de concentration que j'éprouve. C'est plus fort que ma volonté, je ne puis suivre plus de dix minutes un cours de math ou de sciences. Je me fais remonter par de continuels :

— Avec les dons que le bon Dieu vous a donnés, vous pourriez faire mieux.

Cela me ferait un nom original quand je revêtirai la bure : *frère Pourrait-faire-mieux*. Je vis cela assez mal, car je fais vraiment tout mon possible, même si les maths, la chimie et la physique sont pour moi des matières sans intérêt. Comprendront-ils un jour que je déteste les abstractions qui vous obligent à vous creuser les méninges inutilement ? Il n'y a que la géométrie qui trouve grâce à mes yeux, on le sait déjà.

ÉLOGE DE LA PARESSE

À travers mes propres difficultés, j'ai développé une théorie. La paresse n'existe pas. Il n'y a que des individus qui, pour des raisons d'ordre physique ou mental, ne peuvent fournir l'effort nécessaire à un travail soutenu. J'ai rencontré dans ma vie professionnelle plusieurs cas qui m'ont conforté dans ma théorie. Quant à ceux que l'on qualifie de travailleurs, je ne leur accorde aucun mérite. Ils sont tombés dans la marmite. Je ne leur porte aucune admiration, car, s'ils travaillent beaucoup, ils ne le font pas toujours bien. Voilà donc réglé, une fois pour toutes, mon vieux contentieux avec le *pourrait-faire-mieux*.

DES NOUVELLES D'ARMAND

Dans la grisaille de l'automne, une merveilleuse nouvelle m'apporte un rayon de soleil : on a retrouvé Armand, mon frère perdu depuis près de trois ans. Maman a reçu de ses nouvelles, enfin. Il se trouve dans l'est de la France, sur le front des Vosges et de l'Alsace où les Allemands en retraite ont réussi à se rétablir, le dos au Rhin. La folle avance de l'été s'est enlisée. La guerre ne sera pas finie pour Noël comme on l'a espéré un temps.

Maman m'écrit qu'il conduit un engin blindé. Son régiment du génie a débarqué en Provence fin août. Il fait partie de l'armée d'Afrique. La joie que nous cause cette bonne nouvelle est immédiatement assombrie par l'inquiétude latente sur son sort, car il combat en première ligne. J'ai son adresse et son code postal militaire. Je vais lui écrire, lui raconter mes histoires. Les siennes, je les connaîtrai plus tard.

Raoul aussi est devenu un vrai soldat avec un uniforme. Il a choisi de s'engager à titre de volontaire, pour la durée de la guerre, dans la nouvelle Armée française en cours d'organisation. Ayant le choix de l'arme, il a opté pour l'artillerie, maintenant ainsi la tradition familiale. Notre père et son jumeau, tonton Ferdinand, artilleurs au cours de la Grande Guerre, lui ont montré la trace. Il n'ira pas très loin. Son régiment une fois organisé prendra position face au port de Lorient, en état de siège, où les Allemands se sont maintenus après leur débâcle de l'été.

Avec ses deux fils à la guerre, Maman a de quoi être soucieuse. Moi, le troisième qui aurait tant aimé suivre leur exemple, je les accompagne en rêve ; je m'inquiète pour eux ; je prie pour que le ciel les protège. Que peut faire d'autre un petit séminariste dont les grands frères sont au front ?

BABETTE RENCONTRE L'AMOUR

Babette, la douce, la discrète, a fait une rencontre. Rencontre inévitable puisque Louis habite notre immeuble. Il fait partie de la tribu des réfugiés Lorientais, les Le Coënt et Facon, qui occupent l'appartement du second étage, voisin du nôtre. La cage d'escalier étant commune aux deux logis, il est impossible de ne pas se voir et de se saluer quand on se croise. Une lettre de Maman m'annonce, abruptement, les fiançailles de ma grande sœur. L'effet de surprise passé, j'éclate de joie. Je trouve la nouvelle *formidable*. Je ne me souviens plus des raisons qui m'ont poussé à cette réaction, disons-le, démesurée. Le fait est là : je suis enthousiasmé par la nouvelle. Je m'empresse de la transmettre par la poste militaire à Armand qui devait déjà être au courant et qui avait d'autres chats à fouetter.

Maman doit être heureuse : sa fille aînée est casée, tout comme Armand et Gaston, futurs moine et missionnaire.

Pauvre mère, tu te berces d'illusions. Laissons aller les amoureux à leur bonheur et à leurs projets d'avenir. Il sera toujours temps de connaître ce que leur réserve le destin.

Pour ma part, je trouve Louis le Coënt très sympa et je savoure d'avoir très bientôt un beau-frère, le premier d'une longue lignée à venir. Cela me situe un peu plus dans la catégorie des adultes à laquelle j'aspire à appartenir.

JOIES ET DÉCEPTIONS

Retenu à Saint-Fidèle, loin de la maison, je passe un Noël tristounet et sans attrait.

Puis l'hiver se délite lentement : grisaille, humidité, engelures, feu de tourbe, fumée.

La guerre stagne. Armand est toujours sur le front d'Alsace, dans le gros des combats, tandis que Raoul tire du canon devant Lorient.

Une lettre de Maman m'annonce le retour d'Armand, après une si longue absence, pour un bref congé. Elle est tout heureuse de retrouver son fils, le seul qui lui importe pour l'heure. Je partage sa joie. Loin d'être jaloux, je suis ravi de revoir mon frère, devenu un autre de mes héros. Je l'invite à passer par Angers où il sera reçu au collège avec tous les honneurs. Je n'y compte pas trop, toutefois. Maman, qui meurt d'envie de réunir de nouveau tous ses poussins sous ses ailes, me demande de venir à la maison pour ces retrouvailles. Elle écrit au père Directeur pour qu'il m'autorise à y aller.

C'était trop demander : permission refusée. Quelle en était la raison : froideur de mes éducateurs, crainte d'un précédent ou désir de me former le caractère ? Ils sont partis avec leur secret. J'en eus le cœur brisé, m'estimant être la victime d'une injustice et de l'incompréhension de mes maîtres. Il existe d'autres manières de former des hommes, fût-ce de futurs moines. J'eus toutefois une consolation à ma peine. De retour au front, Armand, à sa grande surprise, reçut un changement d'affectation, des premières lignes à l'Aumônerie générale de la 1re armée française. Il n'était plus en danger.

Après plus de six mois d'absence, les vacances de Pâques me ramènent à la maison où je retrouve avec joie Maman, une fiancée rose de son bonheur et Yo, ma petite sœur.

Le troisième trimestre passera vite, mettant un terme à cette seconde qui, finalement, m'aura été intellectuellement aussi profitable que la précédente et que celle qui suivra. Le père Éphrem était un bon éducateur et un bon professeur sous des dehors peu charismatiques. Grâces soient rendues à ses mânes. Grâces aussi soient rendues à Louis-Joseph, notre directeur, qui a ouvert notre éducation sur l'extérieur : le théâtre, la musique, les activités sociales et, pour moi, le scoutisme.

Je suis bien le seul et unique élève autorisé à mener une activité extérieure au collège. Ce qui prouverait que je n'étais pas la tête de Turc que je prétends avoir été. Le père Pierre, l'économe de l'institution, avait demandé et obtenu que je fasse partie de la maistrance de la troupe dont il était l'aumônier. C'est lui qui m'avait fait me recueillir devant le cadavre d'un camarade que je ne connaissais pas.

LA GUERRE EST FINIE

Début mai 1945, les canons se taisent. La France est du côté des vainqueurs, mais *groggy*. Il me semble que, depuis les huit derniers mois, cette page d'histoire s'est déroulée sans moi. Pour ne pas nous distraire dans nos études et nos exercices de piété, on ne nous tient pas au courant de l'actualité. Nous ne lisons pas de journaux, nous n'écoutons pas la radio. Il n'y a d'ailleurs pas de TSF à Saint-Fidèle. Quant au cinéma, il n'était pas question d'y aller. Voir une histoire d'amour, aussi chaste fût-elle, aurait pu nous détourner de notre vocation en nous donnant de *mauvaises pensées*. Nous étions surveillés de près, mais avec discrétion, sur ce point. Quelques-uns d'entre nous, en étais-je ? ayant fredonné une rengaine due au barde breton Théodore Botrel, furent réprimandés.

> *J'aime Paimpol et sa falaise,*
> *Son église et son grand pardon*
> *J'aime surtout ma Paimpolaise*
> *Qui m'attend au pays breton.*

Voilà ce qu'on ne saurait chanter quand on est un petit séminariste destiné au vœu de chasteté et Breton de surcroît.

LA BINETTE DE BOTREL

Cette anecdote sur une chanson de Théodore Botrel m'en rappelle une autre que Maman aimait bien nous conter.

Botrel, qui ne parlait pas breton, était pourtant l'auteur-compositeur le plus connu de Rennes à Brest, et de Vannes à Saint-Brieuc. Jugez de la stupeur de Maman quand, de service à la quincaillerie, elle reconnut dans un client le célèbre Botrel, accompagné du barde local, Taldir Jaffrenou. Il fit l'achat d'une binette. Inoubliable rencontre pour notre mère qui, bien des fois par la suite, en se rengorgeant, nous racontera comment elle avait, un jour, vendu une binette à Théodore Botrel.

Cette glorieuse anecdote était la première d'un trio qu'elle nous serinait volontiers. La seconde concernait les *mètres-aux-pouces* qu'on vendait sous le comptoir, dans les années 1920, aux vieux artisans qui n'avaient pas encore adopté le système métrique, 130 ans après son introduction. La troisième avait pour sujet les pièces d'or, économies de ses parents, qu'elle avait été chargée de changer contre de vulgaires billets de banque, en 1917, pour le salut de la France en guerre. Cette histoire se terminait invariablement par un fier : « J'avais 17 ans ! »

Revenons à nos moutons et à cet été 1945. Je l'ignore sur le moment, mais ce sont mes dernières véritables grandes vacances.

Un été de bocage et de plage

J'irai revoir ma Normandie,
C'est le pays qui m'a donné le jour
— Chanson traditionnelle

PÉPÈRE Lebarbé avait fait de cette chanson le porte-étendard de toutes ses mélancolies d'exilé. En temps normal, il la fredonnait. Les jours de fête, il la chantait. Mon tour était venu, non pas de revoir, mais de voir, pour la première fois de ma vie, cette Normandie où mon père avait vu le jour.

Le camp d'été de la troupe scoute d'Angers va se monter et s'animer dans une verte prairie du bord de l'Orne. Le père Pierre, enfant de la région, a tout organisé.

Les classes finies, je n'ai eu que le temps de faire un saut à la maison pour embrasser Maman et, surtout, préparer mon paquetage. De retour à Angers, je pris la route d'Écouché en compagnie de trois autres responsables de la troupe, juchés sur les bagages et autres *impedimenta* entassés dans une remorque à bestiaux ouverte à tous les vents. Ce fut long, aéré et inconfortable. On nous déposa à la barrière d'un pré bordé par la rivière.

L'endroit est bien choisi, mais il y a un hic. Il est couvert d'orties, des plantes sauvages et urticantes hautes d'un bon mètre, qui forment une barrière infranchissable pour qui porte culotte courte, ce qui est notre cas. Il faut impérativement déblayer avant l'arrivée des patrouilles. Me voilà donc, une faux à la main, tailladant, sans aucun talent, dans cette végétation du diable qui me brûle les mains et les rotules. Le pré me paraît immense, la tâche herculéenne. Nous réussissons, petit groupe d'amateurs, à libérer suffisamment d'espace pour dresser les tentes, creuser les foyers, dresser un mât pour le drapeau et un autel de fortune pour la messe matinale du père aumônier.

Deux semaines de plaisirs champêtres m'attendent dans cette vallée déserte. Je ne coucherai qu'une seule nuit sous la tente. Il manque de place pour tout le monde sous nos abris de toile. Placé près de la porte, je me réveille le premier matin dans l'herbe humide de rosée avec le ciel comme toiture. Je déniche rapidement une place dans un bâtiment de ferme à proximité du camp où je me creuse un trou dans la paille. Je dormirai ainsi tranquille et au sec !

La vie se déroule comme dans tout camp scout de l'époque : la rivière glacée remplace les lavabos et la piscine. Les jeunes préparent eux-mêmes leur repas et ce qu'il reste d'orties dans le champ sert d'instrument de supplice dans les grands jeux et les feux de camp. C'est au cours de l'un d'eux qu'on me décerne mon totem, surnom formé de deux mots, celui d'un animal suivi d'un adjectif caractérisant la personnalité du baptisé. Je ne vous dévoilerai jamais le mien. Non que j'en aie honte, en fait, je l'ai totalement, absolument, entièrement, complètement oublié !

VESTIGES DES COMBATS DE LA POCHE DE FALAISE

Vieille cité normande, la ville de Falaise est toujours dominée par le château où vit le jour Guillaume, le conquérant de l'Angleterre. Sans pouvoir l'affirmer avec certitude, il est probable qu'un mien ancêtre fut un de ses compagnons d'arme quand il traversa la Manche en 1066.

Falaise est aussi le site de l'encerclement et de la destruction d'une grande partie de l'armée allemande à la toute fin de la bataille de Normandie, en août 1944. Des dizaines de milliers d'hommes s'y sont trouvés cernés et anéantis dans une poche formée par les armées américaines et anglaises d'où le nom de *bataille de la poche de Falaise.*

Notre prairie se trouve au centre de ce champ de bataille, parmi les débris laissés par la tornade de fer et de feu qui s'est déchaînée ici même, il y a moins d'un an.

Mon père, ce héros au sourire si doux,
[…] Parcourait à cheval, le soir d'une bataille,
Le champ couvert de morts sur qui tombait la nuit

Reprendre ces vers de Victor Hugo force un peu la réalité, car des cadavres, il n'en traîne plus, quoiqu'en fouillant un peu ou en regardant à l'intérieur du char Panther Mark V brûlé, cramé, transpercé, rouillé qui veille sur nous du haut du coteau, on trouverait des ossements. Ce qui traîne tout autour, sur des kilomètres et des kilomètres carrés, ce sont d'innombrables reliques d'une armée en déroute. On trouve de tout : des obus empilés, cordés comme du bois de chauffage, des carlingues d'avions, des carcasses de tanks, de voitures, de camions et même de charrettes hippomobiles. Les armes légères abondent, inutilisables en principe. Une de nos patrouilles à l'esprit inventif a déniché deux canons de mitrailleuse pour en faire des barres à feu soutenant les casseroles sur son foyer.

Nous circulons sur un terrain rempli de dangers. Nous en prenons conscience quand un de nos jeunes protégés se présente, paradant avec une bande de balles de mitrailleuse en écharpe autour du cou. Il aurait pu aussi bien nous arriver avec une grenade dans chaque main. Heureusement, il y a un bon Dieu pour les innocents.

De plus en plus féru en quincaillerie militaire, je suis à mon affaire. La paix revenue, j'ai pu me documenter et je peux désormais donner un nom précis à tous les engins que j'ai vu passer. Tout près du périmètre de notre camp, des chars sont restés là où la bataille les a immobilisés. On les découvre à l'improviste, encore camouflés dans une de ces haies qui découpent en damier le bocage normand. D'un côté, ce peut être un Sherman américain face à un Mark IV allemand, 100 mètres plus loin. Quand ce ne sont pas cinq Sherman gisant en file, transpercés, carbonisés, sur le bord d'une route, face à un seul et unique tank à la croix gammée qui les a touchés avant d'être lui-même neutralisé. Ce diaporama guerrier, je l'ai vu dans la plaine de Caen, en route pour Lisieux. Je lirai plus tard que les engins allemands étaient supérieurs aux chars américains et qu'ils ont été submergés par le nombre de leurs adversaires. La preuve de cette assertion, je l'ai eue sous les yeux ce jour-là.

Je découvre enfin un véritable trésor, une section complète de chars, marqués du svastika. Ils forment une colonne, en lisière d'un champ immense. Ils sont intacts, ce qui surprend quand on voit l'état de ruine de tout ce qui les entoure. Ravi de l'aubaine, je passe des heures à jouer, à rêver dans ces engins, m'assoyant à la place du conducteur, puis du mitrailleur-avant, pour me glisser ensuite dans la tourelle, sur le siège du chef de char. Ma tête arrive juste à la hauteur voulue pour regarder par les meurtrières de la coupole d'observation. Heureusement, l'armement a été démonté. Je n'aurais pu m'empêcher de m'essayer au tir à la mitrailleuse. Je n'aurais pas osé me servir du canon, quand même !

Calvados, vous dites ?

On dit plus couramment *calva,* pour faire bref. Je ne connaissais que de nom cet alcool de pomme normand, odorant mais explosif. Par contre, l'*alambic* breton, breuvage similaire, m'était familier. Par curiosité, j'y avais trempé le bout de mes lèvres. Pouah ! Or il existe une grande différence entre les deux. Le calva longuement vieilli en fût est consommable, contrairement au *lambic,* sitôt distillé sitôt bu.

Le père Pierre va me l'apprendre.

* * *

Un beau matin, sous prétexte de trouver du ravitaillement dans les fermes des environs, il décide d'entreprendre la tournée des maisons amies. N'est-il pas dans son pays ? Il m'entraîne avec lui sur sa moto, sur les routes de campagne.

Au premier arrêt, pendant la conversation que j'écoute distraitement, je note l'imposante cafetière sur le coin du fourneau et la bouteille de calva plantée au milieu de la grande table qui occupe le centre de la cuisine. On nous offre un café que j'accepte de bon cœur, car le tour de moto, dans cette campagne humide, m'a gelé jusqu'au cœur. Je regarde faire les Normands, cette race aux coutumes bizarres (c'est pourtant la mienne aussi). On nous verse du café dans de petites tasses.

— Merci, madame.

— Du sucre ?

— Oui, merci madame.

Je regarde la bouteille de calva faire le tour de la table. En lieu et place de lait, chacun en verse dans sa tasse, plus ou moins, c'est selon ! Arrivé à mon tour, je me plie aux us et coutumes du pays pour décider, après y avoir goûté, que ce mélange a ses mérites. Le parfum du calva vaut largement celui du lait. Quant à son effet, il est terrifiant. Une gorgée suffit à me réchauffer. Cette visite est suivie de plusieurs autres dont je n'ai pas conservé le nombre. Chaque porte franchie, il faut se plier à la cérémonie du café-calva. Non seulement je n'ai plus froid, j'ai même plutôt chaud. En fin de matinée, tournant encore en moto dans des petits chemins qui ne sentent pas la noisette, je m'inquiète de l'état de mon conducteur, me demandant si nous nous retrouverons au camp ou bien dans un fossé. Apparemment, le père Pierre nous a menés à bon port puisque, un demi-siècle plus tard, je suis là pour vous narrer ma rencontre avec le calva.

Après deux semaines d'imprégnation bocagère en Basse-Normandie, mon *fabuleux destin* va m'envoyer respirer l'air vivifiant et iodé de la presqu'île de Crozon, en Basse-Bretagne, passant de cette province d'où je suis issu à cet autre pays qui est mien.

LA MER QU'ON VOIT DANSER...

À peine étais-je de retour à Carhaix que tonton Ferdinand m'agrafait sur le coin de la rue pour me faire une proposition que je ne pouvais pas refuser : deux semaines, de nouveau en camping, en sa compagnie, celle de tante Marianne, de ma cousine Lucienne, de la factrice et de Diane, la chienne de la famille, au bord de la mer, à Tal-Ar-Groas. Je subodorais qu'il se cherchait un compagnon. Le fait que je l'aimais bien et qu'il me le rendait sans doute me fit repousser cette arrière-pensée indélicate.

C'est ainsi que nous nous sommes retrouvés sous une tente de fortune qui ne résista pas plus de deux nuits au vent et au crachin, car le soleil n'était pas au rendez-vous. Tonton eut vite fait de dénicher une location de fortune dans un grenier du hameau voisin où vivaient des marins-pêcheurs. Ce coin perdu, avec vue imprenable sur la baie de Douarnenez, est idyllique à mes yeux. L'isolement est garanti. Le bourg se trouve à plusieurs kilomètres et nous sommes sans moyen de transport, étant venus ici par le petit train et le concours de la camionnette d'un commerçant de Tal-Ar-Groas, client de la quincaillerie Lebarbé.

Le hameau où nous logeons est situé sur la falaise qui surplombe l'embouchure de l'Aber, bref fleuve côtier typique de la Bretagne maritime. Ce promontoire est prolongé par un îlot accessible à marée basse, tandis que, sur l'autre rive de la rivière, s'étire un long ruban de sable blanc, en forme de croissant : la plage de l'Aber. Cette anse naturelle, abritée du vent d'ouest, forme un havre naturel propice au mouillage des bateaux. Justement, un cotre langoustier s'y trouve à l'ancre. Son propriétaire habite tout là-haut. Un sentier de chèvre y mène, marqué à sa base par une fontaine. On y puise l'eau potable qu'il faut remonter à force de bras ; on y lave le linge aussi.

L'APPRENTI PÊCHEUR

En venant se perdre, pour deux semaines, dans ce coin perdu, Tonton Ferdinand avait une idée derrière la tête. Il avait tout arrangé d'avance. Des marins-pêcheurs avaient accepté de nous embarquer. J'ignorais que mon oncle aimait la mer et les bateaux, lui cet enfant du bocage normand, élevé à Tinchebray, bien loin du bruit des vagues. Je n'étais donc pas le seul à être attiré par les vagues, les embruns, les voiles rouille, les canots, les dundees et les trois-mâts.

Je n'avais pas revu la mer depuis mon départ de Dinard en juin 1941. La retrouver me ravissait de bonheur. Le patron du langoustier, homme jeune vêtu de bleus délavés et rapiécés, était prudent de nature. Il ne tenait pas à s'embarrasser de terriens sujets au mal de mer. Un marin peut être aussi matois qu'un paysan. En ce dimanche après-midi, il nous invita donc à une excursion au large. Le soleil brillait, ce qui ne devait pas durer. La mer, sans être grosse, était formée. Toutes les conditions étaient donc réunies pour vérifier si nos estomacs de Carhaisiens étaient bien accrochés. Si le mien ne posait pas de problème puisqu'il avait résisté brillamment à la tempête des Glénan, il n'en était peut-être pas de même pour mon oncle.

Pour dédommager l'équipage formé du patron et de son matelot, il avait apporté deux litres de vin. Pendant que les trois hommes les éclusaient, Diane, la chienne, courait dans les rochers, lampant de l'eau de mer dans les anfractuosités. Et vogue la galère, une fois les gosiers bien rafraîchis, sauf le mien qui préfère encore la limonade au gros rouge. Notre cotre taille allègrement la vague, bien qu'il n'ait pas été conçu pour cela.

Sa coque de chêne solide aux flans arrondis n'est pas pontée. Elle comporte seulement un poste sur l'étrave accessible par une porte étroite. On peut y dormir inconfortablement à condition d'en extraire les bouts, les voiles, les agrès de pêche qui l'encombrent, sans oublier le fusil Mauser, prise de guerre, pour tirer sur les dauphins ! À l'arrière, le banc de navigation, formant coffre, était la place réservée au patron qui s'y tenait, la barre franche à la main, l'œil sur la mer et le gréement. Ce bateau était tout spécialement adapté à la pêche à la langouste et au homard. Un vivier coupait l'intérieur de cette coque en deux parties délimitées par autant de cloisons étanches sous la ligne de flottaison. Des ouvertures étroites avaient été pratiquées dans les œuvres vives entre les deux cloisons pour y permettre la libre circulation de l'eau de mer et y conserver les crustacés en vie. Cette particularité faisait de ce voilier de travail tout sauf un yacht de course. Gréé en cotre, il était mû par deux focs et une grand-voile quadrangulaire dont la bôme rasait les têtes de l'équipage aux virements de bord. Voilà pour notre nef, voyons maintenant comment se comportent les passagers.

Le patron nous observe du coin de l'œil, attendant l'apparition des symptômes de la maladie qui le dispenserait de notre présence à son bord. Fouetté par la brise, j'ai le teint rose et l'œil clair. Tonton paraît apprécier la balade. Seule la chienne ne semble pas être dans son assiette. Étendue au fond du bateau, tremblant de ses quatre pattes, elle se met à vomir, intoxiquée par l'eau de mer et le tangage. Pauvre bête ! Ce jour-là, j'apprends *de visu* ce que signifie l'expression *être malade comme un chien*.

Nous passons brillamment la première partie de l'examen. L'oncle et le neveu sont estampillés *bon pour l'embarquement*. Il nous reste toutefois une autre épreuve à passer, celle du courage ou de l'inconscience du danger. Revenus au mouillage, on nous explique que les mines terrestres pullulent sur les falaises et qu'il ne faut pas quitter les sentiers balisés. Il y en a aussi en mer. La semaine passée, ils auraient entendu une forte explosion. Au petit matin, ils auraient ramassé, sur la grève, les cadavres de l'équipage d'un bateau de pêche de Douarnenez qui aurait heurté une mine. Était-ce bien vrai ou un petit jeu où l'on s'amuse à faire peur au monde ? Cette triste histoire ne semble pas troubler tonton Ferdinand. Dans mon cas, elle ajouterait plutôt du piquant à l'aventure.

Le hasard nous a menés au cœur même de ce qui était encore, un an plus tôt, une petite portion de l'immense mur de l'Atlantique que Hitler avait tendu, de la Norvège aux Pyrénées, pour interdire tout débarquement sur le continent. Falaises et dunes sont minées. Les blockhaus ont poussé un peu partout avec les tranchées et les postes de tir, le tout cerné de barbelés ornés de pancartes menaçantes : *Verboten...* [Défense de...] et *Achtung minen* [Attention mines]. Sur l'estran, les Allemands ont aussi installé des pièges antinavires garnis d'explosif. Tout est encore en état ou presque. Le déminage est en cours, effectué par des prisonniers allemands. Ils sont actuellement au travail sur la falaise, au-delà de la plage. On ne les voit pas, mais on les entend. Les explosions qu'ils provoquent sonnent les heures de la journée. Les habitants du hameau circulent dans cet environnement hostile avec une désinvolture et une insouciance qui me surprennent. Ils fauchent le foin dans le champ voisin, entre les mines.

— Nous savons où elles sont. Nous les avons vu les poser !

* * *

Servi par une imagination en perpétuelle ébullition, je me glisse dans la peau d'un marin breton. Je vais jouer à pratiquer ce dur métier qui me fascine. Tous les jours, nous sommes en mer sans jamais sortir au grand large, hors de la baie de Douarnenez. Petit matin après petit matin, le même rituel se répète. Dans la grisaille du jour qui se lève sur la mer, nous descendons de notre bivouac juché sur la falaise, au bord de l'Aber, en empruntant le sentier abrupt au pied duquel bruisse la fontaine. Si, scrutant le ciel au coucher du soleil, le patron juge que le temps sera au beau le lendemain, il jette l'ancre à l'est de l'île. Le matin, nous rejoignons le voilier pansu à bord d'une minuscule plate qui prend l'eau par l'arcasse. Le matelot qui, debout, manie fermement la godille ne semble pas inquiété par ce détail. Moi, si !

Je ne crains ni l'eau ni la mer. Il y a toutefois une sortie de cet Aber qui m'a glacé les sangs dans la demi-obscurité du jour qui lève.

Vent debout, sans l'aide d'un moteur auxiliaire, il faut s'extirper de l'étroit chenal, entre île et grève, qui nous mène au large. Sous l'impulsion d'un unique foc, tirant bord sur bord, nous allons grignoter la distance. Les virements se succèdent, brutaux. Sur la gauche, je vois approcher les rochers à les frôler. Au moment où nous allons les heurter, un coup de barre nous expédie dans l'autre direction. Je vois alors venir vers nous l'autre rive, basse et sablonneuse. Elle paraît inoffensive à condition de faire abstraction des mines sous-marines qui s'y trouvent. Or moi j'y pense ! J'ai l'impression que nous n'en sortirons jamais. Zigzaguant d'un bord à l'autre, entre mines et écueils, nous finissons enfin par rejoindre les eaux libres. Serait-ce ce qu'on appelait, dans l'Antiquité, tomber de Charybde en Scylla ?

Ouf ! Et bravo pour le patron ! Les marins bretons n'ont pas volé leur réputation.

* * *

Les casiers à homards mouillés au large nous attendent, vides pour la plupart, car nous sommes en fin de saison. Assis dans un coin, enroulé dans ma pèlerine, je regarde la manœuvre. Une fois la bouée repérée, le matelot tire sur le filin et, à force de bras, il remonte le casier, cette trappe où pénètrent les homards attirés par la boëtte. L'un après l'autre, on les remonte. Les très rares crustacés capturés rejoignent leurs congénères dans le vivier.

Puis l'opération se refait en sens contraire. Le patron connaît les fonds, cette science empirique est transmise de père en fils, car il n'y a ni carte ni compas à bord. Alors que le bateau avance lentement, il surveille le rivage sur bâbord et sur tribord. Il repère les amers, telle maison devant telle autre maison d'un côté, un arbre et un rocher de l'autre, nous sommes au-dessus d'un fond rocheux. À son matelot qui tient le premier casier garni de boëtte en équilibre sur la lisse, le patron lance un « Mouille ! » suivi immédiatement d'un *plouf*. Tous les casiers retrouvent ainsi le fond de la baie. Cette manœuvre se répète pendant deux bonnes heures.

On ne rentre pas pour autant. Si le homard est rare, il reste le maquereau pour rentabiliser la journée de pêche. Je regarde les deux marins remonter les lignes qu'on traîne dans le sillage du bateau. Rien de plus simple. Sur un bas de ligne sont montés deux hameçons distants d'une dizaine de centimètres. On accroche, sur celui du haut, un filet de maquereau soigneusement levé de sorte qu'il recouvre l'hameçon du bas. La peau bleutée et luisante frétillant dans l'eau vaut toutes les cuillères et leurres métalliques inventés depuis. Il faut ensuite trouver un banc de poissons. Si un groupe de mouettes tourne sur un point donné, il y a de grandes chances qu'elles soient en pêche. Il suffit de s'y rendre. Comme nous ne sommes pas seuls en mer, plusieurs bateaux convergent vers le même endroit, souvent pour rien.

* * *

En cette fin d'après-midi, nous faisons route pour le mouillage, bredouilles jusqu'alors, quand, arrivés à la hauteur de l'îlot, les lignes toujours en main se tendent subitement. Les poissons après lesquels nous avions couru au large nous attendaient à l'entrée du port. L'équipage a tôt fait de remonter les lignes et quatre maquereaux frétillent à nos pieds. À peine les lignes sont-elles rejetées à l'eau qu'il faut les remonter. Ça mord, une vraie pêche miraculeuse ! Le patron, excité, a donné un coup de barre pour éviter l'entrée de l'Aber. Nous naviguons maintenant le long de la grève, à la toucher. Pris par la pêche, notre pilote a grimpé sur le banc de navigation, tournant le dos à la marche du voilier. Il a coincé la barre franche entre ses mollets et répète inlassablement les mêmes gestes. Il lance, ferre, ramène, décroche, boëtte, relance sans regarder où il va, jetant ses prises au fond du bateau où elles agonisent en se débattant.

L'inquiétude me gagne. Je sais que nous naviguons au ras des obstacles piégés, invisibles sous l'eau. Si nous continuons ainsi à nous rapprocher insensiblement de la plage, menés par un aveugle, nous risquons peut-être de frapper une mine et de sauter dans une énorme explosion. Je me tais, cachant mes craintes, pourtant de plus en plus vives. Rendus au bout de la grève, nous sommes encore vivants. À mon grand soulagement, le poisson cesse de donner. Un coup de barre nous renvoie vers le large.

Nos pêcheurs ont presque fini leur journée. Il leur reste à vendre leurs prises du jour, de porte en porte, au village voisin, le panier au bras. La vie de marin-pêcheur est une vie de misère.

* * *

Un conseil d'ami : si un jour, bien improbable, vous allez pêcher le homard ou le maquereau entre Douarnenez et Tal-Ar-Groas, ne déposez pas le panier d'osier contenant le repas de midi, fût-il recouvert d'un blanc torchon, sur la plage avant auprès du beaupré. En tossant la lame, les embruns peuvent le noyer. Croyez-en mon expérience, les sandwiches détrempés à l'eau de mer, même bretonne, ne valent pas le détour.

* * *

O mam santez Anna
[Ô mère sainte Anne]
O mam itron Varia
[Ô mère de madame Marie]
– Cantique traditionnel

De notre bivouac du bord de l'Aber à la chapelle de Sainte-Anne-la-Palud, il n'y a qu'un pas. Le village de Locronan n'est guère plus éloigné. À la chapelle perdue dans les dunes ainsi qu'autour du village de Locronan, à l'ermitage de Ronan, deux pardons sont célébrés par toutes les paroisses du *bro glazik*, le pays bleu. Si celui de Sainte-Anne est annuel, l'autre, en l'honneur de saint Ronan, la grande *Troménie* (tour de la montagne), se déroule tous les sept ans. Pour rien au monde nous n'aurions manqué le pardon de Sainte-Anne dont la renommée s'étendait jusqu'à Carhaix en raison de sa somptuosité campagnarde. Dans aucune autre célébration de ce type, à travers toute la Bretagne, on ne pouvait admirer de plus beaux costumes, de plus belles coiffes, de plus riches croix de procession ou de bannières multicolores portées à force de bras par de robustes paysans vêtus de leur *chupen*, veste de drap bleu, couleur qui se traduit par *glaz* en breton. D'où le nom *glazik* [bleuet] de ce *bro* [pays].

Cette procession se déroulait au travers des dunes, dans un vent de mer au parfum iodé. Cet été-là, nous étions, si l'on peut dire, les seuls touristes présents à ce grand spectacle de l'antique Bretagne, encore elle-même, où les vieux usages ne s'étaient pas encore transmutés en folklore.

Histoire de pantalon

— *Rer er maez pe rer e-barz ?* [Derrière dehors ou derrière dedans ?]

Maman tenait de son grand-père cette amusante expression. C'était la question que posait, paraît-il, *ar kemener* [le tailleur] à son client qui commandait un pantalon neuf. Il en existait deux modèles : le moderne pantalon, ou *derrière dedans*, et les anciennes braies, vaste culotte bouffante, dont la ceinture arrivait plus bas que les hanches, au ras des fesses, le *bragou bras* [grand pantalon], ou *derrière dehors*.

Cet élément essentiel du costume breton, tel qu'on le voit, figé pour l'éternité sur les faïences de Quimper, était pratiquement disparu. Il n'était plus porté que par quelques vieillards du bourg de Locronan. Durant le jour, ils s'asseyaient sur les bancs de pierre du porche de l'église, s'offrant volontiers à la curiosité des visiteurs qui faisaient le détour pour voir ces Bretons au vaste pantalon et aux longs cheveux blancs, derniers représentants d'une espèce en voie de disparition. J'en avais souvent entendu parler, sans jamais les voir. Dans la procession de Sainte-Anne s'étirant au son de cantiques dont je connaissais tous les airs sans en savoir pour autant toutes les paroles, je vis passer, pour mon plus grand bonheur, les vieux de Locronan en *bragou bras*, traînant leurs sabots à la suite des bannières de leur célèbre paroisse. Inoubliable tableau...

* * *

C'est sur cette image que ma courte expérience de marin-pêcheur va prendre fin. Et avec elle tous les rêves qui ont bercé mon enfance et mon adolescence. La Providence a décidé qu'il me serait impossible de faire carrière sur les océans. J'ai, d'une part, un handicap majeur par mon peu de talent pour les mathématiques. J'en suis conscient. Je suis, d'autre part, coincé, englué dans un projet de vie dont je n'entrevois pas qu'il puisse être autre à ce moment-là. Oui, adieu à la mer, adieu aux rêves.

VIVE LA MARIÉE

Babette avait donc fait la connaissance de Louis à la fin de l'année précédente. Les choses allèrent vite puisque les fiançailles furent célébrées le 1ᵉʳ mai suivant. Je n'y assistai pas, hélas ! retenu à Saint-Fidèle par la rigueur des *bons* pères. Fort heureusement, le mariage qui s'ensuivit eut lieu pendant les grandes vacances. Babette et Louis unirent leur destinée *pour le meilleur et pour le pire*, selon les termes de l'époque, le dernier jour de juillet de cette année 1945.

Un événement familial de cette importance s'incruste dans la boîte aux souvenirs, laquelle renferme des quantités de fiches. Avec le temps qui passe, ces cartons se mélangent et on n'arrive plus à les remettre en ordre. C'est ainsi que j'en étais venu à m'imaginer que la noce de ma grande sœur s'était déroulée un an plus tard. La vérité historique, celle des dates tout au moins, étant rétablie, on peut gloser sur les raisons qui déterminent le choix d'un jour plutôt qu'un autre.

Dans ce cas, notre mère avait décidé que se marier en août porte malheur, pour une raison sûrement excellente, mais que j'ai oubliée. Tout comme j'ai oublié bien des détails de cette journée où la famille au grand complet se trouvait de nouveau réunie. Le bonheur était de mise. Maman était entourée de ses cinq enfants. Ses deux fils aînés étaient de retour de la guerre, sains et saufs. Les deux plus jeunes ne lui causaient pas encore de soucis. Enfin, elle mariait sa grande fille avec un jeune homme sérieux et de bonne famille. Elle l'avait *casée*.

Que ma mémoire fasse défaut mérite une explication. La cérémonie religieuse s'était déroulée en fin de matinée à l'église Saint-Trémeur. Le repas de noce était prévu à l'Hôtel de France dont le propriétaire, monsieur Cyrille, devenait en ce jour l'oncle par alliance de Babette.

Entre la sortie de l'église et le début du repas, une pause assez longue était prévue pour la séance de photos-souvenirs au studio

Le Maigre. Je profitai de cet intermède pour passer à la maison. Tonton René s'y trouvait. C'était l'heure de l'apéritif, bien inutile dans mon cas, car mon estomac criait famine. Une des blagues favorites de mon oncle était de pousser ses neveux à la consommation. Personne ne m'avait mis en garde, malheureusement. Je vidai donc un premier verre de Pernod, suivi d'un second. Puis, si je ne m'abuse, d'un troisième. L'effet fut dévastateur. Certes, je tenais encore debout, mais une fois passé à table, mort de faim, j'abusai des hors-d'œuvre que j'aidais à descendre avec du vin blanc, suivi par le rouge qui accompagnait les rôts, puis le champagne du dessert. Je passai donc, sans m'en rendre compte, de l'euphorie du début à une certaine perte de contrôle vacillante pour, en fin de journée, me sentir envahi par la nausée avec ce qu'elle comporte d'effets secondaires. Bref, je fus malade, ce qui s'appelle malade, pour la première, et avant-dernière, fois de ma vie. Voilà pourquoi il y a ce trou noir dans la constellation de mes souvenirs.

Quel été !

Quel été que ce premier été de la paix revenue : deux semaines sur les bords de l'Orne puis trois à naviguer sur les flots de la baie de Douarnenez qui recouvrent les ruines de la légendaire ville d'Ys et le mariage de ma grande sœur. Pris dans ce tourbillon, j'avais négligé un détail.

Pour la première fois, on nous avait intimé l'ordre de faire des devoirs de vacances. J'avais jugé cette mesure bête, ridicule et vexatoire. Je l'aurais même qualifiée de sadique si j'avais connu le sens de ce mot. Je me suis donc dispensé de ce pensum. Il était en effet difficile de faire un thème latin sous une tente, ou une version grecque en pleine mer. N'ayant pas la conscience tranquille, je jugeais que je ne pourrais avancer cela comme raison si, par hasard, on me cherchait des poux. J'en fabriquai donc une meilleure en m'occupant activement des jeunes du patronage de la paroisse de Plouguer pendant le reste de mes vacances. Muni de ce paratonnerre, je rejoignais Angers pour une cinquième année consécutive, fort de mes 17 ans tout neufs.

La terminale

DEPUIS six ans, je grimpe, un à un, les degrés du secondaire. D'une année à l'autre, le temps s'est déroulé lentement, très lentement. Il me semblait que je n'arriverais à cette étape finale qu'au bout d'une éternité. J'y étais pourtant rendu, quelque peu fier d'être un ancien, toisant les jeunets qui en étaient encore à *rosa-la rose*. Il est vrai qu'il en était d'autres qui faisaient plus sérieux que moi : les vocations tardives. C'était des hommes jeunes dont certains avaient fait la guerre. L'un d'eux, un Alsacien, pouvait nous raconter, soldat-malgré-lui, ses deux hivers sur le front russe sous l'uniforme allemand.

Deux *vieux* deviennent de nouveaux camarades qui s'ajoutent aux Corentin, François, Jean et les autres. Yves le Jollec, notre cocher d'occasion à Pleyben, et condisciple de mon frère Raoul à la Joliverie à Nantes. L'autre, Jean Mahé, me fascine. Grand, avec une blonde crinière ondulée, il trimballe sa grande carcasse, le geste large, avec l'aide de ses bras qui évoquent les ailes d'un moulin ou les avirons des doris de son pays natal, Saint-Lunaire. Jean dégage l'énergie et la bonne humeur. Je l'ai classé naturellement dans la catégorie des *Intelligents*. C'est ainsi que naît, fusion des sympathies, une amitié durable qui résistera à des décennies de séparation au-delà d'un océan, l'Atlantique.

RETROUVAILLES

Je retrouve, en cette année cruciale, l'épouvantail de ma cinquième : le père Louis-Antoine. Dans ma caboche, je lui en veux encore pour son « Mangez ce qu'il y a dans votre assiette ! », mon haussement d'épaules et tout ce qui s'en était suivi. Comme il ne m'était pas sympathique, j'en avais déduit que c'était réciproque. L'Arménien m'attend au coin du bois, ça va être ma fête ! Ce le fut, du moins de mon point de vue, car je lui prêtais des mauvaises intentions qu'il n'avait pas. Je ne m'en rendrai compte qu'un demi-siècle plus tard en compulsant ses annotations dans mon livret scolaire. Pour être aussi élogieux à mon égard, il fallait qu'il ait trouvé quelque mérite au jeune homme revêche que j'étais devenu.

Ce que je prenais pour des brimades était peut-être un certain hommage à mes capacités littéraires. Les séances répétées d'*aperto libro* qu'il m'imposait constituaient un moyen de faire la leçon à mes camarades qui m'en voulaient sans doute pour la facilité avec laquelle je transformais du grec ancien en du français moderne. Il reconnaissait aussi, sans me le dire, naturellement, ma facilité d'écriture, allant jusqu'à m'inscrire à un concours littéraire à l'Université catholique d'Angers pour représenter notre collège. Mon orgueil en prit un coup : il y avait de meilleures plumes que la mienne parmi les concurrents et je ne gagnai aucune médaille.

Neuf mois de travail intense m'attendent avec, au bout, l'épreuve du baccalauréat. Tous les matins, pendant les deux heures de cours, je fais face à Louis-Antoine. Je le regarde et le scrute avec un œil malveillant. Son profil, de la calvitie à la barbe de capucin, sans oublier son majestueux appendice nasal moyen-oriental, est des plus faciles à caricaturer. Je ne m'en prive pas, griffonnant son portrait en marge de mes cahiers de brouillon.

Joyeux Noël ! Tu parles, Charles !

Le premier trimestre passe sans encombre. Noël arrive avec les examens trimestriels suivis des vacances en prime. J'aspire à cette pause car, une fois de plus, je ressens les symptômes familiers de la fatigue-paresse.

Ce sera pour une autre fois. Une tuile va me tomber sur la tête. Après une rapide enquête, j'avais noté que la troupe des élèves ne comptait que deux mauvaises têtes qui s'étaient autodispensées des devoirs de vacances : la mienne et celle de Jean Le Guyader, mon vieux camarade de la bande des Corentin, Jean (c'est lui), François et les autres. Or donc, la traditionnelle lecture des notes faisant suite aux examens trimestriels se déroule deux ou trois jours avant Noël. J'écoute la séance plus ou moins distraitement, rêvant déjà au plaisir de retrouver bientôt ma mère et, surtout, au bonheur de passer une dizaine de jours de farniente. La cérémonie touche à sa fin lorsque le père Louis-Joseph aborde, sujet imprévu, la question des devoirs de vacances. Je dresse l'oreille, gagné par l'inquiétude. La sentence tombe.

— Il y a parmi vous deux élèves qui n'ont pas remis leurs travaux : Gaston Lebarbé et…

J'en prends pour mon grade ! Je n'en reviens pas quand je me vois condamné à un jour de retenue avant le départ en vacances.

Au lieu de quitter le collège le 26 comme tous mes camarades, je ne serai libéré que le 27 et, pour éviter que je m'ennuie en attendant ma libération, on m'impose un interminable thème grec.

La suite me frappe droit au cœur :

— Quant à Jean Le Guyader, le second fautif, en raison de circonstances qui l'en ont empêché, il ne sera pas sanctionné.

Mon sang ne fait qu'un tour. Quelle injustice ! Deux poids, deux mesures, c'est inadmissible ! Je réussis à contrôler ma colère pour ne pas aggraver mon cas. Cela ne m'empêche pas de faire valoir mon point de vue au père directeur, dans la discrétion de son bureau. Démarche inutile qui ne fait qu'augmenter mon dépit. Il n'y aura pas d'amnistie cette fois-ci.

Il ne me reste plus qu'à prévenir Maman de mon retard et lui faire part de mon sentiment d'être victime d'une injustice. Je ponds une lettre, une des meilleures de ma jeune carrière d'épistolier, ornée de caricatures de mon cru, selon mon habitude. Je lui annonce que les vacances sont en accordéon (dessin d'un accordéon en marge) ; que j'en ai assez, vivement la quille (déclaration ornée d'une belle grosse quille) ; que les capucins ont inventé un nouveau moyen de voyager (assertion ornée d'un moine me bottant les fesses et me propulsant dans les airs, ma valise à la main). Tout cela se voulait humoristique pour masquer mon dépit de m'être laissé prendre en défaut, victime de ma paresse.

Hélas ! j'avais oublié que notre courrier, remis non cacheté, était l'objet d'une censure qui n'avait pas, elle, le sens de l'humour. Le corps professoral réuni en tribunal prit connaissance de ma missive et en fut scandalisé. On débattit de mon cas. Fallait-il ou non renvoyer ce mauvais sujet qui, au vu de son indiscipline et de son mauvais esprit, était de la mauvaise graine de moine ? Il faut dire que j'avais auparavant commis de menues entorses, bien bénignes à mes yeux, aux règles de bonne conduite de la maison. J'avais, de plus, pris le mauvais pli de faire savoir haut et fort, Marie-Gérard et Louis-Antoine devaient s'en souvenir, mon opinion sur les gens et les choses, en général sous forme de plaisanterie. Ces petits plaisirs de la vie, on peut se les permettre à condition d'être prêt à en payer les conséquences. Ce que j'ignorais alors...

Mon avenir faillit se décider en ce Noël 1945. Je pris le train avec une journée de retard sans qu'on m'annonce que mon retour n'était pas souhaité. Le boulet avait sifflé à mes oreilles et son vent avait décoiffé ma belle chevelure. Désormais on m'aurait à l'œil. Le travail reprit, car il ne restait que cinq mois avant le bac et seulement neuf avant que je ne rejoigne le noviciat pour y revêtir la bure.

ADIEU L'INSOUCIANCE, BONJOUR LE DOUTE

Serait-ce la conséquence de mon incartade, en cet hiver humide des bords de la Maine, le doute germa dans mon esprit. L'ennui me gagnait. Toutes ces prières, ces interminables stations à la chapelle, ces rosaires, ces chemins de croix, ces sermons, ces homélies, me paraissaient longs et fastidieux. Je découvrais, avec mauvaise conscience, que je n'étais pas pieux, au contraire de mes camarades qui allaient la tête penchée, remplie de saintes réflexions. Je ne me posais pas de questions sur ma vocation, du moins pas encore. J'envisageais avec une certaine inquiétude la vie qui m'attendait, faite de méditations, de longues psalmodies, de jour comme de nuit. Comment pourrais-je supporter cela, moi dont l'imagination part à la dérive, loin de Dieu et de ses mystères, au bout de deux minutes ? L'idée de me promener vêtu d'une bure, les pieds nus dans des sandales, le crâne tondu, ne m'enchantait pas outre mesure. Il serait tellement plus simple de s'habiller comme tout le monde. J'étais en avance sur les réformes du concile Vatican II.

Ces pensées me traversaient l'esprit avec d'autres aussi peu conformistes. Je les chassais, fidèle à l'endoctrinement que j'avais subi. Je revenais bien vite aux devoirs de ma vocation. Pourtant, lentement mais sûrement, le doute s'instillait en moi. J'ai le devoir d'être prêtre, du moins je le crois, mais au fond de mon inconscient une petite voix, celle du diable, me susurre que je n'en ai pas envie. Une autre voix, celle de mon bon ange, me dit que je n'ai pas le choix : je dois persévérer.

Une seule activité cléricale trouvait grâce à mes yeux dans cet avenir tout tracé : les sermons, les prêches et les homélies. Je me voyais déjà monter les quelques marches qui mènent à la chaire. Puis, rendu là-haut, dominant tous ces visages tendus vers moi, le prédicateur, je tracerais un large signe de croix, suivi d'un solennel : « Mes biens chers frères ». J'enchaînerais avec une citation extraite des Saints Évangiles dans le style de Bossuet, l'Aigle de Meaux, « *Vanitas vanitatum et omnia vanitas* », ou quelque chose d'autre. Oui, je me voyais fort bien dans ce rôle. J'aimais déjà discourir et surtout, je portais une admiration sans borne pour le discours classique, construit comme une fugue de Jean-Sébastien Bach, avec ses phrases interminables qui débutent par une proposition principale suivie d'une kyrielle de propositions relatives, en *qui* et en *que*, s'enchaînant comme par magie. J'aurais tenu mon auditoire en haleine, déversant sur lui la Bonne Parole, non à la plus grande gloire de Dieu [*ad majorem Dei gloriam*] ou pour la conversion des pêcheurs, mais bien plutôt pour satisfaire ma modestie. J'entendais déjà des « Ah ! comme il parle bien, le père Gaston ! » murmurés par des cohortes de pieuses dames d'âge canonique. J'ignorais à l'époque qu'on pouvait discourir ailleurs que dans les églises. La vie me le fera découvrir.

Catastrophes

PRINTEMPS 1946 – Comment parler de catastrophes alors que Babette attend la venue de son premier-né ? Lorsque j'ai appris la nouvelle, j'ai été aussi enthousiasmé qu'à l'annonce de ses fiançailles. Moi qui suis un éternel neveu depuis que je suis au monde, je vais passer au cran supérieur, celui d'oncle ou de tonton, réservé aux adultes. Je deviendrai ainsi un homme, même si je suis encore parfaitement imberbe.

Babette file le parfait bonheur avec son Louis, à Vannes, bien loin de Carhaix. C'est le travail de mon beau-frère qui leur a imposé de se fixer dans cette pittoresque cité bretonne en partie moyenâgeuse, avec ses vieilles demeures aux pans de bois et ses remparts. La crise du logement est à son paroxysme en ce lendemain de guerre qui a accumulé les ruines. Ils n'ont rien trouvé de mieux pour se loger qu'une de ces antiques maisons à encorbellement, plus ou moins de guingois, qui entourent la cathédrale. Pittoresques, vues de l'extérieur, elles se transforment en taudis dès qu'on en franchit la porte. C'est ce que je découvre à la fin des vacances de Pâques, lors de mon retour à Saint-Fidèle.

Les difficultés de ravitaillement persistent encore. Maman, soucieuse de la santé de sa fille enceinte, me charge de lui laisser en passant un colis de victuailles. C'est ainsi que je fais connaissance avec leur petit nid d'amoureux. Ils habitent une pièce sombre et unique à l'étage. L'escalier branlant qu'on emprunte pour y monter a perdu quelques marches :

— Attention où tu poses le pied, Gaston !

On pourrait se croire quelques siècles en arrière. Mais la joie et la bonne humeur y règnent en maîtresses à défaut d'un minimum de confort. Ils en sont réduits à préparer leurs repas sur un réchaud à pétrole à un seul feu, posé sur le coin d'un meuble.

Le plaisir de voir Babette et son ventre arrondi, ainsi que le futur papa, me voile la précarité de leur installation, tout en atténuant le coup de cafard que je ressens comme toujours quand je rentre au collège. Il me reste deux mois de bachotage avant le redoutable baccalauréat.

* * *

En cette soirée de début mai, je suis plongé dans mes cahiers et mes bouquins quand on me fait savoir que je suis mandé au bureau du père directeur. Je traverse la cour, intrigué et inquiet à la fois, bien que je me sois tenu à carreau ces derniers temps. Le père Louis-Joseph me reçoit, l'air grave. Il tient un feuillet à la main qui ressemble à un télégramme.

— Mon pauvre Gaston, voici un télégramme de votre mère. Il vient d'arriver un malheur. Votre beau-frère Louis Le Coënt a été victime d'un très grave accident. Il est mourant. À la demande de votre maman, je vous autorise à rejoindre votre famille sans tarder...

Le ciel me tombe sur la tête. Je l'ai vu il y a une huitaine de jours. Que s'est-il passé ? Va-t-il vraiment mourir ? Toutes ces lugubres questions me hantent pendant ce nième trajet Angers-Carhaix. Je brûle d'arriver.

J'y suis enfin. Je grimpe quatre à quatre l'escalier qui mène au second, à l'appartement des Le Coënt. La porte qui donne sur le palier est ouverte. J'ai peine à la franchir, car le couloir est plein de monde. On ne fait pas attention à moi, ni moi à eux. La porte de la chambre est ouverte. Par l'entrebâillement, je devine le lit sur lequel Louis repose. Des cierges à la flamme tremblotante éclairent les visages pâlis des personnes qui entourent l'agonisant. Je ne peux voir qui est là : Maman, sa mère, son père peut-être, le docteur ou le prêtre ? Non, je ne distingue pas bien. Ma mémoire se bloque. Je ne suis présent que depuis une dizaine de minutes, bouleversé, ne bougeant pas de ma place dans le couloir, lorsqu'une voix assourdie me parvient :

— C'est fini !

Ma tête est encore pleine, comme si ce drame venait de se produire la veille, des rites funéraires qui entourèrent la mort de Louis.

L'enfant de chœur fit le tour de la ville pour psalmodier la triste annonce.

— Priez Dieu pour le repos de l'âme de Louis Le Coënt, décédé aujourd'hui à l'âge de 24 ans…

Je ne pus échapper à la mise en bière. De voir le menuisier déposer le couvercle sur le cercueil et serrer soigneusement, l'une après l'autre, les vis qui l'assujettissaient pour l'éternité me perça le cœur, alors que ma pauvre sœur versait des torrents de larmes sur son bonheur envolé.

Nous étions tous effondrés par cette catastrophe. Il nous restait l'espérance de la venue d'un enfant qui serait le souvenir vivant de son père mort des graves brûlures infligées par *le réchaud à pétrole posé sur le coin d'un meuble* qui lui explosa dans les mains alors qu'il le remplissait.

Hélas ! un autre malheur attendait Babette. L'enfant, une petite fille, sera mort-née. Il était écrit que je ne serais pas encore un tonton Gaston.

Le bachot

Doublement morose, je regagnai Saint-Fidèle pour le dernier droit de la course de fond qui me mènerait au bachot. Le reste du trimestre, semaine après semaine, jour après jour, sera consacré à la révision du programme. Il me faut revoir les différentes matières sur lesquelles je serai questionné à l'oral. L'écrit composé de trois versions : latin, grec et anglais, plus une dissertation, ne nécessite pas de préparation spéciale. Il n'en est pas de même pour le reste. Il faut tout savoir de l'histoire de France, couvrant la Révolution, l'Empire et la Restauration, tumultueuse et complexe s'il en est, avec ses guerres, ses coalitions, ses constitutions. Il faut aussi, en plus de l'Hexagone, tout connaître sur les innombrables colonies qui composent l'empire français, de l'Algérie à l'Indochine, en passant par l'AEF, l'AOF, Madagascar, j'en passe, et surtout : Karikal, Yanaon, Mahé, Chandernagor et Pondichéry, les cinq comptoirs des Indes, si exotiques. (Applaudissez, au passage, l'artiste qui est encore capable de les citer de mémoire !) À ces matières et quelques autres qui me plaisent, s'ajoutent celles qui, elles, me déplaisent. On les connaît. Il nous est permis de travailler ailleurs qu'à l'étude. J'en profite pour m'asseoir dans un coin ombragé du jardin, seul avec mes manuels et savourer cette solitude si rare.

Arrive enfin le jour et l'heure où l'on jugera de l'état de mes connaissances. Pour des raisons que j'ignore, la direction a décidé que nous ne passerions pas les examens à Angers. La session de l'écrit se déroulera pour moi, je devrais dire pour nous, car Jean Le Guyader m'accompagnera à Guingamp. L'oral se déroulera à Rennes. Pourquoi dans cette ville ? Le mystère persiste.

L'écrit ne m'inquiétait pas avec ses trois versions et sa dissertation. Il en fallait plus pour m'empêcher de dormir. Il n'en était pas de même pour l'oral, avec les maths et autres sciences dites exactes. Glissons, mais n'insistons pas. Admissible à l'écrit avec une moyenne honorable, je franchis l'oral en sautant l'obstacle comme un mauvais cheval, en le tutoyant au passage. Je ne figurerai pas dans les annales du collège parmi les brillants bacheliers auréolés de mention *Bien* et, encore moins, *Très bien*.

Aurait pu faire mieux ! Tiens, on a oublié de me le dire...

LE TEMPS DES SOUCIS

Maman, les jours de spleen, nous entretenait de ses soucis. Mon tour était venu de faire connaissance avec ces fameux soucis dont ma désinvolture m'avait préservé jusqu'alors. Mes dernières grandes vacances de collégien en seront gâchées. Pendant ces deux courts mois de l'été 1946, je serai moniteur au patronage de la paroisse de Plouguer. Son recteur, qui avait succédé à l'hilarant monsieur Le Treut, était l'aumônier de notre troupe scoute. J'appréciais ses qualités et son dévouement. J'allais servir sa messe matinale. À la veille d'entrer au couvent, je me sentais l'obligation de faire preuve de marques extérieures de piété à l'intention de mon entourage. Je le faisais par devoir et non par inclination. Plus je pensais à mon départ prochain de la maison qui serait définitif, plus se confirmait dans mon esprit l'impression et bientôt la certitude que j'y allais à contrecœur.

Je ne m'en ouvrais à personne. Pourtant, Raoul le taciturne, mon frère aîné, avait percé mon secret. Fidèle à son personnage, il avait tourné et retourné la question avant de s'en ouvrir à moi, soudainement, et dans un endroit insolite, le Champ-de-Bataille :

— N'y va pas si tu n'en as pas envie !

Notre échange n'alla pas plus loin. Il venait de me confirmer dans mes doutes et mes inquiétudes.

Ma décision était prise. Je ne serais ni prêtre ni frère mineur capucin. Je n'étais pas fait pour cela. Je ferais autre chose dans ma vie. Quoi ? Je n'en étais pas là pour l'instant. Il fallait, avant tout, couper le cordon ombilical avec ce qui avait été mon destin annoncé depuis huit ans. Mais, comment m'y prendre ? Nul ne se doute encore de ma décision.

L'annoncer à ma pauvre mère sera rajouter à ses soucis qui ne sont pas virtuels. Elle, qui me pensait casé, devra de nouveau me prendre à sa charge. Il y a aussi ces liens d'amitié, de fraternité, que j'ai tissés avec mes camarades du petit séminaire. Depuis des années, nous respirons le même air, mangeons la même pâtée, suivons le même dressage, sans qu'il n'y ait jamais eu la moindre faille dans la bonne entente qui règne entre Corentin, François, Jean et les autres. Je serai le premier à dire non à notre avenir commun. Que vont-ils en penser ? Je tourne et retourne le problème pour en arriver à une cotte aussi mal taillée que celle de 1939.

Qu'on s'en souvienne : j'avais décidé d'être capucin pour, en définitive, après un long détour, être marin. Aujourd'hui, je choisis de quitter les capucins, mais, pour le moment, je n'en parle à personne. Je vais d'abord rejoindre mes camarades dans le but de les rencontrer une dernière fois. Au bout de quelques jours, et un bref détour, je rendrai ma bure. Il sera alors temps d'apprendre à Maman ce qui sera, pour elle, une mauvaise nouvelle.

C'est ainsi que, fort de mes dix-huit ans tout frais, je me retrouve dans l'express Brest-Paris, en direction du Mans, dont je ne connais, pour l'instant, que la gare bien souvent traversée, lors de mes allées et venues entre Carhaix et Angers. Debout dans le couloir du wagon, je regarde défiler un paysage familier, fumant cigarette sur cigarette, extraites de l'ultime paquet de Gauloises bleues qu'il me faut vider avant de franchir la porte du noviciat des Capucins que m'ouvrira le frère Julien, le portier du couvent.

Bure et tonsure – Le piège

C'E n'est pas une porte qui se referme derrière moi, une fois franchi le seuil, mais bien plutôt les mâchoires d'un piège qui claquent. Je suis pris, coincé, englué, le tout à mon insu, mais aussi de mon plein gré.

J'ai retrouvé mes camarades, heureux d'être là. J'ai rejoint un monde qui m'est familier. Le père maître des novices n'est nul autre que le père Odon qui fut mon professeur de cinquième et que j'ai côtoyé quotidiennement depuis lors.

Huit jours après notre arrivée, se déroule la cérémonie de la prise d'habit. La tradition veut qu'on y invite les familles. Maman et Babette seront là. Il est trop tard maintenant pour que je réalise le plan que j'avais mis au point. Je ne peux pas, décemment, déclarer qu'elles se sont déplacées inutilement et que je rentre avec elles à la maison. À vrai dire, je n'y pense même plus, car je n'ai plus le temps de penser.

Je me retrouve revêtu de la brune bure, ceint d'une corde à laquelle est accroché un grand chapelet aux gros grains de buis. Je vais désormais nu-pieds dans des sandales frustres, aux semelles inusables taillées dans des pneus d'automobile de rebut. Il me manque l'attribut pileux obligatoire, la *venerabilis barba capucinorum*. À 18 ans, je suis pratiquement imberbe. Seuls quelques poils follets et blonds ornent mes joues et mon menton.

Un détail, qui n'en est pas un, me déplait et me gêne. Les nouveaux que nous sommes ne sont pas habillés de neuf. On ne le sera que le jour de nos premiers vœux qui assurent la communauté que nous sommes là pour y rester. Je dois donc, malgré ma répugnance, porter, jour et nuit, une vieille bure usée à la corde par des générations de moinillons.

Tout en changeant de vêture, j'aurais dû changer de nom. Mon prénom usuel étant libre, je m'appellerai désormais, officiellement, *honoré frère Gaston de Carhaix, OFM cap.* (Ordre des frères mineurs capucins). Le nom du lieu de naissance permet de distinguer entre eux les religieux qui utilisent, successivement, le même saint patron, mais ajoute aussi un cachet aristocratique bien déplacé pour un ordre religieux orgueilleux de son humilité. Je ne changerai l'*honoré frère* en *révérend père* qu'après mon ordination sacerdotale, si je me rends jusque-là.

On m'a attribué une cellule, chambrette éclairée parcimonieusement par une petite fenêtre carrée, dotée d'un volet de bois intérieur. Le mot *cellule* est aussi utilisé en milieu carcéral. Curieusement, ce n'est qu'aujourd'hui que je fais le rapport entre ces deux milieux fermés : la prison et le cloître... en raison de cet espace mesuré entre quatre murs qui sera mon seul lieu de solitude. Une petite table de travail et une chaise le meublent avec une paillasse déposée sur trois planches reposant sur deux tréteaux.

* * *

Je découvre une vie au quotidien immuable depuis des siècles. Élevé à la dure, je vais m'en accommoder malgré son inconfort.

La décrire dans ses détails exigerait un livre dont je ne serai pas l'auteur. Du réveil, au son de la *traclette,* jusqu'au coucher, notre emploi du temps est conçu pour nous occuper l'esprit et nous endoctriner. La formule a été mise au point par la sagesse séculaire des ordres religieux, depuis saint Benoît et les Bénédictins, en passant par saint Dominique et les Dominicains, saint François et les Franciscains, sans oublier tous les autres. Je ne suis pas le premier ni le dernier à succomber à l'appel du Seigneur, aux arguments et aux arguties de ses serviteurs, hommes convaincus, intègres et dévoués.

En peu de temps, j'ai donc oublié, ou plutôt refoulé dans un coin de mon inconscient, mon projet de m'évader de ma prétendue vocation. Les semaines et les mois qui passent effacent finalement toutes mes velléités. Je ne suis pourtant ni heureux ni à l'aise. Ces heures interminables dans le silence glacial de la chapelle distillent l'ennui. Les pieuses lectures et autres conférences qui ne traitent que de religion me paraissent sans intérêt.

Le printemps est arrivé quand une bombe éclate. Jean Mahé, mon condisciple favori, m'annonce qu'il « retourne dans le monde ». Entre-temps, je suis devenu le coiffeur attitré de notre communauté. En trois coups de ciseaux et deux coups de tondeuse, je rafraîchis une couronne pour la remettre à l'ordonnance. Comme Jean retourne à la vie civile, je suis requis pour atténuer l'aspect monacal de sa coiffure et la transformer en une coupe normale. Je me vois encore, travaillant du ciseau, dans sa blonde tignasse, et répétant, l'air songeur :

— Ainsi vous partez… Vous partez…

Lorsque nous nous retrouverons, des décennies plus tard, nous remémorant cette scène, Jean me confiera :

— En t'entendant, je me disais que tu suivrais mon exemple.

Je n'étais pas encore rendu là. L'année de noviciat va s'étirer lentement. Je m'évade de l'atmosphère d'enfermement du cloître par l'imagination et en jetant des regards furtifs sur la vie à l'extérieur de la clôture.

À la messe du matin, je regarde du coin de l'œil les quelques saintes femmes qui assistent à l'office. La plupart ont un âge canonique. Si l'une d'elles ne l'a pas, j'apprécie, non pas en connaisseur, Dieu m'en garde, mais en admirateur des œuvres du Créateur, me replongeant bien vite dans mon bréviaire pour mettre fin à ces coupables distractions. Par-dessus le mur de la clôture, j'ai aussi la vue sur les maisons qui entourent le couvent. Je ne suis pas voyeur, mais j'apprécie le minois d'une jeune voisine qui ouvre ses volets dans la fraîcheur du matin et le gazouillis des oiseaux. On peut être moinillon, voué au célibat pour les siècles des siècles, tout en demeurant sensible aux charmes des filles d'Ève.

L'année de noviciat s'achève. Le piège a si bien fonctionné que je ne me pose plus de questions. Le système m'a anesthésié ! Trouvé *bon pour le service*, je suis admis à prononcer mes premiers vœux, ceux qui feront de moi un capucin à part entière.

Thomisme, tarabat et traclette

PENDANT l'année qui s'achève, nous, les novices, avons vécu en marge du reste de la communauté, sauf pour les interminables exercices religieux et les repas. Cette ségrégation prend fin avec les vœux. Les ordres religieux, toujours forts de leur expérience séculaire, exercent un tri parmi leurs postulants. Un novice qui déplaît peut être renvoyé sans autre forme de procès. En contre-partie, le futur moine peut reprendre sa liberté. Avant de prendre un engagement, en théorie définitif, le postulant est invité à signer un contrat temporaire de trois ans, ou jusqu'à l'appel pour le service militaire. On pardonnera ces technicités cléricales qui éclaireront la suite du récit.

Après une longue, silencieuse (et ennuyeuse) retraite fermée d'une semaine, arrive le jour solennel des vœux où les familles sont conviées. Je n'ai pas vu ma mère depuis douze mois. Je viens d'avoir 19 ans, il serait temps, à propos, que je laisse de côté l'enfantin *Maman*. Je suis ravi de revoir ma mère, de l'embrasser, elle et ceux qui l'accompagnent. Elle est au comble du bonheur et de la fierté : son fils est casé ! Ce bonheur, toutefois, je ne le partage pas en mon for intérieur. Un trouble diffus m'habite. Le doute va me reprendre bientôt.

CHANGEMENT DE GARNISON

Le frère Gaston reçoit son obédience pour le couvent de Tours, siège du Séminaire de philosophie. C'est un changement radical dans ma vie de moinillon. Après une longue période d'enfermement sous surveillance, je me découvrirai une certaine liberté.

Avec le statut d'étudiant en philosophie, je bénéficie des espaces d'autonomie accordés aux autres religieux. Ils sont encore minces, mais réels. Je peux, par exemple, sortir seul pour une raison valable, avec l'autorisation du père gardien, le supérieur. Je n'ai pas de permission à demander pour aller fouiller à la bibliothèque et en sortir les livres qui me plaisent. Si les cours sont obligatoires, le temps d'étude que nous passons dans notre cellule nous appartient. Nous pouvons occuper notre temps à des lectures profanes. Il m'est possible désormais de penser, de réfléchir et même de rêver.

LE THOMISME

Thomisme, ce mot bizarre, a été forgé à partir du nom de saint Thomas d'Aquin, l'auteur de la *Somme théologique,* pourvu par l'Église d'une auréole et consacré maître à penser de tous les clercs passés, présents et à venir. Cette *Somme* condense la totalité de la pensée occidentale, d'Aristote, le Grec, à ce moine dominicain du XIIᵉ siècle. Elle est aussi intouchable que le Talmud pour le juif ou le Coran pour le musulman.

En certains séminaires, la philosophie s'enseignait encore dans le latin ecclésiastique abâtardi, dit *latin de cuisine.* Fort heureusement, le *père lecteur,* titre hérité du Moyen Âge à la place de professeur, est de son temps et mon latin est inutile. Ce petit homme, à la barbe grisonnante, porte en religion le nom de Moïse. Son vocable de prophète, ajouté à son appendice pileux, me porte à l'imaginer dans la posture de ce même prophète descendant du Sinaï, exhibant à bout de bras, non les tables de la loi, mais un vulgaire manuel de philosophie.

Pauvre philosophie scholastique ! Si elle faite pour moi, je ne suis pas fait pour elle. Couper des cheveux en quatre et se poser des questions pour lesquelles il n'y a pas de réponse à espérer, est à mille lieues de ma tournure d'esprit. Je m'essaie à jouer le jeu aussi loyalement que possible, mais ce contact irritant avec la philo me fait redouter la théologie qui suivra. L'actualité de l'époque avive mon esprit critique. Deux ans seulement nous séparent alors de l'explosion de la première bombe nucléaire, fruit de la fission de l'atome. Or Moïse, du haut de sa chaire, nous enseigne sans sourciller que, selon Aristote, l'atome, constituant la plus petite partie de la matière, est insécable et ne peut donc être divisé. Qu'en pensent les habitants de Hiroshima, du moins les survivants ? Je gardais prudemment pour moi ces opinions hérétiques, mais je n'en pensais pas moins.

La vérité, dans son concept philosophique, est tout aussi insécable. Elle ne peut être qu'unique. Je suis né, j'ai grandi, j'ai été instruit dans le culte de la Vérité, celle de l'Église catholique hors de laquelle il n'y pas de salut. Pourtant, le musulman et le juif sont persuadés qu'ils détiennent cette vérité, chacun de leur côté, et que les chrétiens sont dans l'erreur. Comment concilier ces inconciliables ? Blaise Pascal me conforte dans mes idées iconoclastes, lui qui a écrit : *Vérité au-deçà des Pyrénées, erreur au-delà.*

Sournoisement, j'attends mon heure pour lancer le pavé de la vérité dans la mare des certitudes aristotéliciennes. Le moment venu, j'aborde la question avec toutes les précautions oratoires qui s'imposent. Il faut éviter qu'on me déclare libre-penseur ou, pire, hérétique. Moïse, qui ne m'a pas vu venir, patine, hésite, n'ayant pas immédiatement saisi l'ampleur de ma question. Il tourne autour du pot et passe prudemment à autre chose, ne sachant que répondre, naturellement.

C'est ce que j'attendais. Ce jour-là fut celui de la décision sans retour : je devais partir, je partirai. Je cherchais une raison indiscutable, je venais d'en trouver une.

Nous sommes au printemps 1948.

La vie monastique, pourtant allégée, que j'avais supportée relativement bien jusqu'alors, me devient progressivement insupportable. Matines et laudes en particulier, ces offices nocturnes pour lesquels il faut se lever en pleine nuit, me sont un supplice.

TARABAT ET TRACLETTE

Tarabat : *planche de bois sur les faces de laquelle sont fixées deux poignées de métal jouant librement sur leurs gonds et venant frapper un clou à grosse tête fixé de chaque côté de cette planche. Pour actionner le* tarabat, *on le tient par un évidement* ad hoc *et on secoue fortement avec un mouvement alternatif et saccadé du poignet. Le vacarme est garanti.*

Contrairement au reste de la communauté, en raison de leur jeune âge, les étudiants en philosophie sont dispensés d'office nocturne un jour sur deux. Bon dormeur, plongé dans mon premier sommeil, le vacarme du *tarabat* m'arrachait brutalement à mes songes.

Sursaut du moinillon qui se demande, avant tout, s'il doit ou non se lever. On devine mon bonheur quand la réponse est négative. Sinon, je dois m'extirper de la tiédeur des couvertures. Saisi par le froid humide, je remonte mon capuchon sur mon crâne rasé ; je jette mon manteau sur mes épaules ; j'enfile mes sandales et, transi, dans la pénombre, je rejoins, avec mes frères, ma place dans les stalles du chœur de la chapelle pour une session de trois quarts d'heure de psalmodie et de patenôtres.

Mon premier geste, indigne d'un bon moine, est de vérifier la longueur des neuf psaumes des matines plus les cinq autres de laudes, mesurant ainsi le temps qui me séparait de ma paillasse. Il en est de fort courts, mais la plupart sont interminables.

On aura compris que le capucin ne se dévêt pas pour dormir. Il ne le fait que pour changer de tunicelle, une chemise aussi brune que la bure, ou pour prendre une douche. Tant pis pour l'hygiène !

Afin qu'il n'y ait pas de confusion avec le réveil des offices de nuit, celui du matin, impératif celui-là, était confié à la *traclette,* un autre instrument moyenâgeux dont voici les paramètres.

Traclette : *pièce de bois de 90 cm de long et d'une section de six centimètres sur neuf, refendue en quatre ou cinq lamelles parallèles, avec en réserve, à une extrémité, une longueur de la largeur d'une paume de main en guise de poignée. Utilisation : frapper le sol à coups brefs et répétés tout en parcourant le couloir des cellules.*

Debout ! dignes fils de saint François, une autre pieuse journée vous attend.

Je n'irai pas plus loin dans la description des coutumes séculaires et anachroniques qui régissaient la vie des moines de pleine observance. Un livre n'y suffirait pas.

* * *

Le plus pénible pour moi, à part la solitude et les réveils nocturnes, aura été la rupture effective des liens familiaux. Faute de relations sentimentales ou simplement amicales, je reportais sur ma mère le besoin d'affection qui habite tout être normal. Or, en deux ans, je ne l'avais vue qu'en deux brèves occasions pour une courte visite d'une journée, et ma sœur Babette, une seule fois. Allant à Paris, elle s'était arrêtée à Tours. Nous étions en plein hiver et il gelait à pierre fendre. Je l'accompagnai jusqu'à la gare. Elle en pleurait presque, ma sœur au cœur tendre, de voir son petit frère aller ainsi nu-pieds dans la froidure. L'habitude fait pourtant que cela se supporte. J'aurai vécu une authentique vie de va-nu-pieds pendant deux longues années, une autre incongruité dont j'espère recevoir la récompense dans l'au-delà !

Il ne manque que moi à la maison.

Armand est revenu mal en point de la guerre. Il a décidé de ne pas persévérer dans sa vocation de père blanc d'Afrique. Son long séjour en ce continent a sérieusement altéré sa santé. Il souffre de séquelles du paludisme. Tout comme Raoul, il s'est trouvé sans métier à la démobilisation. Il a finalement choisi la profession de mécanicien-dentiste selon la terminologie de l'époque.

Notre mère peine à subvenir aux besoins de la famille. Selon ses propres termes, elle est une *nouvelle pauvre*. L'inflation, fille de la guerre, a laminé ses revenus. De sa maison de la rue Fontaine-Blanche et du fonds de commerce qu'elle a vendus en 1941, il ne reste plus rien. De l'héritage de notre père, subsistent les deux maisons contiguës, sur la grand-rue, en biais avec la maison du Sénéchal.

En septembre 1944, tonton Ferdinand a acheté la moitié de l'immeuble de la quincaillerie dont nous étions propriétaires. Non sans problème juridique, car Armand, dont nous sommes encore sans nouvelles à ce moment-là, doit donner sa signature. Babette, Marie-Olive et moi-même, encore mineurs, ne pouvons signer et Naine, toujours de ce monde, reste usufruitière… Le montant de la vente, relativement modeste, a fondu comme un morceau de beurre dans la poêle. Les deux autres maisons ne valent que ce qu'un éventuel acquéreur accepterait d'en donner, soit peu de chose dans l'atonie économique du moment. Il reste en plus à Mère, à titre propre, héritage de son père, un bout des locaux d'habitation du Nivernic qu'occupe tonton Armand.

Mère se lance alors dans le commerce. Avec l'aide de Raoul et de Marie-Olive, elle ouvre une mercerie sous l'enseigne *La laine du pingouin*, selon cette formule qu'on n'appelait pas encore une franchise. Dans cette période de pénurie, toutes les femmes tricotent. La laine se vend bien. Elle a installé son commerce dans l'une de nos deux maisons de la grand-rue qui nous appartiennent en indivis. Il est bien loin, le faste de l'avant-guerre. Marie-Olive a dû interrompre ses études au pensionnat des chanoinesses régulières de Saint-Augustin, à Gouarec. Les temps sont durs, mais, dans les jours les plus gris, le soleil finit toujours par percer : Raoul se marie.

Il épouse Hélène Tanguy, à l'abondante chevelure noir jais, la plus belle fille du canton. Ils ne pouvaient pas ne pas se rencontrer puisque, on le sait déjà, pour se rendre à Conval, il fallait obligatoirement traverser la cour de la ferme du Vergoin, exploitée par monsieur Olivier Tanguy, son épouse et leurs enfants. Pendant l'année qu'il avait passée à Conval, se cachant des Allemands, mon frère était tombé sous le charme de la Belle Hélène et réciproquement.

La noce eut lieu à Poullaouen, selon les rites, les us et les coutumes de la vieille Bretagne. Hélas ! trois fois hélas ! retranché du monde, je n'y assistais pas. Je le regrette encore. Je manquerai aussi le baptême de Françoise, l'année suivante, la première de mes innombrables neveux et nièces à venir. En compensation, je revêtais, enfin, la dignité d'oncle à part entière sous le vocable de tonton Gaston, le troisième. En effet, à l'époque, la lignée des trois Gaston successifs était encore bien vivante et au complet, de la Champagne à la Bretagne, du Gaston Geoffroy-Geoffroy au Gaston Geoffroy-Lebarbé, en passant par le Gaston Geoffroy-Paul.

Pendant ces deux années, à part mon genre de vie *extra tempore*, il ne sera rien arrivé qui mérite d'être conté, à part deux petits événements.

LE PÈRE GASTON GEOFFROY

Tonton Gaston, absent depuis dix ans, tout occupé qu'il était à prêcher la vraie religion aux musulmans d'Afrique du Nord, se trouve en congé décennal à Carhaix. Maman, ayant inutilement quémandé une autorisation de mes supérieurs pour que je vienne rencontrer mon oncle à Carhaix, décide de faire le voyage jusqu'à Tours. Elle fait donc le trajet avec tonton Armand – son chauffeur attitré –, tante Marie naturellement et l'objet du déplacement, le majestueux tonton Gaston. Il est vrai qu'il a de la classe, vêtu de sa gandoura et de son burnous immaculés, et coiffé de la chéchia rouge vif à la mode algérienne. Ils ne resteront que 24 heures sur les rives du plus beau fleuve de France. Grand benêt, je m'imagine que je passerai la journée en compagnie de ma mère que je n'ai pas vue depuis un an. Je m'attends à être libéré de toute obligation scholastique ou conventuelle. Quelle erreur ! On ne m'accorde que l'après-midi de congé. J'en suis ulcéré, mais le respect et l'obéissance que je dois au supérieur, représentant de la volonté de Dieu sur terre, m'interdit de penser et encore moins de dire : *La vache, le salaud !* Le même sentiment d'injustice que j'avais ressenti à Noël deux ans plus tôt me remonte à la gorge. Il y a des choses qui ne se font pas...

Sans le savoir, pas plus que moi d'ailleurs, le père Léon, mon peu apprécié directeur des études, participait au processus qui allait changer, bouleverser ma vie.

Je fis contre mauvaise fortune bon cœur.

Tonton Gaston eut un succès monstre auprès de toute la communauté avec sa prestance, son bagout et ses histoires d'Outre-Méditerranée. Cet honneur rejaillit un peu sur Gaston le neveu, qui s'était vu refuser de partager le repas de midi avec sa mère en plus de se voir intimer l'ordre de reprendre sa place dans la communauté en fin d'après-midi. On peut qualifier de *brève rencontre* cette courte visite d'une mère à son fils.

Le lendemain matin, je servais pieusement la messe matinale du révérend père Geoffroy. C'était la première et aussi la dernière fois, car, lorsque je le reverrai, il sera en compagnie de la tante Andrée et de leurs deux fils, Yann et Alain, en Avignon. Trente ans se seront écoulés.

Rencontre avec Listz

Franz Liszt, vous connaissez ? Sinon, ouvrez bien vite le *Petit Larousse* pour y apprendre que, sous ce nom exotique, se cache un des deux plus grands pianistes romantiques du XIXe siècle. L'autre s'appelait Chopin. Liszt est mort en 1886. Je l'ai pourtant rencontré, si on peut dire, au cours de l'été 1948.

Je jouais régulièrement de l'orgue en compagnie du frère Pierre, ce camarade de Saint-Fidèle que j'admirais et enviais tant quand il touchait l'harmonium. Nous allions pour cela dans une jolie église au bord de la Loire, non loin de notre couvent. Le frère Pierre montait au buffet et s'asseyait devant les claviers. Pour ma part, je passais en arrière, là où se cachaient les soufflets destinés à animer les tuyaux, et je les activais. La nef se remplissait alors d'une divine musique comme je l'aime. Tout l'après-midi ou presque, je pompais l'air et le frère Pierre jouait du Bach pour moi tout seul.

Donc ce brave capucin, organiste de talent, entretenait des relations professionnelles dans les milieux artistiques de Tours. Pour des raisons musicales, je l'accompagnai un jour chez le consul des Pays-Bas en cette ville. Je me trouvais dans une immense maison bourgeoise remplie de fleurs et de plantes vertes au milieu desquelles émergeait un immense piano à queue. Émergeaient aussi deux vieilles dames, les sœurs de monsieur le consul, d'une parfaite urbanité, qui fit les présentations. Elles aussi, d'une politesse un peu surannée, trouvaient leur place dans cette végétation envahissante. Sans être un homme du monde, je savais me tenir en société, car on nous avait aussi enseigné les bonnes manières. Nous conversâmes donc avec les charmantes vieilles dames. L'une d'elles, alors que nous parlions musique, nous déclara avec une petite lumière malicieuse dans l'œil :

— J'ai rencontré Franz Liszt...

Stupéfaction, calcul rapide... Comment cela est-il possible ?

— Ah, vraiment ! Vous avez rencontré Liszt ? C'est extraordinaire, mais comment se peut-il ?

Ayant réussi son effet, elle n'était sûrement pas à son coup d'essai, la coquine ajouta :

— Je me suis même assise sur ses genoux.

Une pause pour lire la surprise dans nos yeux.

— Il était très vieux... J'étais très jeune, j'avais trois ans...

Lorsque je pris congé, en un éclair je compris que cette vieille main ridée que je serrais avait été autrefois une menotte que Franz Liszt avait tenue dans la sienne. En un instant le temps s'était effacé.

L'été de la décision

L E doux été de la Touraine est de retour. Nous refermons livres et manuels pour deux mois de vacances. Il y a maintenant deux ans que je subis l'enfermement. La porte de la maison de détention va s'entrouvrir. Je vais respirer l'air de la liberté.

Les capucins se disent enfants spirituels de saint François, le *poverello*, le petit pauvre. Ils vivent des dons des fidèles, poliment dénommés *bienfaiteurs*. Ils n'ont rien à eux, leur règle l'interdit. En contrepartie, rien ne leur manque, grâce à la Providence et à la charité publique. C'est donc l'un de ces bienfaiteurs qui nous a offert le libre accès à la forêt, aux étangs et à son rendez-vous de chasse situés à une vingtaine de kilomètres au nord de la Loire.

Cette bâtisse, qui a connu de meilleurs jours, nous sert de base de vie. Nous y faisons notre popote et elle nous sert d'abri en cas de mauvais temps. Nous y entendons aussi la messe du matin, le seul exercice de piété collectif de la journée. Nous aurions pu y dormir, mais de petits groupes s'étant formés par affinité, nous

nous sommes bâti des cabanes, en plein bois, à l'aide des matériaux que la forêt nous fournit : branches, fougères, genets, feuilles mortes. Je trouvais nos huttes hémisphériques plus confortables que toutes les tentes qui m'avaient abrité au cours de ma carrière de boy-scout.

Le vaste massif forestier qui nous encercle, cache de forts jolis châteaux qui se mirent dans leurs douves et les étangs. Ne sommes-nous pas dans la région des châteaux de la Loire ? La chasse à courre, avec cavaliers et meutes de chiens courants, est, depuis des siècles, une des activités des habitants de ces nobles demeures. Presque tous les soirs, au loin, un piqueur nous sonne la retraite. Nul besoin d'être poète pour apprécier le son des cornes de chasse, à la brunante, près du feu de camp, quand le serein tombe sur la forêt.

J'aime le son du cor, le soir au fond des bois...
– Alfred de Vigny

Le bon vin que nous avons bu

Nos journées se passent en menus travaux ménagers, en bricolage, en balades, en baignades. Non loin de notre campement, un paysan cultive sa terre et un carré de vigne, la plus septentrionale du vignoble tourangeau. Il ne pouvait en espérer, sans doute, qu'une piquette à peine buvable. À cette époque, on moissonne encore à la main. Notre voisin ne refuse pas l'aide que mes confrères d'origine paysanne lui proposent pour faucher son champ de blé sous le chaud soleil d'été. Nous passons des heures qui me paraissent interminables à suivre la faucheuse-lieuse tirée par deux chevaux, ramassant à plein bras les gerbes pour les dresser, par trois ou quatre, en javelles. Mes camarades, ex-campagnards, se trouvent à leur affaire. Tel n'est pas mon cas.

Le champ fauché, le blé en javelles, le soleil déclinant, notre paysan nous invite à nous restaurer et nous désaltérer chez lui. Nous nous retrouvons assis autour de la grande table de la cuisine et la maîtresse de maison dépose devant nous une soupière dont ne se dégage aucune fumée. Elle nous annonce qu'elle nous sert la soupe au vin, une spécialité du pays. La recette est simple. La cuisinière tranche dans la soupière de minces lichettes de pain qu'elle trempe avec du vin rouge, fruit de leur vigne, à la place du bouillon traditionnel. La faim, conjuguée à la soif et à ma bonne éducation, me fait avaler le tout sans faire la grimace.

Le repas terminé, notre hôte, fin connaisseur, qui sait que le vin de sa soupe n'est que de la vinasse, nous propose de goûter à celui de l'année précédente ; 1947 avait connu un des étés les plus chauds et les plus secs depuis des décennies. Il en était résulté une cuvée exceptionnelle, la meilleure du siècle. Notre brave paysan nous versa de son 47. J'approchai mon verre de mes lèvres. Le parfum qui s'en dégageait me surprit. Je bus une première gorgée qui remplit ma bouche de saveurs inconnues. J'en restai coi. De ma vie entière je n'avais goûté de vin si bon. Je faisais la découverte, au grand étonnement de mes vingt ans, de ce que signifiait un *grand* vin. Et pourtant, ce verre de rouge était issu d'une vigne, sans doute arrachée depuis, qui ne produisait normalement que de la vinasse.

Ce souvenir gustatif voisine, dans ma mémoire, la blanquette de Naine dont je n'ai jamais pu retrouver l'équivalent.

QUAND LES POISSONS PORTENT DES LUNETTES !

En ce bel après-midi, nous nous baignons dans un des étangs du voisinage. Je nage, on le sait, mais je ne plonge pas, contrairement à Jean Tigreat, un autre binoclard. Debout sur la vanne qui contrôle le niveau de l'eau, il joint les mains, non pour prier, mais pour prendre son élan. Il pique une tête, *plouf !* et disparaît dans les profondeurs pour ressortir aussi vite, criant :

— Mes lunettes ! Mes lunettes !

Le brave Jean a oublié de les ôter et elles reposent maintenant au fond de l'étang, une vraie catastrophe. Tous ceux qui en sont capables plongent et replongent, draguent le fond à la recherche des besicles du frère Jean Tigreat, sans succès.

Or un miracle va se produire. Deux jours plus tard, nous trouvons dans l'herbe, sur la rive de l'étang, un poisson, et pas n'importe lequel, un poisson mort, pris, coincé, emprisonné dans une paire de lunettes, celle qu'a perdue mon camarade. Je jure sur les tonsures de frère Jean et de frère Gaston que ce récit est authentique, la preuve que le plus invraisemblable, le plus inattendu, le plus impossible peut arriver.

LA DÉCISION

La paix des grands bois n'apaise pas mon débat intérieur, bien au contraire. Cette semi-liberté retrouvée me fait réaliser à quel point je ne peux plus supporter la vie monastique. Ce doute qui m'assaillait depuis deux ans, ce doute qui s'accentuait pour décroître et revenir en dents de scie, n'en était plus un. Il s'était transformé en certitude. Plus je tournais et retournais la question, plus les bonnes raisons s'accumulaient. Il fallait que je quitte le séminaire. La privation de compagnie féminine, pas plus que la foi, n'entraient en ligne de compte, aussi étonnant que cela puisse paraître.

Le premier argument consistait dans mon incapacité à atteindre les idéaux qui m'étaient proposés : l'altruisme et le don de soi, selon les préceptes de l'Évangile. Je renâclais à l'idée de sacrifier ma vie d'homme à mon prochain. Je ne m'appelais pas l'abbé Pierre ni Albert Schweitzer, vedettes de l'humanitaire du moment, encore moins François d'Assise.

Suivait l'ennui que suscitaient en moi cette incessante introspection, cette piété sans fin, ces heures interminables à psalmodier le bréviaire et tous ces rites d'un autre âge.

Le dernier argument, décisif dans mon esprit, concernait le rôle de directeur de conscience qui m'incomberait une fois prêtre. À quel titre, de quel droit pourrais-je m'ingérer dans la conscience la plus intime de mon prochain pour lui imposer une ligne de conduite, pleine d'exigences, visant une hypothétique sainteté, alors que, moi-même, j'en étais incapable ? Ce serait hypocrisie de ma part, une tare que j'exècre plus que tout. Cette ultime réflexion peut paraître futile dans notre siècle d'imposture, de manipulation, de mensonge, de tromperie, elle aura été pourtant déterminante dans ma décision.

La conclusion de cet examen de conscience était limpide : j'abandonne, je pars, je quitte, je me sauve, je m'enfuis pendant qu'il en est encore temps, sans amertume, sans regret, sans rancune.

Dodotte pensait bien faire, ma mère aussi et moi de même dans mon innocence et ma naïveté d'enfant et d'adolescent. Dans ce parcours initiatique, rien n'aura été négatif. Depuis dix ans, j'ai été instruit, éduqué, formé par une phalange d'hommes d'honneur, de conviction et de dévouement. Ils m'ont donné un bagage culturel que je n'aurais trouvé nulle part ailleurs ; ils ont réformé, avec plus ou moins de succès, les côtés négatifs de ma personnalité, tout en faisant valoir mes dons et qualités. Le tout selon les normes sévères de l'époque, sur lesquelles il est de bon ton de dauber désormais. Je ne m'en plains pas.

Il y a une dizaine d'années, j'entrais dans un tunnel. J'en voyais enfin la sortie. J'allais émerger au grand jour.

Ma décision, irrévocable, est prise. À la fin des vacances, à notre retour au couvent, je ferai part au père directeur de mon souhait de partir immédiatement effectuer mon service militaire. Le 8 septembre prochain, j'aurai 20 ans. En principe, je devrais rejoindre la caserne au cours du second semestre de cette année 1948. À titre d'étudiant, toutefois, j'ai la possibilité de faire valoir mon droit à un sursis d'incorporation jusqu'à la fin de mes études. Je me suis prévalu de cet avantage selon la coutume au séminaire. Il suffit de faire savoir aux autorités militaires mon renoncement à ce sursis pour que je reçoive ma feuille de route au cours de l'automne.

Je prends donc rendez-vous avec le père Léon, un homme glacial et coupant que je n'apprécie guère. Je lui fais part de mon questionnement personnel (quitter ou ne pas quitter) puis de mes intentions militaires pour prendre du champ. Je n'ai aucun souvenir précis du dit et du non-dit de notre conversation. Sans m'en faire part, il comprend rapidement que je souhaite *rendre ma bure*.

— C'est très bien, frère Gaston, faites le nécessaire pour annuler votre sursis d'incorporation.

Je sortis de son bureau, étonné, éberlué, ravi tout à la fois. Comme cela avait été facile ! On m'avait épargné les : *Réfléchissez. Ne prenez pas de décision précipitée. Priez le ciel qu'il vous éclaire…* Rien de tout ce à quoi je m'attendais. Certes, on ne pouvait me retenir, mais on aurait pu exercer sur moi toutes sortes de pressions morales. J'étais devenu libre, subitement. Le poids énorme qui m'étouffait depuis des mois s'était évaporé. La surprise passée, je réalisais que mon mal-être devait sauter aux yeux de mes supérieurs. Le père Léon s'était sans doute rendu compte que je n'étais pas un bon sujet. Ma démarche lui épargnait la corvée de m'inviter à faire ma valise.

* * *

Tout est fini, ma vie bascule. Mais rien n'est simple. Ma décision est virtuelle, il faut la mettre en pratique et avant tout prévenir ma mère. Le coup va être rude pour elle, car rien ne l'y a préparé. Elle me dira, après coup, que peu de temps avant de recevoir ma lettre, un capucin de passage lui avait dit que j'étais heureux et apprécié. Cette missive, je l'ai pensée, retournée dans tous les sens, écrite, reprise, remaniée, pesant mes mots et mes phrases avant de la poster. Je ne me souviens plus de sa teneur. Quelle fut sa réaction à sa lecture ? Je n'étais pas présent pour la voir. Jamais elle ne me fera part de sa déconvenue ; jamais elle ne me posera de questions. J'étais de retour à sa charge ? Elle ferait face, une fois de plus, c'est tout !

L'ATTENTE DU DÉPART

Pourquoi ne m'a-t-on pas prié de quitter le couvent sur-le-champ ? Je l'ignore. Pourquoi n'ais-je pas décidé de partir sans attendre ma feuille de route ? Je l'ignore tout autant. Pourtant, mon esprit et ma tête sont déjà ailleurs. Je continue à suivre, comme si de rien n'était, la vie conventuelle. Je suis présent aux offices, je suis les cours. Par contre, je me suis mis, de mon propre chef, en congé de matines. Chaque nuit, j'entends, avec volupté, retentir le *tarabat* qui m'arrache au sommeil, pour me retourner sur ma paillasse et me replonger dans mes rêves. Au lieu de travailler dans ma cellule à approfondir mes connaissances en philosophie, je rôde, comme un voleur, dans le grenier qui recèle des piles de revues et de livres. Mon imagination, libre de divaguer, s'invente un avenir sous les drapeaux. Je rêve d'être incorporé dans un régiment de chars de combat, car les blindés me fascinent, on le sait. Mais il m'est impossible de faire connaître mes *desiderata* à l'armée, mon affectation relève de la loterie. En attendant, je rêve.

Ma convocation finit par arriver en octobre. Quelle déception ! L'Armée de l'air m'attend à la base aérienne 107, caserne de Rose, au Bourget, en banlieue de Paris, le lundi 8 décembre, à 10 heures.

J'ai devant moi quelques semaines à attendre, en rongeant mon frein. Je m'habitue vite à ma future condition d'aviateur, car je suis aussi intéressé par les avions que par les tanks. De plus, l'uniforme bleu de l'Armée de l'air est bien plus seyant que le kaki de l'Armée de terre. Je me mets, à mes heures perdues, mais ne le sont-elles pas toutes, à dessiner des aviateurs tout de bleu vêtu et, tant qu'à faire, des profils de jolies filles… à la mode de l'hiver 1948. Je peux désormais les regarder d'un œil neuf et curieux, sinon concupiscent. Le temps passe donc avec une lenteur qui me pèse.

Ma mère, à ma requête, m'a adressé un colis contenant des vêtements, car il est hors de question que je me présente au poste de garde de la caserne de Rose revêtu d'une bure. Elle n'a pas conservé le peu de vêtements que je possédais il y a deux ans. N'ayant pas les moyens de me vêtir de neuf, elle m'a expédié, après l'avoir fait teindre en brun – j'étais voué à cette couleur –, l'uniforme d'origine américaine dans lequel Armand était revenu de la guerre.

* * *

Il me reste à vivre un des moments les plus intenses, les plus chargés d'émotion de ma vie.

En ce matin de début de décembre, le soleil brille sur la Loire. Après l'office, où j'avais l'esprit ailleurs, je me suis changé dans ma cellule, revêtant ces curieux effets civils qui avaient été militaires. La veille, un coiffeur d'occasion m'a fait subir ce que mon ami Jean avait enduré sous ma main. Il ne reste plus trace de ma tonsure monacale. Ainsi accoutré, plus personne ne me regardera d'un air curieux dans la rue. Le cœur léger, je franchis pour une ultime fois la porte du couvent. Je me retrouve, marchant allègrement dans la fraîcheur du matin, sur la large avenue qui descend des hauteurs de Saint-Symphorien, vers la Loire, le pont de pierre, Tours et sa gare.

La joie, le bonheur, l'allégresse m'habitent.

Paris, enfin...

Depuis que je suis au monde, j'entends parler de Paris, la Ville lumière. Je me réjouis de la voir enfin. Babette y vit désormais. Après son veuvage et la perte de sa petite fille, il lui a fallu trouver du travail et quitter Carhaix. Monsieur Albert Le Coënt, un oncle de ce pauvre Louis, l'a prise sous son aile protectrice. Veuf, président de société, il partage son immense appartement bourgeois du XVIIe arrondissement avec sa nièce.

Il est convenu avec Babette qu'elle m'attendra à la gare d'Austerlitz. La cousine Camille aussi m'attendra chez elle, pour ce premier dimanche de ma liberté retrouvée, avec Étienne Legardinier, son mari, l'ancien prisonnier de guerre redevenu marchand de légumes ; Paul-Étienne, leur fils, qui a bien grandi depuis dix ans, et Jean, son petit frère. L'un est né au départ de leur père pour la guerre et le second à son retour. Leur vieille maison, si chaleureuse, deviendra mon port d'attache, mon chez-moi *bis*, pour le temps de mon séjour parisien.

Le train m'emmène vers Paris. Lorsqu'il ralentit à l'entrée de la banlieue de la capitale, je cherche des yeux la tour Eiffel que, dans ma naïveté de provincial, je m'imagine visible de partout. Babette est bien là, m'attendant sur le quai. Fort heureusement, car je serais bien perdu d'être livré à moi-même, comme un prisonnier sortant de sa geôle après un long enfermement. Je me laisse conduire dans le métro par ma grande sœur, aussi heureuse de me revoir que moi de la retrouver.

Mes cousins m'attendent chez eux avec curiosité. Je n'avais que onze ans quand, en pleine guerre, Camille a quitté Carhaix pour rentrer à Paris avec Paul-Étienne bébé. J'en ai vingt maintenant. Dans le cas d'Étienne, cela fait une décennie… Ma cousine est toujours aussi radieuse et mon cousin aussi placide et accueillant.

Le lendemain après-midi, Babette me propose une promenade-découverte.

— Que désires-tu voir ? Notre-Dame, la tour Eiffel, l'Arc de Triomphe ou encore les Invalides ?

Me connaissant, on aura tout de suite deviné que, sans l'ombre d'une hésitation, j'ai choisi le tombeau de l'Empereur, aux Invalides. Cela est de mise, puisque, le lendemain, j'endosserai l'uniforme de l'armée française.

* * *

La cassure définitive avec les Capucins a lieu environ un mois après mon incorporation. Dix ans de capucinade avaient créé des liens d'amitié et d'appartenance presque indestructibles qui me retenaient inconsciemment. J'étais parti sans vraiment l'être dans ma tête.

(Je vivrai le même sentiment d'arrachement à l'heure de la retraite. Il me faudra deux ans pour couper le cordon ombilical avec mon ancienne activité professionnelle.)

Au cours du mois de janvier 1949, je profitai d'une brève permission pour aller retrouver mes anciens condisciples au couvent de la ville de Blois où les Capucins dirigeaient alors un important pèlerinage à la Vierge. De grandes cérémonies avaient lieu sous la présidence de monseigneur Roncalli, nonce du Vatican à Paris. J'ignorais, naturellement, que ce petit bonhomme, gras comme un chanoine, était le futur Jean XXIII. J'étais ravi de revoir mes camarades, de parader dans mon uniforme tout neuf, de leur raconter mes aventures. Ma présence causa apparemment quelques troubles, car, lorsque je pris congé de lui, le père Léon me salua d'un comminatoire :

— Ne revenez plus.

* * *

Adieu donc les capucins ou, plutôt, au revoir. Merci pour tout ce que vous m'avez donné sans rien exiger en retour, même pas ma reconnaissance.

QUATRIÈME ÉPOQUE

Cap au large

1949-1951

Soldat

L E temps était venu pour moi de faire *face à la vie* du monde, la vie de tout le monde, hors de la bulle protégée où j'avais vécu jusque-là.

Dans les années 1950, je réalisais un feuilleton radiophonique qui s'intitulait justement *Face à la vie*. En ce temps-là, jeune père de famille, j'étais de service à l'heure du coucher pour raconter une histoire à deux jeunes garçons. La question était rituelle :

— Que désirez-vous entendre ce soir : une histoire de Ratapoil (animal imaginaire sorti de mon imagination délirante), du Petit Cochon noir dans l'armoire ou Quand j'étais soldat ?

La dernière proposition avait généralement la faveur des enfants recroquevillés dans leurs couvertures. Le moment est arrivé de ressortir quelques-unes de ces anecdotes, ces histoires de régiment que tout Français normal aime raconter jusqu'au moment où on l'arrête avec un *On la connaît !* excédé.

LA CASERNE DE ROSE

Décembre 1948 – Décoré du titre, usurpé, d'aviateur, j'atterris au Bourget, à l'instar de Charles Lindbergh, une vingtaine d'années plus tôt. Contrairement à ce héros des temps modernes, il n'y a pas de foule pour m'accueillir.

Mille jeunes appelés, fraîchement incorporés, en provenance du nord-ouest de la France et de la région parisienne ont, non sans difficulté, formé le carré dans la vaste cour centrale de la caserne de Rose, base aérienne 107. La bleusaille porte bien son nom. Notre uniforme est bleu et notre méconnaissance de la vie militaire totale. Apparaît un officier.

— Garde à vous !

Ses manches sont ornées de cinq galons dorés. Bientôt on nous apprendra qu'ils identifient le grade de colonel. Celui-ci commande la base-école où nous allons faire nos classes.

— Messieurs, vous êtes ici non par choix, mais par obligation. Vous allez devoir vivre ensemble. Si vous voulez vous entendre entre vous, évitez certains sujets. Ne parlez jamais de politique, encore moins de religion. Il n'y a qu'un sujet sur lequel vous serez toujours d'accord : les femmes. Parlez-en et tout ira bien !

Je ne devais plus voir de colonel avant le 14 juillet, six mois plus tard.

Cet officier supérieur m'avait plu et changé mon opinion préconçue sur l'armée. Elle comptait au moins un cinq-galons intelligent dans ses rangs.

* * *

La caserne de Rose, dix ans plus tôt, était la plus moderne de France, bâtie en lisière de l'aéroport du Bourget et de son aérogare, toute récente elle aussi. Quand j'y débarque, la guerre et ses bombardements n'en ont laissé que des souvenirs. Pour remplacer les bâtiments en dur détruits par les bombes, les Allemands ont construit des séries de grands baraquements en bois, alignés comme un régiment de Prussiens. On aurait pu se croire dans les camps de concentration de Dachau ou de Buchenwald. Vivre dans ces immenses cabanes de bois, en plein hiver, au milieu d'une plaine ouverte aux quatre vents, n'a rien d'un séjour de villégiature. On voit le jour au travers les planches disjointes des murs extérieurs. À une extrémité, des robinets laissent couler leur eau glacée dans une immense auge de zinc. Notre chambrée de 60 hommes est chauffée par un seul et unique poêle en fonte. Notre dotation hebdomadaire en combustible est épuisée en 48 heures. Dans ces nuits de décembre, pour ne pas geler, il me faut superposer mes deux capotes sur les deux maigres et minces couvertures qui m'ont été attribuées.

Nous sommes d'ailleurs vêtus en conséquence. À part la tenue de sortie qui est neuve, celle dite de campagne, que nous portons tous les jours, a fait la dernière guerre, ce qui me lève le cœur. Par contre, on nous a munis d'une paire de sabots de bois, flambant neufs, étranges chaussures pour des aviateurs, mais qui font le bonheur de mes collègues ruraux.

Les lits font rouspéter l'ensemble du contingent. Nous avons hérité des Allemands, nos prédécesseurs en ces lieux, de couchettes en bois superposées où trois planches servent de sommier et une paillasse de matelas. Un soldat, un seul, ne se plaint pas : le 2e classe Lebarbé, Gaston, matricule F69656. Depuis deux ans, il couche à la même enseigne.

Quant à la gamelle, mieux vaut ne pas en parler. Elle aurait probablement satisfait un cochon. Il fallait être affamé pour y toucher.

On y trouvait tous les invendus des halles de Paris, la *resserre*, pour parler comme mon cousin Étienne qui s'y connaissait.

Et l'hygiène… Parlons-en. Un seul et même balai sert à nettoyer le plancher de notre chambrée et la table du réfectoire. Travail vite fait : l'homme de corvée monte sur la table avec ses souliers cloutés et balaie à terre les reliefs du repas. Nous récurons ensuite notre gamelle à l'eau glacée. Nous sommes heureusement vaccinés contre la typhoïde, le tétanos et autres maladies infectieuses. Se laver tient de l'héroïsme ou du masochisme. C'est ainsi que j'ai appris que si la peau d'un blanc est grise de crasse, celle d'un nègre est verte. Nous avions avec nous quelques sujets de nos colonies noires qui, étudiants-boursiers en France, étaient tenus au service militaire. Élevé à la spartiate, je tenais le coup et j'avais les pieds sales.

HALTE-LÀ, QUI VIVE ?

Je suis de garde, en pleine nuit, au milieu de la base militaire. Dans l'obscurité, un sous-officier m'a conduit au centre du terrain. Je sais que d'un côté se trouvent des hangars où reposent des JU 352, trimoteurs de transport ex-allemands, des citernes débordant de carburant et des véhicules militaires de tout genre. J'ignore totalement ce que je fais là avec mon fusil, baïonnette au canon, mais sans une seule balle dans ma cartouchière. De l'autre côté de la base, j'entends les activités de l'aérogare civile du Bourget où on fait tourner à plein régime les moteurs des avions pour les maintenir chauds dans la nuit glaciale. Une voiture vient vers moi. Ses phares m'aveuglent. Elle stoppe. Une voix, peu aimable, m'interpelle :

— Alors, on ne fait pas les sommations d'usage ?

Je finis par distinguer deux hommes dans une Jeep, deux sous-officiers qui effectuent une ronde. Je décide de *jouer au c…* puisque je suis fautif, semble-t-il.

— J'ignore ce qu'est une sommation d'usage *(faux)*. Je suis incorporé seulement depuis une semaine *(vrai)*. J'ai un fusil avec une baïonnette, mais sans munition *(vrai)*. Je ne sais pas m'en servir *(faux)*. Je ne sais même pas où je me trouve et ce que dois faire *(vrai)*.

Mon interlocuteur à dû penser que : *Plus c…, on fait pas.*

La Jeep redémarre et le matricule F69656 recommence à taper du pied pour se réchauffer dans *l'horreur d'une profonde nuit*. (*Athalie*, de Racine. On peut être une vulgaire sentinelle et, à défaut des sommations d'usage, connaître ses classiques !)

Noël arrive. La moitié du contingent est consignée à la caserne pendant cette fête, elle sera libérée pour le Nouvel An et vice-versa. J'ai réussi à m'inscrire dans le premier lot. Il y a maintenant plus de deux ans que j'ai quitté la maison. On comprendra ma joie et mon bonheur. Je suis obligé de prendre l'express de nuit entre Paris et Guingamp. Il est bondé et je fais les six heures de route debout dans le soufflet entre deux voitures. Un vent glacé s'y engouffre par les joints distendus. Je gèle sur place dans mon uniforme de mauvais drap trop mince. J'attrape un rhume qui descend sur mes poumons et pourrait se transformer en bronchite. Il en faudrait plus pour gâcher ces retrouvailles familiales qui ne dureront que trois ou quatre jours. Je rejoins le Bourget avec une toux persistante, une gorge en feu et des sifflements inquiétants du côté de la poitrine. Sitôt arrivé, je me fais *porter pâle* à la visite médicale du matin. Le capitaine médecin me regarde et ordonne qu'on me donne un lit à l'infirmerie. Pour ne pas manquer la permission du jour de l'An, j'essaie de refuser. Ce n'est qu'un rhume, après tout. Nouveau refus et au suivant. Intervient l'infirmier qui me conseille de me la fermer.

— Arrête ou tu vas te retrouver en tôle. On t'a gardé parce que tu n'es pas malade et qu'on a besoin de quelqu'un pour entretenir le feu dans le poêle.

Mal logés, mal nourris, mal vêtus, mal chauffés, mal soignés, voilà notre quotidien.

DES VRAIES BALLES !

Mes classes s'achèvent. J'entends un de nos officiers prétendre qu'il ne sert à rien de nous donner ne serait-ce qu'un vernis de connaissances militaires, puisque nous sommes destinés à tenir un crayon plutôt qu'une arme à feu. C'était, je pense, le sympathique capitaine Piano baptisé, hors de sa présence, *Piano-à-Queue*. Je suis donc surpris et satisfait quand on nous annonce qu'une séance de tir est prévue pour le lendemain. Comparé à mes camarades, j'ai quelque expérience dans cet exercice. Prenant bien garde de les rassurer, je les entends, amusé, se faire des peurs sur le recul effroyable du coup de fusil qui *peut te casser le nez si tu t'y prends mal* et autres billevesées.

Le lendemain, je réussis à placer mes huit balles dans la cible, dans la position du tireur couché. C'est honorable, car les camarades arrosent le paysage, les yeux fermés, au point qu'il faut retirer les sentinelles placées en bordure du champ de tir, sans quoi on aurait ramassé des cadavres à la fin de la session.

J'aurai donc tiré huit balles de calibre 7,65 mm au cours de mes neufs mois de service sous les drapeaux. Cela suffisait à faire de moi, aux yeux de l'Armée, un valeureux guerrier, apte à défendre sa patrie contre ses ennemis.

* * *

Au bout d'un mois d'école du soldat à pied avec ou sans armes, et d'exercices de mémoire du plus haut intérêt, nous sommes déclarés *bons pour le service actif*. Nous allons quitter le Bourget.

Entre-temps, nous aurons appris la liste des 32 pièces de la mitrailleuse Hotchkiss, modèle 1914 modifié 1916, que je ne verrai jamais, la citation posthume de Guynemer : *Héros légendaire, tombé à Poelkapelle, le 11 septembre 1917, en plein ciel de gloire...*, et l'immortel règlement militaire qui veut que :

> *La discipline faisant la force principale des armées, il importe que tout supérieur obtienne de ses subordonnés une obéissance entière et une soumission de tous les instants.*

Où donc atterrira l'aviateur ?

J'ai déjà subi une déception en me retrouvant dans l'Armée de l'air, j'espère que je n'en aurai pas une autre en apprenant mon affectation définitive. Trois groupes vont être formés : l'un pour l'Allemagne occupée ; un second pour le Maroc, à la base-école de chasse de Meknès ; et un troisième qui demeurera dans l'Hexagone. Nouvelle déception, je reçois ma feuille de route pour le centre de mobilisation n° 222, camp de Royallieu, à Compiègne. Je ne verrai donc pas l'Afrique, ni l'hydre allemande terrassée. Entre la gare du Nord à Paris et celle de Compiègne, il n'y a qu'une petite heure de train. Par contre, entre cette gare et le camp, il y a cinq bons kilomètres qu'il nous faut franchir à pied en coltinant notre paquetage. Personne ne nous attend. Ça râle dans les rangs.

— Ils auraient pu nous prendre en camion. On n'est pas des fantassins, quand même !

Voici enfin le poste de garde. Nous franchissons la barrière que la sentinelle relève pour nous laisser passer. Je suis frappé par l'alignement des longs bâtiments en dur, sans étage, qui forment un immense U, autour d'une vaste cour. Encore une fois, j'ai l'impression de pénétrer dans un camp de concentration. On nous désigne un de ces baraquements où nous nous installons.

Je me dois de vous conter la triste histoire du camp de Royallieu. Tout d'abord, la ville de Compiègne, où il se trouve, a été le siège d'au moins deux événements historiques de la plus haute importance. Jeanne d'Arc y fut faite prisonnière puis livrée aux Anglais et, dans la forêt voisine, les Allemands ont signé leur reddition en 1918.

Notre camp fut créé autour de 1900 pour servir de base à des unités d'aérostation militaires, ce qui justifia son appartenance par la suite à l'Armée de l'air.

En 1940, cette vaste enceinte, avec ses bâtiments implantés à la manière des camps de concentration, fut transformée par les occupants allemands en camp d'internement pour les résidents étrangers, dont des Canadiens, puis en zone de rassemblement pour les déportés en transit vers les camps de la mort. Le docteur Andrieux et monsieur Leclerc, notre notaire et ami, victimes de la Gestapo, passèrent par là en 1942 pour ne jamais revenir d'Outre-Rhin. Quand je m'y trouve, tout cela est récent. Une partie des bâtiments que nous n'utilisons pas, la section des internés étrangers, contient encore des fresques, œuvres des détenus. Les barbelés de l'enceinte sont restés en place. Nous avons repéré des passages qui remontent sans doute à la guerre. Nous les utilisons sans vergogne quand nous voulons rentrer ou sortir après le couvre-feu.

ORDRE ET MÉTHODE

Un adjudant-chef aux cheveux grisonnants, bref, un vieux, mais un vieux sympathique, notre futur *juteux,* se pointe. Nous apprenons que nous allons travailler au centre de mobilisation de la 2e région aérienne qui relève du ministère de l'Air, situé à Paris. Faute d'espace dans la capitale, nous sommes placés en subsistance au sein du Bureau central d'incorporation et d'archives de l'Armée de l'air, fort d'un millier d'hommes. Nous ne sommes qu'une quarantaine et, en raison de notre statut, nous n'avons aucun compte à rendre à l'unité qui nous héberge. En plus, nous sommes dispensés du service de garde et des corvées d'entretien. Là-dessus, les postes nous sont distribués. Avec un camarade, ouvrier dans le civil, je me vois ordonné de classer, par ordre alphabétique, 40 000 dossiers personnels de réservistes de l'Armée de l'air. Toute cette paperasse est conservée en vrac dans des caisses de bois qui ont servi de contenant à des bombes américaines au cours d'une vie antérieure. Nous nous attelons à cette dure tâche avec l'intention de prendre notre temps. Personne ne nous surveille, nul ne nous demande où nous en sommes. C'est ce qu'en terme militaire on appelle une *planque*.

Notre journée commence tôt et se termine tard. Le local est aussi vaste que glacial. Nous avons bien un poêle mais pas de combustible, à l'image de nos fusils sans cartouches. Aussi, jour après jour, jusqu'à ce que le soleil printanier des bords de l'Oise commence à nous réchauffer, nous débutons notre journée de dur labeur en vidant une des caisses de son contenu. Nous la mettons en pièces et nous allumons un bon feu dans le poêle.

Phase II : nous faisons griller le morceau de pain sec qui constitue notre petit déjeuner tout en réchauffant notre quart de café noir qui est arrivé glacé de la cuisine.

Phase III : nous entreprenons une première partie de bataille navale ou nous battons les cartes : belote, rebelote et dix de der.

Phase IV : fatigués de ne rien faire, nous nous occupons enfin des dossiers, en prenant le temps de les feuilleter. On y trouve des choses étonnantes, surtout dans la section concernant les punitions, dûment répertoriées tout comme les états de service, les éventuelles décorations ainsi que les campagnes. La plupart des réservistes ont fait la guerre en Angleterre dans les unités de la France libre, sous l'autorité du général de Gaulle ou dans la Royal Air Force.

Les motifs de punitions sont souvent hilarants : comme de s'être baigné dans le réservoir d'eau potable du village voisin de la base, ou pour avoir emprunté, sans autorisation évidemment, un appareil militaire dans le but de rendre visite à sa *girl friend*, moyen tout à fait normal pour un pilote de s'envoyer en l'air !

Il nous faudra deux bons mois pour accomplir notre tâche et force caisses en sapin. Le plus difficile de notre travail aura été de réussir à caser, sans en faire disparaître, les 40 000 dossiers dans les boîtes survivantes. Fainéants ? Oui ! Saboteurs ? Non, tout de même !

Je me retrouve, par la suite, à remplir des fiches individuelles correspondant aux dossiers que nous avons classés, petits cartons de sept centimètres sur dix percés d'un trou dans le haut. Mon rendement est à l'image de mon affectation précédente et de celui de mes camarades paysans ou mineurs de fond, plus aptes à tenir une pelle qu'un porte-plume. Ayant à ma disposition la totalité des fichiers des réservistes je me dépêchai de rechercher la trace d'hypothétiques Lebarbé et de mes anciens camarades qui m'avaient précédé sous l'uniforme bleu. À part un cousin de Normandie que je ne connaissais pas, je trouvai trois ex-condisciples dont Jean Mahé. Muni de son adresse, j'ai alors amorcé avec lui une longue, très longue relation qui dépassera le demi-siècle.

LE 14 JUILLET

L'Armée de l'air n'est pas la seule troupe en garnison à Compiègne. Elle voisine avec un escadron de spahis algériens à cheval, dernière unité montée de l'Armée française, conservée pour des raisons protocolaires et décoratives, au même titre que la Garde républicaine à cheval.

En ce 14 juillet, les aviateurs forment les rangs pour le défilé traditionnel. Nous sommes aussi nombreux qu'il y a de fusils à l'armurerie – et il n'y en a pas pour tous. Depuis nos classes et notre entraînement de base, nous n'avons pas touché à une arme ni fait aucun exercice militaire puisque nous sommes affectés à des travaux de bureau. Selon les sacro-saints principes de l'armée, on a trié mes camarades bureaucrates en fonction, à rebours, de leur métier et de leurs antécédents. Ils sont tous paysans de Bretagne, de Normandie, mineurs de fond du Nord ou, mieux encore, ouvriers parisiens. Les services compétents n'ont commis, si l'on peut dire, que deux erreurs de *casting*, deux étudiants sachant lire, écrire et tenir une plume, soit un Brestois et moi.

Fort heureusement, nous ne défilerons pas sur les Champs-Élysées, nous aurions été la honte de l'Armée française. Partis en rang par trois sur les huit heures, nous nous retrouvons, vers dix heures, après cinq kilomètres de route, sur la grande place de Compiègne, face au château. Nous avons soif, nous avons chaud, certains se tordent déjà de l'envie d'uriner sans qu'il leur soit possible de se soulager. Sous les ordres d'officiers d'administration aussi incompétents que leurs troupes dans le maniement d'arme, nous formons un vaste carré. Les spahis se sont rangés devant notre front dans un ordre parfait. Ils montent de superbes, et nerveux, chevaux arabes harnachés à la mode nord-africaine. Les hommes sont vêtus de vastes burnous blancs, doublés de rouge, et chaussés de fines bottes en marocain. Un chèche, ou turban, les coiffe. Ils portent tous à la main le sabre réglementaire de cavalerie légère, similaire à celui qui armait déjà les cavaliers de Napoléon.

Même le plus endurci des antimilitaristes aurait trouvé l'ensemble spectaculaire.

Les officiers se distinguent de leurs hommes par le port du képi bleu ciel. C'est le cas de leur chef de corps, chef d'escadron ou colonel, peut-être. Je suis mal placé pour compter ses galons. Je me trouve sur le premier rang et tout ce que je vois, c'est la croupe d'un cheval ornée d'une queue longue comme un jour sans pain. La monture en question est nerveuse. Elle piétine sur place, avance, recule, à mon plus grand effroi. L'Algérien juché sur l'animal fait ce qu'il peut pour le contenir. Il recule encore. Je suis le mouvement, craignant de retrouver un fer à cheval sur mon godillot réglementaire, modèle 1917. La cérémonie suit son cours sans se préoccuper de mes craintes.

Les ordres nous concernant proviennent de cet officier au grade incertain dont j'aperçois le képi bleu et le sabre brandi à bout de bras. Avec cette même arme blanche, il donne des ordres muets sous formes de signaux, style télégraphe de Chappe, dont le sens apparaît aux cavaliers qui, sabre au clair, se dressent sur leurs étriers dans un magnifique ensemble, mais non à nos officiers qui n'ont pas fait l'école de cavalerie de Saumur. Chacun traduit à sa guise les ordres muets du sabre de cavalerie légère. Un côté de notre carré présente les armes, tandis que les autres les ont au pied ou à l'épaule. C'est alors que mon voisin de droite, Raymond, le plus authentique des titis parisiens, prononce une parole historique, digne des annales de cette armée dont je fais partie, aussi inoubliable que le *Du haut de ces pyramides, quarante siècles vous contemplent...* de Bonaparte. Raymond, du haut de sa petite taille, me lance :

— Lebarbé, gaffe le mec avec son canif !

C'était du pur argot parisien, modèle 1949, à prononcer avec l'accent, maintenant disparu, du véritable Parigot. Quelle image que de comparer un sabre avec un couteau de poche !

Tout a une fin. Nous reprenons la route du camp de Royallieu, toujours à pied. Il est bientôt midi. L'impérieuse envie d'uriner, qui nous démange tous, nous fait oublier la faim et la soif. Nos chemises sont trempées de sueur. La culasse de nos fusils MAS 36, pesant 3,75 kg, nous meurtrit l'épaule. Au lieu de le tenir bien droit, j'ai couché le mien sur le côté de la culasse, imité par nombre de mes camarades. Les gens qui nous regardent passer nous lancent des invectives désobligeantes du genre :

— Vous ne savez pas marcher au pas ; les Allemands défilaient mieux que vous !

Auxquelles nous répondons :

— Viens prendre ma place, espèce de c… Ta gueule !

On était loin des « Vive l'Armée française ! »

Comble de malheur, l'ordre de chanter retentit. Il est connu que les Français ne sont pas doués pour le chant choral, surtout quand on leur en donne l'ordre. Les remarques désobligeantes provenant du trottoir changent alors :

— Les Allemands chantaient mieux que vous…

Ce qui était exact.

Parcourir cinq kilomètres exige une heure de marche. C'est donc le temps que cela nous prit pour nous retrouver dans l'enceinte du camp de Royallieu. La corvée est finie, nous allons pouvoir soulager notre vessie. Après le « Compagnie… halte ! », retentit le salvateur « Reposez… arme ! » Au commandement, comme l'exige le règlement, de la main droite qui tient la crosse sous la plaque de couche, je fais passer mon MAS 36 dans la paume de ma main gauche, moite de transpiration, qui doit le saisir. Mon fusil glisse alors sans que je puisse le retenir, m'échappe et va frapper l'occiput du camarade placé devant moi. Je le vois chanceler, chambranler, rechercher son équilibre, se demandant ce qui lui arrive. Grâce à Dieu, bien que sonné, il reprend ses esprits. Les rangs sont rompus, je me sauve autant pour me soustraire à la vindicte de ma victime que pour rejoindre les toilettes.

Les vessies vidées, toujours assoiffés, nous nous retrouvons au réfectoire pour un repas moins mauvais que d'habitude, arrosé, en plus du quart de rouge habituel, d'un quart supplémentaire de vin blanc. C'est le moment que choisit le second colonel de ma carrière militaire pour faire irruption. C'est la première fois que je le vois, celui-là, bien que ce soit lui qui nous commande. Il s'est senti obligé de nous adresser la parole en ce jour de Fête nationale et, en notre compagnie, de lever son verre en l'honneur de la France. Comble de malchance, il se tient près de ma table. Il nous fait signe de lui tendre un verre rempli à même notre ration, la diminuant d'autant. La vache !

FAIRE PIPI DANS SA CULOTTE À VINGT ANS

Nous formons une compagnie d'honneur. On nous a dotés de guêtres et de gants blancs pour faire chic. À sept heures, un car nous embarque pour un rendez-vous dans un grand parc humide de la banlieue parisienne. Notre sergent nous a prévenus.

— Ne buvez pas de café, ça fait pisser, et passez par les chiottes avant le départ. Vous n'aurez pas accès à des pissotières avant le retour à midi.

Certains n'ont pas suivi le conseil. Nous nous retrouvons formant les rangs en compagnie d'un détachement de l'Armée américaine et de la musique de l'Armée de l'air, face au monument commémoratif de l'escadrille La Fayette. On y enterre le colonel qui la commandait en 14-18. Nos gants blancs ne le sont plus à force de manier notre fusil qui fait *floc* dans la boue quand nous reposons les armes. Nos guêtres ont pris la teinte de la terre avec les éclaboussures. À côté de moi, un camarade se tort d'envie. À mi-voix nous nous moquons de lui, méchamment :

— Pisse dans ton fusil !

Le pauvre arrête de se plaindre. Je devine que ce grand garçon de vingt ans a fait pipi dans sa culotte, à son grand soulagement à lui, mais non à celui du propriétaire du pantalon qu'il avait emprunté.

De retour à la caserne, il était trop tard pour passer au réfectoire. Nous attendrons la soupe du soir pour calmer notre faim. Entre-temps, serrons notre ceinturon d'un cran.

LA DÉCOUVERTE DU MONDE

D'une certaine façon, j'ai découvert le monde en cette fin d'année 1948. Depuis que j'ai ouvert les yeux sur la planète, j'ai vécu dans un milieu protégé où tout le monde est bon, tout le monde est gentil. Du jour au lendemain, je basculais dans la vraie vie. J'en étais éberlué. Je découvrais que tous mes camarades de chambrée travaillaient depuis l'âge de quatorze ans, et durement, dans des usines, aux champs ou, pire, au fond des mines de charbon du nord de la France. Certains étaient mariés. Ils portaient déjà les stigmates d'une vie pauvre et difficile. Plusieurs buvaient à en être gravement intoxiqués, comme Raymond-le-Canif. Les conversations roulaient, selon la recommandation du colonel, sur l'inépuisable sujet des femmes. Je mesurais la profondeur abyssale de mon ignorance sur le sujet, tout en simulant le contraire. Je dus saisir et interpréter, sans l'aide de personne, nombre de vocables et d'expressions salaces. Les pères m'avaient tout appris, sauf cela.

J'appris aussi à défendre mon pré carré, à m'attribuer le moins pire des lits, la meilleure part dans la gamelle. Je devins rapidement expert à éviter les corvées de balayage, de nettoyage des chiottes, à laisser aux autres le soin d'éplucher les patates. En un mois, j'avais réussi à combler vingt années de retard sur la pratique de l'art de vivre en société civile et militaire. Je m'en amuse rétrospectivement, mais sur le coup, le choc culturel fut brutal, car je n'y étais pas préparé. Par contre, le collège m'avait préparé à affronter l'incommodité de la vie militaire.

DEUX AS

Mon affectation suivante sera de courte durée, trois semaines seulement. Je me retrouve dans la section des officiers de réserve. Ici c'est du sérieux, pas question de paresser. Je travaille en compagnie de trois sous-officiers de carrière et de deux auxiliaires féminines de l'Armée de l'air. (On regarde, mais on ne touche pas !)

Avant de commencer ma nouvelle tâche, j'ai droit à une mise en garde : si je trouve une chemise vide, je ne l'ai pas vue et je la remets en place, il s'agit d'un officier des services de renseignements, son dossier est ailleurs, *secret défense.*

Dans les autres dossiers, je dois relever un certain nombre de paramètres qui donnent automatiquement le droit à l'attribution de la Légion d'honneur ou de la Médaille militaire : ancienneté, nombre de campagnes, blessures, citations, etc. La liste des récipiendaires, dressée par nos soins, est adressée au Ministère qui donnera suite ou non. Je ne pense pas briser le secret défense en dévoilant que certains ayants droit se verront retirer de cette promotion pour laisser de la place à d'autres qui avaient plus de relations que de mérite.

Les dossiers défilent sous mes yeux : pilotes de chasse, de bombardement ou de transport. Certaines chemises sont minces, d'autres débordent, couvrant tous les grades, de sous-lieutenant à colonel. Les généraux sont ailleurs avec les officiers du renseignement.

En voici une dont l'épaisseur laisse deviner l'importance du titulaire. Je lis sur la couverture : *Colonel René Fonck.*

Je le connais celui-là. Il est presque aussi célèbre que Guynemer. C'est le premier chasseur français de la Grande Guerre, l'as des as aux 75 victoires homologuées, une gloire, encore vivante, de l'aviation française. Je me plonge avec délices dans ce paquet de papiers dont certains sont jaunis par le temps. Les feuillets débordent de partout. On a ajouté des rallonges aux pages prévues pour les citations, les décorations, les faits d'armes, car l'espace alloué s'est trouvé insuffisant. Tout comme dans le cas de Franz Liszt, j'ai l'impression de toucher à l'histoire.

Dans les lettres *C*, un autre dossier, historique lui aussi, m'attend, celui d'un certain Closterman, l'autre as des as, celui de la Seconde Guerre mondiale, aux 35 victoires homologuées.

Closterman vient de publier ses souvenirs de chasseur sous le titre *Le grand cirque*, chef-d'œuvre et modèle du genre. Je l'ai lu, relu, dévoré et j'en ai fait mon livre de chevet. Voilà que j'ai son auteur sous la main. Je vais même participer à une étape de sa carrière. Lieutenant dans les Forces françaises libres, en Angleterre, il avait été détaché dans la Royal Air Force où il atteindra le grade de *Wing Commander*, l'équivalent de colonel dans l'aviation française. Cette dernière le réintégrera, à la fin de la guerre, quatre crans en dessous, avec ses galons de lieutenant. Sa gloire et ses mérites éclaboussaient sans doute certains de ses collègues. En 1949, quand je prends connaissance de son dossier, c'est à l'occasion de sa promotion, automatique, au grade de commandant dans la Réserve. Il est encore deux coches en dessous de son grade chez les Anglais. Les aviateurs ont la rancune tenace…

HONNEUR AU SOLDAT DE 2ᴱ CLASSE LEBARBÉ, GASTON

On trouve, dans mon bureau, de pleins tiroirs de légions d'honneur et de médailles militaires, l'une au ruban rouge, et l'autre au ruban vert, attendant d'être remises à leurs destinataires. Un bel après-midi, je ne peux m'empêcher de faire une blague qui aurait pu m'attirer les pires ennuis, car le sens de l'humour n'est pas une vertu militaire.

J'orne donc ma poitrine d'une impressionnante série de décorations toutes soigneusement épinglées jusqu'à cacher le bleu de mon blouson avec le rouge de la Légion d'honneur à droite et le vert de la Médaille militaire à gauche. Je coiffe crânement mon calot, rectifie la tenue, ouvre la porte et m'avance, bombant le torse, jusqu'au centre de l'immense cour à l'herbe rare.

Heureusement pour moi, peu de monde s'y trouve, surtout pas d'officier ou, pire encore, d'adjudant de discipline. Ceux qui me voient rient de bon cœur et m'invitent à retourner au plus vite d'où je viens avant que ça se gâte pour mon matricule.

Dans les casernes, on picole, c'est bien connu. Notre adjudant-chef, brave homme quand il est à jeun, à éviter quand il a bu, en est l'illustration.

Tous les mercredis, le lieutenant Hardouin, un autre brave homme rescapé des camps de concentration, va à Paris rendre compte à sa hiérarchie. Quand le chat n'est pas là, les souris dansent et les sous-officiers font la fête.

Ce mercredi après-midi, je suis en contemplation devant le combiné téléphonique toujours aussi silencieux quand j'entends soudain des voix avinées dans le couloir. Curieux, j'ouvre ma porte pour faire face à un drôle de trio. Le sergent-chef Vachon, à l'équilibre incertain, porte, à cheval sur ses épaules, Raymond, le titi au canif, qui étant de petite taille ne pèse pas lourd. Ce dernier brandit une bouteille vide. Le chambranlant duo est soutenu par le numéro deux de ma hiérarchie, un aspirant. Ils viennent dans ma direction, tenant des propos aussi alcoolisés que délirants. L'aspirant, tout imbibé qu'il soit, se souvient qu'il est en situation d'autorité. S'adressant au sergent-chef, il lui intime l'ordre d'arrêter sur place, puis s'adressant à Raymond le titi, il lui crie :

— Tiens la bouteille bien haute, je vais la casser en tirant dessus. (Puis, se tournant vers moi :) Lebarbé allez chercher mon pistolet dans le tiroir de droite de mon bureau !

Les ordres seront exécutés littéralement et sans murmure et la réclamation n'est permise au subordonné que lorsqu'il a obéi, dit le règlement.

J'obtempère donc à cet ordre insensé, revenant avec un pistolet dont j'évite de vérifier s'il est chargé ou non. Auparavant, j'ai fait le tour du problème dans ma tête. Mon bon ange me conseille de décharger le pistolet ou de le cacher quelque part. Mon mauvais ange me souffle le contraire. Je suis en réalité curieux de connaître la suite et de savoir si l'aspirant va tirer.

Au cas où il toucherait le sergent-chef, ça lui ferait les pieds, à cette vache qui nous fait bosser comme si le salut de la France dépendait de nous et se saoule comme un Polonais au lieu d'être à son travail quand le patron est absent... Ma mission accomplie, couvert de toute façon face à l'autorité militaire puisque j'avais exécuté l'ordre avant de faire une réclamation, je m'éclipse et galope prévenir les camarades.

— Si vous entendez des coups de feu, appelez la morgue ou l'ambulance.

Ni l'une ni l'autre n'eut à intervenir, car il y a un bon Dieu pour les ivrognes, le pistolet n'était pas chargé.

La beuverie continua et, ce soir-là, Raymond, vingt ans, nous fit une crise de delirium tremens. Pauvre Raymond.

GASTON, Y A LE TÉLÉFON QUI SON...

Je finirai ma carrière assis devant un téléphone qui ne sonne jamais. Il est de la même nature que le *téléphone rouge* qui reliait Moscou et Washington. C'est la liaison directe du CM 222 à Compiègne avec l'autorité supérieure qui règne à Paris, boulevard Victor. Les deux seuls étudiants de notre unité de gratte-papier, l'autre étant Roger Nicolas, le Brestois, assurent la permanence à tour de rôle dans le bureau où repose le combiné.

Ce Roger était l'homonyme d'un des humoristes les plus connus sur les scènes parisiennes de l'époque et mon camarade l'imitait avec un talent certain, à se demander si ce n'était pas l'artiste en personne qui nous tenait compagnie incognito. D'assister à son spectacle animait nos longues soirées oisives, avec la mise en boîte systématique de la vingtaine de méridionaux qui nous avaient rejoints en provenance de Nîmes.

Quand ils arrivèrent, nous avions déjà six mois d'ancienneté, ce qui faisait de nous des délurés à qui on ne la fait pas. Dans leurs bagages, ils traînaient leur morgue méprisante à l'égard des gens du Nord, bien moins malins qu'eux, et leur *accengue*. Ils se déclarèrent tous sans exception du *service auxiliaire,* ce qui les dispensait de la garde et des corvées auxquelles nous étions soumis depuis quelque temps. Ce fut une erreur de jugement de leur part. Ils ne pouvaient se douter que j'avais accès à leurs dossiers individuels où je notais qu'ils étaient tous bons pour le *service armé.* D'autre part, les paysans et les mineurs, tous réunis et remontés contre les Nîmois, formaient une force de frappe impressionnante contre laquelle, bande de gringalets, rien ne pouvait résister. Après qu'un commando de gros bras eut entièrement vidé le contenu de leur chambrée de tout son contenu qui passa par la fenêtre, suivi d'une mise en garde *ad hoc,* nos visiteurs du Midi montèrent la garde et nettoyèrent le quartier à notre place. Ils savaient désormais que si les Bretons, les Normands, les Chtimis et les Parisiens sont arriérés, il ne sont pas tout à fait c... et imposent le respect.

Revenons à ce téléphone muet comme un carpe. La journée faite, le lieutenant Hardouin, les sergents-chefs Vachon et Payen, et notre adjudant rejoignaient leurs domiciles hors des barbelés du camp de Royallieu, nous laissant à nous-même. Assurer la permanence, passé 19 heures, dans la solitude d'un local glacial, était d'un ennui total. Je commis alors la pire faute que puisse commettre un militaire : l'abandon de poste. Sachant, par expérience, que la sonnerie du téléphone ne résonnerait pas de la soirée, je rejoignais mes camarades pour rigoler avec eux. Un beau soir, hélas ! le sous-lieutenant revint à son bureau chercher un document et constata mon absence. C'est ainsi que la section des punitions de mon dossier perdit sa virginité, que je connus les affres de la salle de police et que je retournai dans mes foyers avec le même rang qu'à mon incorporation : soldat de deuxième classe PNNSG (personnel non naviguant du service général). Je n'eus pas droit au certificat de bonne conduite de première classe, matérialisée par un chevron rouge inversé sur la manche. Contrairement à mon copain Roger Nicolas qui, tout en se comportant comme moi, avait eu l'intelligence de ne pas se faire prendre.

ET MAINTENANT, QUE VAIS-JE FAIRE ?

Une grave question trouble mon insouciance naturelle, au point de la faire disparaître. Maintenant que la page du séminaire est définitivement tournée, que vais-je faire ? Vers quelles études, quel métier, quelle profession vais-je me diriger ? Je n'en ais pas la moindre idée, mais j'y pense de plus en plus. La solution la plus simple serait de rempiler, rester dans l'Armée de l'air et d'y faire carrière.

Le capitaine Piano, qui m'a fait l'honneur de me remarquer, me l'a suggéré à plusieurs reprises, ce qui est fort aimable de sa part. Ce serait partir de zéro, au plus bas de l'échelle, avec fort peu de chances d'avancement, pour terminer, au mieux, ma carrière avec les galons d'adjudant-chef. Entre-temps, je recevrais un aller simple (retour non garanti) pour l'Indochine où l'armée française se débat dans les rizières comme un diable dans l'eau bénite. Ma décision eût été peut-être différente si je n'avais été incorporé avec deux mois de retard sur le calendrier officiel, alors que le délai pour l'inscription aux cours d'élève officier était dépassé. Si j'étais sorti de ce stage avec les galons d'aspirant, la porte pour le statut d'officier, j'aurais sans doute été tenté de rester. Car la vie militaire, surtout dans l'aviation, ne m'aurait pas déplu… (Ça vous étonne ?)

Il me fallait donc regarder ailleurs, mais où ?

J'ai dû, depuis une décennie, prendre des décisions qui ne relevaient que de moi-même. Lors de la première, je n'avais que dix ans et ma solution au problème qui m'était posé sortait d'une naïve tête d'enfant. La deuxième, toute récente, était le fruit de la réflexion et, somme toute, facile à prendre. À vingt ans, je dois réorienter ma vie. Le choix que je vais faire, la décision que je vais prendre, vont conditionner toute mon existence. Plus le temps passe, plus le moment de mon retour à la vie civile approche, plus je m'inquiète, plus j'angoisse. Ce mot n'est pas trop fort. J'entre en réalité dans la période la plus pénible de ma vie entière. Si je regarde le proche avenir, je me heurte à un mur large, élevé, épais qui me barre l'horizon. Si je réussis à regarder au-delà, j'aperçois un carrefour, une patte-d'oie, aux voies divergentes sans panneau indicateur.

J'angoisse…

PARIS

> *Revoir Paris*
> *Un petit séjour d'un mois*
> *Revoir Paris*
> *Et me retrouver chez moi*
>
> – Charles Trenet

Cette nostalgique chanson me remonte à la mémoire.

À mon arrivée, je n'ai fait que traverser la Ville lumière. Avec les semaines et les mois qui passent, je me suis transformé en Parisien. Tous les week-ends ou presque, je les passe dans la capitale. La maison du 37, rue des Bergers, à deux pas du *pont Mirabeau* (où) *coule la Seine,* est devenue mon second foyer. J'y ai le gîte et le couvert en contrepartie du gardiennage de mes petits cousins, le samedi et le dimanche, alors que leurs parents, Camille et Étienne, vendent des légumes au marché de La Convention, à moins que ce soit celui du boulevard Raspail ou celui d'Auteuil. De tout temps, cette maison a été l'auberge, l'étape sympathique pour la famille quand elle vient à Paris en provenance de Bretagne ou de Champagne. On ne fait qu'y passer ou on s'y incruste comme je vais le faire, poussé par les événements.

Je ne me trouve pas seul dans la capitale. Babette habite chez son oncle Albert Le Coënt, l'oncle Albert, même pour moi qui ne suis pas son neveu. Ferdinand Lebarbé, mon cousin, y termine ses études de médecine en compagnie de Geneviève, sa femme, et de Dominique, leur fils aîné. Yvette, la sœur de Ferdinand, travaille aussi à Paris, tandis que Monique Varnier, notre cousine de Champagne, a épousé Maurice Mudry, le crémier du quartier. Tonton Yvonnick et tante Germaine, les parents de Camille, ont un pied à terre, rue de Terre-Neuve. Mes autres cousins-cousines Paul, leurs enfants, Germaine, Yvette, Paulette et François vivent aussi en Île-de-France. À une telle litanie, on voudrait répondre : « Priez pour nous – *Pedit evidomp.* » C'est dire que le temps de la solitude est fini pour moi. Au point qu'après mon bref séjour de Noël à Carhaix, je n'éprouve pas le besoin d'y retourner, d'autant plus que je ne bénéficie pas de permission de longue durée.

* * *

Je découvre Paris en compagnie de ma grande sœur. Nous sommes tous les deux parfaitement désargentés. Nous pouvons nous payer tout au plus une séance de cinéma et nos tickets de métro. Heureusement, l'entrée de certains musées est gratuite pour les militaires. Avec Yvette, nous allons au théâtre, à la Comédie française qui est bon marché à condition de s'asseoir au pigeonnier, tout là-haut au dernier balcon. J'y verrai, entre autres, un superbe *Cyrano de Bergerac*. En vérité, je n'apercevrai que le bout des bottes du célèbre mousquetaire, car, de là où j'étais perché, je n'avais de vue que sur l'avant-scène. Il paraîtrait que Cyrano avait un grand nez, *un cap, que dis-je, une péninsule*. Je ne saurais le confirmer : je n'ai vu que ses pieds ! Nous sommes aussi assidus, selon les rentrées d'argent, aux opérettes qui font les beaux jours de la scène de l'Empire et nous ne manquons aucun des films qui sortent en exclusivité sur les grands boulevards ou les Champs-Élysées.

Je partage avec Babette les petits bonheurs de ma nouvelle vie et ses difficultés. Elle est confrontée au même problème existentiel que moi. Il lui faut trouver du travail. Elle s'y prépare en étudiant la mécanographie, ancêtre de ce qu'on appelle désormais la bureautique. Elle s'informe des possibilités de carrière ou de métier pour son petit frère, lui fait des suggestions. Nous rencontrons des personnes de bon conseil dans les domaines les plus divers. Rien ne me convient vraiment : les connaissances en latin, en grec ancien, en littérature, en philosophie ou même en anglais ne sont pas en demande. Je ne me sens aucun attrait, aucune attirance pour un métier ou une profession en particulier. Je suis prêt à faire tout et n'importe quoi. Le problème, c'est que je ne sais même pas faire n'importe quoi.

Ma mère, de son côté, s'inquiète de mon avenir. Elle aussi s'informe et se renseigne auprès de son entourage. Elle parle de mon cas à sa vieille amie, Marie Bosson, une des distinguées dames au chapeau vert, épouse de M^e Le Goff, notaire à Gouezec. La lumière jaillit alors des tables de la loi. Nouveau Moïse, le tabellion déclare que la profession qu'il exerce me conviendrait parfaitement. Il existe à Paris une école de notariat bien cotée. Je n'aurai aucun problème pour m'y inscrire et en voici l'adresse.

À cette nouvelle, je ne me tins pas de joie, j'ouvris un large bec, comme le corbeau de la fable, et fis savoir mon bon vouloir. Deux ans d'études juridiques spécialisées m'ouvriraient les portes d'une étude de notaire à titre de clerc. Cela me convenait tout à fait. Mon avenir était enfin tracé.

Mon angoisse, disparue comme par enchantement, pouvait maintenant s'installer, insidieusement, dans mon subconscient.

* * *

Peur, crainte, hantise devant un choix difficile, impossible même, tout cela s'était incrusté au plus profond de mon inconscient et y demeurera enfoui pendant des décennies, réapparaissant occasionnellement sous la forme d'un cauchemar – toujours le même. À l'image de cet autre rêve où je viens rendre visite à mon père pour ne rencontrer que le vide.

Au cours de ma vie d'homme, je rencontrerai des difficultés professionnelles, certaines plus lourdes à porter que d'autres. Au cours de mon sommeil, de mon inconscient, resurgira alors, immanquablement, *le* cauchemar. Dans mon rêve agité, je revivrai cette période de mon existence, hantée par l'incertitude du lendemain, rongé par une sourde inquiétude, me demandant que faire, vers quoi me diriger… Je revivrai en songe ce pénible moment de ma vie avec toute son intensité, jusqu'au réveil. Encore habité par le cauchemar, mon esprit embrouillé s'ébrouera ; reprenant conscience, je toucherai de la main une présence endormie à mon côté.

Ouf ! Je rêvais.

Un sentiment de soulagement m'envahissait avec mon retour à la réalité. Je n'avais pas à me chercher du travail. J'en avais un, et pas n'importe lequel, intéressant, bien rémunéré, avec la sécurité d'emploi et une retraite assurée à la fin de mes jours. Encore ouf !

Armand, mon frère, va épouser sa charmante fiancée, Marguerite-Marie Le Naëlou, début septembre. J'ai raté, il y a deux ans, les noces bretonnes de Raoul et Hélène Tanguy, je ne manquerai pas celles-ci.

L'armée, généreuse, accorde un congé de trois jours pour assister au mariage d'un frère ou d'une sœur. Je me procure ma permission et, revêtu de mon uniforme de sortie, soigneusement brossé et repassé, j'entreprends, le cœur léger, le trajet de Compiègne à Carhaix, dans de meilleures conditions qu'à Noël. Je sais déjà que c'est un rapide aller-retour, car ma classe, la 48/2, est libérée prématurément dans un esprit d'économie. La guerre qui fait rage en Indochine coûte cher. J'en suis doublement heureux car, d'une part, je serai disponible à temps pour entrer à l'École de notariat et, d'autre part, mes douze mois de service militaire n'en auront duré que neuf. Je quitte donc Royallieu en militaire. J'y reviendrai en civil, mes camarades ayant vidé les lieux entre-temps.

Ce mariage sera le dernier événement où toute la famille sera réunie à Carhaix, car l'heure de la dispersion approche. Il me semble qu'il n'y a que de la jeunesse dans le défilé qui remonte la rue Brizeux à la sortie de l'église Saint-Trémeur. Je donne le bras à Anne-Marie, la jeune sœur de la mariée ; la petite Renée Geoffroy tient celui de Simon Le Naëlou, cousin de la mariée (ils se marieront plus tard). Tous les destins sont inscrits sur les visages de cette belle jeunesse, de la mort prématurée, en couches, de Nicole, la plus jeune des sœurs Le Naëlou, aux vies heureuses ou difficiles qui attendent les uns et les autres. Tout cela, je l'apprendrai plus tard, au fur et à mesure du passage des ans. Pour l'instant, c'est le temps des amours, le temps des grandes espérances. Nous sommes tous jeunes, la vie nous appartient.

* * *

Ces quelques jours de joie passent comme l'éclair, le temps est revenu pour moi de rendre mon tablier ou, plutôt, mes frusques, au magasin d'habillement du CM 222. Je fais, pour la dernière fois, un trajet familier. J'apporte des vêtements civils que Maman a dénichés pour moi au *décrochez-moi-ça*. Pour simplifier mon petit bagage, j'ai troqué ma chemise bleue d'uniforme pour une blanche et j'ai chaussé des souliers de ville au lieu de mes godillots cloutés. Arrivé au camp de Royallieu, je me pointe au poste de garde pour faire viser mon titre de permission. Une gueulante, comme seul en est capable un adjudant de discipline vieilli sous le harnais, m'accueille.

— Qu'est-ce que c'est que cette tenue ? Pouvez pas vous habiller comme tout le monde ? Nom de Dieu ! Je vais vous foutre en tôle !

D'un calme olympien, je fais remarquer à la furie en uniforme qu'il perd son temps avec moi puisque je suis libéré depuis deux jours.

— Veux pas le savoir ! Matricule ? Unité ?

Je me marre *in petto*. Je vis une douce revanche sur les conneries de la vie de caserne et de ses petits chefs. Dans un garde-à-vous impeccable, les talons joints, le petit doigt sur la couture du pantalon, le corps raide, car il ne faut pas énerver le fauve davantage, je réponds :

— Deuxième classe Lebarbé, Gaston, CM 222, sous le commandement du lieutenant Hardouin. Vous n'avez pas autorité sur moi. Je viens me faire libérer et je repars immédiatement. Vous pouvez vérifier auprès du lieutenant.

J'ai pensé qu'il allait faire une crise d'apoplexie.

— Vous ne vous en tirerez pas comme ça, vous allez voir. J'appelle le lieutenant !

J'exécutai un demi-tour parfait en faisant claquer mes talons dont le bruit ne fut pas réglementaire, vu la nature civile de mes chaussures, et quittai ce haut lieu de l'imbécillité militaire.

Une demi-heure plus tard, je me présentai de nouveau au poste de garde, en civil des pieds à la tête, l'air goguenard, pour une dernière formalité. Hélas ! l'adjudant-chef n'était plus là. Je m'étais promis de lui serrer la main, bien civilement, juste pour voir sa réaction quand je lui dirais adieu.

Je franchis donc, pour une ultime fois, la barrière du camp de Royallieu. Mieux valait le faire comme moi, libre et heureux, plutôt qu'à l'image des déportés embarqués par les SS dans des wagons de marchandises, destination l'Allemagne et la mort, quatre ans plus tôt. En moins d'un an, j'aurai gagné ma liberté par deux fois. J'aurai, d'une part, écarté les mâchoires du piège tendu par l'Église et, d'autre part, bouché mes oreilles aux tentations des sirènes de la carrière militaire. Après avoir été successivement moine, puis militaire, me voilà désormais étudiant et majeur puisque j'aurai 21 ans dans quelques jours.

Étudiant

I L est notoire que les sciences me laissent indifférent, que les mathématiques et la philosophie me déplaisent. Qu'en sera-t-il du droit ? M'inscrire à l'École de notariat de Paris n'aura été qu'une simple formalité.

En cette session inaugurale, je regarde avec curiosité mes camarades étudiants. Il n'y a pas que des jeunes gens et des jeunes filles. Comme au petit séminaire, on compte aussi des vocations tardives, des hommes qui sont en recyclage sans doute. Nous sommes nombreux, 200 élèves, peut-être plus, de couleur variée : des noirs, des jaunes, des bronzés, venus des quatre coins de l'empire français, vacillant, mais encore debout.

Le directeur, sosie du comédien Louis Jouvet, nous souhaite la bienvenue d'usage puis laisse la parole à notre professeur de droit civil. Curieux bonhomme, haut comme trois pommes, bedonnant, à la chevelure presque blanche qui trahit son âge.

— Mesdemoiselles, messieurs, nous allons entreprendre l'étude du Code civil, du premier au dernier de ses 2280 articles. Il en est un qui les transcende tous, qui n'est écrit nulle part et dont vous devez toujours vous souvenir : la loi est faite pour être contournée. Maintenant, au travail !

Voilà qui commence bien, c'est tout comme si un professeur de théologie nous annonçait que Dieu n'existe pas. Il existe, en tout cas, au moins un juriste qui a le sens de l'humour !

Dès les premiers cours, je me sens rassuré, le droit ne me rebute pas, car il est concret. L'école, qui forme des spécialistes, concentre les cours sur les chapitres du Code qui trouvent leur application dans l'exercice de la profession de notaire. Je vais passer les deux prochaines années à apprendre tout ce qui concerne les successions et les mutations, à résoudre d'insolubles problèmes où il faut répartir un héritage laissé par un *de cujus* [défunt] entre des enfants d'un ou de plusieurs lits, sans oublier les enfants naturels, reconnus ou non. Je deviens un expert en fractions de legs, d'avances d'hoiries, et que sais-je encore. Parallèlement à toutes ces notions de droit, des notaires graves et sérieux nous enseignent la pratique notariale : l'art de rédiger un contrat ou un testament, qu'il soit olographe, notarié ou mystique (on se croirait au séminaire !). J'apprends aussi par cœur la douzaine de formats de papier timbré et la valeur du timbre en question, avec un tas d'autres détails techniques qu'on me pardonnera d'avoir oubliés avec le grec ancien.

Fini le laisser-aller de la caserne, je travaille avec assiduité et je serai assez bien noté, excepté pour mon style qui dépare la profession. J'ai toutes les difficultés du monde, dans mes travaux, à rédiger en termes juridiques qui se doivent d'être compassés, sérieux, sinon pompeux et ésotériques.

Je me suis adapté sans peine au rythme de la vie d'étudiant et à ses exigences. Je ne sèche pas les cours et ne passe pas mon temps à draguer les filles ou courir les caves de Saint-Germain-des-Prés, car c'est l'époque bénie du *be-bop* et de l'existentialisme. Contrairement d'ailleurs aux étudiants issus du continent noir, de peau autre que blanche, qu'on ne voit pas du trimestre et qui viennent nous quémander nos notes de cours la veille des examens. Dire qu'ils sont mal reçus serait un euphémisme. Ces garçons bénéficient de bourses dont le montant dépasse le salaire d'un ouvrier français. Ce qui n'est pas mon cas, ni celui de mes camarades métropolitains qui, pour la plupart, font des petits boulots pour vivre. Nous avons peu de sympathie pour eux, qu'on nous le pardonne.

Heureusement, il y a les Indochinois, qu'on n'appelait pas encore Vietnamiens, réservés, studieux, dont l'éducation n'a sûrement rien à envier à la nôtre. L'un d'eux, Thomas Nguyen, deviendra un excellent camarade. Nous sommes aussi entourés de charmantes Annamites et Tonkinoises, graciles et gracieuses poupées, charmantes dans leur tunique de soie blanche et leur vaste pantalon noir. Dans ce monde étudiant, je parfais ma connaissance, entreprise à la caserne, de la société française du moment. J'ouvre mes yeux sur un monde cultivé, polyglotte, multiculturel, bien différent des mes camarades de chambrée issus de la France profonde.

Telle est ma vie d'étudiant en droit qui, pendant deux ans, suivra son cours, sans problème, sans rien qui mérite d'être mentionné. Parallèlement à celle-là, j'en mène une autre, plus importante pour moi que la première, car il me faut subvenir à mes besoins, le vivre et le couvert, par mes propres moyens.

Le collège Saint-Paul a connu de plus beaux jours. À vrai dire, il agonise sous la direction de son ancien directeur, depuis que l'archevêché de Paris a décidé de s'en débarrasser. Peu me chaut, puisque par l'intermédiaire du père Louis-Joseph, je m'y suis déniché un poste de surveillant au pair qui me permet de suivre mes cours et de travailler pendant mes heures de service.

De son ancienne splendeur, demeurent les bâtiments entourés d'un parc arboré. Leur architecture est classique et le tout fut sans doute une riche demeure noble ou bourgeoise, à deux pas de Paris et de la porte d'Orléans, dans ce qui est alors la ville de Montrouge, aussi triste que toutes les autres villes de banlieue qui cernent la capitale.

Tout aussi triste est le personnel. Le directeur est un vieux monsieur assisté, pour l'enseignement, de son gendre et d'un bonhomme grisâtre qui va des salles de classe à sa mansarde sous les toits. Je le soupçonne d'être un curé défroqué et d'en porter l'opprobre. Le directeur a engagé un second surveillant, étudiant des Beaux-Arts. Il a mon âge, mais, détail qui a son importance, il est protestant. À mon embauche, la première recommandation du directeur fut de m'ordonner de réciter toutes les prières imposées aux élèves et, surtout, de ne pas le laisser faire par mon collègue, cet hérétique, car le collège Saint-Paul est une institution catholique.

Quelques étudiants supplémentaires assurent les différents cours. Je me méfie un peu de leur compétence comme je doute de la mienne. Peu importe la qualité de l'enseignement, car cette boîte est avant tout un internat tenu par un marchand de soupe. Tout ce petit monde et son environnement sont bizarres. On aurait pu y tourner un film, en noir et blanc comme l'exigeait la technique de l'époque, dans le style des *Disparus de Saint-Agil,* succès du moment, avec Michel Simon, Erich von Stroheim et deux petits jeunes qui feront carrière, Aznavour et Mouloudji, pour ceux qui connaissent leurs classiques du cinéma français.

Un de mes collègues se révéla homosexuel. Le premier que j'identifiai comme tel après qu'une âme charitable m'eut ouvert les yeux, surprise et découragée par ma naïveté… Un autre me rappelait Jean Person, l'imposteur. Ce garçon nous racontait des histoires invraisemblables dont il était le héros. En plus des cours qu'il dispensait, il se disait infirmier dans un grand hôpital parisien. Il nous contait, le matin, ses nuits blanches, passées dans des salles d'opération, en compagnie d'illustres chirurgiens, à sauver des vies. Je m'amusais à le faire parler pour voir jusqu'où pouvait aller son imagination et son délire. Un beau jour, il nous arrive fatigué, épuisé selon ses dires, et nous en donne la raison.

Alors qu'il était à son poste, la veille au soir, son équipe chirurgicale avait été réquisitionnée et transportée par avion à Bruxelles. Un patient illustre l'attendait en la personne du roi de Belgique, Léopold II lui-même. L'opération, réussie, s'était passée dans le plus grand secret et tout le monde avait été ramené à Paris par la voie aérienne à temps pour qu'il puisse prendre le métro et le bus pour être à son poste à Saint-Paul, à 9 heures… et, naturellement, n'en parler à personne !

Je vis sans problème dans ce monde poussiéreux. Je bénéficie, au dortoir, d'une cellule individuelle d'où je surveille le sommeil des internes. Je la trouve confortable comparée aux paillasses et aux trois planches du couvent et de la caserne. Les repas aussi sont de meilleure qualité que ceux de la cantine, ce qui n'est pas difficile ! Je finirais toutefois par me lasser d'une sempiternelle salade de pommes de terre vinaigrette, si j'étais gourmet… Spartiate j'étais, spartiate je suis, spartiate je resterai. D'être nourri et logé ne suffit pas, il me faut un peu d'argent de poche. La Providence, dans sa grande bonté, vient à mon aide. Le directeur me prie d'effectuer des remplacements, réglés 100 francs. Ce n'était certes pas le Pérou, en plus d'être aléatoire, mais suffisant pour mes besoins primaires, puisqu'une carte hebdomadaire de métro coûtait 80 francs et un ticket de cinéma 60 francs.

37, RUE DES BERGERS

La maison de Camille et Étienne Legardinier, 37, rue des Bergers, Paris XVe, à deux pas des usines Citroën du quai de Javel et du pont Mirabeau, sera presque ma résidence secondaire parisienne pendant deux ans.

À l'époque, la capitale est encore la juxtaposition de grands villages où les gens se connaissent, du bougnat du coin au bougnat de l'autre coin. La maison d'Étienne Legardinier est dans sa famille de toute éternité alors que ce quartier était celui des horticulteurs. On y entre en façade par une porte cochère où on garait la charrette remplacée par une camionnette. En arrière, dans la cour, l'écurie désaffectée sert de remise. Étienne m'a conté bien des fois ses souvenirs d'enfance quand, en 1910, la Seine avait inondé, dans une crue spectaculaire, une grande partie de Paris, dont la rue des Bergers. Il se souvenait aussi, avec orgueil, du jour où André Citroën, en personne, était venu supplier son père, dans sa demeure, de lui vendre son champ. C'était pendant la guerre de 14-18 et l'industriel devait agrandir son usine pour répondre à l'effort de guerre. Étienne terminait sa narration, en se rengorgeant :

— Mon père a été le dernier à vendre !

N'étant plus producteur, pour continuer de vendre sur les marchés, ce dernier dut se fournir par la suite aux Halles, les anciennes, situées depuis des siècles au cœur même de la ville.

Cette vieille, chaude et sympathique demeure, illuminée par le sourire rayonnant de Camille, ma cousine, devient mon chez-moi, ma maison-*bis*. Carhaix est bien loin. Au cours de mes deux ans de capucineries, je ne suis pas allé une seule fois en Bretagne. Pendant mon service militaire, je n'y ai fait que deux brefs séjours. Le cordon ombilical est enfin coupé.

Désormais, j'ai ma chambre et ma place à table, laquelle est fort bonne, chez Camille et Étienne. En cette première année de vie étudiante, le week-end je me rends utile en gardant mes petits cousins, Paul-Étienne et Jean. C'est que les commerces d'alimentation sont ouverts samedi et dimanche. Mais les écoles ne l'étant pas, je fais le *baby-sitter*. Je travaille donc sept jours sur sept, soit à faire le pion soit à la garde d'enfants. Paul-Étienne, qui a maintenant dix ans, s'est transformé en un petit *Poulbot de Paname,* copiant dans son parler celui de son père à l'accent parigot. De petit cousin, il se transformera en ce petit frère que n'ai pas eu. Jean est presque encore un bébé. Il avait établi un rite. Vers 13 h 30, il allait s'asseoir sur le seuil de la porte cochère en attendant de voir déboucher, au coin de la rue où s'encadrait au loin la silhouette de la tour Eiffel, la camionnette paternelle de retour du marché.

* * *

À partager la vie des Legardinier, à m'asseoir quotidiennement sur les banquettes de l'École de notariat, à prendre le métro tous les jours, à arpenter les rues de la capitale, je me transforme rapidement en Parisien tout aussi authentique que la majorité d'entre eux qui sont, tout comme moi, des provinciaux transplantés. Paris est alors une ville où l'on peut flâner, s'asseoir au bord de la Seine en regardant le chaland qui passe, déambuler au milieu d'une rue sans risquer de se faire écraser. Le vitrier, ses glaces sur le dos, marche lentement, poussant le cri traditionnel ; le réparateur de faïence et de porcelaine exerce son métier sur le trottoir ; les chanteurs de rue poussent leur goualante ; un chevrier mène son troupeau de biquettes sur les boulevards, annonçant ses fromages à pleine voix ; de jolies charrettes anglaises attelées à des chevaux de race livrent les fromages Gervais. Par contre, la circulation automobile est fluide, fluide... Paris des villages, Paris rural, beau Paris de mes vingt ans. Comme je m'y plais, persuadé qu'on ne saurait vivre ailleurs.

Avec novembre, le climat humide et frisquet de l'Île-de-France me glace, car je me promène encore en veston, faute de pardessus. Le cœur tendre de Babette s'en émeut. Avec je ne sais quel argent, elle me fait faire l'acquisition d'un imperméable à doublure amovible comme en portaient les officiers américains, la grande mode de l'heure. En plus d'être au chaud, j'étais ravi de porter enfin du neuf après dix ans de guenilles. Noël arrive, sans que je sente le besoin d'aller en Bretagne. Il en sera de même à Pâques. C'est Mère qui viendra alors passer quelques jours chez Camille, sa filleule.

Partir ou rester

L'AN 1950 – Le franchissement d'un demi-siècle ne cause pas d'émoi, contrairement au passage dans un nouveau siècle et surtout dans un nouveau millénaire, comme je le vivrai 50 ans plus tard. Sauf pour notre mère qui, née avec le siècle, fêtera elle aussi son cinquantenaire en juillet.

LE DESTIN SOUS PLI

Je suis donc installé dans ma nouvelle vie quand une lettre, une de plus, m'arrive de Carhaix. Je l'ouvre et commence à en prendre connaissance, quand, à la fin d'une phrase, j'arrête ma lecture, abasourdi, me demandant si j'ai bien compris.

Je reprends la phrase. J'ai bien lu. Je ne me suis pas trompé.

Mon cher petit... Nous avons décidé d'émigrer au Canada, ton frère Raoul, avec Hélène et leur fille, ainsi que Marie-Olive. Ton oncle René et sa famille nous accompagnent. Es-tu intéressé à venir avec nous ?

Quelques considérations complètent cette nouvelle aussi inattendue qu'extraordinaire, dont l'obligation d'observer la discrétion la plus absolue, sinon le secret, sur le projet.

Quelle histoire ! Pourquoi cette décision ? Je sais que les temps sont durs ; qu'il n'y a aucun débouché à Carhaix pour mon frère aîné qui s'est, entre-temps, lancé dans l'élevage des cochons et de la volaille ; que la Laine Pingouin ne nourrit pas notre mère ; que Marie-Olive vivote à faire de petits boulots. Quant à Armand, il vend des chaussures sur les marchés et il tire, lui aussi, le diable par la queue, mais il ne semble pas partant pour l'émigration. Quant à tonton René, pisciculteur à Conval, il rêverait de faire le même métier au Canada.

Derrière ces difficultés économiques bien réelles, se dresse le spectre d'une troisième guerre mondiale. Nous savons que les Russes pourraient être à Paris en 48 heures si l'envie leur en prenait. Il y a aussi cette lointaine guerre d'Indochine où la France s'englue. Bref, l'avenir est bouché, il n'y a nul avenir, ni aucune sécurité en France et en Europe. Mieux vaut se mettre à l'abri de l'autre côté de l'Atlantique avant qu'il ne soit trop tard. Au Canada, paraît-il, on parle encore français, une langue archaïque, avec des relents du XVIIe siècle, mais tout de même compréhensible. Et les Canadiens français sont de fervents catholiques ! Voilà qui simplifiera notre arrivée sur le continent nord-américain, en attendant d'apprendre l'anglais.

Mère m'écrit aussi que nous allons vendre les deux maisons qui nous restent de l'héritage de notre père. Avec ma part, je financerais mon voyage et il me resterait quelque argent pour subvenir à mes besoins en attendant de trouver un boulot.

Je tourne et retourne dans ma tête toutes les données de ce problème inattendu. Il se complique pour moi du fait que j'ai arrêté un choix de carrière qui me convient. La vie parisienne m'enchante et l'idée de quitter la France ne m'a jamais effleuré.

L'ULTIME DÉCISION

Jamais deux sans trois. À l'âge de dix ans, j'ai pris une première décision engageant mon avenir. À vingt ans, j'en ai pris une seconde annulant la première. Celle qui se pose à moi risque de conditionner ma vie de façon définitive. Qui ne rêve alors de l'Amérique, fût-ce du Canada, ce succédané de *l'american way of life* ?

Mon hésitation, si tant est qu'il y en eut une, fut brève. Seul, je ne partirais pas, mais en famille tout est différent. Avant le départ, si le projet aboutit, j'aurai le temps d'obtenir mon diplôme de l'École de notariat. Avec ma part d'héritage, si le Canada ne me plaît pas, je reviendrai en France pour me remettre au notariat, après avoir vu du pays. Mes arrières sont donc assurés. Je suis jeune, célibataire, en parfaite santé, sans attaches, libre comme l'air, c'est le moment de tenter cette aventure où je n'ai rien à perdre et, peut-être, quelque chose à gagner.

Il ne me reste qu'à répondre à Mère : *D'accord, je vous accompagne.*

LA VIE CONTINUE

La préparation de la grande transhumance se met alors en branle, à Carhaix, loin de moi. Je n'en aurai que de vagues échos, d'autant que tout se passe dans la discrétion pour des raisons bien compréhensibles. Il y a, d'une part, les démarches administratives auprès du consulat canadien à Paris pour l'obtention de nos visas d'immigration et, d'autre part, l'obtention de nos passeports français. Je n'interviendrai que lorsque ma présence sera indispensable. C'est la partie la plus simple !

Il faut, en même temps, vendre les maisons, se débarrasser du mobilier, faire le tri entre ce qu'on ne conserve pas et ce qui entrera finalement dans la composition des bagages. Tâche lourde et compliquée à laquelle j'échappe en raison de mon exil parisien. Bien que je sois désormais majeur, à 21 ans je reste toujours aussi insouciant et donc inconscient de la lourde charge émotionnelle que ce départ comporte pour Mère. Nous venons de fêter ses cinquante ans. Quelle brisure avec ce qui fut sa vie, elle qui n'avait jamais eu d'autre horizon que notre petite ville depuis qu'elle est au monde.

La vie continue malgré tout. Tata, grabataire depuis un certain temps, décède. La santé de Naine, qui va sur ses 90 ans, s'altère, exigeant des soins constants. Tonton Ferdinand s'entend de moins en moins avec tante Marianne. Il pense divorcer. Mère, consultée, l'en dissuade. Là-dessus, il propose à Raoul de prendre sa suite à la quincaillerie. Trop tard, lui dit mon frère, dévoilant du même coup le projet d'émigration. Il ajoutera par la suite que si cette offre était venue plus tôt, il n'y aurait pas eu de départ et notre vie eût été toute autre.

Ma première année de droit se déroulera ainsi entre mes études, mes gardes d'enfants et la préparation du départ qui ne me préoccupe guère puisqu'elle se fait loin de moi.

Il me faut survivre pendant cet été qui pointe déjà le bout de son nez. Je me déniche un emploi de moniteur dans une colonie de vacances relevant des services sociaux d'une ville de la région parisienne.

Je débarque donc à Quiberon, pittoresque port de pêche de la côte sud de la Bretagne, par un soir venteux et aussi ténébreux que le noir du drapeau breton. Je n'entends que le ressac qui me guide jusqu'à la porte de l'établissement où je vais passer un long mois en compagnie d'enfants peu favorisés. Je découvre le site le lendemain matin. La colonie de vacances est construite dans la lande sur une falaise dominant l'océan qui se brise sur les rochers à nos pieds. Je sens que je vais m'y plaire. Carnac et ses mégalithes sont tout proche. Je vais découvrir un coin de Bretagne que je n'ai pas encore visité et qui m'intrigue. Le port de Quiberon grouille d'activité. On y pêche la sardine à bord de pinasses aux coques noires et aux voiles rouille, à l'aide d'immenses filets aux mailles fines. Je verrai passer au large des thoniers rejoignant l'île de Groix. Je passe mes temps libres sur le quai. J'y entends du breton vannetais à l'accent chantant, bien différent de celui de la Haute-Cornouailles auquel mon oreille est accoutumée. Avec les jeunes, nous faisons des excursions sur les plages voisines et les sites touristiques des environs. Je me sens autant en vacances que nos jeunes protégés.

De plus, je suis, pour la première fois de ma vie, rémunéré officiellement et, par conséquent, déclaré aux services compétents dont la Sécurité sociale. Ce détail me laisse indifférent sur le moment, mais ses conséquences se révéleront bénéfiques plus tard, bien plus tard, à l'heure de la retraite…

Mon contrat terminé, je fais un bref séjour à la maison, une petite quinzaine, avant de rejoindre Paris et d'entreprendre ma seconde année de droit.

Adieu la Bretagne, adieu ma terre natale…

Adieu aussi à mes amis et, surtout, à Naine. Si ma grand-mère ignorait qu'elle ne me reverrait pas, moi je le savais. Elle ne ressentit pas l'émotion qui m'étreignait lorsque je l'embrassai pour la dernière fois et qu'elle souhaita un bon voyage à son *fi*, ignorant que Paris ne serait qu'une escale pour lui.

Je quitte Carhaix pour toujours. Le reste de la famille suivra mon exemple dans l'année qui suit. La tribu Geoffroy et le clan Lebarbé ne laisseront derrière eux que deux tombes et des souvenirs qui iront en s'estompant avec les ans. Entre l'arrivée des grands-pères et notre exode, cinquante ans seulement, l'âge de Mère, se seront écoulés.

CARHAIX-PARIS EN POIDS LOURD

J'économise le peu d'argent que j'ai gagné cet été, car je ne retourne pas au collège Saint-Paul et j'ignore si je trouverai un emploi-étudiant. Raoul me suggère de faire le trajet Carhaix-Paris par la route, à moindre frais. Lezenez, boucher, dont le fils Serge est un camarade, monte à Paris régulièrement avec un chargement de viande pour les Halles. Il aura une place pour moi et douze heures de voyage sur les belles routes nationales d'autrefois.

Nous partons au petit matin. Tout se déroule sans anicroche jusqu'au moment où, à mi-chemin, aux abords de la ville de Laval, le moteur se met à faire des siennes. C'est la panne, sérieuse, définitive. Le mécanicien appelé à la rescousse fait de son mieux, mais il en a encore pour des heures. Je commence à m'inquiéter, car je dois être à Paris le lendemain matin, impérativement. Je me décide à faire du *stop*. Un poids-lourd finit par s'arrêter et accepte de m'embarquer. J'abandonne la viande fraîche pour des conserves, car mes bons samaritains transportent une cargaison de boîtes de pâté. La route sera longue, interminable, cahoteuse, assis entre les deux routiers qui se relaient au volant. Le jour point quand nous atteignons les premières maisons d'une interminable banlieue qu'il faut traverser à une allure d'escargot. Le temps s'égrène et mon rendez-vous à l'École de notariat approche. À la vue de la première station de transport en commun, je fausse compagnie à mes deux routiers, me disant que la prochaine fois je prendrai le train... À propos, il n'y aura pas de prochaine fois.

COMMIS DE LIBRAIRIE

Je retrouve donc ma place dans le chaleureux foyer des cousins de la rue des Bergers, tout en reprenant mon autre place à l'École de notariat. Il me faut de toute urgence trouver une source de revenu pour apporter ma contribution à la vie de la maison. En un tournemain, c'est fait. Je suis engagé à la librairie Gibert-Jeune, boulevard Saint-Michel, spécialisée dans le commerce des manuels scolaires neufs et usagés. Traditionnellement, cette entreprise engage des étudiants auxquels elle accorde des facilités d'horaire pour leur permettre de suivre leurs cours. Le salaire n'est pas mirobolant, mais je me souviens encore avec émotion du moment où j'ai remis à ma cousine Camille ma première paie qui ne couvrait pas, et de loin, le coût réel du gîte et du couvert qu'elle m'offrait avec tant de gentillesse. À Compiègne, j'avais classé pendant des mois fiches et dossiers. Je me trouvais de nouveau, chez Gibert-Jeune, affecté au tri et au classement d'une montagne de livres et de manuels, rachetés, réparés et revendus par la librairie. Le sous-sol était sombre, humide, poussiéreux, un véritable tombeau où je m'affairais avec quelques collègues à tisser et retisser une tapisserie de Pénélope, les livres classés étant aussitôt remplacés par une avalanche de bouquins en vrac.

Pour la première fois, je suis confronté avec l'authentique vie du salarié. Je me retrouve au petit jour, coincé dans le métro où se bouscule tout le petit monde du travail parisien. Je fournis ma matinée de travail du mieux que je peux. La traditionnelle pause du midi me laisse le temps de me joindre au dîner familial au prix d'un rapide aller-retour en métro. Mes cours ayant lieu en fin d'après-midi, je débraye avant mes collègues. Je rejoins l'école en remontant le boulevard Saint-Michel à pied. Après deux heures de cours ou plus, un dernier tour de métro, je me ramène enfin à la maison, pour une paisible soirée, car c'est bien ce qu'est devenu pour moi le 37 de la rue des Bergers.

Tout comme l'été précédent, je suis *déclaré,* ignorant toujours que cet emploi ainsi que celui de moniteur m'ouvriront, autant le dire de suite, des droits à une retraite symbolique mais réelle, quand l'heure en sera venue, et, surtout, à la couverture de la Sécurité sociale.

Cet hiver, le dernier...

Cet hiver 1951, dans ma tête, est le dernier que je passe en France au cas où je me fixerais au Canada. Si je pouvais lire dans l'avenir, je saurais que tel n'est pas le cas. J'en vivrai bien d'autres, des hivers en Bretagne, la retraite venue.

Avec Babette, je cours les nouveautés cinématographiques. Avec les cousins Lebarbé, nous allons applaudir les opérettes à la mode, visiter des musées, musarder dans les rues de Paris. La vie est belle et sans souci comme toujours dans mon cas.

Noël arrive. Je ne retourne pas à Carhaix. La page est tournée. Il y a aussi cette invitation de Monique, ma cousine de Champagne, mariée avec Maurice, le crémier du quartier, qui me retient. Ils forment un couple de mon âge, plein d'entrain et heureux d'une vie qui leur sera dure, malheureusement. Nous serons quatorze à table pour le réveillon, tous dans la vingtaine, la soirée promet d'être animée. Elle le sera ! Pour la seconde fois de ma vie, je dépasse inconsciemment les limites, passant de l'apéritif au vin blanc, puis au rouge, et le champagne pour finir. Ce fut mémorable ! Je me vois encore au milieu de la rue Saint-Charles en pleine nuit, cela était encore possible à Paris sans risquer de se faire écraser, titubant, insistant pour accompagner Babette à son domicile, à l'autre bout de la capitale. Ma grande sœur, qui ne veut rien entendre, on la comprend, essaie de me raisonner. Je m'entête. Mon lit n'est pourtant qu'à cent mètres de là. Il suffit de tourner le coin de la rue pour me retrouver rue des Bergers. Elle finit par gagner et j'en suis quitte pour me réveiller le lendemain avec la seconde et dernière gueule de bois de mon existence.

NOTRE CHAMPAGNE... POUILLEUSE

Pépère Geoffroy ayant vu le jour en Champagne, j'entendais parler de cette lointaine province depuis que j'étais au monde. Le nom de Vouzy, le village natal de mon grand-père, revenait souvent dans les conversations. Cela sonnait exotique pour moi qui entendais parler de tantes, d'oncles, de cousins et de cousines que je n'avais jamais vus. Il en était d'ailleurs de même pour les Lebarbé de Normandie dont m'entretenait Naine. Je n'arrivais pas à me représenter la plaine champenoise n'ayant, comme référence, que les coteaux et les vallons de l'Ouest.

Camille Legardinier, Geoffroy par sa mère, entretenait des relations suivies avec la famille de Vouzy, toujours ravie de profiter de l'hospitalité de la rue des Bergers à l'instar des Bretons. Je fis ainsi connaissance de Solange, la maman de Monique, et de Robert, le malade qui enterrera tout le monde.

Un beau jour, Camille me demanda de lui rendre un service. Il avait été convenu que Paul-Étienne irait passer quelques jours en Champagne et elle me priait de le convoyer jusqu'à Vouzy. J'étais ravi de pouvoir enfin savoir ce qui se cachait derrière ce nom.

Selon la génération à laquelle appartenait l'interlocuteur, le petit neveu ou le petit cousin de Bretagne était attendu avec curiosité. De mon côté, j'étais ravi de mettre un visage sur des noms qui m'étaient devenus familiers, de cet oncle Gaston, le tonnelier, qui m'avait légué son prénom, à la tante Jeanne qui mourra centenaire, en passant par Fernand, le cultivateur, Odon, le forgeron, la tante Claire, le cousin Robert, la cousine Paulette et toute cette sympathique tribu restée accrochée à sa glèbe ancestrale. Je trouvai le pays austère, le village minuscule. Il débordait pourtant de vie. On n'y trouvait que des Geoffroy, ou presque. Je me sentais bien parmi eux, justifiant ainsi ma préférence pour cette partie de mes origines, en attendant de découvrir un jour l'autre tribu, celle des cousins normands.

Les jours, les semaines et les premiers mois de cet hiver 1951 passèrent lentement, contrairement à ce qu'on pourrait penser avec un départ, un embarquement, prévu fin mars. Cette impression de temps qui traîne, est-ce dû à une appréhension face à l'inconnu qui m'attend à brève échéance ? Je ne saurais le dire. L'inconnu, ce l'était en vérité. Je ne savais pratiquement rien de mon pays d'accueil, sinon qu'il y fait très froid, qu'on y baragouine le français, qu'il se trouve en Amérique du Nord et que la vie y est meilleure qu'en France.

Il me faut préparer mon bagage. Je ramasse toutes les attestations nécessaires sur mes études, mon passage aux armées, pensant, à tort, qu'on les exigerait lors d'une éventuelle recherche d'emploi. Je fais le tri dans mes papiers personnels et les quelques souvenirs que j'ai conservés. Camille s'assure que mon trousseau est suffisant pour mon voyage. Il ne me reste qu'à faire l'acquisition d'une valise suffisamment vaste, sans l'être de trop, pour recueillir mes papiers, mes babioles, avec mes hardes : mon beau costume bleu foncé aux fines rayures blanches, mon linge de corps, mes chemises, un chandail de surplus et une seconde paire de chaussures. Je porte sur ma personne le reste de ma garde-robe très à la mode du jour, une veste de velours côtelé bleu foncé assortie au pantalon gris, des chaussettes *zazou* aux multiples rayures multicolores avec, aux pieds, les indispensables chaussures, dites à semelles compensées, dont l'épaisseur me fait gagner deux centimètres de taille. Mon confortable imper à l'américaine me protège du froid.

L'exode

MARS 1951 – Salut, ô mon dernier matin ! Aujourd'hui, c'est le grand jour, celui de l'exode.

Camille m'accompagne à la gare Saint-Lazare d'où devrait partir le train qui m'emmènera vers le port du Havre. Mais la SNCF est en grève, une fois de plus. Des cars de remplacement attendent que nous y prenions place. J'ai le cœur gros de laisser Camille, Étienne, les petits cousins, ma sœur Babette – qui a choisi de ne pas nous accompagner au Canada – et tout mon petit monde à qui j'ai fait mes adieux. Mais je ne me sens pas triste, émoustillé par le parfum d'aventure qui entoure mon embarquement pour l'Amérique.

Je jette un dernier coup d'œil au travers de la vitre brouillée par les gouttes de cette froide pluie de mars qui mouille Paris. Camille me fait un geste de la main, un au revoir auquel je réponds de la même façon. Elle me regarde partir, sa silhouette s'efface : le premier livre de ma vie se conclut... Le second va s'entrouvrir...

L'EMBARQUEMENT POUR LE CANADA... OU POUR CYTHÈRE ?

Il va continuer de pleuvoir jusqu'au Havre, tout au long d'un interminable voyage au travers d'une triste campagne, le long des berges de la Seine. C'est tout juste si j'entrevois Rouen dans les giboulées. Il fait nuit quand je rejoins Mère, Raoul, Hélène, Françoise et Marie-Olive à la gare maritime, au pied de la passerelle qui donne accès au paquebot anglais qui va nous mener, au travers de l'Atlantique, jusqu'au port de Halifax, au Canada.

Je monte la passerelle. Je dépose le pied sur le pont du *Georgic* de la Cunard Line.

Alea jacta est. Je viens de quitter la France, me voilà désormais à l'étranger, à bord d'un vaisseau qui ne bat pas le drapeau tricolore. L'émotion ne m'étreint pas. Par contre, mon estomac crie famine, car je n'ai rien pris depuis le petit déjeuner. Je cherche la salle à manger. Trop tard, elle est fermée... Qui dort dîne ! Mon dépit et ma mauvaise humeur m'empêchent de réfléchir sur l'importance de cette journée pour mon avenir. Comme quoi les petites causes ont de grands effets !

* * *

Car mon avenir est là, tout près, à mon insu et au sien. Il a emprunté la même passerelle que moi. Deux destins vont se rejoindre dans trois jours. Ils vont jouer au *Titanic*, un *Titanic* sans iceberg, dans un scénario de film-vérité qui ne devra rien à Hollywood, sinon le *happy end*. Il reste trois jours, trois petites journées, avant que, sur les flots gris, glacés, panachés d'écume de l'Atlantique Nord, dans le vent d'hiver qui souffle sur la plage arrière du *Georgic*, à tribord, le regard d'un jeune émigrant croise celui d'une jolie passagère...

Boucherville, le 27 septembre 2002

Épilogue

*L*_a *jolie passagère*, Marcelle Tessier, est de Montréal. C'est la toute première Canadienne que je rencontre. Elle rentre d'un séjour prolongé en France. Nous faisons connaissance. Elle préfère quelqu'un d'autre, mais se ravise. L'année suivante, nous nous unissons pour la vie. Trois fils, deux petits-enfants et un demi-siècle plus tard, nous célébrerons nos noces d'or.

D'émigrant français, je me transformerai rapidement en Québécois. Dans ma seconde patrie, la solide formation reçue pendant mes jeunes années m'ouvrira les portes d'une intéressante carrière dans le monde de la radio, de la télévision, des communications et de la publicité.

Depuis maintenant de nombreuses années d'heureuse retraite, nous passons nos hivers en Bretagne, loin des froidures canadiennes, bouclant ainsi la boucle.

Juin 2003

Mise en pages : Martin Lebarbé

* * *

Imprimé au Québec, en décembre 2003

MEMBRE DE SCABRINI MEDIA

Québec, Canada
2003